イザベラ・バード／カナダ・アメリカ紀行

Isabella L. Bird
The Englishwoman in America

イザベラ・バード
高畑美代子・長尾史郎 訳

中央公論事業出版

イザベラ・バード／カナダ・アメリカ紀行

目　次 1

凡例

1. 本書はイザベラ・バード（Isabella L. Bird）の *The Englishwoman in America*（1856）の全訳である。
2. 本書は一八五四年六月から一二月にかけてのアメリカ合衆国およびカナダ（当時英領北アメリカ）の旅行記である。
3. 原文中のカナダは当時の連合カナダ（現ほぼケベック州とオンタリオ州）に照らして連合カナダとした場合もあるが、本書におけるカナダは当時の連合カナダを指し、現在のプリンスエドワード・アイランド、ノヴァスコシア、ニューブランズウィック（当時いずれも英領北アメリカ）等の州を含むものではない。
4. 当時の連合カナダ（東西カナダ）は原文に従い東西カナダまたはアッパー・カナダ、ロワー・カナダとした。
5. 原著の刊行から一五〇年以上経ており、現在では適当とされない表現もあるが、アメリカの南北戦争以前の時期を考慮して原文に従って訳出した。

内容梗概 2

第一七章　ニューヨーク（続き）、ボストン

墓地／その美／ポッターズ・フィールド／子どもたちの墓／記念物的風変わりさ／移民の到着／彼らの歓迎会／惨めな住居／危険な階層／選挙／暴動／街の特徴／ボストンへの旅／ボストンの風景／ロングフェロー／ケンブリッジの大学

第一八章　アメリカの政治体制

憲法の起源／行政官／議会／地方議会／陸軍と海軍／司法／奴隷制度／政治的腐敗／外来の要素／原則の落／諸団体《ソサエティ》／ノウ・ナッシング党／報道とそのパワー／教会／聖職者

第一九章　結論的評言

一般的所見の続き／公立学校／その欠陥／困難／学校経営／教養教育《リベラル・エデュケーション》／鉄道／電報／貧困／文学／移民の利点／移民の困難／平和か戦争か／結論的評言

第二〇章　帰国、結語

アメリカ／憂鬱な出立／荒れ模様の一夜《アグリー・ナイト》／ハリファックスの朝／私たちの新しい乗客／赤ちゃん／レイチェ船長／海上の一日／快速帆船《クリッパー》と蒸気船／嵐／大西洋の月光／不愉快な大騒ぎ／大強風／インカマン

イザベラ・バード／カナダ・アメリカ紀行[原注1]

［原注1］本書［原題『イギリス女性のアメリカ滞在記』］は『イギリス女性のロシア滞在記』の著者（著者——匿名「レディ」、一八八五年）によるものではないと述べておかなければならない。

Isabella Lucy Bird

The Englishwoman in America

1856

第一章　旅立

序文が一般的に嫌われることは、アンカット版のその部分がペーパーナイフも入れられないままだということで明らかであり、また、見知らぬ読者は知られていない作家の最もうなずかせるに足る肖像によって本を読むようながされることはほとんどないし、「急遽、印刷へ回した」という弁解はあまりにありふれて偽善的でいかなる効果も持たないので、ただ単に最初の章の前にほんの少しの説明的所見を付けるにとどめる。

詮索は不要な諸事情が私をして、幾人かの親戚と一緒に大西洋を渡るように導いたのだった。そして、帰国後、旅行の話をするよう大勢の友人たちから求められた。この本は彼らを満足させる観点で書かれたので、多分一般読者の興味以上にはるかに個人的な話が多い。

合衆国の人々に関しては、旅行者として私が受けた印象を記したが、もしそれらが先輩方のものより好意的であるとするならば、その違いは、私が多くの大変良い紹介状をもらったことによるものかも知れない。それにより、多分、単にこの国を見るためにだけ旅行する人たちが通常持つ以上に、合衆国の最善の社会を見るためのより大きな便宜が私に与えられた。

アメリカの諸制度により産み出された効果、ないしは何か国家的大問題に関して自分の意見を提示するところでは、極度の気遅れをもってそうするので、断定するよりも印象を記し、合衆国での短い滞在期間に、原因と結果を正確に推測できないのと同様に、部分的根拠から一般的結論を引き出すことの多大な不公正さを感じている。自分の見たもの聞いたことの誠実な像を提供しようと努め、でき得る限り他人の歩いた道を避け、友人たちが最も興味を持つと分かっていることを主として描き出した。

合衆国を訪れる前に、刊行されているほとんどのアメリカ旅行記を読んだ。だが、経験からして言えることだが、アメリカ人についてのほとんどを読んだ人でも彼らについてはほとんど知らない、というのは、旅行者は、引き続き立ち現れる滑稽な点を捕まえて、それについて考えを巡らせるという性向があるからだ。

私たちは大西洋の反対側に、スペインの旗の下に航海した一人のジェノヴァ人（コロンブス）によって最初に発見された広大な大陸があり、過去の多くの年月の間に私たちの住民の最もたくましい何千人をも飲み込んだということを知っている。私たちの感情は特別に友好的というのではないけれども、この大陸に住む人々に「ブラザー・ジョナサン」（アメリカ人の愛称）の国民的愛称を、他方で個々人には「ヤンキー」（元々ニューイングランド人の意味。南北戦争時は北部同盟人、その後アメリカ人一般に用いられる。語源はオランダ人の愛称Janke［意味は「小さなジャン」「小さなジョン」］）の呼称を与える。喫煙、唾吐き、「詐欺《ガウジング》」、鞘付きアメリカナイフ《ボウイー・ナイフ》（西部開拓時代の英雄の開拓者でディヴィー・クロケットらと共にアラモに散ったジェイムズ・ボウイが、決闘やバッファロー狩りに愛用していた）で有名であり、また巨大なホテル、蒸気船爆発、列車衝突、負債の支払い不履行で有名であることも知っている。またこの国は奴隷として三〇〇万人のアフリカ人を有すること、木製にくずく《ナツメグ》（Nutmegs State はコネチカット州のこと、コネチカット人が木製のナツメグを本物だと言って売りつけた）、紙幣、「海賊的《フィリバスター》」遠征で名高いと信じられている、というのは、国民的にも、個人的にも、

　　力ある者が獲得し、
　　　出来る者が保持する

の格言を実行していると信じられているからだ。

私は、どのイギリス人も生まれながらの権利と思われる量の偏見をもって合衆国へ行ったと感じる。だがしかし、あらゆる程度で社会に混じった旅行者が得ることのできるアメリカ人についての知識の下で、これらの偏見は徐々に氷解していくのが分かった。称賛に——模倣にさえ——価する多くを見出したのだが、それでも大いに非難すべき多くのことがあるということは、それは何年にもわたって「アダラムの洞窟」（ダヴィデが逃れた洞窟——サムエル記上 第二二章）——「国の善のために自らの国を去った」人々（*The Black Bean Lottery*, 25 March 1843）の避難所——になっていた国、他のすべての国の野蛮人、堕落者、悪徳者の受け入れ所であったところの国にとっては驚くべきことではないのである。高貴な人、教養人、富者が合衆国から減って来ているということは決して忘れてはならないことであり、その広大な国土は頑丈な腕のみが財産である者たちを住まわせてきた。これらの先駆者たちを考慮すると、尊大、粗野、無作法を見出すことは驚くべきことであろうか。旅行者がほとんど困ることに出会わず、適切な礼儀作法の規則から明らかに隔たることをほとんど見出さないことの方がむしろ驚くべきことではないだろうか。

イギリス人は、外国人が自分に投げかけるいかなる嘲《あざけ》りにも忍耐をもって耐える。ジョン・ブル（イギリスを象徴する男性）は自分を嘲《あざ》笑うときほど大笑いすることはない。しかし、アメリカ人は国民性として感じやすく、彼らの弱点や欠点をからかう気さくな冗談に耐えることができない。だから、イギリス人旅行者によるありのままの正直で好意的でさえある真実の記述は、アメリカ人からは全くの激烈な抗議とともに受け取られる。そして、「恥ずべき間違った申し立て」、「もてなしの権利（宿主・客の神聖な義務としての。ギリシャ・ローマ的観念）の違反」などが皆の口の端《は》に上るのだ。

多くのイギリス人旅行者が書いたものの基調をなす、妬《ねた》んで張り合い、あるいは見くびって批判する精神が最も確実に咎《とが》められるべきであり、それはある書き手たちが採用している卑屈な追従《ついしょう》の調子に劣らない。しかし、アメリカの隣人たちも次のことを思い起こさなければならない。すなわち、彼らの大変人気のある旅行作家の幾人かが我々の諸制度や人々に対して公明正大ではない猛攻撃を引き起こしたやり方、また新聞社――「トリビューン」紙(アメリカの日刊紙)を先頭に――がイギリス国民に向かって好き放題浴びせかける激しい調子によって、悪意ある精神と敵意ある戯画を励起《れいき》したのだということを。

これらの評言をなした後、次のように言わなければならない。つまり、合衆国訪問の時点で自分の「経験」を印刷して記録するといういかなる意図もなかった。そして当時とられた記録はほとんどなく、あってもわずかなので、記憶をたよりに苦心して書き上げたので、いくらかの不正確さを来たしているということは鋭い眼を向けなくとも発見できよう。それは故意に誤ったというより、むしろ正確な情報に欠けているためだということは言っておかなければならない。ここに示した統計上の情報は、アメリカ人自身によって纏《まと》められた資料から引いた。自身の観察によらずに書いた若干の事柄は、この国に長く住んでいる信頼し得る人々から教えられたことによるものだ。

カナダについては、ここではほとんど語る必要がない。多分イギリス人の書き手ならその高貴で忠誠を示す植民地に関して話すのに称賛し過ぎの言辞を採用する傾向があるだろう、というのは、その植民地では英国の諸制度は大西洋の向こう岸で試練を受けており、自由な人々が英国法によって守られているからだ。疑いなくイギリス人読者の中には、私がその人々、その社会、驚くべき諸能力について与えた短評に関心を持つ人がいるだろう 原注2。

この本に用いた覚書はそれを扱っている土地々々で書いたものであるが、それらはあるイギリス人の家庭の快適な雰囲気の中で敷衍《ふえん》され、訂正された。私は非常に多大な間違いや欠陥に対して陳腐な言い訳をしないつもりだ。しかし私は、これらの退屈だが必要な序論的評言を、読者諸賢がこの本の通読から、情景や人々の間で私が体験した楽しみの百分の一でも受けるであろうことを心からの望みを持って閉じるつもりだ――ただ、残念なことに、これはあまりに不完全な記録なのではあるのだが。

イギリス・合衆国間の定期汽船は隔週運航し、多くの貿易業者が年に二回商用で大西洋を渡り、何とも思わないとはいえ、航海はそれが初めての経験である場合には重要な出来事であるように見える。内陸地方に住む友人たち、そしてドーヴァー海峡を渡っている途中で船酔いした友人たちは大洋の航海の危険と不快さを大袈裟に言い立て、霧と氷山について訳知り顔に頭を振る。

それから、梱包されなければならない一定数の箱、そして中に詰めるべき不特定数の品々があり、他方、衣類は熱帯的な夏や北極圏の冬を考慮しなければならない。しかし、雑多なこまごました準備と限りない暇乞いでさえ、際限なく引き延ばすわけにいかず、気がついたら一八五四年のある土曜日（六月三・一〇・一七・二四日が土曜日と知られる。バードの伝記作家アンナ・M・ストッダートもここの記述を述べるのみ）の朝八時にリヴァプールの桟橋に友人たちといる自分を発見したのだった。

なんであれイギリスの岸を離れるにあたって人がふけるであろう感傷は、はしけサテライト号の中の不快さともみくちゃによって有効にまたたちどころに消滅した、というのは乗客は羊の群れのようにごちゃごちゃに詰め込まれてカナダ号――それはマーズィー川（イングランド、ダービィシャーに発し、河口にリヴァプールがある）の中央に碇泊しているキュナード汽船会社（ノヴァスコシアの船主サミュエル・キュナードによって設立される。一八四〇年から大西洋横断定期便運航、ロンドンに本拠を移す）の一八五〇トンの外輪汽船――へ運ばれたからだ。

専用室の中を覗いてみて、その極めて狭い面積を発見した結果としての期待外れのしぐさ、持ち逃げする船員からの「いつもの」旅行鞄の救出、次から次へ移って留まることのなくあちこち彷う好奇心の放縦さが、

［原注2］ここで、他では得られなかっただろう貴重な情報を提供してくれた、カナダで傑出した公的地位にある一紳士に対し深い謝意を表さなければならない。

およそ二トンもの手紙と新聞――それらは信じがたい速さで郵便室へと託された――を積んで郵便船が到着する前の時間を占めた。

それから、見送り人たちが慌ただしく下船を命じられ――二つの大砲が火を噴き――ロープが解き放たれ――星条旗が船首から派手にはためき――船長と水先案内人が船橋上で位置を占める――ベルが鳴る――巨大な外輪は回転し、そして、日刊紙が同じ出来事を書き留めた言葉を使えば、「キュナード王立郵便汽船カナダ号、ストン船長、は今朝ボストンおよびハリファックス（カナダ南東部ノヴァスコシアの不凍港）へ向けて、通常の郵便を運び、一六八人の乗客と多数の貨物を積載してマーズィー川を出航した」。

外観に関する限りでは幸先のよい航海の始まりだった。夏の太陽は明るく輝き、マーズィー川の波は泡を載せてさざ波を立てていた――そして、イギリスの野がかつてこれほど輝かしい緑を纏《まと》ったことはなかった。私たちがその間を通り過ぎて行った商船隊は興味をそそらないでもなかった。巨大で四角な舷側の材木船は、間違いなくケベックかミラミチ（カナダ、ニューブランズウィックの市）からのものだ――緑色の船尾が高いオランダの貨物船――長くて黒い船体に高い傾斜したマストのついたアメリカ船――そして音に聞こえた「黒球《ブラック・ボール》」航路（リヴァプール～ニューヨーク間）の快速大型帆船《クリッパー》（船首が尖って前方に突き出しマストが後方に傾いている）マルコ・ポーロ号とチャンピオン・オブ・ザ・シー号、――要するに、すべての国々の明らかに識別できる特色を持った船々がいた。しかし、すべての中で最も興味深い対象は軍隊のスクリュー輸送船ヒマラヤ号で、ロイヤル・スコット・グレイズ（竜騎兵グレイ連隊）をクリミアに向かって輸送するところで、この連隊は極めて栄光ある、しかし致命的な名声をバラクラヴァ（ロシア南西部黒海に臨む海港。クリミア戦争戦場）の血の戦場において博していた。

初めて西半球へと大西洋を渡る人たちはある程度の興奮状態にあり、名残惜しさはイギリスの岸が水平線の薄い雲になっていくのを目にしたときの感情の中にあったことと思われる。しかし、すぐにほとんどの乗客の知性の上にいつしか忘却が忍び寄り、ひとつの圧倒的な嫌悪の感情を残す――最初に食べものに対して、次にそれらに共に与《あずか》る人々に対して、お終《しま》いに、海と結び付いた一切合財に対して。運のいいことに、物事のこの状態はたったの二日しか続かず——天候がとても静かなので——、補助帆《スタンスル》に順風を向けてノヴァスコシア（カナダの東部で大西洋に面した半島状に位置する「新たなるスコットランド人の国」を意味する）の海岸まで走った。

倦怠の霊が私たち皆を支配していた。毎日五回たっぷりの食事が供され、人々は食べ、再び食べられるようになるまで歩き回った。他方、ソファに伸びて、船の図書室から借りた取り留めもない小説を読みつつ眠る人たちもいれば、朝から晩までチェスやトランプ、西洋すごろく《バックギャモン》に興じる人たちもいた。より活発な人たちの中には、甲板に備え付けられた「円盤突き《シャッフル・ボード》」に大騒ぎしている者もいたが、寝台で〈甘美なる無為《ドルチェ・ファール・ニエンテ》〉を楽しむ者もあった——ベルが食事の呼び出しをかけるときを除いて。天気観測のうまい人《ウェザーワイズ・ピープル》たちがいて、そういう人たちは一日中船の煙突の周りで煙草をふかし、毎夜しけの予言をしていた。不屈の質問者たちは、船長に一、二時間ごとにいつ私たちがハリファックスに到着するかと尋ねる。ある人たちは「航行距離《ラン》」に賭け、また港に着く時間に賭ける人たちもいる。つまり、あらゆる手段に頼ることが時間つぶしの方策だった。

およそ二〇人のイギリス人船客がいた。残りはカナダ人、アメリカ人、ユダヤ人、ドイツ人、フランス人、カリフォルニア人、スペイン人、バヴァリア人（高地ドイツの）だった。厳格な平等がこの異質な集団の中で保たれていた。夕食の席に一人のアイルランド人食肉商人がユダヤ人の隣の席に着いていた——後者は豚を完全に《イン・トト》忌み嫌っていた——。公爵家の出のある貴婦人はサンフランシスコの食堂へ働きに行くフランス人コックの隣にいるのに気付き、ハリファックスの最高司令部《ハイ・コマンド》に行くある士官はボタンとして「金塊」を身に着けている野卑なカリフォルニア人の隣に座っている。これら以上の強烈なコントラストさえあった。船旅仲間で最大の異彩を放っていたのはあるアメリカの新聞の編集者で、彼は三週間の旅で拾い集めた題材から、イギリスで気のきいた、しかしにわか仕込みの記事を書いていたのだ！

アメリカ人の中には実際的な悪ふざけを好む者がいるが、どちらかというとくだらない類のものだ。シド・ロドリゴ（エル・シド）張りにもったいぶって遊歩甲板を歩むスペイン人紳士がいて、出会う人には誰でも「あなたはフランス語をお話しでございませんか」と訊いたのだったが、航海の終わりには、英語の蓄えの総計は「サイコロですか？　相変わらずですね《シックスペンス》」だけだった。ある日のディナーのとき、この紳士はフランス語を話すカリフォルニア人に、英語でパンを若干求める方法を何と言うか教えてくれと頼んだ。「《私の驢馬《マイ・ドンキー》たち》って言うんですよ」というのが即答で、そのジョークはこっそり目配せされ、一方スペイン人は「マイ・ドンキーズ」をせっせと練習に励んで完全な発音をするまでになった。ウェイターが回って来て、この不幸な男は自信たっぷりだが蜜のような調子で、パンを指差して「マイ・ドンキーズ」を注文した。

　わるふざけの酒宴の歌とイギリス人へのあてこすり――後者は《ヤンキーの馬鹿《ヤンキー・ドゥードゥル》》（アメリカ独立以前からの流行歌で準国歌とでも称すべきもの）の曲に合わせて――夕方にサロンで大きなパンチボウルを囲んで歌われ、多くの御婦人方をデッキにとどめ置くという効果をもたらした――それも、寒さと波しぶきから退散するのが望ましいだろうときに。しかしこの例外を除いてだが、全船客の振る舞いはあまりにも混成された顔触れから予想され得るより、はるかに礼儀正しいものだった。もし船長がもっと厳格な規律励行者だったら、この迷惑さえ避けられたことだろうに。

　不運にも専用室の同室人は、ニューヨークに数年間住み、両国の嫌な性質を合わせ持った一人のイギリス人女性だった。彼女はしょっちゅう酔っぱらっていて、ジン、ブランディ、ビールを寝台に確保していた。素面《しらふ》でいようといまいと、同じくよく舌がまわった。そして言葉は俗悪というだけでなく、下品さと神を冒瀆する言葉だらけなので、うるささはほとんど耐え難かった。彼女は公然の無神論者で、そのような者として当然に哀れみの対象で、その不信仰の弱さは頻繁に神の存在を否定することによって明らかに示されていた。

　ある日のこと、聖書を読んでいると、彼女は神を冒瀆する語句を絶叫した――「私、あなたがその本を海中に投げ捨てればいいと思うわ、それは船を沈めるに十分だわ」と。その言葉に含まれる自己撞着は彼女の無神論の弱さを示すものであり、それは――人間に神の非存在の免罪を約束し、それを望むよう堕落させつつ――、非常にしばしば不信者として生きるが、恐怖し絶望する信者として死ぬよう誘惑する。

とても無事平穏な船旅だった。予言された暴風は一度も吹くことはなく、氷山は北方はるかかなたに留まり、ロシアの私掠船《しりゃくせん》からの逃走の興奮は一隻の無害の商船の光景へと変わっていた。ニューファンドランド沖の海霧でさえ完全に神話と化していた。

七日目明けにハリファックス到着時間の賭けが数も重大さも増し、籤《くじ》が始まり、八日目にレイス岬（ニューファンドランド、アヴァロン半島南端）を過ぎ、蒸気船アジア号が汽笛を鳴らして通信してきた。索具が締め付けられ、手すりは磨きをかけられた。そして、リヴァプールから九日間と五時間で新世界の岸に私たちは上陸した。私たちの上陸の前日は日曜日で、私は船に行き渡った礼儀作法を眼にして喜んだ。礼拝は午前中に正しく執り行われた。船客たちの多くがそれぞれの聖書か他の宗教書を読んだ。パンチ、チェス、トランプはサロンから一掃された。そして、ほとんど国籍の数だけ信教の数があり、そして幾人かは全く信教を持たないにもかかわらず、それでも自身は安息日の遵守をひやかすかもしれない人々が、他人の偏見と呼んだだろうことに衝撃を与えるよう計算されたどんな行為も避けたのだった。

翌日初めて、ちょっとした逆風に出くわした。乗客のほとんどが船酔いになり、そうでない人々は防水布の上着と帽子のそろいを着けて雨の中を煤けて濡れた甲板を散策していた。海と空はどちらも鉛色をしていた。そして、とても珍しい姿のネズミイルカの他には全く気を引き立たせる見込みはなかったので、私は長椅子に横たわってまどろんでいた、とそのとき、「さあ、起きて。栄光の国だよ、間違いなく。偉大な国、進歩する国、太陽の下の最も偉大な国だよ」という、親切な心根のヤンキーの船長の声で起こされた。正直な船員はそう言いながら手をこすり合わせ、あけすけの完全な満足の輝きで晴れやかな顔をあけっぴろげにみせていた。私は彼の指の指さす方向を振りむき、「ピルグリム・ファーザーズ」（一六二〇年メイフラワー号でアメリカ、プリマスに居を定めた英国人の一団一二〇名）の高く突き出した断崖ではなく、霧にかすむ低く暗い岸を眺めた。

私はすでに、アメリカ人が常に自分の国を語るときの、「国民的虚栄《うぬぼれ》」と「高慢」と名付けられて呼ばれるところの心からの熱狂が分かり始めていた。この国家精神《エスプリ・ド・ペ》——それは時々滑稽な程度まで推進されるのだが——は、イギリス人が、自分が帰属するのは不名誉だと感じているように見える栄誉ある国について語るときの濫用的な仕方よりは格段に好ましい。アメリカ人がアメリカを語るのを耳にするのは為《ため》になることで、その賛辞は「われわれは地上で最も偉大な国民である」という言葉で終わるのが普通である。

夕暮れに、ノヴァスコシアの低い緑の岸に沿って一日中航行した後で、ハリファックス湾の岬のちょっと外側におり、落日が松で覆われた低いアメリカの丘を溢れるような紫色の光で浸していた。一人の水先案内人が仕事を提供するためにやってきたが、それは拒まれ、そして嬉しいことに純粋の英語のアクセントで挨拶をしたが、それは親しみを込めた歓迎のように響いた。船長は船橋上に場所を占め、船のスピードが落とされた。二発の号砲が火を噴き、そのこだまは低い紫色の丘々の間を数マイルにわたって轟《とどろ》き、そこから松の優しく芳しい香りが夜の微風に乗って運ばれてきたので、スコットランドのはるかな山々を想い起こさせた。小さい波がダイヤモンドのように私たちの方へさざめき寄せ、月と星たちは夏の空からキラキラと輝いて、船の砲列から白い煙が銀色の雲となって流れて行った。

人々は慌てて互いに折り重なって倒れ、無理な要求をし、互いにまず自分の荷物を第一に取りださせるのに大わらわだったが、当の荷物は船倉の底にあるかもしれないのだった。赤ちゃんは——赤ちゃんはいつもそうなのだが——間の悪いときに泣き通した。トイレに欠かせない品々が欠けていて、六ペンス硬貨や一〇シリング金貨がとんでもない裂け目に落っこちたりした。互いに招待し合い、カードが交換され、年配の女性たちはよく考えもせずにカリフォルニアの知り合いを訪ねる冒険的遠出を快く約束し、最後の挨拶を交わし終えて私たちは安全にキュナード汽船の波止場に碇泊したのだった。

夜の号砲が城郭から轟いた。私はよく知られたイギリスの軍隊喇叭《らっぱ》を聞いた。我が軍隊のなじみ深い緋色を目にした。わめく声は英語だった。顔つきはアングロ・サクソンの容貌と色艶《つや》であった。そして西半球の岸で私はくつろぎを感じた。だが船《ボート》から飛び降り、アメリカの大地に第一歩を置いたとき、これらの馴染《なじ》んだ光景と音が、新奇な情景の中で体験するものと期待したわくわくする喜びの感覚を奪ってしまいそうでいらいらしていた。

第二章　ハリファックスとノヴァスコシア

　キュナード社の汽船は馬力があって、時間厳守かつ安全で、料理《キュイジーヌ》は素敵で、手配は称賛すべきものがある——乗客の多くの目的地であるハリファックスに到着するまでは。私はこう考えよう。すなわち航海は神の恩恵を受け、私たちの大砲は旧世界の報せが新世界に着いたことの前触れとして鳴り響いた。ボーイたちは心付けをもらい、船長は敬意を表された。私たちは全乗組員、船、船旅仲間とでき得る限りの良好な関係を尽くして分かれた、と。蒸気船は通常、石炭を積み込み、船倉から船荷の一部を下ろすためにハリファックスに二、三時間碇泊するが、乗客の一部には、多くの者にとってはとどのつまりせいぜい漂流の監獄であるものから逃れて、たとえ一時間でも固い大地を踏むために下船したいという極めて自然な欲求がある。内陸へ向かうためにハリファックスで上陸する私のような人たちはホテルの部屋が取れるか気がかりではあり、また他にすることのない人たちは、アイスクリーム屋へ急いで、コップ一杯のラズベリー・アイスクリームの贅沢を三ペンス払って手に入れる。その他、これらさまざまな目的を念頭に離船しようとしている人たちの大急ぎの殺到の他に、ポーター、訪問者、石炭運送人夫、合衆国へ向かう乗客たちという姿の来入者たちの群がいる。料金がほとんど二倍であるにもかかわらず、王立郵便汽船の快適さと周知の時間厳守が、植民地間ルートの遅延、危険、不確実さより好ましいからだ。乗客の友人たちや、パーサーをとりわけよく知っているような大勢がいて、果物、野菜、肉、鶏肉、ロブスターを持ってくる。

この説明から、雑多で相当量の群衆がいると想像されるかもしれない。だがしかし、たったひとつの規則、すなわち、郵便物が陸揚げされるまで誰も中に入ることも出ることもできないという規則しかないということは、ほとんど想像されないかもしれない。波止場は小さくて夜には灯りがないので、夜の八時頃の上陸に続いた情景は、旅行者たちがするアレクサンドリア（エジプトの地中海に面した港）での下船の説明を、コントラストではなく類似によって思い起こさせた。直接に板がカナダ号から波止場へと渡されると、直後に入出双方で殺到が起きて、その中で私は親戚の人たちと離れ離れになり、このような混雑に慣れている友人が助けに来てくれなければ転落していたに違いなかった。

波止場は汚く、照明もなく、修理中で、堆積物があり、穴ぼこだらけだった。友人は三つの小包を抱えていたが、そのとき、三、四人の男たちが突進して来て彼から強奪し、激しく抵抗したもののどうしようもなく、それらをあきらめざるを得なかった。そして波止場の先端のひとつのかすかな灯油ランプの灯りに照らされていた大きな関門が開き、その後ろに閉じ込められていた人の群れが坂道に押し寄せて下って行った。同時に突進したのが無蓋車、手押し車、荷車、荷馬車、全速歩《トロット》あるいは普通駆け足《キャンター》のそれらの車用の馬たちで、馬のうちの二頭が私が立っていた砂利の山めがけて突っ込んできて、そこで引っくり返った。じたばたし、叫んだり、鞭で打ったり、首をつかんだり、婦人たちの泣き叫ぶ声、紳士たちの脅しにもかかわらず、御者たちは無理矢理皆波止場から離れようとした――何せ、乗客たちはすべて上陸し、アイスクリーム屋へと先を争っていたのだから。ポーターたちは旅行鞄にありつくために互いにつかみあっており、車輪はロックされ、強いアイルランド《エリン》訛りで御者たちは夢中で喋っていた。人々は互いに慌てて押し合いへしあいするか、あるいは薄暗い灯りのついた税関の中へと飛び込んでいたが、砂利の山と材木の積み重ねの上のわれ勝ちの競り合いによって、不手際と騒動のこの混乱から抜け出してハリファックスの薄汚れた灯りのない通りへと出るまでに、たっぷり一時間半はかかったにちがいなかった。

天候はとてもからっとしていたにもかかわらず、道路は牡蠣《かき》の殻、魚の頭や骨、ジャガイモの皮、キャベツの芯が散らかって汚かった。だが「汚い」というのは、数ヵ月後にそこで泥の中をくるぶしまで浸かって通ったときに見出した、ほとんど通行不能の街路の情況の記述の片鱗さえ与える言葉ではない。

ウェイヴァリ・ハウスで二日間、部屋を取った。ここはひどく侘《わび》しいところだったが、それでもハリファックスで最上の宿だった。上陸後三時間過ぎ、カナダ号は号砲を放ち、ボストンへ向かって汽走した。私は、その色灯が港の先を回って消えていくのを、船との永遠の別れに少しの名残惜しさも感じることなく眺めていた。

二日間ハリファックスに残り、ノヴァスコシアの首都で見る価値のあるわずかなものを見た。私は、ハリバートン判事（トマス・チャンドラー、一七九六〜一八六五年。政治家、判事）の与えるノヴァスコシア人の無気力と起業の欠如の記述がひどく正確なのを発見して、がっかりした。ハリファックスは世界で最も水深が深く広くて便利な港のひとつを有していて、船舶は備え付けの海図以上の他の案内を必要としないほどに安全に入港できる。その入り口には数個の要塞化した小島があり、航行を妨げることなしに防衛の援護となっている。これらの恐るべき砦は入り口を守り、我が国が北アメリカに保有する最大の海軍兵站《へいたん》部を守っている。町自体は約二万五〇〇〇人の人口を擁し、小さな半島上にあって、水際から要塞までの斜面に立っており、要塞は重装備をし、防衛のあらゆる目的に余裕をもって備えをしている。近隣には非常に大きな天然の利点があり、石灰、石炭、粘板岩《スレート》、鉱物が豊富にあるうえに、ハリファックスはヨーロッパに最も近い貿易港である。

だが、実を言うと、ノヴァスコシア人は合衆国の近隣諸州人ばかりか、［連合］カナダとニューブランズウィック（当時ノヴァスコシアを含めていずれも英領植民地）の同輩臣民にもまたはるかに遅れているとうち明けなければならない。大きな諸波止場と手広い倉庫群があるが、それでも、貿易や取引のようなものすべてが欠けていると嘆かれている。北アメリカで最高の湾を持って、豊富な鉱物資源に恵まれた国土を持ち、魚が群れをなす海岸を有するノヴァスコシア人は〈進歩〉という言葉を辞書からぬぐい消してしまったかのようだ――いまだ板屋根の家に住み、通りには歩道もなく、脚長のポニーを飼い、鉄道について大いに語る――が、これを彼らは決して完成させようとしないかのようだ（当時世界最長の路線として計画されたグランドトラック鉄道は一八五三年にモントリオールとポートランド［アメリカ、メイン州］間の路線が開通、モントリオールとトロント間は一八五六年。アメリカのポートランドに出るルートに代わって英領北アメリカを通過して大西洋に出るモントリオールとノヴァスコシアのハリファックスを結ぶインター・コロニアル鉄道が完成したのは一八七六年だった。大陸を横断して太平洋に達するカナダ太平洋鉄道がロッキー山脈を貫きブリティッシュ・コロンビア州に到達して完成したのは独立後の一八八五年）、というのは、自身の活力より下院議会に頼っているからだ。従って、物流が自分たちから逃れるのをみすみす許し、メイン州の繁栄している町ポートランドへ向けさせてしまった商取引を、抜け目がなくて起業的な隣人であるヤンキー、マサチューセッツとコネチカットの鋭敏な投機家たちが押さえている。

上陸した次の日は強烈な暑気の日で、寒暖計は日陰でも華氏九三度（摂氏三四度）だった。夏の太陽光線は私たちのホテルのこけら屋根を焦がし、薄っぺらな板の壁を突き抜けて、家の内部を完全に耐え難いものにしていた。日よけも板簾《ヴェネシアン・ブラインド》もなく、ほとんど熱帯の暑気から四角い白い木造の家を日影にする木一本だになかった。休憩室に入って行ったとき、H…陸軍大佐がほとんど暑さで息も絶え絶えでソファに伸び、私のいとこが半袖で窓の前に喘《あえ》ぎながら立ち、彼の小さな息子がインディアンのような赤い顔色をして、靴を脱いで暖炉の前の敷物の上に呻《うめ》きながら横たわっているのを見つけた。仲間の一人はコートなしでハリファックスの煮え立つ通りを散歩していた！　チャネル諸島（イギリス海峡にある）の一島の出身であか抜けない礼儀作法と卓越した性癖の紳士――セントローレンス湾（フランス出身のブルトン人探検家・北米への侵略者ジャック・カルティエ［一四九一～一五五七］がセントローレンス湾とセントローレンス川岸にヨーロッパ出身者として初めて到達し、イロクォイ族の言葉からその周辺の土地を「カナダ」と名付けた。キリスト教の聖人ローマのラウレンテイウスに因んで命名）岸の町への途上《アン・ルート》で一緒に上陸していた――は我が北アメリカ大陸の植民地を永遠に「厚い氷に閉ざされた凍てつく世界」（シェイクスピア『尺には尺を』第三幕第一場、クローディオの台詞。小田島雄志訳）だと想像していて、従って、ありとあらゆる、温かい衣類をふんだんに準備していたのだった。これが華氏零下二〇度（摂氏零下二九度）の寒暖計への備えとなった。しかし灼熱の太陽と、日陰でも寒暖計は華氏九三度（摂氏三四度）であることを見出したとき、勇気はくじかれてしまい、一日の燃えるような経験によってすべての先入観は投げ捨てられ、絶望が襲い、恐ろしさと驚きの表出はジャージー（イギリス海峡のチャンネル諸島の島）の緑の豊かさへの嘆きと結びつけられた。大佐は総司令部で、明らかにぴっちりして暑苦しい完全軍装を着けて報告することを余儀なくされていた。そして、日中に三度服装を変更した後で、明らかに得るところが無かったので、一定の気象学的な質問、特に九三度は普通の気温かと訊くために出かけた。彼が辿りついた結論は、「気候はインドの熱気とラップランド（ノルウェー・スウェーデン・フィンランド北部）の寒気の間を行き来する」というものだった。

真昼の暑さをものともせず町中をぶらついた、というのは、空気が完全に乾燥していたので、暑さはうだるようなものではなかったからだ。この時間に通りで白人をほとんど見かけなかった。玄関口の側に横たわっている非常に多くのインディアンがいて、わずかな生計のための売り物の籠、枝箒《ぼうき》、木苺《キイチゴ》を売り切ったあとだった。男たちは漆黒の髪、さえた顔色、濃くて澄んだ茶色の目をして、ほとんど決まってハンサムだった。そして女たちはその美しさは二〇歳前に去り、どこか「メグ・メリリーズ」（英国詩人ジョン・キーツ〔一七九五～一八二一〕の作品中のジプシー婦人）風だった。

フランス人が最初にこの国に植民したとき、彼らはそれを「アカディー」（北米東部大西洋岸、特に現在のメイン州東部とノヴァスコシア州に相当する地域の古名）と呼んだ。ミクマク族（カナダ沿海地方の先住民）インディアンは森林に住み、当時ハリファックスを取り囲んでいた薄暗い林の中で、グレイト・スピリット（北米先住民の守護神）を崇拝し、大鹿（ヘラ鹿）を狩っていた。樺の皮で出来た円形のテント小屋《ウィグワム》が木々の間から垣間見えており、妻《スクアウ》たちは広くて深い湾の上で軽いカヌーをせっせと動かし、賢者たちは「幸福な猟場《ハッピー・ハンティング・グラウンド》」（大草原のアメリカ先住民の幾つか、及びイロクォイ、チェロキー、アルゴンクィンなどの死後の世界の概念。猟の獲物が豊富で無尽蔵の楽園）について語った。フランス人はそれらを壊したというのではなく、堕落した形態のキリスト教を与え、**救世主**を磔《はりつけ》にした人々だということによってイギリス人に対する反感を煽った。もし戦いあるいは疫病が直ちに彼らを一掃すれば、より素晴らしいことだったのだ。

ミクマク族は獰猛で好戦的な人々で、あまりに誇り高くて他人種と交流しない――あまりに休みなくそして活動的で文明の定住的習慣に順応することができなかった。あまりに誇り高くその利点を活用できず、悪徳を学び、春の雪だまりのように有害な「火酒」と白人の戦いの執念深い呪いの前に融け去ってしまった。彼らは「陽の沈む大地」へと「青白い顔」(白人)を歓迎し、彼らの前に萎《しぼ》み、彼らの罪によって滅ぼされた。ほとんど伝統を喪失し、その歴史は曖昧さの中に巻き込まれ、広大な大地は未知で名もなき墓に満ち、これらの強力な諸人種は消滅してしまった。彼らは奴隷の境遇へと移りゆくことができず、それゆえ死に絶えねばならないのだ。

将来のいつかある日、ひとつの力強い声がインディアンをかように不当に扱った人たちにこう尋ねるかもしれない、――「汝の兄弟は今いずこに」と。我々はあまりに遅過ぎて、ひとつの人種としての彼らを衰退と離散から救うことができないことがしばしばあるのは真実だ。しかし、文明との接触が必然的に先住民《アボリジニ》に課する悲哀の重荷の下で彼らの最後の家に向かって重い足取りでよろめき歩いているとき、私たちは彼らに「地に平和を、人々に善意を」の便りを伝えてもよかったのではないか、――つまり、「死を滅ぼし、福音を通して不滅の命を現してくださいました」(テモテへの手紙二、一・一〇)**救い主**の報せを――。はるかナイアガラの瀑布の真っただ中、無窮の虹によって囲まれ、虹の女神の島《アイリス・アイランド》(ナイアガラ川のゴート・アイランド)はほとんど唯一、既知の銅色人種《レッド・マン》の埋葬地を含んでいる。そのように訪れるのが困難な場所に死者を埋め、グレイト・スピリットを崇拝する純朴なインディアンたちは誰も彼らの死灰を妨げることのないようにとの思いからそうしたに違いない。誰一人、いかに長い間これらの者がそこに埋葬されて長い最後の眠りに就いたか告げることはできないが、しかし白人の無慈悲な手が、過ぎ去りし人種の最後の休息の地を冒瀆してきた。

通りにはまたすごい数の黒人がおり、そしてもし艶のよい顔色と衣服の質の良さから判断できるものならば彼らは勤労によってかなりよい暮らしを得ているに違いない。これらの黒人と彼らの両親の多数が一八一二年戦争(米英戦争)の中でわが元帥の一人によって合衆国から運ばれて、ハリファックスに上陸したのだ。

ノヴァスコシアの首都はトランプの町のように見え、ほとんどすべての建物が木造だ。木造の家々、木造の諸教会、木造の埠頭、木造の屋根板があり、もし歩道があればそれでさえもまた木でできていた。私は遠くに二つの教会の姿を見て嬉しかった。それらのひとつはゴシック風の建物だったが、近づいてみると木造であることが分かり、本当に素敵な国の建物と行政府の頑丈なレンガ造りの中に避難した。私たちは丘に冠する花崗岩の壁、堀、砲台、防御用土塁、溝、兵舎、水槽の集成から構成される城塞へと上って行った。

兵舎のあたりをぶらついている砲兵の見慣れた軍服を見て嬉しく思ったが、城郭からの光景にはそれ以上に感慨が深かった。優しい夏の夕べで、透き通った大気を通して見るとすべてのものが不思議なほど近く見えた。ハリファックスの大きな町は湖のような湾へと坂を下っていたが、湾はおよそ二マイルの幅で、島々が点在している。そして白い小屋々がちりばめられた絵のような田舎の連なりが他方の側に横たわっていた。湖や入江がガレロック（スコットランドの湖）を思い起こさせ、夕方の微風の前に小舟がすべての方向に散らばって進んでいた。樺とモミの木の雑木林のもつれから、多数の牛たちのベルのチリンチリンと鳴る音が聞こえてき、町《シティ》のガヤガヤした雑音と混ざり、軍楽隊の曲調が通りから私たちの耳に届いてきた。

あまりにも多くの自然の恵みと改善のための多くの可能性を持っているのに、ノヴァスコシアの高貴な植民地を、その繁栄する近隣――カナダとニューブランズウィック――の重荷および厄介者のままにする不幸な争いや失政を悔やまざるを得ない。鉄道、蒸気船、下院議会に関するお話から、本当になされたひとつのこと、すなわちセントジョン（ニューブランズウィック州南部の都市。ファンディ湾の北岸、セントジョン川の河口に位置する）およびそこから合衆国への電信線の設立へと話題を転じるのは楽しい。電信線のこのシステムにより――これは英国ではほとんど信じられない程度まで粗雑で安上がりだ――、イギリス郵便汽船によってもたらされるニュースはハリファックス自体の周辺に着く前に、ボストン、ニューヨーク、ニューオーリンズ、シンシナティとすべてのアメリカの大都市で知れ渡る。

電信にかかるコストは一マイル当たりおよそ二〇ポンドで、その電線は普通、皮をむいた松の幹で支えられるが、しかし、しばしば惨めな道路に沿って木から木へと架線されているか、あるいは森林の奥深くを通っている。

ハリファックスの商店はかなり良く、工業製品はどれもイギリスより高い値段で売られている。本だけは安くて豊富で、イギリスの本のアメリカ海賊版だ。

ハリファックスを発つ朝、英国のドラムとスコットランド高地《ハイランド》のバグパイプの壮快な曲の鳴り響く音で目覚めた。ハリファックスから植民地北方のピクトウ（ノヴァスコシアの都市）への長旅のための装備が準備できて、六時に宿の戸口のところにいて、駅伝乗合馬車の上に手荷物を山積みしようという男たちの成果のない試みを眺めていた。

〈駅伝乗合馬車《コーチ》〉という単語に「古き良き時代」の光景を想い起こさせてはいけない――それは、活気溢れる湾のさっそうと身支度したチームによる迅速な速達便、どれも「真新しい《スピック・アンド・スパン》」馬具、紳士風に装った御者、深紅の軍服を着た衛兵、これら全体が時速一〇マイルのペースで道路をガタガタ走るといった光景なのだ。

私たちが二〇時間に一二〇マイルの旅をした乗物は叙述するに価するだろう。それは二つの太い革紐でつり上げられた巨大な客車本体からなり、両脇は開いており、窓があるべき場所は変色した大鹿のなめし革の重いカーテンによって覆われていた。内部は四つの横椅子があり一二人分の席となっていたが、天候からひどく不完全にしか遮られないものだった。後ろは大きな荷物棚で、御者席の後ろは三人分のベンチだった。その馬車は真っ赤に塗られていたが、まるで一年間も洗っていないように見えた。六頭の強《きょう》靭《じん》な白馬の一組は一人のヤンキーによって御されていたが、彼は沈黙だけが際立っていた。およそ一トンもの荷物は馬車の上と後ろに詰め込まれ、二つの開いた小型鞄は中身に少しのリスクもなく背後に置かれていた。

一二人の人たちと一人の赤ちゃんはやっとのことで乗合馬車に詰め込まれ、わずかな隙間は籠、包み、荷物でいっぱいになった。御者は馬に鞭をくれ、対岸のダートマスに馬車を渡す連絡船へとハリファックスのでこぼこした通りをガタガタと下ったが、大変うまく配列されていたので、六頭の馬は位置を変える必要はなかった。

道路は何マイルにもわたって不毛で、岩だらけの、ゆるやかに起伏する田舎の、バルサムモミとトウヒの木に覆われ、ラズベリー、野生のシャクナゲ、ハンの木の下ばえのあるところを通っていた。一六マイルにわたって湖の連なったところを過ぎたが、その長さは一〜三マイルで、岸は暗い松林に覆われていた。人々はノヴァスコシアはやせた不毛の地だと言いがちだが、それは内陸部深くに入り込まなかったからだ。確かに近寄ることはいささか難しいが、だからと言って私の行程がその中を突っ切る道であったことを決して後悔しなかった。ノヴァスコシアの沿岸は荒れ地で、スコットランド東部と非常に明瞭な類似性を帯びている。気候は、冬は厳しく霧が非常に深いとはいえ、健康と植生にはともに適している。モモとブドウは戸外で熟し、トウモロコシとジャガイモはその耕作者にたっぷりの報いがある。国の大きな部分はまだ森林で覆われているが、明らかに二次林である、というのはモミ類が切り倒されるか火で消滅させられるかして、どこでも、堅木類（マホガニー）などが芽を吹いているからだ。

そこで、楓《メイプル》、アメリカ楡《ニレ》と紫の花が咲くハゼの間には、巨大な焦げて葉のない松の幹が大きな腕を伸ばしている――あたかも、かつての大火を告げるかのように。こうした森林の中の開拓地では、土地の斜面をカラスムギとトウモロコシが、ジャガイモやカボチャ類の変化を伴って覆っているのが見える。普通、地表がやせているところはどこでもミネラルの鉱脈が豊富に蓄えられている。広大な厚さの石炭層がある。さまざまな形で鉄はふんだんにあり、石膏の供給は無尽蔵だ。国の多くの部分は牛を飼うのにとても適しており、おびただしい数の河川という形での尽きることない「水利」がある。私は植民地でトルロあたりの開墾した起伏する土地の大きな広がり以上のより素晴らしい地域をほとんど眼にしなかったが、ウィンザー（カナダ南東部オンタリオ州）近隣をはるかに勝ると言うことだった。リンゴの木は植えられているところはどこでも繁茂しているように見え、果実の大きさと香りは短くて暑い夏を物語っている。地域の内陸部は非常に肥沃であり、大いに改善の余地があるのに、ノヴァスコシア人が自分たちの後進性を説明するのに、外国人に対してその不毛で岩だらけの海岸を指し示すのはほとんど公正とは言い難いのである。しかし彼らは道徳的で、頑健で実直な人々である。我々の植民地の同輩臣民の誰一人として、これ以上英国王室に愛着し、あるいは防衛の武器を執るべくこれ以上に準備している者はない（カナダは「英国の誠実な娘」と呼ばれる）。

　私はノヴァスコシア人について耳にした多くのことと、眼にした少しのことを心から嬉しく思った。彼らは温和で、たくましく、独立心に富んでいるように見え、駅馬車の中で見た見本の人々は礼儀正しく、気持ちよく、知的であった。

　ダートマスのきれいで小さい村を過ぎて、林の間に白樺の樹皮で出来た幾つかのテント小屋《ウィグワム》を見かけた。背中に赤ん坊《パプーズ》を背負った幾人かの（北米先住民の）女《スクアウ》たちが私たちが通り過ぎるのをポカンとした顔でじろじろ見ていたが、わずかな衣服を着けて、見事な姿態を最も引き立たせている、一人の裸足のインディアンの子どもが時折、投げ与えられる銅銭に釣られて二、三マイルにもわたって馬車の横を走って付いてきた。

　一八マイルの退屈な旅程が私たちをシュルツェズ――非常に美しい湖畔の路傍の宿――へと運び、そこで「駅逓朝食《コーチ・ブレックファステッド》」だと言われた。大西洋の向こう側の乗合馬車にこのような我々には未知の離れ業ができるかどうか敢えて言わないが、ともかく私たちは朝食を摂った。塩漬けの子牛肉のシチュー、田舎風のチーズ、臭くて塩からいバター、卵焼き、カラスムギパンからなるとても粗末な食事が供されたが、あまりにお腹がすいていて、その出来ばえにもその値段――ロンドンのホテルに匹敵した――にも文句のつけようがなかった。ヤンキーの御者はそっけない男で、隣に座っていたのだが、酒の代わりに紅茶を楽しんでいるのを見て嬉しかった。

　大変な困難を圧《お》して再び馬車に自分たちを詰め込み、四八本の手足の成り行きは、続く数日間の苦痛に満ちた感覚の体験で思い知らされた。しかし旅客は皆、完全によい機嫌で、この苦難の道を行く一一時間の間、互いに楽しく過ごした。毎時六マイルの速さでさまざまな種類の道――板、丸太《コーデュロイ》、砂――を進んだ。長くて過酷な丘を上り、蚊がうじゃうじゃいる沼地を通り抜けた。

だれもが丸太道《コーデュロイ・ロード》のことを聞いたことあるだろうが、その耐え難い苦痛を経験した者はいかに少ないことか！　それらは一般に沼地を横切るために利用され、枝を払った細い松の木で作られ、道を横切って互いに並べて置かれていた。その上を通る通行による損耗は間もなくこれらをバラバラにし、間に隙間が生じる。そして、これに加えて、一本の幹が腐れ落ち、もう一本は沼地に沈み、さらにもう一本は傾いて跳ね上がっているようなときには、皮の吊りスプリングだけが耐え得るだろうようなガタガタ揺すりを想像してもらいたい。最悪の道では深い穴だらけ、あるいは小さな花崗岩の瓦礫で被われ、馬車はただ紐の上で揺れるだけだ。通常のバネ（革紐でない）は乗客の関節を外してしまうだけでなく、二、三マイルの旅程で曲がり折れてしまう。

私たちもまたそうであったように、顔が時々互いにあるいは手すりすれすれに近づき、頭は非常に不快なぶつかり合いをこらえた。アメリカの気候に痛く失望した物腰の柔らかい男性は、この旅で大変な苦痛を被った。彼はフランスの乗合馬車《ディリジャンス》が最高の不快さだと思っていたが、「乗合馬車《ステイジ》は悲惨で、おお拷問だ！」と言った。普通よりさらに悪く激しく揺すぶられる度ごとに、気の毒な男性は呻き苦しみ、それはいつも笑いの合唱を引き起こし、これに対して彼は最も善良に身を任せた。時折彼が時間を尋ねる、すると誰かが意地悪そうに懐中時計を指し示して、「あと一二時間」あるいは「あと一五時間」と言い、彼は絶望の表情で見上げたものだった。橋々はイギリスのとはとうてい似ても似つかない格好をしていた。小さな流れや小川の上に三本の松の木を渡しその上を厚板で被っていたが、いかなる手すりもなく、ときには板が抜けていて、ときには真ん中に穴が開いていた。大きな流れの上では高い欄干付きで最も特殊な種類の木の構造物で、不安定さは「法律により貴下の馬を歩かすべし」の掲示によって明らかだが、この掲示は通常、御者によって無視され、揺れてガタガタ鳴る構造物の上で馬たちを速足で進ませた。

数個の小さな流れと、大きい中のひとつであるシュベナカダイ川——川幅が広く、ゆっくりと流れる泥の川で、柳と生垣を通って流れていて、イギリスの沼沢地帯の川のようだ——を通り過ぎた。シュベナカダイの河口で潮は四〇フィートも満ち引きする。

ノヴァスコシアでは、動物たちは人間より注意深く棲《す》みついているように見える。馬を替えるところではどこでも、床板がきちんと掃除された、普通二〇頭の馬が収容できる広い馬小屋に向かって戸口の開いた非常に高い差しかけ小屋の中に乗り入れた。冬の気候の厳しさが、動物の生命を守るためにそのような注意深い設備を必要とさせている。御者は馬小屋に入って一組を選び出し、連れ出され、それから蹴ったり、噛みついたり、ヒヒーンと叫んだりの光景が続いて起こり、最も猛り狂って蹴っている馬が所定位置に付けられることによって終わる。そしてある程度の話し合いの後で、郵便袋が取りつけられると、どっしりした乗物が再び動き出し、先頭馬《リーダー》たちはいつでも最初の数ヤードの間後足で立つ。

六〇マイルの間森の中を通っていたが、木々は数マイルにわたって時々焼けたり焦げたりしており、木々の周りの地はすべて黒ずんでいた。ほとんど空き地を見ず、あってもそれらはただ数エーカーの土地が粗雑な「ジグザグの塀《スネイク・フェンス》」（粗く削った横木の一端を他の横木の一端に一定の角度で載せて作ったジグザグ形の塀）によって森から隔てられているだけだった。火によって黒くなった木々の切り株がカラスムギの間に立っていた。だが、ひどくだらしなく見えたけれども、大きな根が枯れるまでの二、三年の間は避けられない弊害だった。

一一時間が経過したが、少しも飽きることがなかった——いとこたちとその子どもたちは狭苦しさと疲労にひどくまいっていたけれど——、そして、坂を三時間上った後の五時に、トルロと呼ばれる大開拓地がその中心となっている大きな起伏した耕作地へ向かって下り始めた。そこで、みじめな宿泊所に夕食を摂るために降りたが、我々イギリス人の考えるディナーの答えとは決してならない食事だった。一杯の紅茶が各々の皿の側に置かれていた。そして、同客たち——主として農業開拓者からなる——が大量のマトンと、この地方で有名なジャガイモ料理を食した後で、この飲み物で癒された。いかなる酔わせるアルコール飲料も卓上になく原注3、セントジョン市も例外でなく、ニューブランズウィックの宿々で同じ節制の習慣を目にした。イギリスの同様の階級の間で悪名高く広くいきわたっている大酒癖がノヴァスコシアではこんなにも完全に挫《くじ》かれているのを知って大変に嬉しかった。紅茶は濃すぎてイギリス人の好みに合わなかった――それは弱火で煮られ糖蜜で甘くしてあった。

新しい馬車と馬を待っている間に、数台の四輪大型荷馬車《ワゴン》が到着し、法律家たち、店主たち、船大工たちを載せていた――家族と一緒にニューブランズウィックのセントジョンのコレラから逃げてきたのだ。続く五〇マイルを素晴らしく楽しんだ、というのは、外側の御者席に座って旅行したので、詳述する余地がたっぷりあったからだ。御者は非常に知的な開拓者だが、この任に就くのを押しつけられたのだ――なぜなら、フランス系カナダ人の御者ジェングロが前夜にトルロで開かれた禁酒同盟会に反対してしたたかな酩酊状態だったからだ。

我々の御者は三〇年間というものアルコールを口にしていず、寒い旅の終わりの一杯の熱い紅茶が一杯の水割りラム酒《グロッグ》以上に元気づけてくれると思っている。

トルロを出発したとき、ちょうど六時だった。夜の影が周りに閉じつつあり、行程にはほとんど人の住んでいない地域が五〇マイル以上広がっていた。しかし、非常に多くを学び聴くことがあったので、何時間も活発に疲れを知らない会話をし続けた。最後の開墾された土地は七時までに過ぎ、森の中へ入り、八マイルの長く退屈な上り坂が始まった。森の中の駅舎で私たちは馬を替え、幾つかの灯りを点けたが、それは私たち自身のためではなく、ワゴンの少年御者、つまり「臨時雇い《エクストラ》」を案内するためだった――彼は四頭の馬を御する責任をもってすぐ後ろをカタカタついて来ていた。道は丘陵に富んでおり、しばしば急な下り坂の端ぎりぎりに沿って走り、それをよく知らない――その他の点では注意深い――私たちの御者は最も緩い速度で進んだ。

後続の軽馬車の若い御者《ジーヒュー》はそうではなかった。鞭をぴしゃりと鳴らし「前へ《グラング》、急げ《ジープ》」と叫びながら、死に物狂いで進み、下り坂をガラガラ走り、疾走し、角々を急に回った――私たちの用心深い護送者が「落ち着け、ドウドウ《ホウウ》！」の警告を発しているにもかかわらず。一度、後ろのガラガラが完全に鳴らなくなったので、私たちは停止した――御者は彼自身の隊の安全と、暗い夜に一三歳の少年を気遣っていた九人の乗客の安全をともに心配していたのだった。四輪大型荷馬車《ワゴン》はすぐにまたガタガタとやって来て、ピクトウに着くまで、相変わらず嫌になるほど接近したままだった。

一〇時に、もうひとつの長い上りの後で、馬に水を飲ませるために止まり、「山のナンシー・スチュワート」としてよく知られているハイランド人老女の持ち物である掘立小屋で幾分の骨休めをした。ここで二、三人が降り、紅茶、ミルク、カラスムギケーキ、バター、クランベリーとラズベリーのジャムの満足のいく食事がすぐに供された。この食事を数人の立派で陰鬱に見える縁なし帽子《ボンネット》を被った高地人《ハイランド》たちと数匹の大きくて醜い犬と共にした。部屋は全く絵のようで、黒ずんだ垂木《たるき》の周りに鹿と牛の角が架けてあり、楽しい薪の火があった。お茶の後でお国言葉でナンシーに話しかけると、ひどく喜び、食事代をどうしても受け取らせることができなかった。私が高地《ハイランド》の彼女の生まれたところを知っていることが分かると、彼女は大いにお喋りになり、「Oiche mhaith dhuibh; Beannachd luibh!」[原注4]とさようならを言い、本当のスコットランド高地《ハイランド》風に両手で私の手をしっかりと握った――これは故郷と友人たち、そして「美しい《ボニー》北の国」の光景を

［原注3］たんに自分の観察したことだけしか書かない、というのは、ノヴァスコシアでは飲酒が非常に多かったので、立法府は厳格でいくらか恣意的な法律「メイン法」（一八五一年、禁酒法のひとつ）を導入するのが便宜だとみなしたからだ。

［原注4］お休みなさい。神の御恵みがありますように。

思い出させる握手であった。

粗っぽい走りでこの地からピクトウまでやって来た。道は時の始まりに種をまかれたに違いない森林の中を通っていた。巨大なアメリカツガが大きな枝を高く伸ばし、黒っぽい枝の間から銀色の白樺《シルヴァー・バーチ》の樹皮がチラチラしていた。楡《エルム》、ブナ、楓《メイプル》が繁茂していた。私は独り、イギリスの樫が懐かしかった。

これらの途無き道の荘厳な静けさは、ただ遠方のウシガエルの鳴き声によって破られるだけだった。流星が火の尾を曳《ひ》いて落ち、ほとんど連続して雷光を放つ雲の後ろから時折、三日月が光り、馴染《なじ》んだ顔がひとつもないことが、自分は異郷の異国人であることをしみじみ実感させた。

植民地の話題が尽きてしまった後で、超自然現象の怪談――幽霊、生霊、妖怪《アパリッション》、透視力《セカンド・サイト》などのお話――をして御者を楽しませた。だが、彼は信じない者だと言い、彼に感銘を与えることに失敗したと思っていたが、小枝をピシャリと鳴らし始め、白樺《シルヴァー・バーチ》の白さがチラチラし始めた時、彼は終《つい》に白状した――もし暗闇があんなにも真っ暗でなかったなら、あの話をもっと気にいっただろうにと。

森の静けさはあまりにも荘厳でモヒカン族の最期（ジェイムズ・フェニモア・クーパーの作品名［一八二六］。モヒカンは北米先住民）を思い出し、もしインディアンの鬨《とき》の声が私たちの耳を突然驚かしたとしても、少しもびっくりしなかっただろう。北米先住民《レッド・マン》のものである土地を旅していた。三人の酔っぱらいが道で寝ているのを発見した以上の恐ろしいことは何も起こらなかった。御者は車が進めるように、降りて彼らをどけた。

ひどく冷える星光る朝二時一五分にピクトウに到着し、道沿いに架設してある粗雑な電信機を使って、普通並みに清潔な宿の気持ちのいい部屋を確保していた。

ここでプリンスエドワード島から来た店主と出会い、彼は私たちに、これから訪ねることになっている私のいとこたちの両親は、私たちの到着については何も知らず、子どもたちはドイツにいると思っている、と告げた。

植民地のディナーは御馳走と紅茶の組み合わせであるように、植民地の朝食は朝食とディナーを寄せ集めた不思議なごちゃごちゃで、思うに両方のよいとこ取りだ。それは単に高地地方《ハイランド》の朝食につけ足したものだ。数種類の魚、肉、卵、それにジャガイモ、そば粉の揚げ物とトウモロコシパン《ジョニー・ケーキ》（トウモロコシの粗粉を練って鍋で焼いたパン）が紅茶やコーヒーと一緒に出される。

ピクトウはいつの日か繁栄する町になるかもしれない——広大な石炭鉱脈を持っているのだ。ひとつの薄層《スィーム》は三〇フィートの厚さがあると言われている。現在そこは極めてとるに足りないところで、港の水深は非常に浅い。ピクトウからプリンスエドワード島のシャーロットタウンへの道程《みちのり》は六〇マイルあり、この路により、ノヴァスコシアを抜けてノーザンバランド海峡を渡り、イギリスからの郵便物は二週間に一度配達される。

これらの港間を往復する小さな郵便汽船フェアリー・クイーン号に恐ろしい大事故が起こったのは、そんなに前ではない。ある不注意から船は水漏れを起こし、沈んだ。船長と乗組員は船の救命ボートでピクトウへ逃がれた——それらのボートはすべての乗客を救助するのに十分な大きさのはずだった。ここに彼らは着き、難破者の話が語られたが、それはいかなる人の声も彼らの野蛮さと卑怯さを語ることはけっしてないだろうとの希望の下においてだった。数人が不幸な船と一緒に滅び、その中にマッケンジー博士、前途有望な若い士官と二人の若い婦人——そのうちの一人は結婚のためにイギリスへ行くところだった——がいた。少数の乗客が上甲板に乗って漂い、安全に陸地に着いて、仲間たちを滅びへと任せた非人道性への恐怖の目撃証言をすることになった。死者からの声といえども、海が船を死に明け渡すまでは、臆病な船長が会うとは決して予期しなかった人々の声ほどに、この船長の心臓に大きな脅威を打ち込んだものはなかっただろう。船長は殺人のかどで起訴されたが、犯罪に対する処罰を免れた——一般の人々の義憤は彼に対して強く喚起されたとはいえ。私たちは一二時までにレディ・ル・マルシャン号に乗船するように言われ、与えられた幾らかのパイナップル以上の実質的食べものなしで、焼けつくような甲板で四時間の拘留に耐えた。ノーザンバランド海峡を渡るのに五時間――最大可能な限りの不快さの五時間――を要した。向かい風と荒れた三角波を受けたが、それは小さな汽船がとほうもなく縦揺れする原因となった。ケープ・ブレトン島（ノヴァスコシアの島）が遠くに見えるようになってから、元気のよい友人がしつこく、親切にもプリンスエドワード島の最初の一望を見せようとやっきになって迫ったにもかかわらず、私は甲板のマットレスに横になっていた。

　とうとうシャーロットタウン港へ入り、どちらかと言うと凪の中で立ち上がって周りを見たとき、その光景の平和な美しさを称賛せざるを得なかった。はるかかなたにノヴァスコシアの荒涼とした断崖と大西洋のうねる大波があり、他方、三方にわたって私たちは、大変低くて、その上に立っている木々がほとんど水の中から生えているように見える土地に囲まれていた。大地はデヴォンシャー（イングランド南西部の州）の肥沃な赤土、木々は輝くような緑、木々に囲まれた芝がその間に成長していた。先住民《アボリジニ》の軽いカヌーが水上を優雅に滑るように動き、または水辺に高く乾いて置かれていた。そして二、三マイル先には島の首都（シャーロットタウン）の尖塔と家々が展望に賑やかさを付け加えていた。

　私たちは速やかに波止場に碇泊し、従姉弟たちは八年間の留守の後で、岸壁の人混みの中に幾つかの親しい顔を熱心に探していた。彼らは何か訪問を阻むことが起こらないように、もくろまれた到着を両親にほのめかすのを意図的に避けていた。だから彼らは完全に予期されていなかった。しかし、自然な愛情の真の本能に導かれて、波止場にいた親戚たちに速やかに見つけられて、多くの嬉しい再会が続いて起こり、数年にわたる寂しかった別離の年月間の埋め合わせをたっぷりしたにちがいなかった。

　それは、茂ったモミの木の農園に取り囲まれた昔風のイギリスの赤レンガの大邸宅の中であった――そこで私はそれまで一度も会ったことのない親戚たちに温かく迎えられたのだ――それは私の永く頼りになる友人たちのためであった――予期しなかった再会の恵みに喜ぶ心と愛情と幸福で輝く顔々に囲まれた――それが「英領北アメリカの庭《ガーデン・オブ・ブリティッシュ・アメリカ》」で最初に過ごした夜だった。

第三章　プリンスエドワード島

私はよく知られているとあるカナダの市におけるパーティーで一人の紳士に自筆のコレクションを示していたが、そのとき、この本はクロムウェル（オリヴァー、一五九九～一六五八。政治家、軍人、イングランド共和国初代護国卿。王政復古後、反逆者として墓を暴かれ、遺体は絞首刑ののち斬首され、首はウェストミンスター・ホールの屋根に四半世紀晒された）の荘重な署名のところが開かれていた。私はそれを指《さ》し示《しめ》して止《とど》まり、熱狂ではち切れんばかりの興奮を予期した。「クロムウェルって誰ですか」と彼は訊いた。これは、もしこれほどあまりに痛ましく明白に本物でなかったならば、知らんぷりを演じているのではと信じただろうほどの無知だった。

イギリスの小地主《ヨーマン》の友人は、私が強風で大変な危険にあった後で、無事にボストンに着いたと告げられ、「リンカンシャー（イングランド東部にあるカウンティ）のどこかだと考えた」。

これらの無知の実例とさらに記憶に生々しくあげることのできるもっと多くの事例をもってすれば、プリンスエドワード島のような比較的人目につかないような地上のある場所がほとんど人に知られていないということに私は全く驚かない。イギリスから出発する前に友人たちに目的地を言ったとき、幾人かは太平洋へ行くのだと思い、またある人たちはアメリカの北西岸へ行くと思い、他方で一人か二人は地図を見て、私がそこにあると示した洋上にそのような島の場所を見つけられなかった。

現在、プリンスエドワード島は七万人の人間の居住地だ。守備隊が駐屯していた――ただし、今はその住民の忠誠心が十分な守備であると思われているが。島は［植民地］総督《ガヴァナー》、立法議会（下院に相当）、行政評議会（内閣に相当）、憲法を有している。木造の総督官邸と石造りの植民地政府の建物がある。六〇〇〇〇人を擁する町があり、大規模な造船業が盛んで、最後になるが、首相がいる。カナダや合衆国のように旅行者の入り込みは見られず、イギリスの他の北アメリカ所有地としてかなりなじんでいる多くの人にとっても「人跡未踏の地《テラ・インコグニタ》」なので、それについて簡単に説明しなければならない、といっても案内書や移入者の手引きを書いているのではないけれど。

この島は一四九七年にセバスチャン・カボット（ジョン・カボット「一四五〇？～九八」の誤記か？ セバスチャン「一四七四～一五五七」は一四九七年に北米大陸を発見したジョン・カボットの子。南米大陸を発見した）によって発見され、二世紀以上経ってからセントジョンと名付けられ、古い地図にはまだその名で示されている。この島は、われらが女王（ヴィクトリア女王）の傑出した父（プリンス・エドワード・オーガスタス、一七六七～一八二〇。イギリス王ジョージ三世の子）――彼はそれに多大な関心を傾けた――への敬意を表して、プリンスエドワード島の名を受けた（一七九九年）。フランスとイギリス間の終わりなき戦争の間は、数多くの戦いの戦場であった。他の地域と同じく、先住民たちはここで、白人の前で雲散霧消した。およそ三〇〇人が残り、狩猟と漁労によりわずかな生活の資を稼ぎ、ローマ・カトリックの信仰を公言している。

島は一四〇マイルの長さで、横幅は一番広いところで三四マイルある。小さな入江が交錯している。海岸のすべての場所がセントローレンス湾の荒れ狂う流れによってギザギザになっていて、どれかの岬《アーム・オブ・ザ・シー》から九マイル以上離れた場所はない。この島は英領の津々浦々まで「英領北アメリカの庭《ガーデン・オブ・ブリティッシュ・アメリカ》」の名が行き渡っている。この呼び方が本当にふさわしいことを、そこを夏季に訪れたことのある者の誰も否定しないだろう。

ノヴァスコシア、ニューブランズウィック、セントローレンス川岸は最も肥沃なところでさえ茶色だが、この島は輝かしい緑を纏《まと》っている。島で最も高い土地でさえ海抜四〇〇フィート以上はないと思う。どこにも岩ひとつなく、非常に偶々《たまたま》森の奥で拾えるかもしれない小石があれば、好奇心と科学的精神を持つ人々の心に大いなる探求心を惹き起こす。この地方の諸様相はその土壌のように柔軟だ。土地はどこでもゆるやかに起伏しており、――丘のようなものは見当たらないとはいえ――クリケット場のために十分に平らな一区画を見つけるのも困難だった。北河岸は極めて美しい。小さな村々、緑の開墾地、素晴らしい湾、水辺にまで迫って生える木々、木陰の流れがある。

土地は農業に最適であり、また羊の飼養にも適している。しかし島は鉱物資源に関しては全く貧弱だ。気候はすこぶる温暖だ。北アメリカの夏の強烈な暑さはここでは涼しい海風によって緩和されている。霧はほとんどかからず、空気は乾燥していてぴんと張っている。長寿の事例は極くありふれている。熱病と結核症はめったにないし、コレラは一度もこの海岸を襲ったことがない。賃金は高く、雇用はふんだんにある。土地は安く、かなりの生産力を有する。しかし、ちょっとした資産はいつでも得られるだろうが、農業で金持ちになったという人を私は一人も聞いたことがない。造船は島の大きな商売で、最も利益の多いものである。どこでも、二〇マイル内陸部でさえ、そして森の中でも、建造中の船を目にすることができよう。これらの船舶はイギリスか近隣の植民地で売られている。しかし、年々、島の取引が増加するにつれて、島は自身の使用のためにより多数の船を必要とするようになってきている。

夏には、島は非常に快適な居住地である。砂道は通行可能で、隣の大陸と隔週で連絡船がある。狩猟と漁はあり余るほど楽しむことができ、インディアンはこれらのスポーツに手を貸すためにいつでも待ち構えている。しかしながら、熊撃ちは、かつてはより冒険を好むスポーツマンたちにとっての大アトラクションであったのだが、急速に消え去りつつある。

冬季には、プリンスエドワード島より退屈で、楽しみがなく、寂しい場所を考えることができない。一二月の初めころには大陸との連絡船は絶え、島を離れようとする人々は大急ぎで出発する。多大な貯蔵燃料が蓄えられ、湾は船運から見放され、すべての屋外仕事は次第にお終《しま》いになる。クリスマス前に霜が降り始め、雪はしばしば六フィートの深さに積もり、やがて湾と付近の海は凍り、島は六ヵ月もの間、文字通り「厚い氷に閉ざされた凍てつく世界」になる。冬季の間、二週間に一度、砕氷船がたった九マイルの幅しかないノーザンバランド海峡を非常な危険を冒して渡って来て、イギリスからの郵便物を届ける。しかし、時々すべての情況が芳しくなく、手紙は一ヵ月も遅れる――気の毒な島民たちはその間、氷に閉ざされた牢獄に閉じ込められ、世界を騒がせているかもしれぬ出来事を知らずにいる。島の首都であり政治の中心地であるシャーロットタウンは非常にきれいな広々とした湾に鎮座しており、若干の重砲で守備されていた。こけら板葺《ぶ》き屋根の町だが、海からは非常に見栄えがよい。ケベックを別として、それは英領北アメリカで一番きれいな町だと思われている。しかし、ケベックは岩の上に建った町であるのに対して、シャーロットタウンは沼沢地に隣接していて、その排水はあまりに蔑《ないがしろ》にされてきた。

町には数ヵ所の共有地《コモンズ》があり、草原はとりわけ緑に輝き、周りを家々に取巻かれた風景が趣きを与えている。家々は小さく、商店は決して見映えするとは言えない。街路には灯りが点いていず、歩道もない。舗装の計画もなく、そこを通るときの車輪のグリップ（地面をつかむ力）がどこか恐ろしい。至るところにある「しっかりつかまって《ホールド・オン》」という注意書きは、頻繁に掲示されているとともに、絶対に必要でもある。牛に曳かれてスプリングの無い荷馬車や材木運搬車に乗ってガタガタした道無き丸太道を何マイルも旅したことがあるが、シャーロットタウンで出会ったようなガタガタ揺れ、関節が外れるような情け容赦のないものには出会ったことがない。この島の首都には対立する政治的立場の二、三の週刊新聞があるが、荒っぽい人物たちと下品な悪口で互いに張り合っている。

この植民地は「責任政府」（一八五一年成立）、総督、行政評議会、立法議会を有し、政治の嵐はしょっちゅう起こる。下院（立法議会）議員はほぼ普通選挙に近いものによって選ばれ、「首相」はその過半数を必要とするものとされている。この議会は、人格の低い人物たちと激しい罵り合いの点で、アイルランドの救貧法委員会とどっこいどっこいだと言われている。

不和の霊《ジーニアス》はこの土地を満足気《げ》に見下ろすにちがいない。政治は争い、不実な表明、離間、分裂の豊かな源泉だった。反対諸政党は互いに「ひったくり《スナッチャー》」と「がみがみ屋《スナーラー》」と呼び合い、両者の間は不倶戴天の関係だった。広く断言されているが、島の半数の人たちは他の半数と口もきかないという。そして何より悪いことには、宗教的な差異が政治的憎悪を掻き立てる発動力として持ち込まれて拍車をかけてきた。人々が真に心から互いにこれほど憎悪するように見える共同体を一度も目にしたことがなかった。礼儀作法の見え透いた見せかけは辛らつな嘲笑、悪意あるあてこすり、悪質な陰口、根拠無い中傷を隠し果《おお》せない。社会《ソサエティ》の幾らかの形式が島で見られる――俗に「激しい競り合い《カッティング》」と呼ばれるあの文明化の極端がありふれている。朝の訪問は几帳面に行われ、返礼され、ときにはダンスパーティーやティーパーティーがある。ケベックは世界中で一番暑くて一番寒い町、パリは最も派手で、ロンドンは一番裕福な町と言われる。しかし、シャーロットタウンは最も噂話の盛んだという点で勝利を得るかもしれない。

一般的かつ日常的な隣人のニュースを追いかけて住民たちが駆け回る――三マイル圏内で話されたことや為されたことはすべて噂に上り、そしてもちろん話されも為されもしなかったことも多く噂される。人に不和の種をまくことを仕事にしている一定の人々がいて、人の仲を裂くことは、その首尾に大した機智など要求されない職分だ。

住人たちは頑強な人種で、半分以上がスコットランド人の子孫だ。彼らは長い冬のせいで、腰を落ち着けた事業的な習慣を身につけることを妨げられている、というのも、冬はすべての屋外の雇用を止めてしまうからだ。娯楽が考え得る唯一のことであるこの期間は、植民地では「地吹雪のとき《ブローイン・タイム》」と呼ばれる。国中が雪で覆われ、住民たちはそりを乗り回すか、氷の上で球戯をするか、若い御婦人たちを陽気なキルティング会《フロリック》や雪上遠足に連れて行くか、水割りブランディを飲み、わずかな賭け金でトランプ遊び《ホイスト》をする他にすることは何もない。

シャーロットタウンからより遠くへ行けば行くほど、人々はより素朴で親切に人をもてなすようになる。温かく見知らぬ人を歓迎し、幸福で道徳的かつ満足しているように見える。この島は、新世界で超自然的なものを信じている人に出会ったたったひとつの場所だ。ある夕べ、月明かりの中で、私は一団の人にたわいのない幽霊の話をしていたのだが、話を聞いていた一人の非常に賢い少女が、その夜のうちに寝室で何か動くものを見たと想像した。幽霊は彼女の足元でなく頭の方を攻めるだろうとの想定で、彼女はナイトキャップ《ボネ・デュ・ニュイ》の中に両足を縛って枕の上に載せ、頭はキルトを被った――これは霊的訪問者をだます新奇な方法だ。

植民地には多数の宗派があり、例外なく、すべてが同じ特権ないしその欠如を享受している。それぞれの宗派にどのくらいの人数がいるのか知らないが、ローマ・カトリックが最も優勢なのではないかと思うのは、町中にカトリック教会の塔が聳《そび》え並んでいるのを目にするからだ。監督派《エピスコパリアン》の牧師はおよそ一一人いるが、働き過ぎで、十分な報酬がない。彼らのほとんどはノヴァスコシアの主教の完全な監督下にあり、主教の意思と意向のままに解任・転任され得る。この意思をビニィ主教（ヒッバート、一八一九～一八七。第四代主教）は非常に勝手気ままで独断的に実行する。

これらの牧師たちのうちの幾人かは非常に優れており勤勉な人たちだ。特筆し得るのはジェンキンズ博士で、何年もの間シャーロットタウンの首席牧師を務めていて、その敬虔さ、学識、キリスト者魂はいかなる地域にあっても英国教会の誉となるものだ。牧師たちの間でさえ、何かあるものはイギリスから来ての人にはやや特別に見えるかもしれない。ある牧師は説教中に言い淀《よど》む、と聴衆の一人がフロア席から「贖罪《プロピシエーション》」と叫び、説教者は彼に感謝し、その言葉を取り上げ、説教を続けた。

召使いを得る困難は、それが官邸を始めとして感じられる、この植民集団の大きな難点のひとつである。入手できる少数は、個々の仕事の区分を全く知らない――例えば、料理人も家政婦もいない、彼女たちは厳格には「お手伝いさん《ヘルプ》」である――女主人《ミストレス》が正当な仕事の分担以上のものを担うものと期待されているのだ。

好き勝手に入退職し、もし何か満足がいかないことがあると、賃金を要求してその日に去っていく――自分たちの労働は合衆国ではより高い値段を意のままにすると確信しているのだ。紳士が庭師、使い走り、馬丁の仕事に従事するのを余儀なくされることは珍しいことではない。一人の召使いが一時間の予告で職を辞した、こう言いつつ――「私はこれまでこのような侮辱を受けたことがありません」、――なぜなら食卓で給仕するとき、靴を履くようにと主人が要求したからだ。そして、ある紳士はベッドに寝ていることを余儀なくされた――なぜなら召使いが彼のシャツを全部洗濯に持っていき、恋人と「いちゃつき《フロリック》」に行く間、ほったらかされていたからだ。

　島の上流社会はどちらかというと排他的だが、どのような資質が「社会《ソサエティ》」に受け入れられる資格を与えるのか言うのは難しい。公邸への「出入許可《アトレ》」では十分ではない。しかし軍服は力を発揮し、富は絶大の力を有している。現総督ドミニック・デイリー氏は人あたりのとてもいい男だ。彼は大いに術策《フィネッス》を発揮しているが、これは植民地には必要なものだ――植民地では、人々は自ら統治しているとする想定を好むが、しかし、しっかりとした手が手綱を握ることが絶対的に必要とされるのだ。島は「責任政府」の新形態の下で繁栄しており、歳入は増加し続けている。借金はない。そしてデイリー氏は、権力を握ってからの期間はまだ非常に短かったが、疑いもなく、その資源をかなり開発するだろう。デイリー夫人は病弱であるが、しかし親切さのおかげで当然評判がよく、加えて娘たちは愛らしくて物腰柔らかで、長女は植民地で会った娘さんたちの中で最も美しい一人だ。

　連合カナダと合衆国で猛威を振るっていたコレラのために拘留されて、この島に六週間滞在した。スウェイビー船長の家でこの時間のほとんどを過ごした。彼は父の親戚筋で、彼の家であらゆる歓待と親切を受けた。スウェイビー船長は島の最も影響力のある住民の一人である、というのは、軍の撤退以来、戦地勤務の長い経験を斟酌して防衛の指揮権は彼に委ねられているからだ。彼はコペンハーゲン攻略（一八〇一年）のときネルソン（ホレーショ、初代ネルソン子爵、一七五八～一八〇五。アメリカ独立戦争、ナポレオン戦争などで活躍したイギリス海軍提督。トラファルガー海戦でフランス・スペイン連合艦隊を破り、ナポレオンによる制海権獲得・英本土侵攻を阻止、自身は戦死）を補佐した陸軍に従軍していた。彼は後に半島戦役《ペニンスラー・ウォー》（一八〇八～一四年。ウェリントンが英軍を率いてスペイン、ポルトガルと連合してイベリア半島からナポレオンを追放した）で勲功を立て、ビトリア（スペイン、バスク地方）で膝に砲弾を受けた後で、ワーテルローの戦い（一八一五年、ウェリントン公爵率いるイギリス・オランダ連合軍およびプロイセン軍が、フランス皇帝ナポレオン一世率いるフランス軍を破ったナポレオン最後の戦い）で軍役を閉じた。もう一人の重鎮であり、スウェイビー船長の近い隣人でもあるヘンスリー氏もネルソン卿の下、コペンハーゲンで戦ったが、そのとき、頬骨の一部が吹き飛ばされた。

そこにいた間に、総督は一回目のパーティーを開催したが、欠くべからざる礼儀として総督公邸にカードを残した人は全員招待された。そのような奇妙な混合は、合衆国あるいは植民地のどちらでも、他のどこでも見られないものだと言うことだ。守備隊と税関の士官・官吏全員と統治機関のメンバーを含むおよそ一五〇人が出席していた。名前はすでに諸植民地によく知れ渡っている「首相」のジョージ・コールズ閣下（一八五一～六九年の間にプリンスエドワード島の首相を三期務める）はそこで役職と「お役所風《レッドテイピズム》」のすべての新規の威光を申し分なく発していた。

この紳士は、少しでも悩み疲れているように見えるということはできない。実際、もし人が議会の演壇上で七〇歳の首相が演説するところの容易さから判断し得るならば、役職上の心配りはイギリスにおいてでさえ骨折りではなくなっている。しかし、コールズ氏は特にその正反対のように見える。彼は満足しているように見えたと言ってもいいだろう、というのは、議院の過半数を掌握しており――この要請はイギリスで欠くべからざるものとはほとんど思われていない――、植民地の財務情況は彼の施政下で隆盛であるからだ。彼は独力で立身し独学の人であり、自らの活力、勤勉、不屈さによって現在保有している地位へと出世したのである。そして、もし彼の礼儀作法が上流社会の完璧な仕上げを持たないとしても、そして、もし彼が時々「私と総督」と言ったとしても、彼の活力は称賛を減じられるべきでない。

もう一人の政府のメンバーは、黄色いチョッキに茶色のフロックコートというでたちで現れた。しかし、非常に多くの下層階級の人々がいたところで、着るものでも立ち居振る舞いにおいても間違いがほとんど無かったことがただ驚きだった。幾人かのとてもきれいな女性たちがいて、ほとんど皆が地味で趣味のよい服装をしていた。島には楽隊はなかったが、一人のピアニスト兼ヴァイオリニストが極めて忍耐強く演奏をして、余興は午前四時までたゆまぬ精神で続けられた。

総督とその家族は客に対して非常に愛想よく接し、私はこのようなとても入り混じった集まりにあって少しも無作法が感知されなかったのを見て嬉しかった。

しかしながら、社会《ソサエティ》はイギリスにおけるように安全な足場に立っていないと言っていいかもしれない。決闘、と言っても極めて血なまぐさくない種類のそれ、が知られている——人々はときには互いにムチで打ったり蹴り合ったりする。そして、もしある紳士が別の紳士の窓を遊びで壊した場合は、骨折りの報いとして銃弾を受ける。しばらく前に、スコットランドの高貴な家系と関係のある一人の紳士が多数の農民を引き連れて島へ移住して来て、彼らに土地に関して有利な取り決めを約束した。彼はトラカディー（ノヴァスコシアの地名として残る）の名で知られていた。小作人たちが農地に多大な出費をしてしまった後で、トラカディーは契約を履行せず、不満がすぐにあからさまな暴行へとどっと噴出した。彼に対して陰謀が企てられ、牛と荷馬車が全滅させられ、夜ごとにその地域は彼の穀物小屋や粉ひき場の火炎に照らされた。遂に彼は農家の子の幾人かに装填したマスケット銃（先込め式の歩兵銃。フランスの銃士＝ムスケテールおよび銃士隊はマスケットを支給された乗馬歩兵や乗馬歩兵部隊のこと）を与え、誰であれ暗くなってから敷地内にいる者を見たら撃てと言った。その同じ夜に、彼は自分の果樹園に行き、時計を手にして立ち、夕べの号砲に合わせてそれをセットするために待っていると、少年たちが発砲して、彼は重傷を負い、倒れた。この傷から回復したとき、ある夜に馬に乗って出かけたが、そのとき彼は道路の両側にいた男たちに帽子と腰を銃弾で貫通されて、血の中を転がり回った。彼はひどく憎まれ嫌われていたので、数人の人が脇を通り過ぎたが、助けもしなかった。とうとう小作人の一人がもどって来て馬車に乗せてシャーロットタウンへ連れて行ったが、それから間もなくして島を離れることを余儀なくされた——暴君の救助者に襲いかかるだろう復讐から逃れるためだった。トラカディーは五、六回の異なったときに撃たれた。私が島に到着してほどなくして、彼はケベックで女子修道院に娘を預けに行ったが、そこでコレラで死んだ。

　ある日、若者たちの友人の一団と一緒に、インディアンを訪ねるためにヒルズボロ湾を渡った。扱いにくいオールの付いた非常に安定感の悪い大きな重い舟を手に入れたが、乗組員は全く役に立たず、うち二人はひどく怠け者かひどく馬鹿な少年たちで、漕ぎ座の上であお向けに引っくり返っていたので、一人の紳士と私はすべての仕事をせざるを得なかった。途中で私たちは、樹皮のカヌーで近づいてくる一人のインディアンに会い、彼との無益な競争に力の多くを費やし、浅瀬に乗り上げる以外に何の得るところもなかった。上陸するのに非常な困難を要し、二人のきれいな先住民女性《スクアウ》たちが、私たちの枚挙にいとまがない失敗の数々に心底笑い転げた。

　どうにか森の中を切り抜けた後で、一五のテント小屋《ウィグワム》からなるインディアンの村に出くわした。これらは上端をひとつに縛った数本の木の棒からできていて、白樺の大きな皮片で屋根を葺《ふ》いてある。いつもひとつの穴が煙を外に出すために開けたままにしてあり、この原始的な住み家の占める全床面積は、大きな円い食卓以上に大きくはない。大きくて獰猛な犬と、異様で驚いたように眼を見開いた、柔らかくて長い毛をした子どもたちが非常にわずかな衣類を身に着けて、これらの住居の側にたくさんいた。私たちは皮に開けた口を通ってそのひとつの中に這って入った。中央に火が燃えており、その上に、魚を煮る鍋がひとつ吊るしてあった。テント小屋《ウィグワム》には男たちと女たち、小さな木の盆の中にきっちりと皮紐でくくってある赤ん坊、つまり「パプー」たちがたくさんいた。起きている者もいれば眠っている者もいたが、誰も仕事をしていなかった――もっとも、私が見た数ヵ所のキャンプ中で籠細工やビーズ細工のための材料を目にしたことはあった。全員の目は巨大で、若い女性たちはとても素敵で、彼女たちの黒っぽい顔色と見事な髪の毛は多くの場合、真っ赤なハンカチで頭の周りにゆるやかに飾られていた。

多くの犬たちの獰猛さをものともせずに、これらの住居を八つ覗きこんだ。ケンジンズ氏は医学的知識を親切に発揮してインディアンに――特に若い先住民女性《スクアウ》たちに――おもてで、彼は完全に媚びの手管《アート・オブ・コケトリー》を自家薬籠中にしているように見えた。あるテント小屋《ウィグワム》に入って行くと、無愛想な一老人が私たちの入場を遮って、ヒョウタンの柄杓《ひしゃく》をぐっと突き出し、中から「六ペンス、六ペンス」と大きな叫び声を出した。〈ウンカス〉と〈マグア〉（J・F・クーパー『モヒカン族の最後』の登場人物たち）の記憶が甦り、私はこの人種の退化を嘆いて溜息をついた。これらの人々は、物乞いしておしゃべりする者たちだった。あなたがたが中に入って行くと、彼らは欲しい物――毛布、火薬、煙草など――のリストを並べ始め、いつも「どうぞ、《フォー・ゴッズ・セイク》お茶を！」で終わった、というのも、彼らが〈グレイト・スピリット〉の信仰を放棄してキリスト教の堕落した形をとったからだ。

二人のとても素敵な先住民女性《スクアウ》たち――片言の英語を話す母親と娘――によってひとつのキャンプに受け入れられたが、とてもきちんとして清潔だった。床はバルサムモミの若芽が厚くまき散らされていたが、私たちは半時間というもの彼らと座っていた。若い先住民女性《スクアウ》は一六歳の少女で、とても素敵でなまめかしかった。彼女はビーズで飾った美しい帽子《キャップ》を持っていて、御婦人たちがいくら頼んでも被らなかった。しかし、ケンジンズ氏が直接その希望の趣旨を匂わすと、しなを作って頭に載せて、確かにうっとりさせるように見えた。彼女はまだわずか一六歳だったが、結婚して二年になり、最近双子を亡くしたばかりだった。ケンジンズ氏は、ひとつのインディアン語の句の意味を訊いた。彼女は、たどたどしい英語で答えた――「小さな男の子が小さな女の子に言うこと――ぼくは君を愛してる」「君の夫は結婚する前にあなたにそのように言ったのではないかと思うのだが？」「はい、彼は今でもそう言います」と彼女は答え、彼女と母親は長い間とめどもなく笑い転げた。これらのインディアンは、昔ながらの特質をほとんど保持していない――浅黒い顔色とわびしい放浪の生活の仕方を除いては。彼らは立法議会に代表を出していない。

中央アメリカのインディアンたち、勇猛なスー族（アイオワ、南北ダコタ）、コマンチ族（ワイオミングからテキサス）、ブラックフィート族

（モンタナなど）は非常に異なっている。カナダの西部でモホーク族（ニューヨーク州）やミクマク族（ローレンス湾）とは外見が違うが、ある程度は古来の習慣を依然として保持する人種に出会った。これらの部族の間で、ひとつのテント小屋《ウィグワム》に入り、不機嫌な沈黙で迎えられた。八人くらいのインディアンと一緒に床に座っていた。やはり一言も口にされなかった。それから短いパイプに火をつけ、私に勧めた。私は前もって指示されていたように、香りのする草のほんの一服を吸い、それからパイプはぐるっと回され、その後、座中の最年長の老人が話し始めた原注5。このパイプは著名なカルーメット、すなわち和平のパイプ《パイプ・オブ・ピース》で、それは獰猛な部族の間でさえ神聖な義務と見なされている。プリンスエドワード島を出発する一週間前に、ケンジンズ夫妻と一緒に島の北西部に五日間の小旅行に出かけた。これは遮るもののない目新しさと楽しさがひっきりなしに続く、嬉しい気分転換だった。シャーロットタウンからの脱出だった——そこでは、噂話のための朝の訪問、悪意ある話、児戯に等しい政治的談義、使用人、蕪《カブラ》、チドリに関するきりのない議論があった。それは、真心からの親切と素朴なもてなしの領域へと跳び込むことだった。

ある光り輝く早朝、「藪の中を掻き分け」（スザンナ・ムーディ［一八〇三～八五］の『奥地の生活に耐えて』の原題）るためにふさわしく装備した軽量馬車に乗ってシャーロットタウンを出発した。手持ち衣装箱、チェッカー盤とたくさんの本（決して読まなかった）がとても小さな旅行鞄《カーペットバッグ》（絨毯で作った古風な旅行バッグ）の中に詰め込まれた。夜に納屋よりもましなシェルターを得ることができない場合に備えて野牛革《バッファローローブ》の被いを持った。当分は完全に心地よく、また完全に愉快に過ごそうと決めていた。歌い、漕いだり、魚釣りをしたり、笑い、笑わせ、完全に幸福だった——夜に寝場所をどこにするかは全然分からなかったし、ほとんど気にもしなかった。一日目のディナーはいくらかの冷肉とパンで、森の中で食し、馬たちは横でカラスムギを食んでいた。そしてインディアン流に白樺の皮で酒杯を作った——正しく言うとそれはタンタロスのカップ（タンタロスはゼウスとニンフのプラトの息子。顎まで水に浸かりながら、喉が渇いて飲もうとすれば水が退く）であった、というのは、ほんのわずかな水が私たちの唇に届いただけだったからだ。流れから水を汲もうとしている間に、寄りかかっていた枝が折れて水の中へ倒れ込んだが、この災難は仲間たちをあんまりひどく喜ばせたので、彼らは私を助け出そうとしなかった。

三〇マイルの旅の後、それから先の行程は低い木の茂った丘々と隆起のある幅広い川で止められたが、しかし渡し船はなく、それで開拓者の納屋に馬を入れて、川岸に座っていたが、とうとう魚の鱗で覆われた転覆しやすく水漏れのする小舟がやっとのことで水に浮かべられ、一人の男が私たちを、美しい流れを渡してくれた。この親切な人は翌朝また来てくれ、煩わせたことに対してのお礼の言葉の他は何も受け取ろうとしなかった。馬を残して来てしまった納屋の開拓者は馬にカラスムギを十分与えてくれ、同じように物惜しみしなかった。島のこの地域の人たちは主にスコットランド北部からの移民であり、かくて遠く離れた家庭へと高地地方《ハイランド》の歓待を伝えていた。森を抜けてずっと歩いた後で小さな家が近くにある小さな教会に出会い、そこで一夜の宿を頼み込んだ。その教会は、植民地の中で見て嬉しく思う宗教と忠節の砦のひとつだった。そこで安息日に次ぐ安息日に、この平和な地域の住民たちは彼らの父祖たちの純粋な信仰において礼拝をしている――ここでは「人生という発作性熱病」（シェイクスピア『マクベス』第三幕第二場）の後では、これらの聖なる壁の周りの神聖な大地に眠るのだ。また、これ以上平安な永眠の場所は望み得ないだろう――墓地からはセントローレンス湾を遠望でき、高い松の木々が低い緑の墓の上に暗い影を揺らめかせていた。

家の中に友人たちを放っておいて、森の中へと走り昇っている小さな峡谷へと降りて行った――最も恐るべき「長目の塀」も私たちの進路を遮ることはなかった。丸太のカヌーを手に入れようといくらか無駄な試みをした後で、水漏れのする小舟を浮かべ、海へ向かって漕ぎ出した。沈む夕日の紫色の光線が暗い松の森

［原注5］「なぜ我らの白人の姉妹（ホワイト・シスター）は赤い兄弟たち（レッド・ブレズレン）の住まい（ウィグワム）を訪れなすったのかな?」が沈黙を破る挨拶の言葉だった――どちらかといえば応えるのが難しい質問だ。

へと落ち、セントローレンス湾の静かな水面に長い線を引いて横たわった。壮麗な夕べで、その光景は新世界で見た中で最も美しいもののひとつだった。

戻ってみると、家主である伝道師が二二マイルの散歩から戻ってきたところを見つけたが、紅茶、小麦のスコーン、ラズベリー、クリームの軽い喫食《リパスト》が待っていた。この善き人は二五年前にイギリスを出て、二〇年間ニューファンドランド（カナダ東方セントローレンス湾の中の島）の最も寂しい地区のひとつに住んでいた。しかし、イギリスへの生き生きとした関心を残していて、夜遅い時間まで教会と人々についての話で引き留めた。この孤独な立場――それは厳しい情況なしではあり得ないが――に満足して、この善良な宣教師は、大騒ぎして過ぎ行く世界によっては気付かれずに自分の有益なコースを追求している。彼の唯一のこの世の望みは、死ぬためにイギリスに戻ることであるように思われる。

翌朝七時に、大層な歓待が待ち受けていた慎ましい家を出て、彼は川まで私たちと一緒に来た。彼は立派な仕事へと戻った――このすぐ後で私は合衆国へ行った――一行の中の一人はクリミアのトルコ軍と戦っている――そして一番若い者は遠く離れた地で結婚している。数時間、私たちはきれいな光景の中を抜けたが、それはこれまで見た中で一番きれいな朝だった。年老いたスコットランド高地《ハイランド》地方の女性のあばら屋に立ち寄ったが、彼女は私たちに出会えて「ひどく喜び」、ミルクを振る舞った。そして私たちは籠を抱えたわんぱくで頑丈な裸足の八歳の男の子に会った。「あなたのお名前は？」と訊くと、「牧杖《ミスター・クレイジアー》（「神の子羊を牧する」ことを表象したもの）だよ」が力強い満足そうな答えだった。

正午にセントエリナーズに着いたが、どちらかといえば大きな村といったところで、そこでイギリス人牧師の活発で教養のある娘と結婚している小さな店主の家で二日間にわたって大歓待を受けた。二人のアイルランド人小間使い女たちは具合が悪かったが、彼女はもし私たちが家事を手伝ってくれるなら、喜んでお迎えしましょうと言った。その日の午後にグリーンショアと呼ばれる小村の船大工の家へ馬車を駆り、彼の美しい小舟でロブスター獲りに出かけた。この生き物を捕える方法は私には新奇なものだったが、非常に簡単で新参者でもうまくいきそうであった。私たちは「重し《シンク》」をサバに結びつけ、それらを水深六ひろ《ファザム》（三六フィート）の海に沈めた。時折そっとそれらを引き上げ、そしてもし何かが餌に喰いついて引くような感じがしたら、ゆっくりと引き上げた。やさしく、やさしく、――そうしないとその生き物は擬餌を怪しむからだ。しかしまもなく、水面の直下に私は素晴らしいロブスターを見つけ、紳士たちの一人がその尻尾を捕まえボートの中に投げ込んだ。一時間漁をし、この珍重すべき生き物を一五匹捕まえて一輪の手押し車で家に持ち帰った。夜に戦利品の一部を持って、セントエリナーズまで馬車を飛ばし、即座に台所に席を移した――それは、土間と燻《いぶ》した巨大な垂木《たるき》の丸太造りの大きい建てかけの場所だった。私たちは中央の大きなストーブの脇に座ったが、それはあたかも文化的生活を全く知らなかったかのようにみえた。ケンジンズ嬢と私は広く縁取りした麦わら帽子を被って暖炉の両脇に座り、マッカランモア夫人は正面に座り、魚獲りの受動的な見物人になっていた楽しくない赤ちゃんの足を温めていた。三人の紳士は気楽な様子で周りに立っていたが、思い出すに、ブランディと水の入ったコップを手にしていた。そして二人の虚弱な小間使いは後ろに立って、オップ氏がロブスターの山から一匹を摑みだして、ストーブの上の煮えたぎった大釜に投げ入れる度、時折噛み殺したキャッという叫び声を発していた。この奇妙な光景は、燃える松の瘤《こぶ》の光に照らし出されていた。ケンジンズ氏は笑いながら、彼がイギリスで最後に私に会った優雅な応接室を思い起こさせた――「この絵を眺め、あの絵を見て御覧」。

日曜日にグランド・リヴァーを渡ったが、その日はひどい嵐だったので、渡し船の船頭は「はしけ《スカウ》」を出そうとしなかった。私たちは自分たちでガタガタの小舟を漕いで渡り、川の真ん中に到達したときほとんど水でいっぱいで沈みそうだったが、ポートヒル――これまで見た中で一番荒れ果てて見える場所のひとつだった――で礼拝に出席した。レノックス島（プリンスエドワード島。ミクマク族のファースト・ネーション［先住民のうち、イヌイットもしくはメティ以外の民族］）を見たが、そこでは聖アンナ

（聖母マリアの母）の日（アンナと聖ヨアヒムの祝日。七月二六日）に島中のインディアンが勢ぞろいして、ローマ・カトリックの司祭と儀式を始めから終わりまでやり通すのだ。

翌日の一部をセントエリナーズで快く受け入れてくれた友人たちと共に残って、ある泉を探す探検旅行に出発した――この泉はK…氏が子ども時代に記憶していた。尋ね求めて人里離れた小さくて粗末な小屋へと下って行ったが、「古老のみぞ知る――森の奥深くにあったのじゃが」と言われた。ここは謎めいていた。それで馬車を降りて、森の中に探しに入って行き、森の奥深くにそれを見つけ、今や「古老たち」以外にそれを知る者がいることになった。

森――古い、人跡未踏の森――の中へと突き進み、そこでは幾世代もの木々が腐朽して消え、見たこともない花々や地衣類が生え、コウモリが森の創る暗闇の中で側を飛んで過ぎた。そして蛇――醜い斑点のあるもの――もいて、それが私たちに向かってシューという音を出して、二叉に裂けた舌を出し、とぐろを巻いて森の奥深く暗がりの中に消えて行った。しかし私たちは進み続け、倒れたモミの木々の上を苦労してよじ上り、杜松《ジュニパー》のもつれたところを押し分けて進み、「森の奥深く」にいたが、それでも泉は見つからなかった。湿地やジャングルを通って服が破れ、帽子は木に引っ掛かって引っ張られ、ときには髪の毛までも引っ掛かった。とうとう泉に到達した。伝説の極楽《イリージアム》（ギリシヤ神話）の中のある森の中で夢見たかもしれないような光景だった。それは大きく、真っ白な砂を深い底にして澄み切った水が湛えられ、勢いのよい泉が七つ、それぞれがおよそ一フィートの高さに噴出していた。木々がその上に倒れ、緑の光った蘚苔《こけ》で覆われ、他の木々が今にも落ちそうに屈んでいた。そしてその上を高いツガ（科松）が光を遮っていた――幾らかのはぐれた光線が、純粋で透明な水面にキラキラ光るのを除いて。

それはここ人跡稀な美の中に横たわっていた――何世紀にもわたって、そして恐らく古老と彷徨《さまよ》うインディアンだけに知られていたそのままだったのだ。進取の気性に富むイギリスであれば、町がその周りに建設され、人々は「セントエリナーズの沐浴場」への格安観光旅行に行ったに違いない。

夕方にベデクのオップ氏の家に行ったが、在宅していず、植民地のもてなしに甘えて、馬小屋に馬を入れ、衣類の荷を解いた。そしてオップ氏が戻って来たとき、チェッカーをして遊んでいる私たちを発見して、そのずうずうしさを心から笑って仲間に加わった。五日目つまり最後の日の旅は四〇マイルもの長いものであったが、ケープ・トラバースの近くで馬は逃走して急な丘を下り、それから欄干の付いていない長い木橋を渡り、それによって私たちの命を差し迫った危機に陥れた。数時間進んだ後で一軒家を見つけ、そこで自分たちと馬とのどちらにも少しの休憩を取れることを望んだが、家は鍵がかかっていた——これは驚くべき事実だった、というのは、島では泥棒はほとんど知られていないからだ。空腹で全く疲れ切っており、どのドアも窓も閉まっていることが分かったとき気落ちしてしまった。そこでお情けに縋《すが》る行動として、隣の農場から一束のカラスムギを失敬し、馬のためにペンナイフで穂を切り取り、その後で絶対的な空腹のために、殻からこそげとれるだけの穀物と羊歯《しだ》（ワラビ）を食べたが、これはひどく苦いことが分かった。まるで道端に座り込んでいる浮浪者の一団のようで、持ち合わせのカラスムギは五匹の痩せた豚が私たちと争った。それからもう一時間経って、本当に首尾よく人間らしい食べものを手に入れることができ、まるで餓えた動物のようにがつがつ食べた。

長い丘を上っている間に、カボチャ畑の中の小奇麗な小屋《キャビン》を通り過ぎたが、それは明らかにその完璧な絵のような美しさから選ばれた情景に場所を定めたようだった。灰色の外套《フリーズ》（アイルランド特産の片面だけを毛羽立てた厚手の羅紗製）を着て水色の帽子《ボンネット》を被り、門の前に立っている一人の老人に出会い、"Cia mar thasibh an diugh"原注6と声をかけると、"Slan gu robh math agaibh. Cia mar thasibh an fein"原注7と嬉しそうに応え、心から両手を握った。彼はスカイ島《アイル・オブ・スカイ》（スコットランド）の

［原注6］「ご機嫌いかが？」
［原注7］「とてもよいよ、ありがとう、あなたもね」

スニゾートの出身で、選択した土地で相当の資産を達成はしたが、故国のヒースの荒野が無いことを悲しんでいた。彼はスコットランド高地地方《ハイランド》の当たり前の質問で「何かニュースはないかね」と訊き、私は彼が馴染んだ人々について知り得る限り想い出して全部話した。彼は目に涙を浮かべながら、クチュリン・ヒルズ（スコットランドのスカイ島）、そしてコルイスク湖（スコットランドのスカイ島）の荒涼たる美しさについて話した。彼は言った――「ああ、他に何の望みも無いが、あれらをもう一度だけ見たい。あなたとご一緒の御婦人はどなたですか――ユリの花のように美しい？」というのは、彼は不完全な英語で話し、彼特有の詩的な言葉を好んだからだ。別れに、「あなたの道程がいつも輝かしくありますように、レディ！」と私の手を温かく包んだ。「またいらしたときには、故国から私に話を持って、どうか会いに来てください」と言った。ドニュイル・デュー老の簡単な望みは、もっと陽気な光景と仲間の中にしばしば想い起こされた。それは、その老人の高地地方《ハイランド》の家庭で受けた多くの心からの歓迎とクチュリン・ヒルズを見遣る人々の瞳の記憶を甦らせた。この遠出――非常に多くの親切を経験した――の後、シャーロットタウンは以前より楽しくは思われず、多くの親切な親戚や友人たちとの別れの悲しさはあったけれど、島で残されたのが後一日だけだったのが嬉しかった。

私は心底その人々がすべての繁栄を得んことを願う。彼らは忠実で道徳的かつ独立心に富んでおり、この人たちのイングランドへの共感は、近頃カナディアン・パトリオティック・ファンド（一九一四〜一九年。私的な基金募集組織）への惜しみない献金によって明らかになってきている。貿易と通商が拡大していき、また宗教の支援のためのより適切な計画が採用され、西部の大きな部分が開墾され、地方の資源がさらに開発されるとき、人々は自分のことにかまけるあまり、今そうであるように、他人のことやあまりに狭い共同体のたわいない利害に時間を取られることができなくなろう。すると、島はこれまで賦与されてきた「英領北アメリカの庭《ガーデン・オブ・ブリティッシュ・アメリカ》」の称号に価するものになるのだ。

第四章　セントジョージの十字架から星条旗へ（ニューブランズウィック）

コレラの甚大な被害はある程度沈静していて、合衆国に向けてプリンスエドワード島を出発し、ボストンへの途上、ニューブランズウィックを幾らか見る目的のために、植民地間経路の遅延と不便を我慢することに決めた。

島から合衆国への行程それ自体は決して容易なものでなく、旅行者の運航を実施する者たちの手配のまずさによってさらにいっそう困難になっている。我が東部諸植民地の住民たちは時間の価値を理解せず、従ってレディ・ル・マルシャン号の不確かな到着と出発は多数の当て推量の材料を提供する。私の知る限りで起き得た情況の幾つかからして——そのひとつは、蒸気船の船長が大陸の郵便物の呼集を忘れてしまったというものだ——、船の航行時間が四時間と一〇時間の間に断定的に規定してあることに、私は大した重要性を置かなかった。

ある曇った薄暗い夜が八月の陽のかっと燃え立つ光へと続き、真夜中は合図の鐘の鳴る前に素早く到達していた。二人の友人がベデクまで道連れで、旅行をエスコートする紳士一人の他に、一二人の島の男性と二人の婦人がいて、全員が私自身そうであるように、ボストンへ向かおうとしていたらしい。しかしながら、それぞれの個別性はすっかり、熊皮や防水のコート、そして波止場と蒸気船の両方に立ちこめた貫き難い暗さの混乱の真っただ中で失われていた。

めちゃくちゃの楽しめる光景が、シャーロットタウンからの私たちの出発を特色づけた。船長――頑強な齢とったノーザンブリア人（アングロ・サクソン人が築いた七王国のうち最北、現在のノーザンバランドにあったアングル人の王国である）の船乗り――は、完全に仕事を理解していた。しかし、船の所有者たちは彼に強情な水先案内人と指揮を分かち合うように強い、相矛盾する命令が発せられ、実行された行動の調和の欠如が、責任分割の災いに対する多くの反省を生みだした。問題の夜は、何かの不思議な呪縛がプリンスエドワード島の岸に私たちを縛り付けているように見えた。蒸気船を出航させようとして、まず帆船のスクナーのバウスプリット（帆船の船首から前方へ伸びている棒）の上に船尾を真っ先に乗り上げ、次いで波止場の基礎杭の一本をこなごなに壊し、同時に自分の防舷物《フェンダー》をぶつけて粉微塵に砕いた。埠頭にいた幾人かの人たちは私たちの手のつけようのなさに同情して、長い棒で船を押し退《の》けようとしたが、この善意からの試みは他の幾つかと同様に失敗し、とうとう誰かが船長にエンジンをかけるという非常に単純な便法を提案し、そのとき蒸気船はゆっくりと離れ出し、新しい帆船《ブリッグ》の舷墻《ブルワーク》（上甲板の舷側に続く波よけの低い壁）を粉砕し、まもなく暗闇と霧の深い雰囲気の中でシャーロットタウンのわずかな灯りが視界から消えた。

それから羅針盤が要求されたが、船のマッチはうまく点かなかった。それで、一人の船客がようやく灯りを点けたときに、羅針儀箱《ビナクル》（羅針儀とそれを照らすランプを入れた箱）の中のランプ（盤面を照らすための）は肝心の物、つまり灯油が入っていないことが判明した。とかくするうちに、誰一人として何が初《しょ》っ端《ぱな》の激突の原因となったかつきとめた人はいなくて、また臆病な人々はひとつの穴が舷側に開けられたという考えで、船は浸水して沈むだろうとの不安を持ち続けた。すべてのそのような陰鬱な予想を鎮めるために私たちは数曲を歌った――中でも適切な一曲「美の島よ、さらば《アイル・オブ・ビューティー・フェア・ズィー・ウェル》」（トマス・ベイリー作曲）を――。さらに沖合に出るにつれて、歌声は急速に弱まり、生気無いものになっていった――これは新しい友が出来る時に旧友との別れの悲しみが徐々に薄れていくような弱りだった――もしも「あなたは海が好きですか？」「満足していらっしゃいますか？」「下に降りたらいかがでしょうか？」等々のそれとないほのめかしや質問が素早く交わされなかったとしたら。

被い布や枕が歌や友人たち以上に想いを寄せられるものとなった。憂鬱の漠然とした感情が一団の最も陽気な人々を沈黙せしめ、まさに滝のような豪雨が下層への退避を予防手段としたが、これは最も勇敢な者でさえも甘んじて採用した。階下では、換気装置のない船室の臭いが立ち込めるのに加えて、船底汚水《ビルジ・ウォーター》の臭いは吐き気を引き起こすに十分だった。決して清潔とは言えない婦人船室《レディズ・キャビン》と呼ばれる暗い私室は、いろいろな不快さを持った一二人と赤ん坊二人が寝る部屋だった。

とても不快な四時間を過ごし、それから夜明けの甲板に行って、濃い霧、強い雨、煤《すす》と水の浮いている甲板、一人の男が舵輪を握って縮み上がっているのを発見した。紳士たちのほとんどは不快さによって早起きせざるを得ず、ベデクに着く前に、雨の日にアングロ・サクソン族特有の相貌を帯びて防水帽子、コート、レギンスを身につけて現れた。

K…一家は私にここで上陸してもらいたがったが、しかし船長は、舌の先に異議を載せて生まれてきたように見え、行かないように言った――雨がひどく降っており、小舟は四分の一も水が入っているからだというのだ。しかし、着ているものはこれ以上完全にずぶ濡れになることはないだろうほどだったので、私は上陸した。そして、六時という早い時間であったにもかかわらず、船大工の温かく迎えてくれた家で薪の火の燃えるのを見出し、「女中《ビッディ》」――本当の生活の中の召使いよりむしろアイルランドの一小説家（マリア・エッジワース Maria Edgeworth〔一七六八年～一八四九〕か？）の「女中《ビッディ》」――が、陽気な顔、ひどいアイルランド訛り、ポテトケーキを持って水浸しの惨状に対する惜しみない同情の言葉とともに温かく迎えてくれた。

汚れ、混雑し、風通しの悪い小さな蒸気船の惨めさを経験したことのある人なら、たとえ陸上での二、三分の喜びにでも感謝しないことがあろうか。窒息させるような感覚の欠如の、足の下で動かない床の心地よさの――空間と清潔さ、そして温かさの――自覚は、すぐにすべての過去の惨めさの忘却をかもしだす。しかし、もし航海が終わったのでなければ、そしてほっと一息つくのがほんの一時《ひととき》であるならば、これから先に起きる心配をあまりに強めることになるので、船長が呼びに戸口に来たとき、再び寒さと雨との闘いのために燃える火のもとを去ることができるようになる前に、活力のすべてを目覚めさせなければならなかった。一杯の紅茶が振る舞われても——それは断ることができないと思われたが——、彼をして私に朝食を食べ終えさせるようにはできず、しかしとうとう彼のよりよい本性が打ち勝ち、それでもういちど小舟を送ることに同意した。

寛大な「女中《ビッディ》」によって「小間物《ノーションズ》」でポケットをいっぱいにすることを許された後で、ミス・ケンジンズに暇乞いをしたが、彼女は島の若い淑女たちの面目を代表するほど十分に善良で賢く愛想がよい——また、非常な親切ともてなしで見知らぬ人を受け容れた人々との別れに感じた名残惜しさを償うだけ十分なこれから期待できる楽しさの約束もなかった。

私は小舟に飛び乗り、そこで水の中に足を入れて立っていて、仲間には水を滴らせた雨傘を持った数人の紳士がいて、彼らの鼻の目立った低さは、「鼻の平ったいフランク人たち」(『ア・ロマンティック・エデュケイション』)というディズレーリ(ベンジャミン、一八〇一〜八四。英国の政治家・小説家)の表現を奇妙に適切なものにしていた。雨は、イギリスでは決して降らないように降り注いだ。そして、これらの非常に意気消沈する情況の下で、私は北アメリカ大陸の旅行を始めたのだった。

自分の惨めな寝台に降りて行き、眠ろうと無駄に努力したが、周りの不快さと不手際さが、比較対照の結果として、スコットランドの西高地地方《ウェスト・ハイランド》海岸の比類のない汽船運航の秩序、清潔さ、規則正しさへと考えを振り向けさせた。交通手段が関わるところではどこでも、これらの植民地は「本国」あるいはカナダの進取的な隣人たちよりはるかに遅れている。現在彼らは旅行者の観察に厳しく強いているところの諸欠陥に気が付いていないようだ。

戸口を通して見える見通しは、喜ばせるようには計算されていなかった、というのは、低くて暗い、呼吸を困難にする船室からなり、防水服を着た男たちでいっぱいの、インドゴム、煙草、強い酒《スピリッツ》のにおいの詰まった湿った空気の中にあるからだ。女給仕は具合が悪く、私の連れたちは呻《うめ》き苦しんでいた。世話を焼いてもらえない赤ん坊たちは泣き叫んでいた。この光景の中でたったひとつの楽しそうな姿は、どら声の老いた水先案内人で、至るところ親切を示し、いつも何らかの人間らしい行動をとっている。あるとき、彼はある疲れ切った婦人に与える気付け薬《スメリング・ソルト》（炭酸アンモニア主剤）を持っていた――別のときは、気の毒なアイルランド人女性を抱えて降りていた（彼女は三等船室《スティーアレジ》の客ではあったけれども、彼が言うには寒さと空腹で弱って滅びるままにされているべきではなかった）――さらにまた、泣いている赤ん坊にパンとミルクを与えているときもあった。私の着ているものは完全にびしょ濡れだったので、彼のよい尽力で毛布で包み込むことによって恐らく重篤な病気から救ってくれたのだ。

一二時にニューブランズウィックのシェディアックに着いたが、そこは膨大な量の木材が毎年輸出されているところだ。低い森林の丘に囲まれた大きな湾岸の沼沢地にある村で、すべての不健康の様相を現している。イギリス、オランダ、オーストリアの巨大な四角い舷側の船が海岸から到着し続ける松の筏を飲み込んでいた。この海岸の水は浅くて、汽船は積載量一五〇トン以上ではなかったけれど、二マイル近くも海岸から離れて投錨することを余儀なくされた。

シェディアックは最近コレラに襲われ、その情況に伝染性の陰鬱さがあり、それで、私は濡れて、寒気がして、疲れきっているという事実と、付き添いと私は二つとして共通の考えを持たないという発見と結びついて、元気がよいとはほど遠い気分に陥る傾向があった。

私たちと荷物は無造作に二つの大きなボートの中に移動させられ、幾人かの紳士たちは――遺憾ながら言わなければならない――駅馬車の中の場所を確保するためにごり押しして最初に乗船した。一人のアメリカ人紳士は、もし岸に先に着くならば一ドル払うと漕ぎ手たちに申し出たが、しかしそうするのに失敗し、これらの非常に勇敢でない人物たちは手当たり次第に馬車を雇い、計画の成功を確信して猛スピードでペティコディアック川の大湾曲部《ベンド》へと出発した。彼らが驚き悔しがったのは、私たち一行の中の一人の紳士――彼は自分は「年老いた御者でひとつや二つ奥の手がある」と言った――が落ち着き払ってシェディアックから九ヵ所に電報を打っていたということが分かったからだった！　かくて、ベンドに到着して怠慢な人たちは、身勝手さが非難と嘲笑の両方を受けているうえに、居場所と夕食が手に入らないことが分かり、癇癪を起こしていた。

岸に向かって漕ぎながら、船長は最悪の困難はまだ来ていないと言った――それは、でっぷりした人たちには打ち勝ち難いものだと彼はつけ加えた。干潮時にはボート――実際ボートに限らず何でも――が着ける場所は無く、一〇フィートの高さの波止場を登らなければならなかったが、それは互いに一フィート離して置かれた巨大な丸太からなるもので、海藻が付いて滑りやすかった。プリンスエドワード島から合衆国まで直通する交通路上、多くの交通が通過する場所で、これまでにスコットランド高地《ハイランド》地方の村で目にした以上に不便な上陸場があることは本当に信じがたいことだ。

大きくて背の高い、スプリングのない馬車がこの波止場で待っていて、ガタガタ揺らしながら悪路の幾分かの距離を走った後で、シェディアックの宿屋の戸口で下ろされたが、そこで最初にコレラの伝染経路に出会った――コレラは最近、行程のすべての場所を蹂躙《じゅうりん》していたのだった。ここで非常に家庭的な種類のしっかりした夕食にありつき、ノヴァスコシアでのようにアルコール性飲料の代わりにそれぞれの皿の傍には糖蜜で甘みをつけた一杯の紅茶が添えられていた。

この食事の後で私は「宿泊所《ハウス・ルーム》」つまり特別室に入って行ったが、ここは一般的な「会合所《ランデヴー》」で、女性客、赤ん坊、粗野な子どもたち、アイルランドの小間使い――縮れ毛と裸足の――、植民地のゴシップ屋たち、「可愛らしい」わんぱく小僧、そして、決して稀でないが、あの好奇心に満ちて見える生き物たち、アイルランド《エリン》から来た貧しい移民の若者たち――彼らは何でもちょっとやり、何事もうまくはしないで馬小屋のお助け屋《ステイブル・ヘルプ》たちと呼ばれている——のためのものだ。

ここで私の国、旅行の目的などに関して質問攻めの大軍にあったが、「本国《オールド・カントリー》」から来たことが、大陸の婦人たちの目にとって、私にある地位《ステイタス》を与えていたのだとすぐに分かった。ドレスの型を見せるためにコートを脱ぐように頼まれ、非常に腕の悪い田舎の〈流行衣装の女仕立師《モディスト》〉の仕事は最新のパリの流行になり替わった。ボンネットとコートも同様に綿密に調べられ、ドレスの型紙が取られたその後で、再び席に着くことを許されたのだった。

続いてイギリスについての尋問があり、女王様を見たことがあるかと訊かれた。女主人は、女王は「背の高い堂々とした貴婦人」に違いない（ヴィクトリア女王は背が低かった——五フィート）と、そして一人のきれいな乙女《ダムゼル》は、「彼女は美しく着こなしていて、戸外ではいつも王冠を被っているに違いない」と「臆測《ゲッス》した」。女王様は通常の場合は非常に簡素な装いをしており、信じるに戴冠式以来一度も王冠を被ったことはなく、私の身長よりほんのちょっとしか高くない（ヴィクトリア女王もイザベラ・バードも背が低かった）と答えたとき、我が慈悲深い女性君主について臣民たちが持っている世評をむしろ減じたのではないかと案じる。彼女たちは王子と王女について尋ねたが、王位後継者についてより第一王女《プリンセス・ロイヤル》に関してより以上の好奇心を明らかに示した。質問者の一人はボストンに住んでいたが、「ロンドンは恐ろしく立派に違いない」と思っていた。しかしながら、ほとんどの人はただ頭の中でそれをニューブランズウィックのセントジョンと比べられただけで、イギリスの首都の広がり、富、壮大さの凄さについて私が語った驚異に対して最大限関心のある様子を示して聴いていた。私は、彼らの知的水準に全く好意的印象を受け、ニューブランズウィックを通じての短期旅行の間に、ノヴァスコシアよりこの地方の教育を受けていない移民たちを高く評価した。彼らは、彼らの借用している表現で言うと、「如才ない大人《アイティース・カット・ノウィング・クーン》」（糸切り歯の鋭い世慣れて物知りのアライグマの意）であるという評判を得たいと強く欲している。もし彼らが隣人、つまりヤンキーから、彼らのスラング——これはこの土地の言葉を反発を覚えるものにする——より何かましなものを借りたならばいいのに。隣接のメイン州のために多くを成し遂げた進取の気性は、ブランズウィックではまだ実際的に役立つ仕事の達成のためには役立っていない。そして、多くの場所で土壌は際立って自然の能力が豊かであるのに、この利点はまだ順当に生かされていない。

シェディアックからセントジョンに行くには二つの方法があり、ひとつは駅馬車で、もうひとつは蒸気船だ。そして婦女子は陸上旅行の疲れを恐れ、相変わらず大湾曲部《ベンド》（ペティコディアック川沿いの）から蒸気船を使うことにしていた。私はサンドフォード氏のエスコートの下に残り、陸路で行くことに決めた、というのは、私の目的のひとつはできる限り多くの地方を見ることだからであり、また最近の大陸の蒸気船旅行の経験は壊れかかった船でファンディ湾（メイン湾の北東端、カナダのニューブランズウィック州とノヴァスコシア州の間に位置）の嵐に立ち向かわせるほど快適なものでなかったからだ——この船は急流での接触によって、わずか二晩前に損傷していた。同行者たちの幾人かが出帆したその夜、クレオル号のエンジンは故障し、四時間もの間救いようのない情況のままだったので、私は非常に運よく逃れたのだった。

面白おかしいほど種々さまざまな一団と「宿泊所《ハウス・ルーム》」で暇乞いし、プリンスエドワード島から一緒だった七人と一緒に二頭のポニーに曳かれ、抜け目ない植民者の見本のような亭主が御した馬車で大湾曲部《ベンド》へ向けてシェディアックを出発した。

この輸送方式は、一通り記す価値がある。馬車は、四輪の上に乗せた木製の長方形の縁の浅い台で出来ている。その上に高いしっかりしない支柱に支えられている三枚の板が置かれており、仕掛けにはスプリングが無い。ポニーは痩せて、毛が長く、ひざが悪い動物で、高さは一四ハンド（手幅＝四インチ。馬の体高を測定するときに用いる）よりは低く、たいへんに貧弱な種類の馬具を装着しているが、御者が、そうした場合を予想してポケットに入れている麻糸でその部分を修理するために止まる頻度から判断するならば、その結束力は非常に弱いようだった。

この可哀そうな小さな動物たちは一四マイルの道程を行くのに四時間近くかかり、この進み具合でさえもただ丈夫な皮紐つまり鞭の継続的な命令の助けによってだけ保たれていた。

一一月の終わりのイギリスのそれによく似た陰気な夜で——空気は冷たく湿っている——、濡れた衣服から身にしむ寒さと東風はとても快適とは言い難いことに気付いた。この地方はまた極度に人の心を惹かないもので、ノヴァスコシア以上に陰鬱な面があると感じた。時々ほとんど車から放り出されんばかりに激しく揺れる丸太道で、ウシガエルがうじゃうじゃいる湿地を越えたが、それからひょろ長いアメリカ落葉松、ドクニンジン、白樺の木の荒涼とした平原を、次に私たちは蚊のわんわんといる針葉樹の生えている沼地に踏み込んで行った。密林、道のない沢地、菅《スゲ》の茂った流れがいつも当面の見通しを制限し、開拓地は稀で互いに遠かった。旅の仲間うちに、退屈な旅を紛《まぎ》らわしそうな会話もなかった。あったのは、「強盗《スナッチング》」、「ののしり合い《スナーリング》」その他、島の政治、トウモロコシ、砂糖、糖蜜の子どもっぽい話だけだった。

黄昏時にベンドに着いたが、ペティコディアックと呼ばれる川幅の広い泥川——その河岸に沿ってかなりの造船業の村が立地している——によって排水された堆積地の沼沢地風の陰気な土地だった。ここの潮は二四フィートも満ち引きし、河口のファンディ湾では六〇フィートにもなる。それは気を消沈させる光景だった——干潮ではただ泥だけの土地が何エーカーも続き、何マイルもの沼沢地が繁茂した雑草に覆われ、潮の流れが相交わり、欄干のない朽ち壊れた木橋の上を連続的に渡る。この場所は、最近熱病とコレラに襲われていた。

村の中へ向かってわずかな傾斜があるので、哀れなポニーたちはよろよろとトロットし始め、その騒音はニュースを聞こうと宿屋の戸口に数多くののらくら者を来させた。この宿屋はただだっ広いペンキの塗っていない建物で、「現金、掛売り、物々交換の店」の向かいにあった。店の経営者は起業心の盛んなスコットランド人《カレドニアン》だ——これは「スコットランド人《スコッチ》、ニューカッスル製回転砥石《といし》、バーミンガムのボタン」の諺（「スコットランド人とネズミとニューカッスル製回転砥石は、世界中を旅する」との諺がある）がどこでも見られるのを改めて証明するものだった。きれい好きで、忙しそうな女主人——言葉づかいはまさにアメリカ人だが、彼女なりに親切だ——が私を彼女の特別な保護下においた、というのは、四〇人の男たちがこの家に泊まっており、他方、より優しい性（女性）の驚くべき少なさがあったからだった。実際、すべての続く旅行中に私は、「万物の霊長」（男性）たちの不当でちょっと不愉快な大勢に出会ったのだった。

「休憩室《パーラー》」でひどくごた混ぜの仲間たちと座っていたくないので、台所の中で女主人の仲間入りをして、まな板の近くの火の傍に座った——これはこのホテル式アパートで最も贅沢な席であった。靴を履いていない二人のアイルランド娘たちが他に仲間入りし、うちの一人は私がイギリスから来たと聞いて、「スキバリーン（アイルランド南端コークにある町）のマイク・ドノヴァンとかいう人」を知っていますか！　と尋ねた。女主人の娘もまたその場にいたが、小さな、こまっしゃくれた顔つきをした三歳のませたうるさい子で、私のインクをこぼし、指抜きを失くした。それからまた近づいてきて、「ねーお客ちゃん、あたちはあなたちょっと疲れていると思うんだけど」と言った。彼女はひどくぶしつけに鎖から私の時計を外して鑑定家の眼付きでじっと見て、「ちゅごく高いお金を払ったんでちょ」！　彼女が私の財布をインクでいっぱいにした後で——この不届きに関して彼女の母親は全く謝るということをしなかった——ティールームの中を覗くと、四〇人の男たちの珍しい光景があって、その中には、黙って職業的しぐさで——大西洋の向こう側の食事はそうやって処理される——お茶を飲んでいる多数のひどく尊大な様子の船大工が含まれていた。私自身の食事は女主人が明らかにたいへん豪華なものにしようとして、とろ火で煮出したお茶に糖蜜で甘みをつけたもの、バターの代わりにソフトチーズ、黒いライ麦パンのセットだった。

宿屋は大層混んでいたので、女主人はベッドを提供できないと告げ——旅にやつれた旅客へのどちらかというと嬉しくない告知だ——、そしてかなり得意気に彼女は、椅子が一脚と小さなテーブル、それに私の旅行鞄がおいてある大きな白い漆喰の敷物のない部屋に連れて行った。彼女は二枚の野牛革《バッファロー》の掛けものをよこして、快適にお過ごしを！　と言って、私を残して去った。すぐ後には笑ってしまうはずの困難と闘いたいといった気分に傾いていたのだったが、それからまもなく、コートを丸めて枕にしてバッファローの毛皮にくるまって最高に贅沢な長椅子でのようにぐっすり眠った。朝早く、周り中でドシンドシン、ガタガタする音で目覚めて、装備が欠けているときするように慌ただしく身仕舞いし、馬車が六時という早い時間に戸口に準備されているのを見つけたが、驚いたことに御者は毛皮にくるまっていて朝は強烈に寒かった。

この馬車は、先にノヴァスコシアで説明したのと同じ造りだった。だが、より狭かったので、さらに限りなく居心地が悪かった。七人の紳士と二人の婦人が中に入って行った——それは六人でも我慢できないぎゅうぎゅう詰めの空間だった。サンドフォード氏は外の方を好み、そこで彼は邪魔されずに煙草を吸えた。道路は非常に起伏に富んでいて、数回にわたたって進行は逆戻りしたが、それは馬たちが決まって丘を登るのを嫌がったのだ（恐らく）——哀れな動物たちよ！——なぜなら、私たちが不断に出会った急な登り勾配で、荷を積んだ四輪大荷車を曳く能力はないと動物たちが感じたからだ。従って、乗客たちはしょっちゅう降りて歩くように言われた——非常に気持ちのよい気晴らしだった、というのは氷は一ペニー硬貨ほどの厚さだったからだ。温度計は華氏三五度（摂氏二度）だった。北東の風が身にしみわたった。太陽は雲ひとつない空から輝いていたにもかかわらず、その光線はほとんどなんの力もなかった。小さな路傍の宿屋で私たちは八時に朝食を摂り、それから真夜中までほとんど止まらずに走り続けた。

もしもイギリス人乗客レイザム氏の常軌を逸した行動によって活気づけられなかったら、行程は非常に退屈なものだったろう。朝食の後、馬車の中の会話はかなり広範囲にわたり、前述の人によって引っ張られたが、彼は会話するというよりは講義したり説教したりした。彼の熱弁によって触れられない話題はほとんどなかった。神学の困難な論点も太陽の構成についても同じ容易さで話した。彼は非常によどみなく、そしてそれと同じくらい不正確に政治、天文学、化学、解剖学について講義した。血液の循環の説明で、彼は「純粋に物質的《フィジカル》のものである」と述べた。そして、それに対する「それは最も純粋に超物質的《メタフィジカル》な問題である」という応答に、彼はひどく激昂した。彼が太陽について言及するには、「私は太陽について研究した。私はこの分野に関わるとともにそれを知っている。それは発光する大気のある黒体で、気候は地球より過ごしやすい」――というように、我が国の最も偉大な天文学者たちによってのみ一理論としておずおずと言われていることを、事実として宣言するのである。

やがて政治が討議に登場し、そのとき彼は無知と同じほどの厚顔無恥でイギリスの制度を乱暴に攻撃し、私が反駁せざるを得ないと感じるようなひどい誤説を発した。そのときまた彼は仲間たちの評価が下落するのを好まず、ほとんど無礼すれすれのやり方で論点を争った。

彼はまた、科学的知識でも大いに知ったかぶりを展示したが、それは技術者組織の会議の折々の出席によってのことであった。紳士たちに「ここにいる我々皆は全員紳士である」という理由で質問した。多数の質問をした――それに対して彼らは答えることができなかったが、そのとき、一団の一人が勇気を出して彼に、なぜ火は燃えるのかと訊いた。「おぉ、空気中の水素によるのだ、もちろん」が得意気な答えだった。「失礼ですが、でも大気中には水素は無いでしょう」――「ありますとも。私は空気について熟知しております――二分の一が水素で成り、残り半分は窒素と酸素です」「あなたはきっと水と混同しているのでしょう」――「いいえ、私は空気に関してと同じくらい水の組成についても熟知しています。それは同じガスから出来ていて、単に割合が違うだけです」。これはあまりに奇怪であり、そして対抗者は、その言い分に反論したのだが、心底ばかばかしさに笑いをこらえることができなかった。それに対して他の人たちもなぜか分からずに加担したが、それはあまりにこの怒りっぽい紳士の癇癪を惹き起こしたので、事態を収めることがひどく難しかった。彼は主張した――自分が正しくて、他の人は間違っている、彼の命題は海洋の両側(アメリカとヨーロッパ)のすべての著名な化学者によって支持されている、自分はこれらの流動体の要素を分析によって立証したわけではないけれど、自分は完全にそれらの本性を知っている、空気の組成は単に理論であったが、彼の対抗者の意見はいかなる著名な「学者（サヴァン）」によっても支持されなかった、と。後者は単にこう答えた――「次にロウソクに火を点けるとき、君は空中に水素がないことに感謝するかもしれない」。この後で敵対の一時休止があった。

しかし、夜にかけて、朝の不愉快さによってもまだ性懲りもなく、彼は仲間の答えられない幾つかの質問を提出した。中に、「なぜ黒い羊がいるのか？」というのがあった。どのようにして彼は博物学上のこの難しい問題を解決しようとするのか分からない。心の不可思議感がすべての人々の顔面に貼りついたのは、前にレイザム氏の間違いを衝いた人が、困惑している植民者たちの助けに入って、進んでいかにして「不可能な根《こん》（ルート）が方程式に入るか」を説明するかという質問に答えようとしたときだった。これには返答がなかったが、このとき彼に——恐らくいたずらで——答えるように紳士たちの幾人かが促すと、怒ってやり返した——「私は他の科学と同様に数学の修得者である。しかし、私をからかう意図があるように思われる。私は嘲りの対象にはなりたくないから、あなた方にあえて、私は他の人々と同じように野蛮でありうることを示そう」。この脅しは、旅の残りの人々の間に全面的な沈黙の効果を生じた。しかし、レイザム氏は機会を捕えて私に説明した——この演説で彼はいかなる個人的ほのめかしもしなかったのだが、馬車の中で時を誤った陽気な騒ぎを抑制するのが必要だと分かったのだ、と。厚かましさと知ったかぶりにもかかわらず、彼は親切さを示す機会を決して逃さなかった。私が恐怖の極みにいる彼を最後に見たのは、メイン州の岸を疾風が吹き荒れているさ中だった。

ベンドを出て最初の五〇マイルは、行程は想像でき得る限りの寂しく野生的な地——際限のない灌木の林に覆われた小高い丘——を通り抜けるものだった。私はアメリカ旅行者に大変有名な巨木を探したが、無駄だった。もしこの地域にそれらがかつて生えていたとするならば、今やそれらは船の形をしてイギリスの旗が翻るどこの海にも見られているはずだ。時折インディアンのテント小屋《ウィグワム》の煙がアメリカツガの暗い繁みの間から薄青い雲となってたち上る。そして原始的な住居の脇には、ボロボロの服を着て、銃の手入れをするか、樹皮のカヌーの修理をしている先住の土地所有者が見られるかもしれないが、文明と科学の道具によって計り知れないほど彼の上方に位置した人々に、敢えて無感覚な一瞥を恵んでやるのはめったにないことだ。そして、紐で赤ちゃんを背負った先住民女性《スクアウ》が私たちを木の陰から覗く。あるいは半裸のいたずら小僧が銅貨《カッパー》を求めて私たちのあとをついてくるのだったが、これはアンカス（一五八八?〜一六八三?。北米先住民の指導者。父の率いるペクオト族に対して反乱を起こし、モヘガン族の長となる）の威厳ともチンガチグック（J・F・クーパーの小説『皮のストッキングの物語』［一八二六〜四一］に出てくるモヒカン族の族長）の崇高さとも奇妙にも対照的なものだ。ジェイムズ・クーパー（一七八九〜一八五一。辺境開拓者および北米先住民の生活を題材とした。『モヒカン族の最後』、『大草原』の作者）が実際に取材したのかどうか、非常に疑わしい描写だ。

土地が開墾のために拓けている少数の場所の耕作はかなり良くて、家々は居心地がよく、ふつう家畜小屋とタタール麦の豊かな収穫に囲まれていた。ジャガイモは病気に罹っていないように見え、カボチャは見るからに豊作でよい状態であった。三〇マイルにわたって沿って通過したサセックスヴァリィは、澄んだ急流から灌漑されており、緑豊かで、樹木で覆われて晴れやかに豊饒だ。多数の牧草地と耕作可能地の整然とした佇まいは、イギリスを思い出させた。ニューブランズウィックが保持している利点を考慮してみると、移民がより好んで行くところでなかったのは驚くべきことだ。この大きな理由のひとつは、この地域は鉄道と運河の形態での内陸連絡の手段が貧弱なので、陸路旅行の困難さと高い費用にあるに違いないと思われる。数本の航行可能な川があって、セントジョンの近くの一地方、ペティコディアック川、ミラミチ川（ニューブランズウィックの川。セントローレンス湾のミラミチ湾に注ぐ）は非常に肥沃で耕作に適している。この地方の内陸部の湖と小河川もまた豊かな土地に取り囲まれていて、沿岸の広々とした湾は魚が豊富だ。ニューブランズウィックは「責任政府」（一八四八年に認められた）があり、総督、行政評議会（内閣）、立法議会、立法評議会を有している。万一アメリカ人の側からの略奪を目的とする襲撃があるような場合、植民地を保護している本国政府によって費用を賄われている一定の防衛費などを除いてだが、同植民地は独立国としてのすべての利点を持っている。そして、最近合衆国との間に結ばれた互恵条約は、多大な商業上の利益を証拠立てるだろうと信じられている。

しかし、その岸を探し求め続けていた移民たちの数は比較的少なく、そして、これら到着者たちはほとんどもっぱら労働階級で、異常に高い賃金に魅かれ、主に機械的労働雇用に吸収された。一八五三年に上陸した数は三七六二人で、翌五四年には三六一八人である。ニューブランズウィックの一般的な事情に関しては、地域の歳入は年当たり二〇万ポンド以上への増加が見られたのは全く申し分ない。

セントジョン川沿いの人口約九〇〇〇人の町フレデリクトンは、日々九〇マイル離れたセントジョン市とこの川で汽船連絡しており、首都かつ政府所在地だ。ニューブランズウィックは、かなりの量の鉱物資源を有している。石炭と鉄はあり余るほどあって、気候はノヴァスコシアより霧は少ない。しかし、これらの大層な自然の利点は、ほとんど眠ったまま放置してある。入植者たちは本当に辛苦に耐え、極度に忠誠を示す。だが、北部の気候の中であまりに広く行き渡っている飲酒の悪癖は、最近では法律の介入が求められている。

馬を替えるために一八マイルごとのすべての駅逓の終わりに止まったが、その小さな宿屋のひとつで、一人の老人が馬車の扉まで、一五歳のとても可愛くて興味深い目付きの少女を連れてきて、彼女を私の保護下に置き、「セントジョンにある家まで安全に付き添い、どんな紳士でも彼女に無礼なことをするのを許さないでほしい」と頼んだ。指図の後半を満たすのはとても簡単だった、というのは、入植者たちにいかなる欠点があろうとも、婦人に対する礼儀作法に関しては絶対的に尊重していたからだ。しかし、難しいことがもち上がった、というよりむしろ、イギリスだったら難しさであるだろうことだが、馬車の内部も外も満員で、すべての客はできる限り早くボストンに着きたがっていたからだ。しかしながら、ニューイングランドから来たある紳士が、若い娘がセントジョンに行き着くことができるか心配しているのを見て、馬車から下りて、見知らぬ人に親切を尽くすために、実際にまる一日と二夜の間、路傍の宿屋に宿泊したのであった。この親切の行為は大いに個人的な不便を忍んで行われ、それを示した件《くだん》の紳士は毛ほどの功をも自分に認めないようだった。その新奇さは私に強い印象を与え、それは、アメリカの紳士方に習慣が要請する婦人方への誇張された尊敬について読み聞きしたすべてを完全に凌駕していた。

暗闇が訪れた後では、窮屈な姿勢で座ったままで成し遂げられた二〇時間の退屈な長旅はほとんど耐え難く、その単調さは、通過する幾つかの木橋と御者の「橋が危険だ、お客様たちは降りてお歩きになってください」という指令によって破られるだけだった。夜は非常に寒くて霜が降り、ぞくぞくと寒気がするので、これらの橋々の危険な状態によって強いられた歩行が全く気にもならなかった。

託された若い娘は、それらを通るとき恐ろしく臆病のように見え、明らかに木造部から発する奇妙な裂ける音が静けさを破るとき、少し押し殺したキャッという悲鳴を幾度か発した。また、半マイルほどの橋の上を歩いているとき、二週間前それを通っているときに一台の馬車と六頭の馬が消え、手足が幾本か折れるという犠牲を払ったと聞かされたときの彼女の表情にも全く驚きもしなかった。

きれいなハンプトンの町の近くでセントジョン川を渡っているとき、私たちを曳いている先導馬《リーダー》の一頭が穴に前足を両方ともとられ、やっとのことで救い出した。

きっかり真夜中の一二時に駅馬車はセントジョン市の街の急な坂道をがたがたと下ったが、この市はコレラの猛威が最近とんでもなく悲惨な名声を与えたところだった。三つのホテルを無駄に巡回した後でようやくウェイヴァリ・ハウスに入れたが、なんと二〇時間に一〇〇マイルの旅を成し遂げたのだった！　ベルを鳴らすと粗野なポーターが応じ、すぐに、待機《ウェイティング》している寝室係の女たちが大西洋《トランスアトランティック》のこちら側の諸ホテルでは不可欠ではないことを見出した。そして、女召使いというよりはお手伝《ヘルプ》いさんは大変に高位の階層なのだ。私の友人の一人がナイアガラのホテルをチェックアウトするときに、彼女たちの一人に心付けとして半ドル《ドゥサー》の謝礼を渡そうとしたが、彼女は胸を張って、誇り高く「アメリカの婦人《レディ》は男性からお金は受け取りません」と答えた。ベンドに鍵束を忘れてきたので、旅行鞄《ヴァリース》が無用の長物に――そして一週間の旅行の後では厄介物に――なっているのに気付いた。

セントジョンで日曜日を過ごしたが、鍵束がうまい具合に到着し、その日に相応しい装いを可能にしたので、教会に行ったのだが、説教を別として、礼拝は大変素晴らしいものだった。コレラ退散の厳粛な感謝の祈りが読まれ、会衆のほとんどが新しい喪の中にいるという事実が非常に強い印象を与えた。死の天使《エンジェル・オブ・デス》が不運な町の上を彷徨《さすら》い続け、病は人口の一〇分の一以上をも奪い、それはアメリカの暑い夏ではほとんどペストと同じほどに宿命的かつ悲惨な病気であった。町を離れられる者は皆逃げた。が、しかし多くの者が病を連れて行って路上で死んだ。ホテル、造船所、商店は閉鎖され、木の板の中に粗っぽく釘で閉じ込められた死体は大急ぎで通りを行き過ぎ、町《シティ》の外で慌ただしく埋葬された――命の温かさが消え失せないうちに。自然な情愛の神聖な結びつきは無視されて、死にかけた者は死の恐怖の王《キング・オブ・テラーズ》の前に一人放っておかれ、誰一人彼らの瞼《まぶた》を閉じるために残っていなかった。追悼の鐘の不吉ながらんがらんと鳴り響く音は昼夜を問わず聞こえ、濃密な茶色の霧が町の上に立ち込めるように思われ、市は五週間というもの死にかけた者たちと死者たちの住処だった。

疫病の流行によって、セントジョンの住民の間で宗教に関する一時的関心が惹き起こされた。最も懐疑的な者にとっても、支配する神の摂理を認識しないではいられなかった――そして私は、安息日と宗教諸儀式が、この町で見られた以上に外面的な尊敬を集めたのを眼にしたことはほとんどない。

ウェイヴァリ・ハウスでは、より粗い性《ラファー・セックス》（男性）の優勢が非常に強く記されていた。五〇人の紳士がディナーの席に着いていたのに対して、婦人は女将《おかみ》さんを含めてたったの三人だった。五三客のティーカップがテーブルに優雅に置かれ、同様に六本の茹でた羊の脚、多数の素敵なジャガイモ料理と軸付きトウモロコシ、トウナス、パンプキンパイで飾りたてられていた――これが本物の植民地の大盤振る舞いだった。

この宿屋での食事のときに生じた会話を再現することを差し控えることはできない、というのは、これらの植民地を旅行中に不断に出会う人物の典型だったからで――「あなたはイギリス《オールド・カントリー》からお出でになった方と存じますが？」と向かいの人《ヴィザヴィ》が語りかけた。この国籍の認知に対して、私は慎ましく頷《うなず》いた。「あなたは当地東部の私たちをどう思いますか？」「私はこの地方にほんの短い間いるだけなので、どんな正当な意見も持ち合わせません」「あぁ、でもあなたは何かご意見があるでしょう。私たちは本国《オールド・カントリー》の方々が私たちをどう感じているか知りたいのです」。このように聞かれて、答えることを避けられずに言った――「このあたりの植民地には組織だった起業が大変に不足していると思います。あなた方は、お持ちの大層な自然の利点をご利用なさっていないように思いますけれど」「ええ、実際は、ジャッキー・ブルおじさん（イギリス劇作家ジョン・オキーフの作品［一七八四］より）が私たちを助けてくれるか、あるいは私たちに完全に自分の責任で《オン・アワ・オウン・フック》させるべきなのです」「あなた方は責任政府がおありで、そしてあなたの言い回しを使うならば、名目はともかく『自分の責任で《オン・ユア・オウン・フック》』おできになる」「うーん、俺たち、確かにそうだと思うけど。俺たちはヤンキーよりはるかによい《ア・ロング・チョーク・アバヴ》と思うが、けれど奴らは誰も自分以外は糸切り歯の鋭い《アイ・ティース・カット》世慣れた者はいないと考えている連中なんだよ」

こうコメントした独り善がりの無知は、極めてこっけいである。彼はまた始めた――「あなたは、ノヴァスコシアとブルーノーズたち（「青鼻」の意。ノヴァスコシア人。青色は保守主義、頑迷さと結び付けられる。清教徒的な人の意に転じた）をどうお考えかな？　ハリファックスは確かに立派な場所であります！」「ハリファックスで私は、一番の宿屋が卑しからぬアメリカ人が誰一人身を落とさずに眠れるようなものでなく、こけら葺《ぶ》きの町でほとんど歩道も無いと分かりました。人々は未だに大いに鉄道と蒸気船について話し合っていましたが、私はトルロとピクトウへ、イギリスでは二世紀前でもほとんど我慢されなかっただろうような乗り物の郵便馬車で旅行をしました。ハリファックスの人々は北アメリカで最高の湾を持っていますが、係船渠《ドック》が未だに無く、海運はほとんどありません。ノヴァスコシア人には鉄、石炭、粘板岩《スレート》、石灰岩、フリーストン（どんな方向にも自由に切り取れる石、サンドストン、ライムストンなど）があることが知られており、また海岸には魚が群れをなしているのに、未だに鉄道やドック、議会についてお喋りをして時間を費やし、挙句の果てに何もせずに歩き回っているのです」

「そうだ、」と一人のボストンの船長が調子を合わせたが、彼はヨーロッパからの同乗者で「全くのニューイングランド地方生え抜き《イング・ダウンイースター》」たることを自慢していたが、「ノヴァスコシア人《ブルーノーズ》が帽子を頭に載せるようになるまでの時間と、我々自由で啓発された市民の一人がボストン《ボスティング》からニューオーリンズへ行く時間は、変わりないのさ。もし我々が全くもって目を醒まさせてやらないなら、哀れなものだ！　どうしてかってお客さん、もしあんたがコネチカットに行くことがあって、それで彼らに子ども以来言っていることを言ったとしたら、彼らはあんたがクリケット大佐《カーナル》（デイヴィッド、愛称デイヴィー、一七八六～一八三六。アメリカの政治家、開拓者、アラモの砦で戦死）と一緒だったと思うだろうよ」

「えーと、」と私はニューブランズウィック人からの別の質問に答えて続けた──、「もしあなたが自分自身の地方の北へ行きたいなら、海路でノヴァスコシアを回って行く必要があるように思いますが。シャルール湾（セントローレンス湾の一半島）行きの鉄道について話されているのだと理解してますが、どうも着工したところで止まってしまったようですね。それで、ハリファックス行きの鉄道が無いので、カナダの交通さえ合衆国のポートランドへ回されていました」

「我々は余剰収益の幾らかを投資したい」と、かの船長は言った──「議会がこれらの植民地を買うとき、それはよい投機《スペック》になるだろうな。我々の一〇馬力の男《チャップ》たちがやってきて、あんた方が《ヤンキーの馬鹿《ヤンキー・ドゥードゥル》》を口笛で吹けるようになる前に、我々はそれぞれの端にニューへイヴンくらいの大きさの町のあるヴァート湾（『時計職人』（一八三六）参照──著者トマス・チャンドラー・ハリバートンは英領カナダ（ノヴァスコシア州）出身の政治家、実業家で作家。カナダで初めての国際的なベストセラー作家）に通じる運河を造っちまうだろうな。そのときはブルーノーズたちはちょっくら慌てふためくに決まっている」。ニューブランズウィック人はちょっと猛烈にこう反論した──、フレデリクトンで一握りのイギリス軍が全アメリカ軍を「散々にやっつける《チョーアップ》ことができたんだ」。それから会話は、それぞれの側からの同じ自慢と大げさな調子でしばらくの間続いたが、これらは植民地の尊大さとアメリカの自負心の見本だ。

一八五一年のニューブランズウィックの人口は一九万三八〇〇人だった。が、今や二一万人を超えていて、考慮されているこの地方への鉄道系統の拡大が実現するならばさらに急激に増加するだろう、というのは、その場合には、セントジョン港経由の両カナダ（東西両カナダ＝旧ロワー／アッパー・カナダ＝現ケベック州とオンタリオ州）へのルートが多分、他のどれにもはるかに勝るだろうからだ。セントジョンの広々とした湾は最大級の船舶に十分な水深があり、およそ二五フィートあるそのタイドフォール（直接に海岸に落ちる滝）が冬季の氷結を効果的に阻止する。

材木の交易は最重要な植民地の富の源泉である——材木はセントジョンへ流れ下るものだけでも、一八五二年期には四〇万五二〇八スターリング・ポンド（かつてイギリス連邦諸国で用いられた通貨単位としてのポンド）の金額に上った。製材所——最近の統計によると五八四ヵ所あった——は四三〇二人の労働者の雇用を生み出した。同じ悉皆調査によると、この統計が取られた年にそれぞれが平均四〇〇トン積みの八七隻の船舶があったが、それ以来、その数は増加し続けている。これらの植民地建造の船舶は徐々に非常に高い評価を得てきている。有名な「ホワイト・スター」ライン所属の一、二隻を含む我々の最高の快速大型帆船の幾つかは、セントジョンの船大工の手になるものだ。多分、西カナダ（旧アッパー・カナダ）を唯一の例外として、どの植民地もそのようなさまざまな誘因を移民たちに提供していない。

できる限りセントジョンの多くを見たが、ある晴れた日には素晴らしい印象を受けた。「岩の都市《シティー・オブ・ザ・ロック》」というニックネームに十分価し、急峻な不毛の丘陵の陸地を背負った、高くて切り立った岩だらけの半島に位置している。湾はよく掩蔽《えんぺい》され、かつ容量があり、滝の上の吊り橋はまことに絵のように美しい。通りは急な坂だが広く良く舗装されていて、商店はハリファックスのよりも気取った感じがする。またとても立派な広場もあり、我がナショナル・ギャラリーの正面の外国人のからかいを起こさせるものより立派な噴水がある。そこは大層な額の取引がなされる場所であり、造船所だけで数千人に雇用を与えている。

だが、町の低地部分は極度に汚い。コレラが完全に消滅する前に、水辺の近くの幾つかの通りを訪れてみたが、疫病はそれにとってあまりに相応しい場所を占有してしまって、なかなか去らないのもむべなるかなと思った、というのは、道路は大鋸屑《おがくず》で数インチの深さに覆われ、むかつくような腐敗臭を発しており、その中で痩せた豚たちが鼻でほじくり返したり、争ったりしているからだ。

しかし、セントジョンには生き生きとした面もある。一〇〇〇人の船子、筏乗り、水車小屋労働者を目にするが、そのある者は幾艘かの重々しい平底運搬船《スカウ》を引き綱で引いており、他の者は巨大な四角ばった舷側の船々に荷を積んでいる。ファスチアン布（緯に綿糸、経には綿糸または羊毛糸を用いて密に織り短いけばを立てた丈夫な綾織物。コール天・別珍・モールスキンなどの類）製の上着を着た忙しそうな男たちの幾群も、新しく挽《ひ》かれた材木を送り出すのに従事している。そして通りは、商店主、材木取引商、売買人の喧騒がある。すべてが合わさって、我が北アメリカ植民地の町々ではめったに見られない活動の混沌を造り出している。しかし、あまりにしばしば、陰気に見える波止場、倉庫、半分取り壊された船がしっとりと降る濃霧に包まれている――霧はコールタールと大鋸屑の煙によって一層深くなっている。そして、さらに低い通りはやる気を無くした人々がうようよしている。しかし、セントジョンの人々はあまりにハリファックスの人たちとかけ離れているので、私は心底、その成功そして鉄道を望んでいる。

一〇〇〇挺の鋸《のこぎり》とハンマーのカチン、カチンという音が空中に鳴り響く中を、そのとき、「輝かしい八月のある日の朝七時に、」ごちゃごちゃした湾沿いの通りを抜けて、汽船オーネボーグ号へと歩いていた。蒸気船は合衆国船籍で、ロングアイランド湾《サウンド》のために建造されたが、現在は近海航路用に使われている。蒸気船に対する私の前もっての概念のすべては、当地では間違いだらけだった。もし、それが本質において何かに似ているものであったとしたら、ノアの箱舟のようなものか、あるいはノアの大洪水以降の何かにいたるとなれば、ポーツマス（イングランドの南岸に位置する都市）やデヴォンポート（イギリス南西部のデヴォン州、プリマスの西にあり、海軍基地がある）で見られるような有蓋の廃船、つまり「予備船舶《イン・オーディナリー》」の一艘である。

船はイギリス船とは全く似ていず、全体に白く塗られ、マストはなく、並んだ二つの小さい黒い煙突があった。そして、甲板としての交互に重なった数個の建造物におよそ二フィート平方のたくさんの窓がついている。構造物は二つの大きな梁《はり》で結合されているようだが、それは全体の姿に頭でっかちの様子を増している。外輪囲い（それは船の外枠の中にある）の傍らを通って、大集団と共に大きくて四角い敷物のない、両側に鉄道やディナーの切符が売られているオフィスのある「ホール」と呼ばれる区画の中に入って行った。これとカーテンで仕切られているところが婦人室で、大きくてほとんどあまりにだだっ広い区画でホールから舳先《へさき》まで伸びていて、ソファ、ロッキングチェア、大理石のテーブルが置かれていた。寝台の列が壁に沿って備え付けられており、花づな状のサテンのダマスク織の掛け布、バラ色の縁取りの刺繍のあるモスリンのカーテンが掛けられていた。

この上には一般のサロンがあり、大きくて立派にしつらえられた部屋で、両側に専用室が並び、一四フィートの長さの小さな、やはり有蓋の甲板の上に開けている。これとサロンの屋根が、乗客は入れない本物のデッキ、つまり遊歩甲板《ハリケーン・デック》を作っていて、その上方一二フィートにエンジンのビームが作動している。ホールの下には、船の全長にわたる一七〇の寝台のある紳士用客室がある。これは人工光によって照らされ、食事用に使われる。エンジンの囲いは中央を占めており、非常に小さい、というのは、高圧エンジンの機械はコンデンサーやエアポンプのような邪魔物がないからだ。エンジンは毎時五マイルで静かな水面を通って扱いにくい構造の船を駆動していた。これまでこのように詳述したのは、これが今後合衆国とカナダを旅行するときに乗るすべての蒸気船に妥当するだろうからだ。

セントジョン市は、その聳え立つ傾斜面に堂々とした姿を見せていた。しばし私たちは素敵な海岸の景色を楽しんだ。水面から突如として立ち上がる花崗岩の聳え立つ断崖は森林の衣を纏《まと》い、それに迫る海はあまりに深いので、（実際にやってみて証明されたように）小石を投じて届く距離をとって通り抜けた。一時にメイン州のイーストポートに着いて――繁栄した様を見せているところだ――、波止場で休止している間にディナーが出された。女給仕たちが船中の女性全部を捜し出し、先立って階下へ降り、最上席に着けた。それから間髪を置かず、紳士たちが姿を現すことを許され、大騒ぎでご馳走に飛び付いた。およそ二〇〇人が、嫌な臭いのする薄暗い灯りの部屋で、香ばしいご馳走が並べられたテーブルに着いていた。ご馳走は、玉ねぎを詰めた豚肉、茹《ゆ》でたマトンの脚、茹でた鶏肉と七面鳥、焼いたアヒル、ビーフステーキ、ヤムイモ、トマト、カボチャ、粥、トウモロコシの穂軸、トウモロコシパン《ジョニー・ケーキ》、その他、アメリカ人の口にこたえられない練り菓子《ペイストリー》の料理がずらりと並んでいた。私がちょうどスープを終えようとしたところで、給仕が私の肩に手を触れて、「ディナー券あるいは五〇セント」と言った。そして私が、支払いのために、アメリカのお金の不可解さを十分に理解する前に、他の人たちはデザートを食べていた。しかしながら、合衆国の貨幣制度《コイニジ》は非常に単純なので、我が国の貨幣と同じように二日間で理解した。五ドルはイギリスの一ポンド金貨と等価で、一〇〇セントで一ドルになり、この極めて控えめの知識だけで、全連邦中で金銭の処理ができる。計算の単純さは私を大いに気楽にしてくれた、というのは、諸植民地間で一ポンドの相対的為替レートが私をとても当惑させた後だったので——ニューブランズウィックでは二五シリング六ペンス、ノヴァスコシアでは二五シリング、プリンスエドワード島では三〇シリングというように。五時まで甲板に座っていてから、寝台に降りて行った。夕べが薄暗く暮れていく中で海は荒々しさを増し、船長が「我々は今までにない夜を体験するようだ」と言うのを聞いた。七時に波は甲板昇降口階段《コンパニオン・ウェイ》を落ちて来て、テーブルからお茶道具の半分を洗い流し、私が眠りに就く前に、船客仲間がカーテンから頭を出して、「御婦人方、ひどく荒れた夜だが、危険の心配はご無用です」と言った——勇気を与えるには疑わしい方法《レフトハンデッド・ウェイ》で、それはもちろん臆病な人々を怖がらせた。一一時頃に大騒ぎの叫び声で目を覚まし、おぼろに覚めていく意識には、すべてのものがばらばらになっていくように思えた。カーテンは引き開けられており、ホールは未だ波に洗われ続けているのを目にした。

サロンのすべてのものは緩く置かれている。ロッキングチェアは床中を走り回り、互いに衝突した。客室係は半分服を着かけて、怖がる婦人たちの問い合わせに答えながら寝台から寝台へとそろそろ這《は》い歩き回り、船は重苦しくギーギー鳴っていた。しかし私はまた眠りに落ち、真夜中に、「御婦人方、起きて服を着てください、でも、呼ばれるまで出ないでください。強風はとてもひどいです」という男の叫び声で目を覚まさせられた。それから修羅場が続いた。一瞬前まで具合が悪くてどうにもならなかった人々が、寝台から飛び出して大急ぎで服を着た。母親たちは赤ちゃんを発作的に抱きかかえた。ギャーギャー大声をあげる人たちや、ボーっとして座りこむ人たちがいたが、少なからぬ人々が、神様——あまりにしばしば健康で安全のときには無視されている——に苦悶の嘆願をし、この究極の状態と思われたものからの救いを求めていた。

ランプが轟音とともに消えた。天井からぶら下がっていたのだが、巨大な波が船にぶつかり、揺らしてぐらつかせ、恐怖のキャッという悲鳴がこの出来事に続いて、ほとんど完全な暗闇の中に取り残された。もうひとつの大波が突進してきて、サロンを洗い流し、椅子やスツールをその前に押し流し、同じほど急速に引いて行った。ホールは男たちで溢れ、支柱にしがみついて、互いに近くの者から伝染性の恐怖を受け取り合っていた。今や次々とうねりが船を襲っていた。船長が、海は甲板を越えて波を寄せようとしているので、上甲板積荷を海中に投げるようにと命令するのを聞いた。間もなく水は上から流れ込んで来て、エンジンの火を消し、船は不断に波間の底に沈み、そこで揺れて留まり、あたかも二度と浮き上がらないかのようであったので、無知な私にさえ、船は「手も足も出ず」水のなすがままだと分かった。私は今や、「吹きすさぶ大砲《ブローイング・グレイト・ガンズ》」の意味を理解した。風は重砲の連射のような音を発し、船を打つとき、波は大砲の弾のように感じられた。私は、起き上がることも服を着ることもできなかった——というのも、上寝台にいたからで、船の横揺れのために出ることができなかったので、事態を改善する余地はなく、静かに横になっていたが、すべてが私の前を一場の修羅場として過ぎて行った。私は前から、病気のため幾回か死を予期するよう言われていたのだ。が、しかしここで、男たちが外で、「船が沈んでいく、船は浸水している、バラバラになってしまう」と言うのを聞いたとき、大西洋の冷たい深い水の中で長く尾を引く海草の間に沈んでいくという、また違う見通しもあった。三時頃、ひとつの波が船を襲い、私は舷側に突き出した梁にぶつけられ、ひどく頭を切って気絶してしまい、三時間というもの気が付かなかった。引き続き一〇時間にわたって大変な危険の中にいて、多くの者が刻々とこれが最期と思ったが、朝には大風は凪《な》ぎ、ポンプの大変素晴らしい威力の発揮によって、救助が与えられるまで浸水は低く保たれ、この救助でメイン州ポートランドの懐かしい港に着くことができたが、ひどい損傷を受け、船はどちらも穴が開いていた。多くの者が、夜の恐怖と冒険のこのような思いもかけない終結に深い感謝を表明した。大勢が、二度と海を信用しないとの決意を述べた。

　ポートランドの波止場で林立するマストのまっただ中に順調に錨を下ろした。星条旗はアメリカの鷲（双頭の鷲＝アメリカの国章）と共に元気よくひらめいた。そして、希望に燃える人々がアングロ・サクソン人はその若さの活力を新たにするにちがいないと思っている海岸に一歩を踏みしめながら、私の実存の新しい時代が始まっていたのを感じたのだった。

第五章　アメリカ合衆国のホテル

賑やかな通りと賑わう波止場、立派な建物、鉄道駅を持つポートランド市は、メイン州の不毛の痩せた沿岸にあたかも生えてきたようで、すでに耳にしていたアメリカ人たちによる言説――「我々は偉大な国民、地上最大の国家である」――の最初の部分を十分に確証していた。礼儀正しい税関職員はトランクの中に何か禁制品をお持ちでないでしょうかと尋ね、私の「いいえ」の返答に、紐を解くという規定の形式手続きもせずに通過を許可した。「開化した国民」、まさに彼らはその通りだと私は感じ、そして完全なる自由の国――そこでは誰もが自分がしたいと思うことができる――にいるという喜ばしい自覚を持って、私は水辺の近くのホテルに入り、婦人室に腰を下ろした。この二四時間というもの何も口にしておらず、着ているものは冷たく濡れ、こめかみのひどい切り傷とで完全にくたくただった。この状態では、ベルを鳴らしてグラス一杯のワインを注文しても差し支えないと思った。ブドウ汁によって生じさせられるだろう爽快感の幻影が、給仕と同時に現れた。注文すると彼はぶっきらぼうに答えた、――「それはできません、法に反します」と。半ば溺れかけた弱々しい状態の中で、その拒絶はほとんど積極的な残虐行為にも等しいように思われたが、そこでかの有名な「メイン法」に立ち会っていることを思い出した。メイン州の住民たちは「自由」でないという事実が、このようにして直ちに私自身に実際に起こった。彼らが「開化している」かどうかは、そのとき疑わしかったが、とりあえず醸造飲料禁止の問題はより有能な社会経済学者の決定に任せておこう。

その後、次のように知らされた、すなわち、階下へ行き「縞ブタ」が見たいと頼む人たちにはワインとスピリッツが出されるということ、また、「埃まみれのベン《ダスティー・ベン》」と話したいと申し込めば同じ効果が得られ、また、この町のある店々で「サルサパリラ」(サルサ根で味を付けた炭酸水)を頼むと、要望通りの刺激物を手に入れることができるというものだ。実際、この薬の消費はメインでは他州全部を合わせたより多いと言われている。しかし、この大いに尊敬すべき州に対して公正を期すれば、この厳酷な法制度を立法府に強いた飲酒癖は、毎年ポートランドに上陸するイギリス人とアイルランド人の移民たちの何千人の中にいる、とつけ加えておかなければならない。ここでのたった一人の旅の友達はバラ色の頬をした素朴な田舎の少女だけで、彼女はケネバンク(メイン州)へ行くところだったが、これまで一度も家を離れたことがなく、どうしていいかこれっぽっちも分かっていなかった。私の旧式な格好から推し量って、「私の面倒を見て、私の代わりに切符を買い——というのは、あそこの男性たちにそのことを頼む勇気がなかったからで——、また列車の中で隣に座らせてくれませんか」と彼女は私に頼んだ。彼女はあることを見てあんまり怖かったので、どうやって列車の中に入ってよいのか分からなくなったと言った。それはどういうことだったかと尋ねた。「おお、それはとてつもなく大っきな、明るく赤いもので、私、車輪が幾つあるのか分からないし、大きくて真っ黒なてっぺん、その上の辺《あた》りを動き回る明るいぴかぴか光るもの、それとそこから出てくる煙と蒸気に加えて、まるで大地を揺るがすような恐ろしい音なんですもの」と彼女は言った。

三時半に長い格納庫の中の列車に入ったが、そこにはイギリスでのような制服を着た車掌がいなかったので、やっとのことで行く先を見つけた。「全員乗車!」が着席の合図で、しかしこの場合は「命がけで転がり込め」の大声の叫びが私の耳を楽しませ、続いて「進め!」とあって、それで出発し、機関士は通りすぎる街路沿いで通行人に私たちの接近を教えるために重いベルを鳴らし続けた。アメリカは、確かに国のモットーである「進め《ゴウ・アヘッド》!」の下で繁栄してきたのではあるが、しかし、自分の地盤がきれいになっているか確認するまで出発を見合わせるイギリスの車掌の慎重な「オーライ」が人にもっと安心感を与える。私はバン(Bunn―― 不詳)その他の著者による記述と同じほどの恐ろしさを一度も経験したことがない――何しろ、アメリカに鉄道が敷かれた距離と事故数を比較すると、アメリカ側の安全性に関して劣る点を見出すことができなかったからだ。車両はイギリス人の目には完全に目新しかった。二五フィートの長さがあっておよそ六〇人が乗ることができる。両側に一二の窓と二つの、つまり両端に一つずつのドアがある。中央を通路が通っていて、両側に二人掛けの椅子が並ぶ。一方の端に赤ん坊連れの婦人のためのサロンがあって、氷で冷やした水を常時供給する濾過装置を積み込んでいる。屋根に沿ってそれぞれの車両を貫通して機関車に達するロープを通すための輪があって、何か不具合があるとき直ちに機関士と連絡できる。各車両はしっかりした八つの車輪がつき、四輪ずつ各端に互いにぴったりと寄せて据えてあり、それらすべては二つの強力なブレーキで固定することができる。すべての車両の各端には乗降ステップがあり、乗客は「危険承知の上でなければそこに立つこと」、および走行中の車両間の移動は「禁じられている」。しかし、この規則にはいかなる罰則もないので、ひっきりなしに破られている――「自由で啓発された市民」は、彼らの首を危険にさらすのも完全に自由なのだ。そして、「貧しく無知で無学文盲の英国人たち《ブリティッシャー》」は直ちに彼らの例を見習うのだ。人々はとめどなく行ったり来たりしている――動くのを仕事としている車掌、それから水運び人、本・ボンボン・桃の売人を含めて。これらの鉄道と関連した人は誰も区別のつく制服を着ていないし、駅つまり彼らが呼ぶところの「停車場《デポット》」は大体において最もみすぼらしい有様で、ただの木製のさしかけ小屋なので、切符売り場を発見するのが非常に困難だ。もしとても運よく貨物車のドアのところに立っている男を見つけることができれば、彼はあなたのトランクに番号とあなたが行こうとしている場所の名前を書いた銅製のプレートをつけて、番号に符合する札をくれる。この優れたやり方によって、非常な長距離旅行で、数回車両を乗り替えたり蒸気船で川や湖を渡ったりするのを余儀なくされたとしても、すべての責任から解放され、ただ貰った切符を終点でポーターに渡すだけでよく、彼は一切あなたの手をわずらわせずに荷物を手元に戻してくれる。

この方法はイギリスの鉄道終着駅で有意義に真似するだけの価値がある、というのは、そこではしばしば、狂乱状態の極みで「保護されない女性たち」が列から押し出され、他方で誰か見ず知らずの人々が彼女の持ち物を持って走り去って行くのを目撃していたからだ。停車場《デポット》に着くと、そこには鉄道ポーターがいないので、大勢の男たちが大声でホテルまで手回り品を運びますと叫んでいるが、多くが泥棒なので、非常に注意して帽子にホテルのバッジを付けている者だけを選ぶ必要があるのだ。

移民専用車が一両、各列車にとりつけてあるが、ひとつのクラスしかない、――それで、あなたの隣に大共和国の大統領、もう一方の側にその朝にあなたの靴を磨いた紳士というようなことが起こるかもしれない。しかしながら、アメリカ人はあまりに自分と仲間への自尊心が高すぎ、よい服を着ないで旅行することはできないので、すべての階級のこの混ざり合いは不愉快とは程遠く、特に私のような外国人にとってはそうだ――外国人にとっての目的のひとつは、物事を日常の着物を着た状態で見ることなのだから。よく承知していなければならないのだが、イギリスの多くの場所では女性が付き添いもなく二等車で旅行するのは難しく、三等車では不可能なのだ。だが、アメリカで私はしばしばたった一人で、友人の家から別の友人の家へと数千マイルもの旅行をしたのに、一度も無礼に感じるような振る舞いを受けることは無かったのだ。そして私は、女性の若さや魅力がどうであるかに関係なく、連邦のどの州を通ったとしても、世話や尊重以外の何ものにも出会うことなく、一人で旅をすることができるということをしばしば耳にした。

大西洋からミシシッピ川まで、ミシシッピ川からセントローレンス川まで相当の距離の列車の体験をし、途中でとても気心の知れた旅仲間と出会い、列車自体とても気楽で、風通しがよくて居心地がよかったので、アメリカ人の下層階級がやりつけているところの床に唾を吐く胸の悪くなる習慣がなければ、我々の専有客室――合衆国では「アライグマの番小屋《〔ラ〕クーン・セントリィ・ボックス》」と呼ばれる――より私には大いに好ましいだろう。さてその客車に座っている。一人の男が叫ぶ――「発車《ゴウ・アヘッド》！」と、そして機関車は重々しいベルを鳴らしながら発車し、このようにして私のアメリカ旅行の体験が始まる。プリンスエドワード島から来た一人の紳士と一人の婦人と共に自分がいるのに気付いたが、奇妙な集団の本能がこのように寄り集まらせたものだった。機関車は虚ろな唸《うな》り声――イギリスの賑やかなピューピューという警笛音とは似ても似つかない――をたて、間もなく町を抜けて広々とした田舎に着いた。通過したメイン、ニューハンプシャー、マサチューセッツ諸州の田舎は美しかった。まあ、その美しいこと！――晴れやか《スマイリング》で、耕され、緑豊かでイギリスのようではあるが、しかしはるかにもっと幸せなのだ、というわけは、新世界の恥である奴隷制度と、旧世界を荒廃させる貧困がどこにも見られないからだ。ほとんど収穫を終えた作物に取り囲まれ、ブドウ蔓やバラに覆われたベランダのあるたくさんの農家があった。その下に族長家族らしい一団が座っていて、それぞれ違う仕事に従事し、落日を楽しんでいた――この時素晴らしい夏の盛りだったのだ。そして明るい緑の板すだれのある白く塗られた木造のより小さな家々が果樹園に囲まれたカボチャ畑の庭の中にあった。リンゴはほとんど野生のように育っているように見えた。トウモロコシ畑と同じくらいの数の果樹園があったが、リンゴやナシの木がまさに生垣の中に育っていた。

その上、そのリンゴときたら！　イギリスのように小さく、酸っぱく、よい香りもしない代物《しろもの》と違って、まるで南国の果物みたいだ。森の中で巨大で丸い、赤や黄色の実をつけて、素晴らしい大きな木から重みで垂れ下がっている戯画《カリカチュア》のようだった。地面にはリンゴが積み上げられ、牛馬が野原でそれを食んでおり、どの駅でも貨車の列がそれらを積み込んでいて、小さい少年たちが列車の中でそれらを売っていた。つまるところリンゴのないところはどこなのだろう？　植民地の乱雑なジグザグの塀《スネイク・フェンス》とは違って、晴れやか《スマイリング》な畑があり、それらの間に青々とした生垣があり、牧草地はまるで公園のようで木々がところどころに点綴《てんてい》してあり、森はハゼの木や真っ赤なカエデがいっぱいあって、急流が白い玉石の上を急ぎ流れ、緑色の鎧戸《ジャロジー》を備えた家々の村々には、教会と尖塔があった——ここではすべての崇拝の場所は尖塔を有するからだ。傾いていく夕日の柔らかく美しい光が、この幸福、繁栄、安楽のさまざまな光景の上に流れていた。そして一瞬、私は考えた——おお、何たる反逆的な考えか——、ニュー・イングランドはオールド・イングランド（英国人が自国を呼ぶ愛称）より美しいのでないか、と。

　また、繁栄のもっと物質的な証《あかし》が欠けているわけでもなかった——というのは、ニューベリー・ポート、セイラム（マサチューセッツ州）、ポーツマス（ニューハンプシャー州）といった人口三万から五万人を有する沿岸の幾つかの大都市を通りぬけたからだ。これらの町々は賑やかで繁盛している場所のように見え、立派な商店が並んでいるのを眼にする機会があったのだが、というのは、合衆国では汽車は馬車道沿いに真っ直ぐに街路の中へ走って行き、汽車が載ったまま、車両はただ単に走路を替えるだけだからだ。

　合衆国では、ほとんどの鉄道は一本の走路ないし線路しか無く、時々汽車が互いにすれ違うために駅に待避線があるだけだ。柵は決して必須物というわけでなく、毎日、迷い込んだ動物が二、三頭、線路上で死んでいる。機関士と火夫のためにカバーで覆われた機関車は、我が国のものに比べてほぼ二倍の大きさで、軌道から厄介物を持ちあげるための大きなフェンダーつまり緩衝装置を正面につけている。八時に私たちは水の上を、それからガス灯の長い列の間を走っているのに気付き、それから間もなく汽車はアメリカのアテネたるボストンに停車した。アメリカン・ハウスのポーターに手荷物切符を渡し、あの巨大なホテルへと走らせ、そこで一晩を過ごした。そこはまさに、地下室から月に最も近いひどく不快な場所までぎゅうぎゅう詰めだった。七〇〇人もの同宿者がいるに違いないと思う。ウォルレンス夫妻と一緒にシンシナティへ、そしてそこからトロントへの旅行を手配しておいた。しかしボストンに着いたとき、二人は高熱とコレラを危ぶんでいることを知った——オールバニー（ニューヨーク州州都）から一人で旅する私を残し、シカゴで会うことになった。こういう情況下で、一晩この施設で島の友人たちと過ごし、幾つかの紹介状をしっかりと帯びて武装していたとはいえ、知り合いのいない土地でよそ者だった。これらの紹介状の一通はボストンの有力な商人であるエイミー氏宛てのもので、前もって彼は合衆国への最高の経路を手紙によって紹介してくれていたので、直ぐに彼にメモを送ったが、別荘に行っていて留守だったので、私は群衆の中に独りでいることにつきものの孤独の感覚の分析に身を任させられた。部屋の鍵を受け取ってから、四〇〇人が食事できるように計算された巨大なホールで夕食を摂った。次に婦人室に入って行ったが、豪華なドレスを着たとても大勢の女性たちの中でむしろ場違いに感じた、というのは、手紙を書き続けているとポーターが入って来て、このサロンでは書き物は許されていませんと言ったからだ。「自由を再び」と私は考えた。周りを見渡すと、私の古風な羽ペンと色褪せたインク壺は実際かなり場違いだと感じた。部屋の絨毯は、美々しい花模様のヴィクトリア織で最も重い足踏みでも音が消され、テーブルは金鍍金《めっき》の台座に大理石、長椅子は金襴で覆われていた。贅沢な趣向を凝らしたピアノにエレガントにドレスを着こなした婦人が座って、「そしてあなたはいつも私を愛してくださいますか？」（イギリスの作家ウィリアム・コングリーヴ〔一六七〇～一七二九〕の劇*Love for Love*中の台詞）と歌っていた――その質問には、明らかに彼女のためにページを捲《めく》っているあご鬚《ひげ》の南部人のもの言う眼が満足のいく答えを語っていた。古風な仕上げの噴水塔は、オーデコロンで香りを付けた氷で冷やした水の噴水《ジェ・ドー》を噴きあげ、全体が四つの華麗なシャンデリアの無限の反射によって照らされていた、というのは、壁は大理石の柱によって分けられた鏡だったからだ。その部屋はそれに捧げられた目的――音楽、刺繍、会話、恋のもてあそび――に相応しいようだった。婦人室での書き物禁止というたったひとつの規則を例外として、この巨大な営造物内で来訪者はしたいことをする完全な自由がある――一日二ドルつまり八シリングというころ合いの代価を払いさえすればだが。これには最高級のホテルにおいてさえ、豪華な定食《ターブル・ドウト》、心地よい寝室、灯り、サービスとふんだんにある社交を含んでいる。客は召使いたちの非常な丁重さに出会うが、それはマナーの尊重と結びついておらず、ましてやこびへつらいとも結びついてはいなくて、あなたの訪問の終わりに、思わせぶりなおじぎによって、あなたの手元で自由になりそうな半ポンド正貨、数シリング、六ペンスの総額に当ってみて割り当てられるものであることを報せているのだ。

ここで、アメリカのホテルのシステムの独特さの概要を示すのは場違いではないだろう。それは合衆国での生活の際立って特別な姿を構成し、また領土の巨大な拡がりと、太陽の下で最も活力に溢れた莫大な数の人々によって為される不定住《ノマディック》の生活に起因する。

「人々はこれに出くわしたとき、慌ただしくページを繰るだろう」とは、この告知を読んだある活発な批評家の評言ではあった。しかし、私は読者に対してホテルについての記述は一回こっきりだと約束しはするが、「あるがままのアメリカの事物」についての情報を獲得する機会を得たときにはこれを読者に伝えることなく、自分を納得させることはできないだろう。

ボストンのアメリカン・ハウスは、旅行者よりは商用に使われる頻度が高いとはいうものの、合衆国における最上級のホテルの格好の見本で、一〇〇フィートにわたって通りに面した灰色の花崗岩の建物だ。正面一階は小売店があり、その中央の非常に高い二重の扉口が入り口であるが、その前で煙草をふかしている紳士の一団がよりアメリカらしさを際立たせている。ここから、黒と白の大理石のチェックの床のとても天井が高くて広々したホールへと開けている。壁を背に、バッファローの毛皮のカバーが掛かった幾つかの長椅子がある。そして、食事の時間を別としてだが、この広々した部屋は尽きることのない忙しない人生の舞台で、二〇〇~三〇〇人の紳士が不断にそこを歩き回り、戸口で煙草を吸ったり、長椅子にくつろいだり、新聞を読んだり、生気に満ちた一団が取引上の問題について立ったままで議論を交わしている。到着と別れがあり、荷物の山――その中で人は、自分の軽い旅行鞄が巨大なトランクの下で押しつぶされるのを慌てふためいて見る――が中央を占拠する。ボーイがベンチで指図を待つ。行商人が行ったり来たりしている。ガヤガヤした入り混じったバベル（旧約聖書「創世記」の物語。唯一の言語を持つ人類が天にも届く塔を建設する。これを罰するため神は言語を多様化して人類を地上にばら撒く。塔はバベルと呼ばれた。いろいろな言語の混乱を表す）のような声がいつまでも回廊の上に響く。そして戸口では、ドイツの「駅馬車《アイルヴァーゲン》」のように貸馬車《ハック》が常に新規到着の客を得ようと待ち構えている。この他に婦人用の専用入り口がある。入り口の反対側はカウンターで、すべての部屋の申し込み者に対して自ら采配する支配人の監督の下に、四、五人のクラークが常時、待機している。この職員のところに行き、帳面に名前を書くと、彼はそれに対して数字をつけ、その番号の付いた鍵を渡してくれた。長い廊下をポーターの後について、三階の小さくて清潔な部屋まで行ったが、そこではあらゆる実際的意味で私の個体性は失われた——ただの数字の中に消えたのだ。ホールのもうひとつの側は、バーの素敵に飾り付けられた空間で、酒好きの者たちが「トディ」(ウィスキー等に湯、砂糖、レモンを加えたもの)、「ナイトキャップ」、「ミント・ジューレップ」(甘味、ハッカを加えたアルコール類)、「ジン・スリング」(ジンに砂糖、種々の香料を加えたもの)などを手に入れることができる。とてもきちんとして気持ちのよい寝室の戸には、印刷された規則、食事時間、一日当たり《パー・ダイアム》の料金の一覧表が貼ってある。このホテルには三〇〇近い部屋があり、その幾つかはイギリスの個人邸宅におけるのと同じだけ大きくかつ広いものと思う。

入り口のフロアには壮大な食堂があり、主として男性客のためであるが、八〇フィートの長さがある。二階には豪華さと趣味の稀な組み合わせで設えられた大きな部屋があり、「婦人定食食堂《レディズ・オーディナリー》」と呼ばれ、家族と婦人と彼らが招いた客が食事をする。朝食は七時という早い時間で、テーブルには九時まで残されている。ディナーは一時で、お茶は六時だ。これらの食事には「季節のあらゆる珍味」がふんだんに出される。日々の献立表《ビル・オブ・フェア》はマンション・ハウスでの宴会への誉れとなる。料理人《シェフ・ド・キュイジーヌ》は普通フランス人で、食道楽《エピキュア》人は味覚を満足させるのに十分な見通しを持つだろう。もし人々が食事を個室で摂りたいと押し通すなら、占有権のために高いお金を払うことを余儀なくされる。一〇〇人以上の給仕人がおり、テーブルに着いた女性たちに最初に一番よいところを取り分けてくれる。

ホテルのシステムの一部ではないけれど、アメリカ人が食事をさっさと済ませる速さをあえて言わずにはいられない。隣の人は私がスープ皿を押しやっている間に、主菜と副菜のディナーを終えてしばしば席から立ち上がっていた。四〇〇から六〇〇人が食卓に着いている定食《ターブル・ドウト》におけるこのことの影響は、自在戸がひっきりなしに動くので、不愉快なものだった。実際、静けさの全くの欠如が、真っ先に外国人を直撃する。ひっきりなしに鳴るベルやゴングの音、戸口から行き来する馬車のごろごろなる音、分ごとの到着と出発、おびただしい数の足のドスンドスンと歩く音、すべての廊下のいちゃつく声と話し声が、この巨大なホテルを他の何ものよりも人間の蜂の巣のようにしていた。

休憩室はいつも無煙炭の巨大な火でとても温かく保たれており、ドアは効力を緩和するために開け放してあった。食卓での節酒には本当にびっくりした。氷で冷やした純水を除いて、どんな飲み物もめったに目にしなかった。客が使うためのあらゆる種類の便利なものが備え付けてある。常に係が付いている電報の線は、ホテルの中に引き込まれている。ポーターはいつも、伝言を町へ持っていくように待機している。ロビーの隅ではペン、紙、インクがあなたを待っている。一人の男が常にいて、泥だらけのブーツをきれいにして磨いてくれる――つまり、上階に昇るためのあなたの仕事の手間を省くためのあらゆる仕掛けがあるということだ。しかし、混乱を避ける方法と二〇〇～三〇〇ものベルが騒々しく鳴る音を無視することはできない。違う部屋々々からのすべての線はひとつのベルに集められ、それは一枚のガラス板を通して仕掛けが一方の側に見えるロビーの箱の中に設置されている。ケースのもう一方の側は、数字の列で埋め尽くされている。それぞれの数字の脇には小さな真っ直ぐな真鍮片が付いていて、ベルが鳴ったときそれが落ちて垂れ下がって、その番号が通信係の注意を引くようにすると、その部屋へボーイを送り、それから真鍮片は元の位置に戻される。

蒸気洗濯屋はすべての大ホテルと提携している。アメリカン・ハウスでは、洗濯は一人の係員の管理下にあって、彼はすべての詳細を記帳する。リネン類は蒸気で稼働する攪乳器のような機械の中で洗われて、遠心力の原理の新規の適用によって絞られる。その後で、品物は熱風の中を通して乾燥されるので、数分間で洗濯とアイロン掛けは終わる。料金は一ダースにつき六から一〇シリングの間である。また、冷熱どちらの風呂もある部屋、さらに床屋もある。

これらのホテルの神秘を理解する前は、紳士たちがズックの鞄さえ持たずに旅行するのを見て驚いたものだったが、すぐに明らかになったのは、剃刀やヘアブラシは余分なもので、一着のシャツの所有者はいつも半ダースの持ち主として通用する――というのは、風呂を使っている間に魔法の洗濯屋は白く糊付けした新品のようにピカピカの品物にまた仕上げるのだから。アメリカン・ハウスでは客の贅沢と快適さへのあらゆる注意が払われ、その傑出した経営者であるライス氏は、旅行する大衆が大層気前よく彼に与えるパトロンの地位に価する。私がベルを鳴らすとそれにはボーイ《ガーソン》(フランス語garçonでホテルの給仕人・ボーイ)が応え、客室係の女性を稀にしかあるいは全く見ることのないのは、どちらかというと不思議だ。

第六章　ボストンから西部の女王《シンシナティ》へ

到着した翌朝五時に起きたのは、電光急行《ライトニング・エクスプレス》でシンシナティに向けてボストンを発ちたかったからだ——八時出発だった。しかし、会計係を召喚《サモン》し（いやむしろ、どちらかというと彼の在席《アテンダンス》をお願いし——というのは、合衆国では人は決して誰も召喚したりしないから）、バークレイ&カンパニー・オブ・ロンドン宛ての為替手形を示すと、私を、そしてそれを疑わしそうに見た——あたかもそのような小さなくたびれた旅行鞄を持った者が記載されている数字の金額の真正《ボウナ・ファイディ》の持ち主であるのかどうか、疑っているかのようだった。

「非常に多くの不正手形が出回っているので、私どもではとてもあなた様にご融通するわけにはいきません」というのががっかりさせられる答えで、それで私は辛抱して拘留に耐えた。

七時に婦人定食食堂《レディズ・オーディナリー》で誰一人とも一語も言葉も交わすことなく朝食を摂ったが、間もなく親切な友人のエイミー氏が駆けつけてくれた。彼は真に友人であることを証明してくれ、その親切は私にすぐにアメリカ人の好印象を与えた。第一印象が常に正しいとは限らないが、しかし喜んでこう言おう——この例では、第一印象が、全旅行中に経験した変わらぬ親切ともてなしによって完全に裏書きされている、と。エイミー氏はすぐに手形に対して全部五ドル札でお金を手に入れてくれ、私は交換レートがイギリス人にとって有利であることが分かって嬉しかった。彼は行程とさまざまな注意点（それらは非常に役立つものであることが分かった）について多くの情報をくれた。それから、「軽馬車」で繁栄の物質的証しが溢れているボストンの古めかしい通りを回り、三マイルほどの距離にあるきれいな別荘へ連れて行ってくれた。それは、ボストン郊外の外観を特別魅力的にする装飾された住家の点在する村々のひとつにあった。私は馬車で町のかなりの部分を見たが、後に合衆国を去る前にそこへ戻ったので、その説明を後に回すことにして、読者にもすぐにも私と一緒に「極西部」（ミシシッピ川の西）へと駆けだしてほしい。そこは、旅行者と冒険者たちのどちらにも終着点であり、移民たちの茫漠とした幻想のエル・ドラード（黄金郷。大航海時代にスペインに伝わったアンデスの奥地に存在するとされた伝説上の土地。語源――一六世紀頃まで南米アンデス地方に存在したチブチャ文化「ムイスカ文化」における「黄金の人」の意）であるからだ。

蜂の巣をつついたような人であふれかえったホールのあるアメリカン・ハウスを発って、数人の旅仲間と貸馬車で停車場《デポット》へと向かった。エイミー氏――彼は私のために、町で仲介者の役割を果たしていた――とそこで会う約束をしていたが、彼が遅れたので、私は一人で着き、荷物の山の間に埋もれていた――周りは叫んでいる人々の完全な入り乱れたガヤガヤ声《バベル》だった――「どちらへおいでですか」「電光急行《ライトニング・エクスプレス》！」「西部行き列車の方は皆さまお乗りください」などなど。誰かが私のトランクをわしづかみにし、重さを測ろうとしていたそのとき、馬車の御者は前に進み出て「それは御婦人の荷物だ」と言うと、その男は目論みを放棄した。その御者は私の切符も手に入れてくれ、私の手をとって客車に送ってから引き下がり、楽しい旅を、と言い、彼の即座の礼儀はアメリカの列車の出発に伴う混乱状態の中で大変に助けになった。私が乗って発った列車は一〇〇マイルの距離を四〇時間で確実にシンシナティへ人々を運ぶことになっており、元気を回復する時間がたっぷりあるのだ！　私は五種類の違う路線を使って旅行することになっていたが、しかし鉄道システムのこの部分はとてもうまく出来ていて、一度だけ一枚の切符を買っただけだった。この切符はどちらかというと奇妙な書類だった――それは五つの異なった路線の通行許可がついた半ヤード（五〇センチメートル）ほどの細長い紙だった。それで、新たな路線に乗るときはいつでも、車掌が一片を破り取り、引き換えに切符をくれた。切符は駅ばかりでなくすべての町の幾つかの事務所と全部の汽船、列車自体の中でも買うことができる。後者の贅沢――確かにそれは贅沢と見なされなければならないのだから（前もって準備することなしに最後の瞬間に列車に飛び乗るのを可能にするのだ）――に対してたったの五セントを追加的に支払うだけなのだ。

機関車は重々しいベルを鳴らし、間もなくニューイングランドの美――岩だらけの丘陵群、小さな湖群、急流、個性的な形へと歪め撓《たわ》められた木々――の真っただ中にいた。ボストンの次の駅でウォルレンス一家と落ち合った。西カナダにある入植地を最終目的地としていたので一緒に旅行することになっていたが、しかし彼らはシンシナティには行かないのだった。通りにはライオンがいた。つまりコレラと黄熱病が猛威をふるっていたと、彼らは言った。つまるところ見知らぬ国で最善と思う自分のやり方をみつけるようにとスプリングフィールドに私を置いて行き、集合場所《ランデヴー》はシカゴでということになっていたのだった。

スプリングフィールドで列車の先頭の席を得て――これは一般にひどく品位のない押し合いへし合いの対象だった――、通過する周りの美を堪能する余地を持った。何マイルもの間、狭い渓谷を天辺《てっぺん》まで木を纏《まと》った非常に嶮《けわ》しく高い丘陵の間を縫って旅をした。さらに高い丘がその背後に聳えており、他方、透明な急流の際ぎりぎりに沿って走っていた。間もなくやって来た暗闇は、ただ機関車の木の燃える火花によって陽気になるだけだったが――火花はあまりに多数で連続的なので、まるで打ち上げ花火のように見えた。オールバニーに到着する直前に非常に立派な風采の男性が列車に乗り込んで来たが、彼の礼儀作法は非常に穏やかで上品だったので、私たちは近隣の交易と工業について会話をし始めた。川の東岸で列車から降りたとき、彼はもう先へは行かないのだが、私が一人だったので、一緒に渡って、対岸で列車に乗り込むのを見届けてあげようと言った。彼はまた手提げ袋と傘を持ってあげましょう、さらに私の荷物を見ていてあげましょうと申し出てくれた。彼の慇懃《いんぎん》さは彼の正直さについてあまりに疑惑を催させたので、私の見えないところでの私の荷物と手提げ袋を預ける信用がおけなかった――すべての駅に貼ってある注意書きを心したのだ。曰《いわ》く、「詐欺師、掏摸《すり》、置き引きに注意」。

私たちはハドソン川の岸に列車から出て来たのだが、そこは泥の海で、もし友人が腕を貸してくれなかったならば（これはすべての階級のアメリカ人が混雑の中で「保護者なしの女性」に対して例外なくそうするように）、汚い波止場をうじゃうじゃと上り下りするナップザックを背負った通行人や手押し車のポーターの大軍に圧倒され押しつぶされていたかもしれないのだ。横切るにはゆうに一〇分はかかった――流れに巣食う小舟《スモール・クラフト》にぶつかるのを避けるために、何回も機関車を逆回しして後退しなければならなかったのだ。私の自発的エスコートは私が一人では途を開けられなかっただろう混雑から私を連れ出して、オールバニーの通りの側から出発する列車の中に私を押し込み、途上ですべての注意を払うように車掌――彼の顔つきはすぐに気に入らせた――に頼んだ。彼は列車が出発するまで私の傍にいて、一人旅している婦人たちを見かけたら、いつでも決まって手助けするのだと言った。別れのときに彼の手を握ったが、とても親切で知的な仲間と別れることを心から残念に思った。この男性は技能労働者として働いていた。

このしばらく後、二昼夜続けて西部の未開地を行く間、二日目の夜のことだったが、かなりくたびれ、列車の混雑の情況から、足を前の席に載せることができず、コートを丸めて枕にしようとしたがうまくいかずにいると、この試みを眼にした機械工が近づいてこう声をかけた――「お客さん、あなたは大層疲れ切っているようだね？　もし頭を休ませられればもう少し楽になるかもしれないね」と。それ以上何も言わずに仲間――彼と同階層の男だった――に話した。彼らは二人とも席を譲り、椅子の手にコートを巻いてくれて、非常に心地よいソファになった。そして、この二人の男性は私にその利便を与えるべく一時間半の間立ったままでいたが、明らかに親切な行いをしているという考えなどないようだった。私は不断にこのような心からのもったいぶらないよい本性の行動に出会った。こうしたことを言うのは、合衆国の下層諸階層に公平を期するためであって、彼らのみすぼらしい外見と無骨な言葉づかいがことのほか誤解を生み出しがちなのである。

車掌は全く思った通りの男であることを立証した。彼は椅子をソファにしてくれ、バッファロー革のローブを貸してくれて（というのは、日中は暑かったけれど、夜は強烈に寒かったから）、数回にわたってお茶を持ってきてくれた。私たちはアメリカの線路のブレーキの特異性と制動力について、我が国のそれと比較しながら話し合っていたが、その主題への関心は彼をしてある駅で停車信号を機関士に送るのを忘れさせた。その会話が終わると、彼は窓外を見て言った――「おやおや！　三マイル後方で止まらなければならなかったんだ。誰も降りる客がいなかったようだな！」。

　真夜中に寒さで身震いして目がさめた――一二時間というもの何も食べていなかった。それでも二時に礼儀上、何か駅とか呼ばれるものに停車し、「列車は休息のために三分間停車します」というアナウンスが流れた。私は外に出た。真っ暗闇だった。それでも私は若い女性と一緒に灯りを頼りに土がむき出しの床の車庫に入って行った。スウィンドン（イングランド、ウィルトシャーの北東。鉄道センターがある）とウォルバートン（イングランド、オックスフォードとケンブリッジのほぼ中間の丘陵地にある都市「ミルトン・ケインズ」の一部。鉄道センターがある）の光景が私の前に現れた――粗い脚架台で支えられた長いテーブルに、数個の湯気の上がったお茶が供されており、汚い少年が牡蠣《かき》殻を開けて床の薪火でジュウジュウ焼いているのを見たのだ。私は火傷をするほど熱い紅茶を飲み込んだ。幾つかの牡蠣が私の皿に置かれていた。「六セント」と鼻声で耳の中に叫ばれ、請求されたお金を漁る間に、「全員乗車」の警告にせかされて列車が動き出す寸前に飛び乗ったので、夕食は味わうことなくテーブルに残したままだった。「切符を見せてください」と、頻繁に揺すりを伴って、数回、確かな眠りから目覚めさせられた後で、白霜が被いつくした切り拓いた開拓地に囲まれたジネシーフォールズ（ニューヨーク州）の傍の重要な町であるロチェスターに着いた。

　ここで降りるように言われた――朝食のために二〇分間あるとか。しかし、外に出たものの、どこに行くべきなのか？　私たちは数本の通りの交差点にいて、列車は連結された五台の機関車が大きい音をたてて蒸気を吹きだし動き回っていた。これらすべての苦しい試練に出会った後で見た――男たちがベルを鳴らし、黒人たちが疾走し互いにごちゃごちゃになって、ゴングを撃ちならし皆が叫んでいた――「世界一安い宿屋

——誰でも泊まれる宿屋だよ——素ッ敵《スプレンデリフェラス》な朝食が二〇セントだよ！」。ようやく、「温かい朝食、二五セント」と書いた気取らない貼り紙を見つけて、思い切って入って行ったが、中国茶葉《チャイナ・リーフ》の代わりにミントの抽出液が出された。そして、ステーキの素性について判決を下すには身構えてかかるべきだ。到着した次の重要な場所はバッファロー（アメリカ、ニューヨーク州北西部エリー郡の都市）で、エリー湖畔の栄えている町だった。前日にある近隣の場所で議会の選挙が行われ、向かいの人《ヴィザヴィ》はバッファロー紙の編集者だったが、私の右側の男性と大声で議論していた。

お終いに彼は陽気に政治について話しかけてきて、最近の選挙についてどう思うかと訊いて締めくくった。飽き飽きしてきた会話をお終いにするつもりで、イギリスから来たと答えた。「イギリス人だって！　驚いたなあ！　あなたは全くイギリス訛りがない」と彼は言った。「あなたは我が国の政治をどう思いますか」が彼の次の質問だった。「あなた方は独立して、文明の時代に制度を構築しなければならなかったので、指針として我が国の憲法の評価すべき部分にならう一方で、その欠点は指針として役立てるべくあなた方に先んじてあったので、貴国の憲法は当然それ以上に完全なものに近づいているに違いないと思いますが」「我々の憲法は人間でありうる限りにおいては非常に完全に近いものだと考えます。我々は太陽の下で最も自由で啓蒙され、かつ進歩的な人間です」とちょっと熱くなって答えた。しかし数分後、再び元の仲間との会話に戻り、「私は政治を完全に捨てるつもりだ。私は堕落していない政治家《パブリック・マン》が一人でもいるとは信じない」と言うのを漏《も》れ聞いた。「完全な憲法の憂鬱な結果で、アメリカ人にしては自己卑下的な独白ですね」と私は言った。

列車の中の会話は旅行者の注意を引く十分な価値がある。非常にしばしば政治についてであるが、また人はしばしば、世界が痛快な逸話、一般的なユーモア、ずるがしこい詐欺が豊富なバーナム（フィニアス・テイラー、一八一〇〜九一。アメリカの興行師。その愉快な「ホラ話」と、サーカスを設立したことで有名）の自伝の初期のページから世間が慣れ親しんできたかのような物語を耳にする。エリー駅で列車を乗り換えたが、大勢の移民が大きな青い箱に腰をかけ、やるせなさそうに周りを見回しているのを目にした――アイルランド人らしい顔つきの人間が最も優勢なようだった。彼らは普通大層うす汚いので、非常にわずかな金額で乗れる移民列車と呼ばれる、薄暗い照明の有蓋貨車で旅行する。私は一度間違って乗ったことがあるが、嗅覚器官を襲う煙草、強い酒、汚いファスチアン、古びた皮の臭いでほとんど具合が悪くなりそうだった。青くて静かな、潮汐のない海のような、地平線まで伸びている同じ名前の湖を前方にするエリーを後にして、南岸の巨大な森林へと入り、そこを通り抜けた――一〇〇マイル以上はあると思われる。隣に座ったのは頑丈な赤銅色に焼けたケンタッキーの農夫で、椰子の葉の帽子《パルメット・ハット》をかぶり、言うも妙なことには、これらの森の木材伐採人で、決してボウイー・ナイフに物言わすことなく、すべての興味深い対象物に注意を向けさせた。

　これらの原生林の変化のない崇高さは、前もって抱いていた考えをはるかに超えていた。ありとあらゆる種類の大木の間に閉じ込められ、その巨大な幹はしばしば一〇〇フィートも枝もなく伸びていた。そして大層豪華な繁茂した葉飾りの樹冠へと伸びていった。胡桃、ヒッコリー（クルミ科）、楡、楓《メイプル》、白樺、樫、松、アメリカツガの木や私の知らないたくさんの木々があり、下生えはただ巨大な葉を付けた熱帯風の植物と紫色のブドウの房のようなベリー類だった。雲ひとつない晴れた正午だったが、すべてが暗く静か、その上孤独だった。小枝にさえずる鳥もなく、暗い影を賑わす動物もなく、人間の形跡ないしはその仕事の跡さえそこにはなかった――森林から遮るもののない、ただ飛ぶように乗り過ぎて行く二本の鉄のレールと、人間自身の消滅でのみ話を止めるだろうあの震える電信線を除いては。

　本当に時折のことだが、丸太小屋に出くわした――それは、本当に絵のように美しい人間の住処《すみか》だった。太い丸太で作られた壁、粘土で埋められた隙間、そして粗く鋸《のこぎり》で引いた板屋根は一、二フィート突き出し、その上に置かれた丸太によって固定されていた。ひとつのドアを除いては、窓や戸は全くなく、大抵四、五人のはだしのぼろを着たわんぱく小僧を目にしたが、彼らのふんわりしたもつれた髪と彼ら全員の容貌が出身のお国を十分に表していた。時々これらの小屋はインディアン・コーンとカボチャがたくさんなった小さな開墾地に囲まれていた。後者の輝くオレンジ色と、それらがその間に育つ黒焦げの切り株とが対照をなしていた。だがそれ以上にしばしば、材木切り出し人は自らの斧のみで自活していた。これらの小屋は暗示的だ、というのは、文明の開拓者たちによって建てられているからだ。そして、もしアメリカの将来の進歩がその急速さにおいて過去と同様であるならば、あと五〇年もすれば森林は材木と薪に変えられているだろう――小さくて粗末な家々と掘立小屋は、豊かで人口の多い都市へと置き変わってしまうだろう――そしてぽかんと列車を見上げていたわんぱく小僧の子どもたちは、国の委員会で彼らの要求を声を大にして主張していることだろう。

　太陽の光線は決して森林の中に差し込むことはなく、夕暮は不自然な黄昏の薄暗闇を濃くしていったが、そのとき、私たちは月光よりもぎらぎらした、より赤く、強烈な光の中に包まれて行った。そして、前方を見ると、森林が燃えているのが見え、私たちはその炎の中に駆け込んで行くのであった。「窓を閉めて、前が火事だ」と車掌が言った。そしてこのよくある指示に従った後で、多くの客は時ならぬ妨げを受けたうたた寝に戻っていった。ずうっと疾走した――炎は周りを取り囲んでいた――窒息するようなもくもくした煙に包まれ、木はぱちぱちと鳴る――炎をあげる木の幹が線路を跨《また》いでくずれ落ちる――機関車のフェンダーがそれを脇に押し出した――炎は燃える火の舌のようにしゅーっしゅーっと音を立てて、それから蛇のように飛びかかり、一番大きい木のてっぺんへ駆け上がり、松の瘤《こぶ》のように炎をあげた。脱出口がないように見えた。しかし数分後には猛り狂い吠える大火災は、背後に置き去りになった。遠くから見る山火事はまるで「パンチ」（一八四一年に創刊されたイギリスの週刊風刺漫画雑誌）の一枚の海事回顧の絵のようであった。より近くで見るそれは、荘厳さの極みだった。

　列車の危険は、私の未経験にとっては、生きたままの火炙《あぶ》りからの逃走で、決して終わりではないように思われた。クリーヴランドから数マイルのところで、列車は急な下り坂を、見たところエリー湖の中へと、駆け下りて行った。だが、現実には基礎杭に支えられたプラットフォームに向かっていたのだが、あまりに幅が狭いので、列車の端はその上からはみ出て、水以外何も見えなかった。強風が吹いていて、波浪をプラットフォームの上まで押し上げ、窓に打ち付ける飛沫はひどく不安な気持ちを惹き起こしたので、一瞬のことではあったけれど、「アライグマの番小屋《[ラ]クーン・セントリィ・ボックス》」のひとつに潜り込みたい気がした。列車はクリーヴランドを出てから非常に混んでいたが、夜明けに訪れる厳しい寒さで目覚めさせられるまでぐっすりと眠ろうと心掛けた。

美しく晴れ渡った朝だった。バラ色の光が、巨大な木の茂る丘と美しいオハイオ川で灌漑された公園のような緑の湿地の上を流れていた。ギンバイカの木陰と取り入れの準備の出来たブドウ園、満開のマグノリアの木立から漂う豊かな芳香が、今異なった気候の国、太陽のよくさす南国に到達したのだと私に語りかけていた。また私たちの前に、起伏のある丘陵の完全な円形劇場の中に、数えきれない尖塔が朝日の光線を反射している大都市が静かに横たわっていた――昨日出来たばかりの創造物――シンシナティ、つまり「西部の女王の町《クィーン・シティ・オブ・ザ・ウェスト》」だ。私は真っ直ぐに馬車で、ほぼこの町最良の建築物であるバーネット・ハウスに向かったが、水もへアブラシもなく四八時間の一〇〇〇マイルにわたる旅の後では、つもり積もった二昼夜の煤煙や埃、燃え殻を取り除くことができるのは能《あた》う限りの最高の贅沢であった。シンシナティから三マイルのところにあるロマンチックな村クリフトンの、オハイオの主教たるミルヴェイン博士の家で心からのもてなしを受けて三日間を過ごした。しかし、私の訪問の詳細を述べる、あるいは「新世界の家庭」のひとつにおける家庭生活を描くことによって好奇心を満足させるのは、そこで経験した親切さへのあだとなることだろう。

第七章　シンシナティと奴隷州の町コヴィントン

合衆国における重要な町々は、あまりに営利的な国民から予想もつかない、より詩趣に富んだ性質の呼称を持っている。ニューヨークは帝国州《エンパイア・ステイト》――フィラデルフィアは兄弟愛の町《シティ・オブ・ブラザーリ・ラヴ》（ギリシャ語φιλαδία［filadia; 兄弟愛］より）――クリーヴランド（指導者モーゼス・クリーヴランド将軍に因む。二二・二四代大統領スティーヴン・クリーヴランドはその遠縁）は森林の町《フォレスト・シティ》――シカゴ（先住するアルゴンキン語族インディアンの言葉で「にんにく畑」の意味）は大草原の町《プレイリー・シティ》――そしてシンシナティ（ジョージ・ワシントンを古代ローマの政治家で執政官と独裁官を務めたキンキナトゥスに喩えたのに由来）は西部の女王《クィーン・シティ・オブ・ザ・ウェスト》の町だ。これらの名称は詩的であることに劣らず適切なものでもあり、シンシナティが一番ぴったりくる。町を取り囲む段々になった高所のどこから見ても、その景観は雄大である。私は最初、日没の柔らかで美しい光を浴びたそれを見た。彼方まで続く丘の連なりは、ほとんど熱帯性気候の豊かな緑の草木を纏《まと》い、ちょうどブドウ絞りの準備の出来たブドウ園[原注8]の傾斜地、芳しい香り満開のモクレン、そして木々の女王たる美しい、「天国の木」と呼ばれるニワウルシ《アイランサス》、またどこもかしこもあまりに草木が繁茂していて、決して秋と朽ちる日が来ないかのように見えた。そして近くの窪地に市街が広がり、非常に生気に満ち、私が立っている高台までその活気のある賑わいが上って来た。そして二〇〇フィート下には美しい墓地があり、死者たちが復活の朝を待ちわびている。だが、ここの木々と雰囲気と、イギリスの抑制され矮小な木々の茂りと北国の気候の寒々とした空とを比較しつつ、私は大好きなカウパー（ウィリアム、一七三一～一八〇〇。イギリスの詩人。自然についての賛美歌と詩を書いた）とともに、私の懐かしい、だがはるか彼方の地を想った――

イングランドよ、すべての汝の欠点ありとも、それでも我、汝を愛す、
我が祖国よ！
だが決して取り換えまじ、汝の陰鬱な空と、
花ひとつない野を、より温かなフランスと
――そのブドウとともに――、またアウゾーニア（イタリア共和国ラツィオ州フロジノーネ県のコムーネ）の藪《やぶ》とも
――その金色の果実
あるいはギンバイカの木陰とともに――

気候は、一週間前に太陽の照る下でも寒暖計は華氏三三度（摂氏〇・六度）で震えていたところとはもの凄い変化で、ここでは木陰でも華氏一〇五度（摂氏四〇・六度）もあるが、空気の過度の乾燥でうだるような暑さは感じない。ニューイングランド人の青白い顔色もまた、「栃の木《バッカイ》」（オハイオ州人の俗称）と近隣の諸州人が呼ぶオハイオ人の丸い赤ら顔へと変わった。航行可能なオハイオ河岸にある海から一六〇〇マイルの距離のシンシナティの町は、西部の発展の最も目覚ましい記念碑のひとつである。見たところ第二のグラスゴウ（イギリス、スコットランド南西部のスコットランド最大の都市）で、家々は赤レン

［原注8］ブドウは南部と西部であまりに豊富に育つため、だめになった枝が豚に投げ与えられているのを目にした。アメリカ人はイギリスでこの果実がいかに高く評価されているか理解することは困難だ。あるアメリカ婦人はアプスリー・ハウス［ウェリントン公爵家の邸宅］で食事をした時、ウェリントン公爵［訳注―連合王国貴族の首席公爵。初代ウェリントンはワーテルローの戦いでナポレオン・ボナパルトを破った］がブドウの房を小房に分けるのをじっと観て、この高名な人が自分でこのような無駄な面倒なことをするのはどうしてかしらと思った。召使いがこれらを載せた皿を回した時、彼女はそれを全部取ってしまい、温室の宝物をたったひとつの小房だけ自分で取ることになっていると聞くまで、他の客人たちの幾人かの面白そうな、また非難の眼差しさえ説明がつかなかった。

ガでしっかり建てられた六階建てだ――各階の外側に、持ち主または借家人の専有権を示す大きな看板がある――通りでガラガラ音を立てる荷物を積んだ大きな荷馬車――立派に建造された汽船がいつも碇泊している波止場――どっしりした倉庫群と豊富な商品の並ぶ商店――その名に恥じず歩行者で混雑している歩道――ケンタッキーの大きな馬の上でギャロップして回っている椰子の帽子《パルメット・ハット》と高く尖った鞍の乗馬者――生活、富、商業活動、発展の息吹き――これらは、六〇年前に一人の丸腰の白人が、この地に立ってインディアンの戦斧《トマホーク》で殺されたかもしれない土の上に建国された町《シティ》の特徴の幾つかだ。人間模様もまた関心を惹く。椰子の帽子《パルメット・ハット》、ふんわりとしたブラウス、白いズボンが普通の服装――牧師にとってさえ――であり、他方ドイツ人はトルコ人の用いる長ギセル《チブーク》で喫煙し、たっぷりして華やかな袖のシャツを着て楽しんでいる――暑い気候の中の暮らしから来る活気のない様子の南部人が通りをぶらぶらしている――黒い眉のメキシコ人はソンブレロとハイカットのブーツを身に付け、エジプトのマムルーク（イスラム世界における奴隷身分出身の軍人）スタイルのはみを着けた小型で活動的な馬で駆け回っている――カリフォルニアや極西部から来た泥棒と冒険者たちは耳に巨大な耳環を着け、国と職業を表すように肩で風を切って歩き、また明るい顔つきのヨーロッパ人から黒人や白黒混血《ムラット》までの女性たちが派手な服を着て馬車に乗ったり、散歩したりしている。商店のウィンドウはその顧客の多くの洗練されない好みに合うように、けばけばしい衣装や重い宝石で飾られているが、店内では最高級で最も優雅なパリ製品やロンドン製品を見つけて驚いた。我が国の最大のものが二つ三つ集まったほどもある本屋の店舗は、精神の涵養が無視されていないことを示していた。

決まって二頭の馬が曳く荷馬車の数に、私はびっくりした。それらはケンタッキーの「赤馬《レッド・ホース》」とオハイオの漆黒の馬で、見事な、元気あふれて見える動物で、あたかも彼らはけっして疲れも死にもしないかのように見える。「早駆け籠《トロッティング・バスケット》」と軽馬車――主として「洒落者《スウェル》」か「ヤング・アメリカンたち」（Ransone, L. J., "*Good form*" *in England* (1888) 参照）が御す――を別にして、すべての馬車は強烈な太陽熱から乗車者を守るために覆いがしてあった。夕方には、もし何千でないとしても何百という馬車が墓地と道沿いで見られ、ドイツ婦人の中には、長いスカート丈《ロー》の短い袖の服を着て御している者もいる。一〇〇ヤードも行く人は誰でも馬車で駆けるか馬に乗ったりするので、馬繋ぎの輪が町のすべての歩道にしっかりつけられている。街路の多くはニワウルシ《アイランサス・ツリー》の木が植えられ、しばしば天を仰ぐギザギザ《フレッティド》の尖塔のある素敵な建物の教会に出くわす。

すこぶる広くて便利な高圧蒸気船でオハイオ川上を進んだが、川は長い日照りによって狭い流れになってしまっていて、怪我をせずに戻れたことを幸せに思った——というのは、これらの船は美しくて妖精のようではあるが、それ自体の爆発しがちな性質と、諸河川の「倒木や流木」のいずれかのせいで、その平均寿命はたったの五年しかないからだ！

一八〇〇年のシンシナティは、人口七五〇人の木造の村だった。今やがっしりしたレンガ造りの町で、人口二〇万を擁し、毎年何千人もの新規入植者が入って来ている。ほぼ五万人のドイツ人と、私が思うに、独特の国民性を保持している四万人のアイルランド人がいる。ドイツ人はほとんど手工業品交易を独占し、そこに彼らは彼らの才能と勤勉の成果のあがる分野を見出している。アイルランド人はどこでもそうであるように、ここでも薪切り水汲みだ（聖書「ヨシュア記」）。彼らにできるのは土掘りだけで、めったに社会的規模に達することはない。ドイツ人は故郷でそうであったように、思索的、懐疑的、理論的な人々だ——政治では社会主義者で——宗教では無神論者である。アイルランド人はいまだに、野心的かつ専制的な僧侶層の、自発的かつ無知な道具だ。そして、誰一人として物的発展に赴く場合以外には自分の原理原則を述べよと要請されることのない土地においては、これらの過ちは成長して繁茂する。ドイツ人は、町のほとんど自分自身に委ねられた部分で実質的に安息日を廃止するのに成功した、というのは、彼らは休息の一日としてさえあの神聖な制度を無視し、一日中店を開けているからだ。彼らが公言している信条は「社会主義《ソーシャリズム》」と「万人帰神説《ユニヴァーサリズム》」で、定期的に彼らは政治演説を聞くためにに集まり、普遍神への祈りを唱える。技術に長け、教育があり、知的な彼らは、その数、富、政治的重要性を日々増しており、アメリカ人自身が畏れる影響力を構成している。

アイルランド人は粗っぽい部類で、絶えず体力にものを言わせ、選挙への影響を及ぼし、彼らの「氏族《クラン》の反目《フュード》」と「党派闘争《ファクション・ファイト》」を繰り広げる。ドイツ人はトウモロコシ畑やブドウ園の土地を彼ら自身のもののように考え、シンシナティの居住区の通りを旧世界の彼らの町に因《ちな》んで名前をつけた――それらの町には思い出の中でしばしば連れ戻されているのだ。

日曜日に、大陸の一部分をなすこの町を通り過ぎた後で、すべては厳密にアメリカの地方における秩序と礼儀なのだと分かった――ここでは全住民がどれかしらの形式の礼拝に参加しているように見えるのだ。私が出席した教会は、これまで見た中で一番美しい礼拝所だった。それは私たちイギリスの村の諸教会の、神聖化されてはいるが安らぎの無い古色も持たなければ、大都会の諸聖堂のけばけばしさも圧倒さもない。それは、軽快なノルマン風の建築物で鮮やかなステンドグラスの窓で照らされていた。会衆席は広くて背は低く、扉とモールディング（なげしのように上部に長く張った刳り形）は光沢のある樫材で造られており、クッションと裏張りは真っ赤なダマスク織で、実用のための軽い扇風機が各会衆席に吊り下げられていた。説教壇と経卓はどちらもチューリップ型に彫られた樫材で、聖餐壇の前の三階段上る広い台の上に置かれていて、この階段と教会の翼廊は美しいキッダーミンスター（イングランドの絨毯生産地都市）製の絨毯が敷きつめてあった。讃美歌と詠唱は言い尽くせないほど素晴らしく、また極めて音質のよいオルガンとともに若い男女会衆により整えられていた。女性たちはイギリス人より立派でより華やかな色の服を着ていて、彼女たちの多くはその姿と顔色にアフリカ人やスペイン人の血を引いている明らかな跡を帯びていた。紳士たちは決まって口髭とあご鬚《ひげ》を蓄え、大抵青か緑色のヴェルヴェットの折り返し襟のフロックコートを着ていた。応誦《おうしょう》（英国教会で司祭者に答えて聖歌隊または会衆が唱える）は牧師の助けなしに繰り返され、すべての礼拝は上品で効果的に執り行われていた。

同じ好意的な描写は、合衆国の異なった諸宗派の教会に一般に適用できるだろう。冷たさと心地悪さは献身への誘因《インセンティヴ》とは見なされない。そして教会はいつも欠かさず通う礼儀正しい礼拝者たちで混みあっている。

シンシナティは工業文化の前哨起点である——大きくかつ重要ではあるけれど、しかし、今は未完成の諸都市がさらに数百マイル西方へと急速にはじけ出ている。ニューオーリンズ、セントルイスその他のミズーリ川とミシシッピ川沿岸の場所へ定期貨物輸送汽船便がある。またホイーリング（ウェストヴァージニア州北部）とピッツバーグへ、そしてそこから汽車便で大西洋岸の大都市——フィラデルフィアとボルチモア——へと繋がり、他方でカナダの諸湖と鉄道と運河で、クリーヴランドへ結ばれている。シンシナティは、南部の人口の多い町々と、製造産業の果実のいや増す需要を持つ湖水地方と、西部準州（ミネソタ、サウスダコタ、ノースダコタ、カンザス、ネブラスカ等）の増加する人口を取り巻く円の中心である——このことを完全に理解するまで、私は西部の女王《クィーン・シティ・オブ・ザ・ウェスト》の町の訪問者の関心を捕えて離さない家財道具の生産のための広大な設備の役割を理解できなかったのだ。ロンドンのベイカー・ストリートに家具工場があり、多分八〇人の職人を雇用しており、我々はそのことを自慢しがちだが、しかし、マンチェスターの紡績工場くらいの大きさの工場の話を聞くと、口を噤《つぐ》まざるをえない——これは石の五段組みで、常時、椅子、テーブル、寝台床架の生産に二六〇人の職人を雇用している。

ミッチェル&ラメルスバーグの工場では、普通の椅子が主要製品であるが、一週間に二五〇〇脚の割合で生産されており、一ダース当たり一～五ポンドの価格である。合衆国でのみ完全に仕上げられるロッキングチェアもここで組み立てられ、簞笥もまた組み立てられている（後者は年間二〇〇〇棹が作られている）。アメリカの若者の頭脳は早期に揺りかごの中で絶え間ない休息の無さに習慣付けられるのだが、その揺りかごは、当地で驚くべき量が生産されている。この工場の労働者（ほとんどはアメリカ先住民とドイツ人で、イギリス人とスコットランド人は暴飲によって拒まれている）は週給一二～一四ドル稼ぐ。別の工場では、一台一～五ポンドの価値がある寝台を毎週一〇〇〇台完成する。広大なブーツと靴の工場があり、一週間で我が全クリミア軍に靴を供給できるほどで、そのうちのある工場では、なんと年に六万ドルつまり一万二〇〇〇ポンドの給料を支払うのだ！　年間、靴鋲を重量五〇〇〇ポンド分も消費する！　錠前《ロック》と銃、用具、運搬車を、数えきれない文明生活の他の用具とともに生産する工場も同様に大規模である。その生産物は南部の砂糖プランテーション、カリフォルニアの採掘工、オレゴンの入植者の間や、極西部の揺籃期の町《シティ》、猟師のテント、移民の掘立小屋の間で見かけられる――一言でいえば、需要と供給が出会う場所ならばどこにでも。

また西方へ移民の波が押し進むにつれて需要は増加し続けるのと同じく、アメリカ人の非常に発明的な頭脳は、めったに、いや、決して需要を満たすことのない手労働を短縮する何らかの機械的手段を絶えず発見し続けている。合衆国の立派な会社で作られている鋸《のこぎり》、斧《おの》、実際すべての裁断器具は我が国のものに勝ると言われている。アッパー・カナダのハミルトン（現オンタリオ州西部、トロントとナイアガラの滝の中間に位置する、オンタリオ湖に面した都市）の金物店に入って、幾つかのイギリス製の踏み鍬《ぐわ》と斧を見た私の顔は、我がイギリスへの誇りへの称賛の幾らかを面に出していたものと思う、というのは、店主はシンシナティ産の踏み鍬と切断具の幾つかを取り上げてこう言ったからだ――「私どもではこちらだけが売れます。他のものは出来が悪く、重労働には二日ともちません」。

イギリスの工業産物は卸売店には目立った数量では見られず、外国産ワインの輸入でさえ、次第に増加しているオハイオのブドウ栽培の成功――この年度中に一三万ガロンのワインが生産された――によって著しく減少している。ホック（ライン産白ワイン）、クラレット（フランス、ボルドー産赤ワイン）、シャンパンに類似するワインが作られていて、よい鑑定家がそれらに非常に高い評価を下している。

シンシナティは公共図書館と読書室でも有名だ。商業図書館青年協会《ヤング・メンズ・マーカンタイル・ライブラリー・アソシエーション》はとても立派な図書館および読書室として開かれた瀟洒な部屋の一組を持っており、運営委員会によって良く選択された一万六〇〇〇冊にのぼる蔵書および一〇〇紙以上の新聞が納められている。我がイギリスの評判のよい本のひとつとして欠けているものはない。イギリスの本がアメリカで再版される容易さと、その安さの結果として勝ち得た浩瀚な流通は、アメリカの若者の知的で設問的な心に与える指針——良かれ悪しかれ——に関して我々の著者たちの負う責任を大いに増している。これらの若い心は絶え間なく（宗教においても政治においても）調査と探求に——古いシステムを打ち壊すことに（新しいシステムを案出するのを待たずに）——よって占められているのだ。

シンシナティの最も重要な宗派は監督派《エピスコパリアン》、洗礼派《バプテスト》、メソジスト《ウェスリアン》だと信じる。第一のものは博学で敬虔なマキルヴェイン主教（チャールズ・ペティット、一七九九～一八七三。アメリカ上院付き司祭）の監督下にあり、彼の使徒的《アポストリック》な疲れを知らぬ働きはオハイオ州における宗教の営みを大いに前進させた。顕著な宗派心が見られず、すべての正統派の聖職者たちは全般的な福利のために調和ある結束で行動する。しかし、シンシナティ市街の美、目覚ましい進歩、商店の立派さを述べた後で、西部の女王《クィーン・シティ・オブ・ザ・ウェスト》の町が豚の都《ポーコポリス》という、ちょっと優雅さを欠く名前に甘んじていることを言わずにこの章を閉じることはできない。すなわち、痩《や》せた、ひどい外見の豚《スワイン》が通り中に暴れ回っていて、最も立派な商店から出てくると、これらのむかつくような侵入者に躓《つまず》くのだ。シンシナティは豚の町《シティ・オブ・ピッグズ》だ。鉄道やホテルのシステムがあるように豚のシステム《ピッグ・システム》もあり、それでこの場所は他のいかなる場所とも区別される。この有用な動物の莫大な数が、オハイオのトウモロコシ畑の収穫の後、そしてその巨大な森林のブナの実とドングリで飼養されている。一年のある特定の時期に、何千という数で到着し——群れをなして、また蒸気船で五〇万頭にのぼる数が連れて来られる——、その最期の運命を遂げるが、このときオハイオは血で赤く染まると言われている！　町の背後に巨大な畜殺場群があり、どこかパリの畜殺場《アバトワール》の様式で建てられ、おびただしい数の囲いのある大きな木造建築で、そこから狭い通路を一列になって豚が通ってそれぞれの区画へ行き、その入り口でハンマーの一撃を受けて意識を失い、短時間で多数の労働者とうまく管理された大釜システムでピックリング（砂糖・香辛料・酢などで保存処理すること）のために切り刻まれる。イギリスでは豚が殺される日は家族の年中行事として一時期を画し、恐ろしいほどのキーキー鳴く声は近隣に出来事を告知する。豚の都《ポーコポリス》ではそのような経過を知る時間も機会もなく、住民がこの殺戮の第一報を受けるのは、胸の悪くなる豚肉の何千バレルもが埠頭に積まれ、大西洋岸の町々に運ばれる準備を整え、ヨーロッパの市場へ向けて輸出されるときだ。毎秋ひとつの建物で一万二〇〇〇頭の豚が殺され、塩漬けにされ、梱包される。そして私が列車の中で聞いたところでは、この近傍全体で「豚の収穫《ホッグ・クロップ》」はアラバマの綿花の収穫、ケントのホップ摘み、イギリスの刈り入れと同じくらい議論と投機の話題となる。

「赤馬、ボウイー・ナイフ、ペテン《ゴウジング》」で音に聞こえる土地、ケンタッキーは、オハイオ川でオハイオ州から隔てられているだけだ。そして、木陰でさえ寒暖計が華氏一〇三（摂氏三九度）まで上がった日に、コヴィントンの町（ケンタッキー州北部に位置する都市。オハイオ川をはさんでシンシナティの対岸）へ行った。目立って、広く、ほとんど計り知れないほどなのが、オハイオの自由州とケンタッキーの奴隷州との違いだ。どちらも同様の大地、同じ気候、正確に同じ自然の利点を有する。だが、発展の全き欠如――後退と衰退の兆しではないにしろ――、通りでのらくらしている者や奴隷独特の姿が、川の向こう岸のざわめきと対照をなし、最も不注意な者でも気付く。私は信ずべき筋から、同じ実質価値の資産がケンタッキーでは三〇〇ドルに価し、オハイオでは三〇〇〇ドルだとの情報を得た！　自由移入民と労働者はケンタッキーには入植しない――そこでは強制的な奴隷労働との接触を求められるだろうから。かくて産業の発展は遅れ、差異は年ごとに顕著になり、終には恐らく何らかの大変化が立法府に強請されることだろう。イギリス人であって、初めて見た奴隷の印象を忘れる者は少ないだろう――それは神の似姿で創られた、だが同じ人間仲間の真正《ボナ・ファイド》な資産である存在なのだ。私が最初に見たのはアフリカ人女性で、フロリダ出身の女性奴隷であったが、彼女を捕らわれの身とした法律と同じように黒い顔色をしていた。奴隷制度の主題は英国の人々の前に、最近すでにビーチャー・ストウ夫人（『アンクル・トムの小屋』の作者）によってあれほど有名になったので、二、三の評言をすることも勘弁してもらえるだろう。その本は力強く書かれており、また作家の慈悲深い意図を私は大いに称賛しもするのだが、その本の効果は偏見を持たせたという主張は自由諸州でこの主題を知悉する人々によって確証されていると言われた。自分の土地では非常に高名なある紳士は、若いときから奴隷制度廃止の大義に身を捧げ、他の人たちと一緒にひとつの大きな原理のぐらつかない追求者であったとされるが、こう言っている――「『アンクル・トムの小屋』は大義を何年も後ろに押し戻らせた!」と原注9。その主題に関する興奮はまだイギリスで続いている、とはいえ、それはスタッフォード・ハウス・マニフェスト(Marquess of Lothian, *The Confederate Secession*〔南北戦争直前の南部一一州の連邦脱退〕)に安全弁を見つけてはいるが、そして受けた感銘――これはいかなる力も変更することはできない――は、奴隷所有者は二つの部類に分かれているということだ――すなわち、「リグリー(『アンクル・トムの小屋』の無慈悲な奴隷所有者)たち」、あるいは熱狂的な空想家「セント・クレア(『アンクル・トムの小屋』の農場主)たち」だ――、もちろん前者が多い。

奴隷制度は、修正されて、ほとんど今日の年季奉公以上のものでないものになってはいたが、モーセ律法下では許されていた。しかしそれは、キリスト教の全教義に逆らうものだ。そして、知的で責任ある存在としての人間を低めるシステムは、政治的に過ちだというに劣らず、道徳的にも過ちだ。それが政治的な過ちだということは、北部と西部の絶え間ない物質的発展と比較して、南部諸州の発展の遅れと明らかな衰退によって明白に証明されている。アラバマ、フロリダ、ルイジアナにおいて「リグリー」たちが見つけられることを疑うことができないのは、残虐性が見下げ果てた本性だからだ。我々の工場や炭坑にも「リグリー」たちはいる。それでもイギリスでは、ひどい行きすぎは強力な法の力――それに訴えるときは、最も弱くて救いのない者への保護の手を差し延べる――によって抑制されているのだ。それで、そのような人

〔原注9〕『アンクル・トムの小屋』に対する私自身のいかなる意見も、あるいはそれが合衆国で得ている評価についての意見も差し控えると言っておかなければならない。しかし、その主題に関し頻繁に私に出されてきた質問に答えるために、私は今、北部諸州の奴隷制度廃止論者によってその主題に対してなされた評言を伝えただけなのだ。

間は、世論の及ぼす抑制から遠く離れ、法廷で奴隷の証言が許容されない南部の孤立した綿花あるいは砂糖プランテーションの中では、どのようなものにならねばならないのだろうか。犯された残虐行為の完全な程度は、最後の日の審判の厳粛な法廷で開示されるまでは決して知られることはないだろう。しかし、そのような人間は稀だという希望は敢えて持たないようにしよう――私利私欲の諸情況が合わさって、より上級の奴隷所有者を形成することはあるにしてもだ。これらの人々は、奴隷を見るのが我々が牛馬を見るがごとくという人だ――つまり単なる動物の資産で、その価値の多少はそれについて払われる手間《ケア》に比例するものとしてだ。こういう人たちの奴隷たちはよい服を着せられ、よい小屋で寝起きし、よい食糧を与えられている。働かされ過ぎることなく、踊り、歌い、その他の娯楽――健康と喜びを増進させる――が活発に推進されている。しかし、そのシステムはその目的として、理性を本能へと転換すること、合理的な存在を機械（我々自身の巧妙に工夫された蒸気機関のあるもの以上に、見かけ上、ほとんど知性で上回らない）へと低落させることを目指している。宗教教育は廃され、読書は禁じられ、それによる奴隷の教化は罪として罰せられるが、それは、自由は生まれながらの権利であることを奴隷に学ばせないためである。

三番目に、奴隷所有者の極めて大きな部類が見られるが、それは奴隷を財産として相続した人たちで、思慮分別をもって彼らを自由にする方法を模索している。黒人たちは奴隷廃止論者が授けようと提案をするような無謀な方法で自由を受ける状態にない。彼らは、宗教の教訓の教示により、教育により、独立独行の原則の受容によってそのための準備をするべきなのだ――それ無しには自由の恵沢の真価を道徳的に認知することがないだろう。そして、まさにこの無知かつ愚鈍は、それを生み出したところのシステムに反対する議論の中で最も有効なもののひとつなのである。この予《あらかじ》めなされるべき準備の欠如はしばしば示されている――特にケンタッキーではそうで、そこでは解放奴隷の幾つもの集団全体が数日間、新しい情況を経験した後で、奴隷状態に戻してくれと哀願したのである。今語っているこれらの奴隷所有者たちは、今置かれている情況を深く嘆き、自己犠牲の精神、および道徳的勇気――それらは自らの奴隷を解放することによって、他の諸州の奴隷労働との新たな競争の中へ入るよう導くだろう――を欠くものの、アフリカ人が置かれた情況を改善するために、彼らの作ったささやかなものを売ることによって自由（それは非常にわずかな率で恵まれる）を買い取るよう、彼らを勇気付けるのに最善を尽くしている。私はこれらの数人の「自由州の」解放黒人と話す機会があったが、彼らに用いられる大きなおどしは「南部《ダウン・サウス》に送るぞ」だったといいながら、彼らは皆、故《もと》の所有者への愛着を表し、彼らの取り扱いの優しさを語った。

北部の奴隷諸州の奴隷たちはものを考えもしない幸せな連中《セット》で、夕方にバンジョーに合わせて踊ったり歌ったりして過ごす。そして、夏の夕暮れにケンタッキーのトウモロコシ畑と煙草畑から「おお、昔のヴァー《キャリー・ミー・バック・トゥー・》ジニアに帰してよ《オールド・ヴァージニー》」（アフリカ系アメリカ人吟遊詩人ジェイムズ・ブランド作。ヴァージニア州歌）や「おお、スザンナ、私のために泣かないで《オー・スザンナ・ドント・ユー・クライ・フォー・ミー》」（フォスター作曲）が聞こえてくるであろう。しかしながら、人間的な本能が自然に奴隷の情け深い取り扱いに導くにせよ、あるいは周辺諸州での世論の厳しい検閲によっても同じ結果が達成されるにせよ（奴隷制度の抽象的設問はさて置き）、「責任を伴わない権力を与え」、また他人のこの世《テンポラル》における、いな、永遠《エターナル》の福祉を一人の人間の意思と気紛れに依存させる――このとき、権利の侵害の犠牲者は地上の法廷に訴える力を奪われているのだ――システムは大いに非難されるべきだ。一方に過酷な取り扱いの、他方に親切な取り扱いの諸例があるからと言って、奴隷制度に対する賛否の論として公正に為されるはずはない。それは、神聖な啓示に示されているような道を外さない道徳的権利の法則によって、義とされるか、有罪を申し渡されるかすべきだ。奴隷制度は一八五〇年には三一州中一五州に存在し、三二〇万四三四五人の奴隷と、共感や血筋によって四三万三六四三人の有色人種――名目上は自由であるが、最低の社会階層に置かれている――と結びつけられている。この数字は、これまでがそうであったように幾何級数的《ジオメトリカル・レイシオ》に（T・R・マルサスが『人口論』［一七九八初版］で人口は「幾何級数的［急速］に増加する」が生活資源は「算術級数的［緩慢］にしか増加しない」と表現した）伸び続けそうで、一八七五年には六〇〇万人になりそうだが、これは単に数のうえでの危険な人々の増加だけではなく、抑圧の意識においても、彼らをひどい報復へとそのかすかもしれない情熱においても、二倍、三倍もそうだろう。アメリカは、自由と世界にこれまでに類を見ない進歩を誇っている。しかし、アングロ・サクソン人の潮流は大陸を横断してうねり、また我々は自由な制度により統治され、純粋な信仰を告白している広大な国家を楽しんで静観してはいるが、しかし、ひとつの手が、今は霞んでしか見えないが、遠からずしてすべての者の注意を自分に引き付けるよう運命づけられている手が、過ぎし日の文明の諸帝国を指し示し、それらが興り、繁栄し、衰退するときがあったことを示し、奴隷制度がその衰退の主要原因であったことを示している。その問題を取り扱う本当の難しさに無知のまま、アメリカ人に対して言われるいらいらさせるような咎《とが》めは、意に介さない立法府に押し寄せる民衆の雄叫《おたけ》びを扇動して大いに害になっている。問題は、大西洋の両岸で思考するキリスト教徒の注意を占めるものであるが、まだ博愛主義者にとっての嘆きの的であり、政治家にとっては正すべき巨大な悪のまま放置されている。

　例外を許さない非難は、小説や新聞から得られる以上の主題のいっそう完全な知識無しで発せられるべきではない。ましてや、この非難をアメリカ全体に押し広げるべきではない、というのは、北部諸州の人々は我々イギリス人以上に熱烈な奴隷廃止論者であるからだ。実際、より一貫している、なぜなら、彼らは白人奴隷（イギリスから新世界に奴隷として送られたアイルランド人囚人。チャールズⅠ世［在位一六二五～四九年］が三万人の囚人を送ったのが嚆矢――D.Jordan, M.Walsh, White Cargo: The Forgotten History of Britain's White Slaves in America参照）を持たないし、酷な児童工場労働者も無い――この子どもたちへの不当な待遇への糾弾の叫びが報復する審判者の耳に日々昇っていく。それにもかかわらず彼らは咎めを避けられないのは、有色人種をより劣る社会的地位に置く仕方、普通の娯楽や教育の場から彼らを締め出す融通のきかないシステムのためだ。忘れてならないのだが、イギリスはこの制度を植民地に託し（まだ自分の支配下にある植民地からは高尚に覆い隠してはいるが）、プレストン（ランカシャー）とマンチェスターの綿花成り金《コットン・ロード》によって助長され、非常に多数の黒人に自由が与えられたが、それは大衆の情熱を興奮させることにより人気を得ようとする人々の激烈な弁舌や無学な罵《ののし》りによるのではなくて、ウィルバーフォース（ウィリアム、一七五九～一八三三。イギリスの政治家、博愛主義者、奴隷廃止主義者。著者バードとの関係については訳者あとがきも参照）とその協力者による忍耐強い努力と実際的キリスト教徒の博愛主義者によるものだったのだ。アメリカに関する本を書いている人は、この問題になんらかの認識を提供し、極めて巨大な悪に対して声をあげることが当然ながら期待される――いかに弱々しい声であっても。これまでのページで述べてきた結論は、奴隷制度に対する賛成と反対の両者の著名な話し手と書き手からこれまで学んできた事実の注意深い対照と検証から導き出されたものである。

第八章　西部の大草原へ

心を残して別れ《アディユー》を告げ、旅仲間と合流するために早朝に馬車で出発したとき、九月の太陽がシンシナティの尖塔にキラキラと輝いていた——できる限り長い遠回りをする、あるいは、「東部沿岸地方《ダウンイースト》」（ニューイングランド、特にメイン州）の婦人ならば「ちょっとした少なからぬ巡り道《サーキュレーション》」と言うかもしれないものをするつもりだった。幸運にもこの地域に詳しい幾人かの友人と出会い、思っていたよりはるかに大きい円周で回らせようと申し出てくれた。そして、これまでに経験したことのないような張り切り方で、デトロイトへの途上ミシシッピ川と西部の大草原《プレイリー》へ向かって出発した。

イギリスの大切な友人（イザベラ・バード）がオハイオから手に入れてくるはずと気にかけているものがあった。それはマキルヴェイン神父が、小さな若木を切って枝を落として形を整え、ほぼ四フィートもありそうな恐ろし気に見える棍棒《ブラジオン》あるいは棍棒《カジェル》に仕上げようとしたものだった。トランクにはあまりに長過ぎるので、このものは傘に結びつけられたが、この日は列車の中に少なからぬ好奇心を掻き立て、それを目にし、次いで私を見た数人の人々は、まるで私たちはどんな関係に互いに立っているのかしらと思っているかのようであった。とうとう彼らはそれを取り上げて、事細かに検査し、中に何か隠されているかのように叩いてみた。それは私に十分な楽しみを、そのサイズからして多少の厄介を与えたので、数日間の訪問に行っている間、トロントのホテルの部屋に置きっぱなしにしたいと思ったが、ボーイが出口のドアのところにそれを持ってきて、

「その棍棒《カジェル》をお持ちいたしましょうか」と訊いたのだった。その後それを短くし、ニューヨークまでトランクに入れて旅行し、そこで彫り師にステッキに作らせるために渡された。そして、その商人がヤンキー・トリックで別のと取り替えたのでないとすれば、いまや陸海のあまたの危険を乗り越えてそれはステッキにしようと思いついた紳士の持ち物になっているはずだ。

イギリスに関するいくつかの面白い評言が「栃ノ木《バッカイ》たち」――オハイオの住民はそう呼ばれる――によってなされた。セントルイスまで一緒に行くように一人の婦人を説得しようとしたとき、たったの五〇〇マイルしかないと私は思ったのだ。「五〇〇マイルですって！」、とその婦人は応えた――「まぁ、そんなに遠くに行く前に、あなたはつまらない島から海の中に転がり落ちてしまうわ！」。シンシナティからいくらか行ったところで乗って来た別の婦人は、我々が廃墟に置く価値が理解できなかった。「バーナムが博物館に送らないとすれば、そんなものめちゃめちゃに噛み砕いて、道路か橋をつくればいいのよ――ここでは決してあなた方（イギリス人）がするように後生大事に保存しておかないわ」と言った。「あなた方もやはり尊重するわよ」と私は応えた――「タイコンデロガ（ニューヨーク州北東部チャンプレイン湖畔の戦跡）の石ひとつでも動かした者は私刑《リンチ》に遭《あ》うでしょう」。それは不首尾な話し方だった、というのは、彼女はちゃめっけたっぷりに応えたからだ――「私たちの遺跡と言えばイギリスの要塞だけで、それを見に行くのは私たちが全世界を叩《ホイップ》きのめす国を叩《ホイップ》きのめしたことを思い出させるからなのよ」。しかしながらアメリカ人は、そうは言いながらもその実、もし蔦《つた》で覆われたケニルワース城（イングランド中部にある一五七六年にレカスター伯爵がエリザベス一世をもてなした城）やメルローズ（スコットランド南東部。シトー会修道院の廃墟がある）やティンターン修道院《アビー》（シトー会の修道院としてウェールズ地方グウェント州「旧モンマスシャー」のワイ河岸に建立された）を所有して、自分の歴史の逸話を守らせることができるとしたら、何でも差し出すことだろう。だが、彼らが鉄道を作ることはできても、蔦《つた》はそれに勝り、紫のヒースは新世界の土を軽蔑する。マッド・リヴァー航路のとても楽しめる切符を貰った。それには次のような命令が書かれていた――「この切符をあなたの……に付けなさい」。この……部には小さな帽子の版画が入っている。その結果として紳士たちは皆、頭に小さなピンクの飾りを被りものに付けているのを目にした。

オハイオ州の大きくてとても美しい地域を通った。大地は耕してあればどこでも作物でいっぱいであり、別なところでは作物は繁茂しているだけでなく、それに劣らず美しくもあった。小さな雑草の草原と極上の木材を採れる森林が入り混じっていた。オハイオの広大な地域は未《いま》だ人が住んでいないが、その活力に満ちた人たちは五年もかからず、大英帝国全体が擁するマイル数の半分を凌駕するほどの距離を鉄道敷設した——彼らは「偉大なる人々」であり、「実際、前進するだろう」、これらのヤンキーは。新しく開墾された土壌は、数年間小麦を育てるのに十分過ぎるほど肥えている。肥料を与えなくともトウモロコシなら三〇年間続けて連作できるだろう。現在の人口は三〇〇万人を下回っており、ほとんど農業だけで一〇〇〇万人を養うことができると推定されている。私たちは前進し、数時間でクライド・リヴァー、マッド・リヴァー、インディアナ線の連結点《ジャンクション》であるフォレストに到着した。

連結点《ジャンクション》という言葉によって呼び起こされるかもしれないすべてのイギリス的な考え——鉄路の迷路、哨所に立つかっこいい警官、立派な駅と優雅な休憩室——を追い払ってしまおう。ここには単に、線路の周りが切り拓かれた深い森、機関車用の薪を切りだす男のための小さな小屋、異なった方向から来る列車のための二つの待避線があるだけだ。乗客のためのプラットフォームさえなく、二〇〇〜三〇〇人にもなる乗客は森の切り拓かれた地面に突っ立つか、木の切り株に寄りかかって休むかしていた。それでも毎日数分間、この寂しい場所に生活の大騒ぎが繰り広げられる、というのは、ここは東、西、南からの旅行者たちが行き会うところだからだ。大西洋岸の都市からの悩み疲れた商人、西部の大草原から来たむさくるしい猟師もいる。ここでインディアナポリス線に乗り換えたが、別の三本の列車とほぼ同時に森林深く突っ込んで行った。

「あなたは東部沿岸地方《ダウンイースト》からいらしたのでしょう」と、背後から鋭い鼻声でいうのが聞こえた。これはポートランド線の列車の中で最初になされた想定だったが、そのときは、どのような特徴的で明白な特殊性が私を「東部沿岸地方人《ダウンイースター》」（特にメイン州人）として特定させたのか皆目分からなかった。今はよりよく知っているので、こう応えた――「そうです」。「西部へ行くんだか？」――「そうです」「お一人でご旅行だか？」――「いいえ」「あなたは東部沿岸地方《ダウンイースト》でお育ちなんだか？」「いいえ本国で」「あの小さな島国で？　うんじゃ、あんたがあすこを離れて、ちょっと《カインダー》喜んじゃると思いますがな？　あんたはだんさんを亡くされたですかな？」――「いいえ」「仕事で旅行ですかな？」――「いいえ」「どんな仕事にお就きかな？」――「何も」「うーん、うんじゃ今は何のためにご旅行ですか？」――「健康と楽しみのためですわ」「うーん、あんたはちょっと相当お金持ちのようですな。きっと西部に落ち着きにいらしたんでしょ？」「いいえ、秋の終わりには帰るつもりですわ」「うーん、えーっとちょっと頑丈な胡桃の実《プレティ・タフ・ヒッコリー・ナット》でもなきゃええな！　あんたらエゲレスずん《ブリッター》はこれまで育った中で一番奇妙な人間《クリッター》でねえかと思うだ」。私はそうした一番奇妙なものの仲間に入ったことは全く幸運だと思った、というのは、アメリカ人というのは大抵自分のことにあんまりかまけていて、他人の問題には、「あんたは西部へいらっしゃるけ、御客人？」とか「東部沿岸地方《ダウンイースト》からいらしたとお見受けしますが？」といった質問以上には踏み込まないからだ。「なぜあなたは私を東部沿岸地方人《ダウンイースター》だと思ったのですか？」といまいちど訊いた。「どうしてって、あんたがそこの人のように話すからだよ」が答えだった。私はしばしばニューイングランド人だと思われるが、それは、「イングランドのアクセントを全く持たない」と言われるのと同じくらい悪いことだ。私はアメリカ人ととられるのが嬉しかった、というのは、それは事物を実際のままに見る、よりよい機会を与えてくれるからだ。ノートを手にじっと観察し、質問を浴びせようとするイギリス人は「よいカモ《フェア・ゲーム》」と思われ、結果としてすべての主題について「嘘八百を並べられる《クラムド》」。ペチコートをつけたテーブルの脚やボウイー・ナイフの伝説的恐怖などは、鵜呑みにされたばかばかしさの中でも最もとるにも足らないものに入る。

一団は私の他に五人がいて、年配の二人の紳士、その一人の姪と若い夫婦だった。彼らはインディアナの知事と名誉とすべき上院議員の地位への立候補者――やはり私たちの旅仲間だ――を知っていた。そして会話は政治的性格を帯びた。事実、彼らは長期の議会を開催したのである、というのは、議論は、私の思うところでは三時間も続いたからだ。尋常でない、私には理解のできない名前が投げ合われた。「シルバーグレイズ」と聞こえたが、旅仲間は鶏の種類についての議論をしているのではなかった（シルバー・グレイ・ドーキングズという鶏がいる）。「硬い殻《ハード・シェルズ》」「柔らかい殻《ソフト・シェルズ》」は卵の出来が話題になっているのでもなかった。「ホイッグとデモクラット」は私たちの急進派《ラディカルズ》に似ており、「ノウ・ナッシング党」（一八五三～五六年頃の不知主義党員。American party の党員でアメリカ生まれでない者の官職就任排斥運動を目的とした）は名の知られた政党のようだ。旅仲間にある違いは何であれ、彼らは「ネブラスカ人」（奴隷制度の拡大を広言している）をやっつけることで一致しているように見え、彼らは――彼らのあだ名からして――泥棒と人殺し《カットスロート》たちの一団だと思いかねなかった。人生を通して、彼らが提唱する諸原理に反対することに費やしてきた一人の紳士は非常に暴力的で、また極めて若いウッド夫人も同様にそうだ。

道端のさしかけ小屋に二時間止まってから、暗くなってラファイエット（インディアナ州西部のワバッシュ河畔の都市）に向けて再び出発し原注10、九時に到着した。この西部の列車はぎゅうぎゅうで溢れかえっており、連絡船で広い河を渡らなければならず、混み合いは相当ひどくて、もう少しで押しつぶされそうだった。だが、アメリカ紳士たちは婦人が関わる場合には自由にステッキを使うので、私は旅仲間の幾人か――彼らは混雑の中でコートの尻尾を破かれ、靴先は乱暴に潰された――よりはよかった。蒸気連絡船は欄干がなく、最弱者は端に押しやられた。中心部は荷物や荷車や馬で溢れかえり、互いに引き綱を交差して船は川沿いに碇泊しており、首を切られるの避けるために、しょっちゅう頭を下げなければならなかった。波止場に着いたとき多数の人々が対岸に行こうと待っていた。直接に通路板《ギャングウェイ・ボード》が敷かれていたので、同時に二つの反対方向への流れの混雑が生じ、危なっかしい板は滑り易く、みんな水の中へ投げだされた。幸いにも、あまり深くなかったので、ちょっと冷たさの影響を蒙っただけで、称賛すべき冷静さで我慢したが、一人だけは「晴れ着《ゴー・トゥー・ミーティング》」をダメにしたと文句を並べ立てた。もっと西部へ行くにつれて、隣人になるのはもっと危険になった。アメリカの全部の駅に掏摸《すり》に注意するようにと警告が貼ってあるが、インディアナから西方では、「掏摸《すり》、詐欺師、荷物泥棒に注意」と変わった。多くの停車場で最後尾の客車を目指して一般に混雑する、というのは、蒸気船の船尾の客室へと殺到するのと同じ理由からだ――すなわちボイラーの爆発的特性だ。

その夜を通して旅行したが、旅仲間は駅ごとにますます身なりが贅沢になってきて、翌朝は大草原の中にいる自分を見出した。クーパーは大草原《プレイリー》の話をして若い私たちの想像力に影響を与える――メイン・レイド（トマス、一八一八～八三。アイルランド系アメリカ人冒険小説家）は私たちを是非、大草原を横断したいという気持ちにさせ、植物学者は自分の花々を教え、狩猟愛好家は自分のバッファローを教える[原注11]――しかし、それらを見ることなしに本当はどのようなものかの正しい考えを形成できる人はほとんどいない。

太陽は単調な平原《プレイン》の上に昇った――平原は繁茂し、高くて、絹のように見える草に覆われ、そよぎ風に吹かれて長いピカピカ光る波へと変わっていた。空は頭上に青く、草は眼下に茶色っぽい緑色だった。野生のハトや七面鳥が頭上を飛んでいた。地平線はただひとつの乱れもなかった。すべてが暑く、暗示的でなく、静かで、単調だった。ここはまさに草の大平原《グラス・プレイリー》だった。

低い森林帯が広がりを限り、その反対側に目の届く限り延びる緑の海が開けている――不動の大地のうねりは風の下に波打つ短い緑の草に覆われて、大海原の幻想を完成させていた。これはうねる大草原だ。

［原注10］しばしば同じ名前が繰り返され、大層な距離を旅行し、どこかで短い停止をし、鉄道案内がないことから、私はシンシナティからシカゴまでの近似以上の正確なルートを示すことはできない。

［原注11］現在ではミシシッピ川の東では野生動物は見られない。文明の大きな影響は、昔のインディアンの狩り場の性格を変えてしまった。

再び森林帯、そして一年のこの季節でさえ輝かしい花に覆われた平地。もっとも、最も豪華なものから萎んだ茎以外は何も残っていない。大地はユリで琺瑯《ほうろう》加工され、ヒマワリ、シネラリアが繁茂し、ルピナスの深緑の葉と青い花が、トウダイグサの棘《とげ》のある茎の真っ赤な花と対照的だった。「荒野は何年もの間、眺めるいかなる目がなくともきらびやかになっている」のは、自身の意思でことをなす御方が自分の善さをお示しになることの他にいかなる目的があったのだろうか。これは「神の園《ガーデン・オブ・ゴッド》」（＝エデン。エゼキエル書二八・一三）と名付けたほうがよりぴったりとくる雑草の大草原《プレイリー》だった。

これら三種の大草原《プレイリー》は、森林帯と小さな湖と継続的に交互に入れ替わっている。だが、その長い一日の旅の間、人間の気配はほとんど見られなかった。時折、大草原《プレイリー》の掘立小屋に水を補給するために止まり、二、三人を乗せた。しかしこの広大で肥沃な大地は何年にもわたり、ヨーロッパ諸人種の起業のための場所として残り続けるに違いない。

夕方にかけてまた列車を乗り換え、夜の旅行のためにいくらかの飲食物を仕入れた――これからの道先ではほとんど手に入れることができないだろうからだった。今や何と変わった人たちが列車に詰め込まれているのだろう！　あらゆる土地からの交易商、商人、猟師、採鉱夫、罠猟師、冒険者たち――彼らのほとんどは十分に武装しているが、それも立派な理由も無いとは言えない――というのも、この数ヵ月の間に白人の侵略に激怒したインディアンがヨーロッパ人旅行者にひどい復讐をしたからだ。そのライフルの幾つかは最も高価な職人の作ったものであり、所有者がまるでその父親のように扱っていた。前の席に二人の「大草原人《プレイリー・メン》」がいたが、それは「スカルプ・ハンターズ」（頭皮狩人。レイドの作品）に書かれているようだ――ただし、セント・ヴレイン（同上登場人物）よりは劣るのだが。彼らは男たちの立派な見本だった――背が高く、見かけが立派で、幅広の胸、運動能力があり、わし鼻に突き刺すような灰色の眼、そして茶色の巻き毛とあご鬚《ひげ》だ。彼らは切り替えと縁取りのある革の上着を着、革の半ズボン《スモール・クローズィズ》をはき、上部に縁飾りし、銀の拍車の付いた大きなブーツを履《は》き、真っ赤な布製の、いくらか濁った金糸で編まれた帽子を被っていた――疑いもなく立派な顔つきと向こう見ずな狩人の物腰に心を奪われたどこかの麗人の贈り物だ。彼らの周りからは退屈は飛散していた――飽きることも休むこともなく物語を語り、メロディーを口笛で吹き、ふざけた歌を口ずさむことができた――運のよいのは、夜の捕らわれの間、彼らのふざけ合いによって気を引きたたせるのに十分な近さにいる者だった。どちらも二挺の拳銃を差した革のベルト、金のイヤリング、高価な指輪を着けていた。快活で愉快な人たちで、西部生活の際《きわ》どい話を語り、礼儀作法において騎士道的、そして風のように自由だった。

金塊掘りの身支度をしたカリフォルニア人が砂金を入れる皮の小袋を持っていた。ユタへ向かうモルモン教徒。そして文化生活の中で無駄に探し続けた興奮と多様さを求め続ける休むことのない精神！　この人種の大まかな集まりを運びつつ、列車は突進し続けた――その乗客は互いに親しく心を止めることもなく、いや恐らく主にも心を止めることもなく、

そのお方は自らの大きな愛と限りないおぼしめしの中、者皆に気付き心をお止めになる。

一一時に大草原《プレイリー》で突然停車した。駅の形跡も全く見えない中でしばらく静かに待った後、友人たちが停車の原因を探るために外に出て、そのとき、貨物列車が前で故障していると分かり、私たちは被拘留者《デテニュ》で、インディアンの銃弾の標的であるかもしれないのだ！　清涼飲料が提供され、分け合われた。「大草原人《プレイリー・メン》」は逸話を語った。猟師はライフルを調べ、すでにキラキラと光っている浮き彫りを磨いた。メキシコ人たちの幾人かはスペインの歌を歌い、一人のニューイングランド人は《ヤンキーの馬鹿《ヤンキー・ドゥードゥル》》を歌った。ある者は推測《ゲッス》し、ある者は考慮《カルキュレイト》し、とうとう全員が眠くなった――罠猟師は物語を語り尽くし、歌い手は歌を、モルモ

ン教徒——その教義固有の利点を説明し続けていた——は聞き手の忍耐を失ったが、——とうとう多数の鼻のオルガンから発せられ鳴り響く音が伝染性を証明して、私は眠りに落ち、《ヤンキーの馬鹿《ヤンキー・ドゥードゥル》》、拳銃、掏摸《すり》の混乱する夢を見た。

やがて目覚めた。まだ停止したままで、右側に灯りがひとつあった。「ロックアイランド（イリノイ州、ミシシッピ川畔の町）じゃないかしら」とうつらうつら尋ねた。質問に友人たちと猟師たちの笑いが続いた。その後で最高に丁寧な口調で、引き続き五時間もここにいる、つまり大草原《プレイリー》に停車したままだと教えてくれた。アメリカの夜明けに伴う厳しい寒さとひどい露は、アメリカ人が避け得ない必然——いかに不快なものであれ——に服従するのにもっと驚かされた。寒さの不満と深いため息があったのは本当だが、それでも誰かのせいにするいかなる非難もなく、仲間たちの静謐《せいひつ》がイギリス人の我慢のなさを全く恥じ入らせた。イギリスでは、まちがいなく不満の大合唱が起き、車掌、会社の不手際に「しつこく抗議《ロウイング》」し、『タイムズ』紙に投稿し、あるいは鉄道運営の不手際の議題を下院へと持ち込む、などなどと多様だ。この人たちは静かに座り、食べ、眠り、煙草を吸い、列車が目的地へとやっと停止から動き出したときには感謝していた。

この「偉大な人たち」が地上に巻き付けている金属の狭い枠の上を西部へ、野生のインディアンとバッファローの大地へと飛ぶように走り続けた。夕方は昼に連なり、夜明けは焼けつく夏の日の輝きへと続いた。黄色い太陽は雲ひとつなく、うねる大草原の波の後ろに沈んだが、それでもなお急ぎ続けた——ただ薪と水を補給するために名もない幾つかの駅で大急ぎのコースを止めるだけで。太陽は沈むとき、大草原《プレイリー》の波の背後に沈んだ。夜の間のいかなる変化も思い出さず、バラ色の夜明けには長い緑の草の大洋がバラ色に溶けて周りを取り巻いていた。さらに続けて——森林帯が見通しに変化をつけていた——深い森へと突進し、そこから浮かび出て、ロックアイランドに到着したが、そこは開拓途上のように見え、砂漠の町《デザート・シティ》の名にも恥じないだろうが、ロック・リヴァーとミシシッピ川の合流点に在った。私たちは小さな波止場に止まり、奇怪な建造の小さな蒸気船が待っていて、乗り込み、露に濡れた夜明けの静けさを汽笛が破り、非常な速さで高い木に覆われた断崖の間を走って急激な渦を巻いている濁った流れを下って行く。蒸気船で三マイル下ってダヴェンポート（アイオワ州東部の都市）の小さな入植地を含む開拓地に上陸する。河の王者ミシシッピを下って来たのだ！――半マイルの川幅、河口から一万七〇〇〇マイル、そこは極西部だった。白い幌馬車、重い頸木《くびき》をつけた鈍重な牡牛、高く尖った鞍をつけた勇み立った駿馬が切り株に繋がれ激しく尾を振り蠅を追っている。青い箱に腰を下ろした移民が、これが夢見たエル・ドラードなのだろうかと訝《いぶか》しく思っている。武器、装具、手荷物が、朝食をとる家や小屋を取り囲んでいた。旅仲間のほとんどはネブラスカ、オレゴン、ユタに向かっていたが、これらの最も遠い地域は、ゆっくりしたスピードの動物だと四ヵ月かけてもほとんど到着できない――その間にスー族（ノースダコタ州の俗称はスー・ステイト）、コマンチ族（元はテキサスに住んでいたが後オクラホマに残る）、ブラックフット族の襲撃にさらされていた。

黒ずんだ垂木《たるき》と土間の木造りの細長い差し掛け小屋で、七時に、移民、猟師、冒険者が犇《ひしめ》くなか、トウモロコシパン《ジョニー・ケーキ》、リス肉、バッファローの瘤《こぶ》肉、ダンパー（種を入れないで灰で焼いた堅パン）、蕎麦《バックホウイート》それに紅茶とトウモロコシで作った酒の朝食を摂り、間もなくロックアイランドへ向けて河の父《ファーザー・オブ・リヴァーズ》（ミシシッピ川）の強い潮に逆らって進むのが困難な小さな蒸気船に再び乗船した。私は船長に「安全弁を抑えておく」習慣がないのではないかと聞いたが、彼は頑固にその非難を拒否した。

この隣国の土地言葉は、どちらかというとイギリス人の耳をびっくりさせた。「鼻歌歌ってる《ハム》のは何ていうアメリカ鰐《アリゲーター》かい？」と、隣の肩幅の広いケンタッキー人が河岸の木造の掘立小屋を指差しながら訊いた――私にはそれはあの肉食性の両棲類（爬虫類の誤り）の住処には見えなかったが。「おいアメリカ鰐《オールド・アリゲーター》、今何時だ？」筋骨たくましい手で最初の質問者のヘラクレスのような肩をぽんぽんと叩きながら、もう一人の男が答え、西部ではアメリカ鰐《アリゲーター》とは人間《ジーナス・ホモ》の意味だと私に教えた。実際、男が仲間を呼ぶのに「おい君《オールド・フェロー》」の代わりに「おいアメリカ鰐」と言うのはよくあることだというのだ。八時にロックアイランドを出発し、冒険とロマンスの土地から東方へとしぶしぶ歩を転じて、シカゴ行きの列車に乗った。

列車は恐ろしく混んでいて、友人たちはそのひとつにたったひとつの座り心地のよい席を私のために首尾よく獲得してくれ、彼らはひどく憤慨しながらも次の車両に入ることを余儀なくされた。だが、抗議はなんの用もなさなかった。機関車のベルが鳴り、恐るべきラッシュが続き、中央の通路は立ったままの男たちで溢れかえった。車掌は「前にお詰めください」と叫び、「電光急行《ライトニング・エクスプレス》」に乗ってミシガン湖へ向けて発車したが、確実に時速六七マイル（一〇八キロメートル）で進むのだ！　イギリスを離れて以来、人相学《フィジオグノミー》を勉強する必要性を分かっていたが、私の隣人の見かけはぞっとするものだった。低い額、ずるさを表している深く窪《くぼ》んだ落ち着きのない目をしていて、一目でペテン師か掏摸《すり》だと判断した。私の推定が本当だという確信はあまりに強かったので、財布――しかし中には助言に従って五ドル以上は入れないようにしていた――をポケットから取り出し、中にはハンカチーフと荷物切符だけを残しておいたが、それは私が午前中ずっと起きていることはできないことを分かっていたからだ。そうしまいとの努力にもかかわらず、すぐにぼんやりした状態に陥ったが、連れが私のポケットから手を抜こうとしている感覚で目覚めた。

私の第一の衝動は警告の叫びをあげることであり、第二の、実行に移したことは、無くなったものを確かめることだった――そしてそれは手荷物切符という、まさに警戒に価するものだと分かった、というのは、私の全財産はこのならず者の手のうちにあり、よく知られているように、もし荷物切符無しでトランクを請求したとしたら、鋭敏な手荷物係は厚かましい詐欺師だと判断するに違いなかったからだ。鋭い眼をした車掌は車両にはおらず、もしいたとしても、彼の役職に付随する常に疑う必要性から、元来の寛大な気性をとっくに失い、私の頼みに耳を貸さなくなっており、人相学で私の言い分を正当化してくれるはずの旅仲間は一人もいなかった。それで荷物切符にはシカゴと記されているのを思い出し、泥棒の切符も同じ駅名が記されているのを目にして、僥倖を待つか友人たちが再び現れるのを待つことにした。人相学への信頼の証明が、私の蓄えた宝物が冒険者の手に落ちる可能性が大だという厄介事の適切な埋めあわせになるのかどうか、ほとんど決めかねた。

朝の間に、ある大草原の地方を横切り、幾つかの駅に停車し、上首尾の耕作の区画が、耕作者がいるに違いないことを示していた――もっとも、ほとんど彼らの住処《すみか》を目にしなかったが。列車はまだあまりの満員続きで、友人たちは私と合流することができず、私は手荷物の運命を真面目に心配し始めた。正午に尖塔と木々、高い一連のビルディングが、一方では草の大海原から、他方ではミシガン湖の青い水から立ち上っていて、シカゴに近づいていることを示していた。草原の踏みしめられた道に沿って雄牛に曳かれた白い幌《ほろ》馬車が西へ進み、ときには武装した騎乗者たちが同行していた。

インディアンの戦闘の鬨《とき》の声のような音をたてて列車は格納庫の中に走り込んだ――止まった――掏摸《すり》は立ち上がった――私も立ち上がった――手荷物係長が戸口にやって来た。私は、「この人が私の手荷物切符を持っています」と泥棒を指差しながら言った。うろたえながらも彼はチョッキのポケットから切符を取り出して手荷物係長に渡し、そそくさと逃げた。私は「止まれ、泥棒!」と叫ぶ気はなく、単に自分が実際にそのことを言わせることになった幸せな衝動について自分を褒める時間を持つことができただけだったが、そのとき、隣の車両から友人たちが現れた。友人たちは私の冒険談をあまりに面白がって、災難に対して全く同情してくれず、そのうちの一人の東部の高貴な位置を占めている紳士が、心底笑って、完全なアメリカ人訛りで言った――「イギリスの御婦人はヤンキーの掏摸《すり》の裏をかけるというなら、かしこい《キュート》お客さんに違いないね」と。

シカゴで一晩を過ごすつもりで、二軒の最良のホテルを目指したが、どちらも満室だったので、広告にある宿に赴いた――名前を示す必要はない(決して記憶から消えるものではないが)。広告の料金は一泊一ドルで、これによってすべての安楽と便宜が約束されていた。

宿屋は、とある通りの街角にある大きなレンガ造りの建物で、外観は感じの悪い点は特に何もなかった。木造の階段は十分に汚く、そこをいわゆる「婦人室」へと上って行き、大きくてみすぼらしい家具が置かれ、六個の痰壺《たんつぼ》が飾ってある部屋を見出したが、しかしながら、胸が悪くなったのだが、床がタバコ液（嗅ぎタバコまたは嚙みタバコによって茶色になった唾液）でいっぱいになるのを防げるものではなかった。

テーブルの上にライフル二挺、拳銃一挺、一個の火薬筒が置かれていた。アイルランド移民女性が二人、床（ゴキブリとアリがうじゃうじゃいた）に座って泣き叫ぶ子どもの服を脱がせていた。明らかに熱のある女性が一人、ソファの上でひっきりなしに転げ回っていた。色褪せたブルーマーをはいた女性が二人、窓の外を眺めていた。部屋はその他普通でない見かけの人間でいっぱいだった。私は静かに座れる部屋を是非見つけたいとの希望を込めて宿泊をお願いした。薄汚い寝室係の女が部屋、つまり四つのベッドがある共同寝室に連れて行った。その一部で、三人の女性が愛情こまやかに一生懸命に病気の子どもを世話していた。別の部分では、二人がこんがらがった黒い髪を梳かしていた。これを見て私は、自分専用の部屋が是非ともいると断固宣言した。

それで寝室係の女は、長くて薄暗い通路を連れて行き、暖炉のない戸口のガラスからの明かりだけの小さな部屋を示した。従って、ほぼ暗闇だった。小さなベッドがあって、汚れたバッファローの毛皮を掛けてあった。それを剝いでみると、群れた生き物が零《こぼ》れ落ち、床は文字通りそれらの虫がうじゃうじゃしていた。このような部屋の光景にすっかり具合が悪くなり、その中で全く嫌々ながら、ボンネットとショールを置くはめになった。

戸の外には、幾つかの薬瓶その他の病気の怪しい兆候があり、警戒の問い合わせをした後で、宿に発疹チフス患者一人、またアジア型コレラ患者一人、三人のマラリア熱もあることが判明したのだった！　友人たちは、この情況にひどい衝撃を受けた。思うに、彼らは私がこの国のそうしたホテルの見本ともいうべきものを見なければならないことに心を悩ましたのであり、彼らは商用でシカゴにいなければならないが、私はその夜そこに残ることはできないだろうから、一人でデトロイトに発つべきだと決めた。しかし私は、確かにこの場所にはかなわないと感じはしたが、最下層におけるアメリカの社会の幾らかを見る機会――かくて私に偶然に与えられた――に対して少しも残念に思うことはなかったのだった。

夕食に降りて行ったが、何時間もまともに食事を摂っていないという事実だけが、私をしてそれに手を付けさせ得たことだろう。私たちは長い部屋にいて、部屋の中央にひとつのテーブルがあり、一〇〇人分の皿が並べられていた。どの席も埋まっていたが、席というのは無骨な仕上げの長椅子だった。床は最近洗われたところで、湿った嫌な臭いがしていた。ひとつの側に大きな暖炉があって、日中の暑さにもかかわらず、調理という一般名の下にさまざまな操作が行われていた。部屋の端に長い鉛の桶つまり流しがあり、そこで靴を履いていない、脂で汚れた台所下働きの三少年が休みなく皿を洗うのに忙しく、エプロンで皿を拭いていた。しかしながら皿は洗われなくて、上っ面を濯《すす》ぐだけだった。山賊のような見かけの途方もないあご鬚《ひげ》と口髭を蓄えた給仕人が四人いた。

食卓には何の変哲もなかった。茹《ゆ》でた羊の脚が八本あった――ほとんど生だ。歳経た鶏が六羽――その腿肉はまるでギターの絃《げん》のような耐久性を持っていた。「玉葱付け合わせ」の焼き豚――肉は脂の中を泳いでいた。それと野菜としてはヤムイモ、トウモロコシ軸、カボチャ。糖蜜で甘みをつけた煮出した紅茶が一杯、それぞれの皿の傍に置かれ、いかなる種類の発酵酒も一行の人々によって消費されることもなかった。取り分け用の大型肉切りナイフがなかったので、銘々が自分のナイフで関節をたたっ切り、中にはベルトからボウイー・ナイフを外して手際よく切り取っていた者もいた。塩用スプーンもまた無かったので、皆が塩の入った小さなピューターの壺に脂の付いたナイフを突っ込んだ。ディナーは始まり、最小に好ましからざる料理――つまり「玉葱付け合わせ豚肉」――で空腹を満たした後で、あたりを見回す余暇を持った。

地球のどの地域も、あの雑多な勢ぞろいの膨張に寄与してきたのだ、――中国でさえも。興味ないし冒険の動機がそれら全部を文明のこの尋常でない前哨地へと呼び寄せ、まもなく文明が知られていない土地の間にそれらをまき散らすだろう。

私の判断し得る限りでは、私たちはイギリスの唯一の代表だった。スコットランド人もいた、というのは、スコットランド人は正当な分け前の希望がいくらかでもあるところにはいつでも見られるからだ――アイルランド訛り《ブロウグ》丸出しのアイルランド植民者がいた――セントルイスから来たフランス人交易者――サンタフエ（ニューメキシコ州北部に位置する同州の州都）から来たメキシコ人――金鉱掘りの装備をしたカリフォルニア人、そして、一山当てて帰宅するカリフォルニア人――ニューイングランド出身の鋭い眼をした投機家――カナダからの行商人《パックマン》――「大草原人《プレイリー・メン》」、罠猟師、猟師、あらゆる種類の冒険者がいる。これらの人々の多くがベルトにボウイー・ナイフか拳銃を装備していた。服装は本当にさまざまで絵のようだった。ひどく粗末な緑の衣類を着けたズボン着用者《ブルーマー》が二人、私の向かいに座っていたが、いかなる注意も惹きつけるものではないようだった――ブルーマリズム（女権拡張運動）は合衆国では幸運にも今は無くなっているが。

その朝シカゴで三つの決闘があり、決闘者の一人は浅黒い、黒い眉のうさんくさい男で、一人おいて隣に座っていた男だった。喧嘩は賭博場に端を発し、このメキシコ人の相手は致命傷を負ったが、当の人を殺してその血を身に負う者（箴言二八・一七）は向かいの人《ヴィザヴィ》に敵に狙いを定めた方法を説明していたが、誰一人それについて考えているようには見えなかった。私の聞いたところでは、西部では決闘はあまりに当たり前になっているのではないかと危惧しているが、比較的捕まらない場所にたむろしている無法者の数からして、それもむべなるかなだ。

第二のコースは、もっぱらパンプキンパイからなっていた。だが、給仕たちが皿を替えるとき、ナイフとフォークをきれいにするやり方はあまりに独特に気持ちが悪かったので、全く食べる気になれなかった。しかし言っておかなければならないが、このごた混ぜの寄せ集めの中には、粗野さが全く無く、下品な単語もひとつとして無かった――実際、最も気難しい耳の気にさわるものは、どこにも無かった。この点で、アメリカ人に対して大いに好意的に証言せざるを得ない、というのは、幾分広範囲にわたる合衆国旅行の行程で、そして極めてしばしば下層階級の人々にたち混じったが、イギリスで大変しばしば耳を害するような、いかなる言葉も耳にしなかったからだ原注12。

婦人の存在がこのように礼儀作法や会話を抑制する国は世界のどこにも無いと考える。年齢や階級がどのようなものであれ、一人の女性が変わりなく尊敬をもって扱われ、もしこの尊敬がときによって馬鹿々しさの限界に踏み込む、あるいは、もしヨーロッパの過去の消えた騎士道がアメリカの沿岸で部分的復活に出会うとすれば、この極端な情況は、私が聞いていたようにイギリスであまりにしばしば出会うという婦人へのぞんざいさ《ブリュスクリー》――無礼でないとしても――に比して大いに好ましいものだ。

合衆国では外見上の節酒の習慣は、もうひとつの非常に好ましい特色を形成するので言及しなければならない。イギリス人、アイルランド人、ドイツ人――彼らはアメリカの住民の大きな部分を占める――の間では相当量の酔っぱらいがいると危惧されている。だが、生粋のアメリカ人の節酒し、紅茶、水を飲む習慣は非常に驚くべきものがある。実際に私は、合衆国では酔っぱらった人をたった一人目にしただけで、それもスコットランド人のヴァイオリン弾きだった。ホテルでは、四〇〇人と一室で食事の席に着いていたときでさえ、いかなる場合であっても食卓に二本以上のワインが置かれているのを見たことがないし、経験から、多くの個人住居に発酵飲料が全く無いということを知っている。西部で、もっと絞って言うと、私が立ち寄

［原注12］この点では、間違えることはできない。神を冒瀆する言葉は合衆国ではあまりにも周知のことではあるが、しかし習慣はアメリカではしばしば法よりも強いので、婦人（レディ）の前ではその使用を全面的に禁止されている。

った粗野なホテルでは、ワイン、ビール、スピリッツがテーブルにあるのを目にしたことは一度も無かった。そして、私を素晴らしく喜ばせた光景は、すごい顔つきの武装した髭面の男たちが、しばしば「陽気にするが酔わせない」その杯を日中に干している場面だった。水は、アメリカを訪れる以前は、純粋で完全なものとして嗜《たしな》んだことのない飲み物だ。列車、ホテル、待合室、汽船、商店の中でさえ、ガラスの細口瓶か石の濾過器《ろか》でいつでも氷で冷たく冷やされた水がふんだんに提供されている。これは多分、人々の節酒の結果ないし原因に違いない。

昔の歴史は、奴隷を良く酔わせた人々のことを伝えており、彼らはそのような状態でいるところを、その息子たちに見せて、堕落させる酔っぱらいの悪徳に対して早くに愛想をつかせようとしたのだ。

我がイギリスの岸を出た移民、もっと特別にはアイルランド人は、かつてスパルタ人の奴隷に割り振られていた役割を進んで演じた。確かなことだが、彼らの暴飲——その悪については、アメリカ人はあまりによく承知していた——は、有益な結果をもたらした、というのは、節酒の原則への好意的な強い反応を惹き起こしたからだ。

イギリス人の国民的宣誓《ナショナル・オース》——これによって海外で恐ろしいあだ名《ソブリケ》を頂戴した（常に、「神掛けて」と誓い、God dam［神よ、呪え！⇒ちくしょう！］の渾名をもらった）——と、フランス、イタリア、スペインの諸国に属する呪いは、不幸なことにあまりにもよく知られている、というのは、あまりに頻繁に聞かされるからだ。実際、これまでイギリスを乗合馬車や列車で旅行していて——私は雑踏する町を車で通ったり、また、騎乗して静かな農村を通ったりしたことは稀である——、モーセの十戒の第三戒（あなたは、あなたの神、主の御名をみだりに唱えてはならない）に直接公然と反抗する言葉を聞かなかったことはほとんどない。冒瀆と酩酊は、イギリスの下層階級の呼び求める罪《クライイング・シン》（神を呼び求める罪。例——殺人、ソドミー、抑圧、宣誓）に入る。合衆国では宣誓《スウィアリング》の主題について多くのことが言われてきた。私はイギリスを旅行してきたように合衆国を旅行し、イギリスでこれまで投げ入れられたことのあるよりはるかに下層階級の人々と混じり合い——またこれらの人々と完全に対等な関係で混淆してもいる――、カナダの国境を越えた後まで、宣誓《オース》を耳にしたことがないとだけは言うことができる。これらの両方のことについては、もちろん私自身の観察に届いたことのみを言うのであるが。

夕食の後で、疫病が蔓延《はびこ》っている宿から抜け出すことをただひたすら喜んで、シカゴの町中に繰り出した。それは素敵な場所で、私が目にした何よりも、アメリカ人の驚くべき活力と進歩の勢いを告げている。四〇年前には、街が建っている土地全部が六〇〇ドルで買えただろう。人は今や、店一軒の敷地に一万ドル払うことだろう。町は湖の水面よりわずかに高くなっている平らな大草原《プレイリー》に建っている。それは、シカゴ川のミシガン湖への河口からおよそ一マイルの両岸に建っている。埠頭の建設により、大きな人工の港がこの川の河口に造られる。

この街《シティ》は急速に噴き出し、文明の高度な状態の付属物《アクセサリー》のすべてを供給されている。実用と満足に貢献するすべての点で、シカゴは世界中のいかなる都市にも負けないことだろう。一八三〇年には、ブラック・ホーク戦争（アメリカ合衆国が一八三二年に北西部のインディアン部族から領土を奪うために起こした植民地戦争）の舞台に位置する単なる交易拠点だった。一八五〇年には、人口はわずか二万八〇〇〇人だった。今や、少なくとも六万人いる[原注13]。一八五〇年には、一マイルの鉄道もなかった。今や、そこから一四本の路線が放射状に走り、一五万平方マイルに匹敵する地域の交易をもたらしている。日に一〇〇台もの重貨物列車が乗り入れている。それは、その大きさに見合った商業活動を持っている。およそ七万トンの船便があり、ほぼ二分の一は外輪式蒸気船ないしスクリュー《プロペラー》船である。主としてバッファローで営まれる製材の取引は大いに利潤の上がるものになってきている。東部へのシカゴのパンの原料輸送は去年、一三〇〇万ブッシェル（一米ブッシェル＝約三五リットル）を超え、一八四〇年にたった四〇〇〇の住人しかいなかった町は

［原注13］一八五五年六月に実施された最近の悉皆調査によると、シカゴの人口は八万七〇〇〇人であり、かくて年に二万七〇〇〇人という驚異的増加を示している。

現在世界最大の穀物輸出市場のひとつとなっている。
シカゴは、西部の諸河川とスループ型帆船（一本マストで縦帆）用運河で結ばれている――これまでに着手された中で最も壮大な土木工事のひとつだ。また、列車によっても、ミシシッピ川と数ヵ所の地点で結ばれている。通常広くてのどかな通りが敷設されており、シンシナティの道路よりはるかにきれいだ。木造家屋はレンガないし白い大理石のような見かけの石の、非常に高くて堅固なしばしば六階建てにもなる構造物に急速に席を譲っている。アメリカの都市のすべての繁華街のように、これらの家々は住人の名称と職業を書いた大きなギラギラする看板によって三階まで外観を損なわれている。歩道は木道で、この脆い材質で作られているところではどこでも、穴に足を突っ込んでいるか、板の端に足を載せて跳ね上がっているのに頻繁に出くわす。建物はどれもフラットとして賃貸されているので、普通上下に三つの店がある。これらの店は大変立派で、紳士服店は特にそうである――ただし、通りに飾られた商品の多くは、どちらかというと洗練されない様子を呈してはいるが。歩道は、文字通り真っ赤なフランネルの梱包《ベイル》とその他諸々の移民用の着衣等でごちゃごちゃしている。装身・旅行・運動具店《アウトフィッターズ》で、馬車釘から拳銃《リヴォルヴァー》、防水布一揃いから縫針一組まで買うことができる。通りは、途方もない様相を呈している。すべてのものがまさに西洋文明の際《きわ》に立っていることを思い起こさせる。

　道路は珍しい造作の馬車、荷馬車、荷車、馬に乗った男で混み合っていて、歩道はひっきりなしに歩行者が往来する。二、三頭の立派な馬に曳かれた四輪馬車の傍に、白い雨蔽いをつけたギーギー軋《きし》る荷馬車が四頭の大きい牡牛に曳かれるのが目にされよう――メキシコ人と猟師が混雑した通りを、何か障害物に遭ったとき、馬が尻餅を搗《つ》くほど力強く手綱を引き、勇み立った駿馬を駆って全速力で走り抜けて行った。彼らはあまりに誇り高くて地面に着けないように見える動物に乗って、高く盛り上がった鞍、銃ケース《ホルスター》にピストルを差し、短い鐙《あぶみ》、また長く残酷に見えるスペイン拍車をつけている。真っ赤な鍔《つば》無し帽子か椰子《パルメット》の鍔広帽子を被り、膝まであるブーツを履いている。ナイフをベルトに差し、ライフルは負い皮で背負《しょ》っている。これらの絵のような生物——極西部へと旅に出る去勢牛荷車——通りを過《よ》ぎるさまざまな国民・衣装の雑多な人の集まり——は街を素晴らしく関心を惹く光景にしている。

ここでは、機関車の非常に力強く轟《とどろ》く咆《ほ》え声と汽船からの甲高い汽笛が一日中聞こえている。生命の不断の奔流が街中にざわめき、西洋文明の間際に現に立っているので、シカゴは東西ミシシッピ河岸地域の巨大な交易市場の中心《エンポリアム》だ。

とある通りの事務所にC…氏はトロントへ向かう列車—蒸気船—列車—蒸気船の切符を取りに連れて行ってくれたが、七〇〇マイルの旅だというのに、たったの八ドル半つまりおよそ三四シリングしか払わなかった！

お茶のためにホテルに戻り、ご馳走と同席者がディナーのときと全く同じなのを見出した。少なくとも一人も見本でも見たことのない人に「西部男たち《ウェスターン・マン》」がどういうものか言うのは不可能である。その男たちの前に出ると、インディアンたちは草刈り鎌の前の草のように雲散霧消するような、そういう男たちだ。ほんのちょっとした挑発に対しても彼らを撃ち倒し、我々がイギリスで狩りの獲物一頭《ヘッド》について話をするように、「インディアンの一頭《ヘッド》」について話す。挙動は大胆で向こう見ずであり、極度に独立の精神を持つ。女性と子どもには優しく尽くして世話をする準備をしているように、敵といつでも闘う準備をしている。彼らの外観自体がこう言っているようだ——「おいそこの旅人、おれは地球上で最大の最も啓《ひら》け、進歩した国にいるんだ。来年には大統領、それとも百万長者になっているかもしれないぜ。おまえもあるいは他のどいつでも、おれはこれっぽっちも気にしないぜ」。

イリノイはあたかも魔法で飛び出したかのような州で、西部で最も実り多いもののひとつになろうとしている。ニューイングランドからの人々が移入して定住した——その人たちはニューイングランド人の経歴を、その人がどこにいたのでも活発な起業家のそれとし、上首尾の進歩させる性格を一緒に持ち込んだ。つい最近までイリノイの名前はほとんど知られていず、その土地で辛苦に耐え得る移民者たちが最初の穀物の種蒔《ま》きをする開墾地のために森林伐採という格闘をしたのだ。道路は全く原始的で、しばしば森林を抜けて通行するのが不可能だが、現在商業の発展を鉄の腱で結ぶ、二〇七〇マイルにわたる州中をネットワークのように走る鉄道の工事と運行がなされている。

七時にほっと安心し、シカゴを襲っていた恐ろしい悪疫を逃れたことの感謝と相俟《あいま》って、ホテル——もっと適切な言葉では「隊商屋宿《キャラバンセリ》」——を出発し、それから友人たちが私を毎時六七マイルの保証付きの「電光急行《ライトニング・エクスプレス》」に乗せた。恐らくセントルイスを除けば、シカゴは西部のどこよりも逗留の価値あるところではないかと思う。そこでのわずか一日でさえ、大西洋を渡る航海と一八〇マイルの陸の旅に価する。

第九章　再びのカナダ

　夜行列車はカナダでも合衆国でもいつでも混雑しているのは、実務家が、もし旅行するとすれば、一日を有効に使うことに心を砕くからで、多くの列車は夜行のためのとても快適な席でいっぱいで、慣れた人はソファと同じように眠ることができる。シカゴを出た後で、ミシガン湖の月明かりの湖水の中にポーポーと音を立てて走り込んで行くように見えたが、現実はそれよりあまりよいものではなかった。四マイルにわたって、ただ杭《くい》だけで支えられた板道に沿って走った。単線であり、全体にはみ出している車両、見たところ橋はなく、本当に水の上を走っているように見えた。この危なっかしい鉄道は、合衆国では珍しいものではない。ハドソン川の鉄道の危険は、その沿岸で多くの旅行者が経験しているものだ。

　停車時間を含めて一〇時間かかってミシガン中央を三〇〇マイル走った。森林を抜け、大草原《プレイリー》を横切り、また欄干のない橋の上を同じ速度で駆け抜けた。冷たい水を持って継続的に巡っている一人の少年が乗客の喉の渇きを緩和し――夜間はひどく暑かったので――、朝方ひどい寒さで目が覚めるまで、何とかとても心地よく眠った。夕方の間に最も腹立たしい事件が私に起こった。

　列車は超満員ですべての乗客が座る余地はなかった。従って、アメリカ人の礼儀の慣例では、紳士たちは婦人のために快く席を空けるが、婦人たちは私が思うに非常に無作法な仕方でその場所を占めた。紳士たちは中央の通路に立った。とうとう一人を除いて全員が席を立ったが、駅で停車している間にもう一人の婦人が入って来た。

　車掌は客車の混雑を見て、「御婦人に席を《ア・シート・フォー・ア・レディ》」と言った。その紳士は動かなかった。「御婦人に席を」とさらに強い調子で繰り返した。やはり、呼び掛けられた紳士の動きは無かった。「御婦人に席を。君は席を望んでおられる御婦人がいるのが見えないのかね?」と、直ちに幾人かの大声で叫ぶ声がしたが、何の効果もなかった。「この御婦人のために立て」と、残りの人より豪放な男が未知の男の肩に鋭い非難の鉾先《ほこさき》を与えて言った。彼は旅行帽を目に被るまで引っ張り下ろし、頑固に動くことを拒んだ。今や車中はお決まりのわあわあ騒ぎとなった。アメリカ人の血が沸き起こり、数人の紳士が、動くことを拒んでいる男を何とかして動かそうとした。

「私はイギリス人だ、言っとくが君たち粗野なヤンキーに怒鳴りつけられる謂われはない。私は自分の席のために金を払った、よって私は座っているつもりだ」と反則者は野蛮に叫び、かくて私の最悪の疑いは当った。

「思った通りだ！　――承知の上さ！　――いつものジョン・ブル（イギリス男性の典型）の言い草だ！　全く奴らときたら！」が見物人からあがった意見だったが、悪化した情況からすると極めて穏やかだった。

ブーブー声とシーシー罵る声の合唱の中、二人の男が被告人を肩に担ぎ、他の者が後ろから押して彼をドアの外に押しやり、お終いに移民車両の中に追いやることによって処分し、空いた席にその婦人を座らせた。私は、故リンチ判事（チャールズ、一七三六～九六。ヴァージニアの入植者、政治家、王党派の抑圧のための私的法廷を主宰。いわゆるリンチ法の由来とされるが確証無し）の影が満足そうな笑《え》みを湛《たた》えて傍に立っていたのをほとんど彷彿する思いがした。

　私はあまりに完全に同国人を恥ずかしく思い、国籍がばれるのでないかと心配になったので、誰かが話しかけてきた時はいつでも、思い付く限りのアメリカ式語調で返答した。デトロイトの五〇マイル内にある田舎は大草原《プレィリー》、森林、トウモロコシ畑、桃とリンゴの果樹園がきれいに交互に現れる。トウモロコシはこの地方の主要産物だ。畑で目にするし、朝食に穂軸コーンを摂る。夕食には穂軸コーン、トウモロコシ粥、挽き割りトウモロコシを摂る。お茶にはトウモロコシパン《ジョニー・ケーキ》を添える。さらにパン自体がトウモロコシ粉《インディアン・ミール》を三分の一含んでいるのだ！

私が見たほんのわずかなミシガンは、非常に肥沃で美しいと思った。それは新しく設立された州のひとつで、最近まで「ミシガン準州《テリトリー》」（一八三七年、連邦に参加）の名の下で知られていた。この州はヒューロン湖とミシガン湖に挟まれた半島で、一部はぴたりとカナダと境を接している。健康的な気候と肥沃な土壌を持ち、そして急速に非常に生産的な州になりつつある。近年、よりよい階層の移民の流入が非常に多い。州は、製材所と製粉工場に対して素晴らしい能力がある。グランド・ラピッズ川のみで一マイル圏内に高さ一五フィートの滝を有し、水力の莫大な余力がある。

ミシガンでは、男たちは「アメリカ鰐《アリゲーター》」であることを止めて、「御馬《ホッス》」である。かくて、ある男がもう一人の男に「よろしくな、御馬野郎《オールド・ホッス》？」とか「何時だい、御馬野郎《オールド・ホッス》？」とか言う。デトロイトに着いたとき、車掌が一団のポーターを指差しながらこう言うのを楽しく聞いた――「あすこの御馬《ホッス》たちのひとりが、あなたの旅行鞄を運んでくれましょう」。

デトロイトに着いて、初めてイギリスの事業と勢力の、そして西カナダ（旧アッパー・カナダ）の重要性が増している証《あか》しに出会った。列車の中で数人がニューヨークへ行こうとしており、デトロイトでフェリーに乗り、それから最速のルートとして、カナダ大西部鉄道でナイアガラ・ブリッジへ下って行った。私は馬車でデトロイトのとても心地よい通りを通ってナショナルホテルへ行き、そこでウォルレンス一家と合流することになっていた。ここで前の旅仲間たちとまた一緒になるのではという希望でわくわくしていたが、彼らは電報によってトロントの身内が病気で召喚されたという情報が含まれたメモを見つけて、痛く失望した。彼らはそこで合流するようにと誘い、私が旅行で困難にあわないことを祈っていた！

州の共進会《ステイト・フェア》の時期だったので、宿のどの部屋もいっぱいだった。だが、私の情況を聞き付けたナショナルホテルのとても人気のある亭主のベンジャミン氏は、どんな事情があっても別の泊まり場所を探すことで私を煩わせる気はなく、一人の紳士に私に部屋を譲るように頼んだが、彼はまさに真のアメリカ式礼儀をもって直ちにそのようにした。ナショナルホテルも、また当然のことながら人気のある亭主も激賞してもし過ぎることはない。もう一泊せずにデトロイトを出発できないことと、ほとんどのホテルでは一人旅の婦人は非常に居心地が悪いということがわかった。朝食を終えたが、自分の部屋に引っ込むやいなや、給仕人が大量の食べものを持って現れたが、それに対して追加費用は全く無かった。私は一日中部屋に座っており、ベンジャミン氏は何か必要なものはないか知るために、二度戸口に来た。彼は私をある未亡人に紹介したが、後で彼女とは同室になった。そして、夜に船に降りて行くとき、荷物で面倒がおきないように彼の使用人を一人つけてくれた。彼はまた、もし路上で夜に留め置かれるような場合に備えて、バッファローのあるホテルの持ち主宛ての、私に細心の注意を払うように頼んだメモをくれた。ホテルは完全に清潔、優雅、快適さのお手本だった。そして給仕人のざっと五〇人はオランダ人で、彼らは客のすべての希望――実際のあるいは推察した――に綿密に注意を払った。もしこれらのページがベンジャミン氏の目に触れるならば、彼の見知らぬ人への親切が思い出され、また感謝してもしきれないものだと知ることは、彼へのささやかな感謝の印しとなるかもしれない。

私はデトロイト在住の人への幾つかの紹介状を持っていたが、そして当地でも私が訪れた他のすべての場所と同様に、それらの種を播くだけで親切ともてなしの豊かな収穫を得ることができた。デトロイトで洗練されかつ知的なサークルの中で極めて意に適う二日間を過ごし、海辺からあまりに離れた場所で経験するはずだったマンネリズムから完全に解き放たれていた。多くの偏見のない人たちに通ずる証言は、すべてのアメリカの町で高く磨かれかつ知的な社会《ソサエティ》に出会えることを証明している。

ナショナルホテルの寝室の窓は、デトロイトの最も広く騒がしい通りのひとつを覗きこんでいた。州の共進会の日だったので、それでとても好都合な情況下で町を見れた。数本の特別列車、何百という大型荷馬車《ワゴン》の中身が通りでひしめき合い、「ワゴン」はしばしば素晴らしく立派な馬に曳かれていた。上流階級の自家用馬車は合衆国でこれまで見たどれよりも上等のものであった。馬具は素晴らしく、豪華に鍍金《めっき》してあり、中は優雅に装った婦人がいっぱい乗っていた。しかし面白い対比をなして、御者はみな急募に応じた粗野なアイルランド人のように見え、立ち姿で御していた。若い農民は――彼らの多くはアメリカ青年《ヤング・アメリカ》の極端な流行のものを身につけていた――軽ワゴンに乗り、直列ないし並列で走り回っていた。重い荷を積んだ大荷馬車はよりゆっくりと進んでいた。そして、この往来はすべて木陰の下を運ばれていった。

軍楽隊が「星条旗よ永遠なれ《スター・スパングルド・バナー》」（アメリカ国歌。一八一四年メリーランド州のマックヘンリー砲台が英軍に攻撃されるのを目撃してフランシス・スコット・キーが作った愛国歌）と「アメリカ賛歌《ヘイル・コランビア》」（アメリカの愛国歌。初代国歌。一七九八年ジョゼフ・ホプキンソンの作）を奏でながら常に行ったり来たりし、全住民が警戒《キ・ヴィーヴ》しているように見えた。目の覚めるような軍服に高い揺れる羽根飾りをつけた騎兵隊の隊列が次々と窓の傍を通りすぎた。馬はとても立派だったが、全くゆっくり歩くこと、あるいは整列して進むことによって自身を誇示しようとする気はなく、乗り手は肥満が理由で選ばれたように見え、多分想像するところ、人間と馬の双方の重さが突撃に際してものを言うとの想定があるのだろう。

「アメリカ賛歌《ヘイル・コランビア》」はとても素晴らしい曲で、イギリス人の心が国歌によって沸き立つように、疑いなくアメリカ人の心を沸き立たせる。二個歩兵連隊が騎兵隊に続いたが、一連隊は穏やかに見える緑と白の羽根飾りをつけ、別の連隊は真っ赤に染めた馬の尻尾をつけていた。兵卒は我が国の正規軍より独立の雰囲気を持っていたが、主に身分のある人の息子だった。彼らはよく訓練されている様子で、見かけではイギリスの軍隊に勝っていた。だが、アメリカの国民兵《ミリシャ》は国家の本当の軍事力を組成しており、それに応じて支払われ、大事にされていた。正規軍は総計で一万人を数えるのみだ。

砲兵隊の大砲一門が続いて、その光景は際限なく笑わせた——もっとも、誰一人として私と楽しみを共有する者はいなかったが。それは新品に見える光った真鍮大砲で、全く火薬の経験を知らず、材木運搬車と紛《まが》う外見の馬車に据え付けてあり、かつて着色されていたものだった。六人の大変風采のよい砲兵がこの乗物の上に一固まりになっていたが、とほうもなくガタガタ揺すぶられるので、しっかりと摑まっていなければならなかった。いろんな色の大きさの違う四頭の馬に曳かれていて、馬たちは互いに反発し合うという原則で活気を呈しているように見えた。そのうち一頭には歩兵が乗っていて、馬の首の方にずっとずらして置いた鞍に座っていたので、まるでたてがみに纏《まと》いついているように見えた。馬具《ハーネス》はみすぼらしく旅で泥だらけで、引き革はロープで、乗り手が調整するために跳び下りる頻度からして頻繁に「修理」が必要なようだった。砲兵たちは砲の前車を再調整するために、不断に砲車を止めた。

この大砲と、我が国の十分に整備を整え、よい馬に乗り、行儀のよいウーリッジ(ロンドン東部の自治区、テムズ川の南岸にあり、ドック・兵器庫、陸軍士官学校等がある)の砲兵隊との間のけしからぬ比較を始めている間に、ある思いが突然に頭に閃いた、つまりアメリカ軍の国民兵《ミリシャ》はレキシントン、サラトガ、タイコンデロウガで我々を打ち負かしたのだ、と。「変化は私の夢の心にやって来た」(バイロン卿「夢」)——滑稽から崇高へはほんのひと跨《また》ぎだ。そして、奇妙な砲車は直ちに崇高なものになった。

さまざまな出し物が品評会で披露された。競馬と速歩競馬。速歩牡牛がミシガンの一番速い馬を打ち負かすのは保証付きだ。そして楽隊があった。フィニアス・テイラー・バーナムがとても素晴らしい動物の見世物を披露していた。ある場所では魔法使いが*meum*と*tuum*(ラテン語で「私のもの」と「君のもの」)の間の違い(この違いが分かる人、というのは「彼は泥棒だ」という意味の婉曲表現)の小ささを示そうと申し出ていた。別の場所ではシャムの双生児(下方に臍のある筋肉帯で互いに接合していたチャンとエンと呼ぶ男子の双生児、一八一一～七四)がぞっとする不可分の結合を見せていた。歌手たちは歌の愛好家たちの下命を待ち受けていた。そしてここでは、我が国におけると同じく、コーチシナ(インドシナの南部にある元フランス領、現在ベトナム）鶏（中国原産の大型の肉用種。イギリスには一八四五年頃に導入された。日本では名古屋コーチンとして知られる）は「仰ぎ見る者の太陽」（シェイクスピア『ハムレット』第三幕第一場のオフェーリアの台詞）であり、法外な値で売られていた。長く並んだ露店は、製造工業の製品にあてられていて、ヨーロッパの織機の最も高価な産物の幾つかが売り物として展示されていた。覗きからくり、ブランコ、メリーゴーランド、回転木馬など多くの人を惹きつけるものが提供されていて、休暇を楽しむ人々の期待に添わないことはないだろう。

突然、歓楽が絶頂に達したとき、そして猛烈な熱気の只中に大水がデトロイト中を襲い、まるで蛇口が壊れたようで、数分で通りは川と化し、多くの場所で馬の蹴爪《けづめ》を覆うほどの深さだった。暑い気候の地域でだけ見られるような雨で、嵐は雷と稲妻を伴った。荷馬車や馬車は、猛烈な勢いで馬をせき立てた。六セントで一二人を運ぶことになっている乗合馬車は、一人一ドルで二〇人を乗せて洪水の中を運んでいた。白いドレスと絹の靴下が泥の色になったずぶ濡れの婦人たちが、滑り易い歩道を急いでいた。国民兵《ミリシャ》の一歩兵連隊は逃げ出した——しかも全速力で。そして、重騎兵の大群が口髭、羽根飾り腰帯、交差帯《クロッスバンド》（二本のバンドを胸・背中で互いに交差させたもの）、巨大な白手袋、カタカタするサーベルをずるずる引きずって、通りを有効に清掃しながら完璧なハリケーンとなって突進していた。

一〇〇年前デトロイト（元々はデトロイト川からとって、フランス語でヒューロン湖とエリー湖を繋ぐ海峡［デトルワ］の意）はインディアンとの毛皮交易を実行するためだけの拠点の、木造家屋のある小さなフランス人の村だった。これらの家の幾つかは今でも残っているが、古風な建築様式の煤《すす》けて、窓の多い、たくさんの切妻屋根のある建物だ。毛皮の荷を積んだカヌーが多分、デトロイト川の水をかき乱す唯一の舟艇だった。

古い時代は変わり、四万の住人を有する繁栄する商業都市がフランスの交易拠点の場所に立っている。立派な波止場と広大な埠頭は、今やデトロイト川の岸を縁取り、埠頭に横たわる壮大な汽船と小さな帆船の群れが、ときには二、三列に並んでいるのを見ると、イギリスの海港にいるかと思えるほどだった。大変立派な店のある通りには街路樹が植えられていて、商売で活気づいている。そして、ホテル、銀行、事務所はどの方向にも目にする。全くデトロイトは非常に楽しいところであり、その位置からして、優に大変重要な場所である。

私は友人たち——その知己《ちき》、そして受けた親切によって、デトロイトをとても気にいったものにしてくれた——と、非常に興味深い会話の最中に別れを告げなければならなかった。夜一〇時前に、どこまで行っても終わりなく見える埠頭の上を、荷車の車輪の間と羊毛の俵を越えて、ちょうどバッファローへ向けて出港しようとする蒸気船メイフラワー号に向かってそろりそろり動いている自分に気づいた。

どちらかというと乱雑で薄暗い道具立てのメイフラワー号のホールを通りぬけて、凝ったブロンズの手すりの付いたとても素敵な階段を上ってサロンに行った。私のあっけにとられている目は、おとぎ話のような情景、東洋の宮殿、アラビアン・ナイトの夢幻界を彷徨《さまよ》った。このような壮麗さが船の中に存在することが信じられなかった。これまでイギリスのどんな宮殿で見た何ものにも増して感動した。

メイフラワー号は積載力一二〇〇トン、全長三三六フィート、最大幅六〇フィートの蒸気船だった。一〇〇〇馬力あり、八一インチシリンダーで、一ストロークが一二フィートであった。私はこの船について過去形で述べた、というのは、その後エリー湖での嵐の中で難破したからだ。この湖は非常に悪い性格を帯び、誰もが九月のような嵐の季節に危険を冒して乗船しないようにと警告したが、しかし、天気は非常に荒れ続けていたとはいえ、私はこんなに立派な船の中での航海を後悔する必要がなかったのだ。

サロンは三〇〇フィートの長さだった。アーチ型の屋根、ゴシック調の金色のブドウと葉付の枝のモールディングのコルニス（天井と壁の境の蛇腹）が付いていた。高さ一〇フィートで、天井の張り出し、モールディング、特等室のドア板はすべて豪華に金鍍金されていた。中心付近にエンジン覆いがあるが、景色はほとんど遮られていない。この囲いはゴシック式で屋根に似合っていて、それぞれの端の六フィート平方の板ガラスを通してエンジンの機械の仕組みを見ることができた。機関自体が高圧なので、その結果凝縮装置《コンデンサー》と排気ポンプの邪魔ものがなく同トン級のイギリスの船で占めるほど場所をとらない。どの機械装置の据え付け部品をとっても、念を入れて鋳造した鋼鉄やブロンズはピカピカ光っている。発動指示計器《クランク・インディケーター》と時計が互いに向かい合っていて、全体は二つの大きな色ランプに照らされている。これらの窓は、好事家《こうずか》と科学好きのお気に入りのぶらつき場だった。絨毯はふかふかしたビロードのパイル織りで、華麗な花の群れの中に敷かれ、豪華な緑色のクッションが置かれた椅子、ソファ、彫刻された胡桃材のS字型二人掛け長椅子《テート・ア・テート》がちりばめられていた——、テーブルは大理石で金箔の脚が付いていた。とても立派なピアノが置いてあり、ピアノもテーブルも異国の花であふれんばかりの美しいセーヴル（パリ近郊の焼物産地）かドレスデン陶器（ドイツの陶磁器）のどっしりした花瓶が脇に置いてあった。ひとつのテーブル上には、冷たい水の入った銀の水差しが乗ったぎっしりと彫刻された銀盆があった。広間は、切子ガラスの垂れた八つのシャンデリアに照らされていた。そして、それぞれの端に二個ずつの鏡、部屋は天井が高く、限りなく華麗な光景が広がっていた。

　このような部屋の中には優雅に装った紳士淑女を目にするものと思うのは当然だろう。だが、そうではない——椰子の帽子《パルメット》と素晴らしいブーツを履いた西部男《ウェスターン・マン》たちが目もあやなソファでくつろぎ、男女黒人たちがお喋《しゃべ》りしたり、気取って歩いている。床に非常に多くの磁器製の痰壺《たんつぼ》があしらわれ、その役目は決して閑職《シネキュア》ではなく、広間でさえもっぱら婦人に貢献する。

　たった一人だけ話しかけたい人に出会った——三〇〇人の船旅仲間の中でだ。この人は背が高く、青白い顔をした、喪に沈んだとても淑女らしい人で、全く無関心に見え、彼女の顔には悲しみのあまりに深い線が刻まれていたので、一目で世界は彼女に全く興味も喜びも与える力を持っていないのを理解した。彼女は私と同じソファに座って、どら声の粗野な息子とバッファローからオールバニーへの道をどうとるかについて、途方に暮れていた——息子は困っている彼女に援助する気があるようには全く見えなかった。私は彼女の知りたいと思っている情報を与えることができ、二時間会話を交わした。彼女はすぐにこれまでの人生について話したが、それは、ただ普通の人がそうであるような、愛、死別、悲しみの歴史だった。未亡人になって一年経ち、寂しさがあまりに大きくなったので、唯一の希望は失せてしまったと言った。力を出させる望みをもって息子たちは彼女を旅に連れて来ていたが、ただ人形のように動き回らせられ、服を着せられているだけで、かすかな慰めもなく、失望と沸き上がる悲嘆からすべてが縮んでいると言った。彼女は、知り合いの未亡人で誰かあきらめて喪失感に耐えることのできた人がいたら聞かせてくれと頼んだ。そして親戚中の幾つかの実例を話すと、彼女は号泣して涙にくれながら言った――「いつも神のお知恵を問い続けていますが、神の慰めの望みをどうしたら得られるものでしょうか？」と。慰安者の仕事は聖書の中で啓示されている「ギレアデの乳香」(＝癒し。エレミヤ書八・二二。ギレアデはヨルダン川東の山地。そこで産するバルサムが言われている)を指し示すといういつも困難なもので、彼女の例は特にそうなのである。すなわちそれは、一異邦人が全幅の親切をもって示したとしても、彼女が自認しているように、神と人とのどちらに対する義務をも打ち捨てて生きている間は、慰めは決して得られないだろうということなのだ。

　彼女はそのとき、覚醒し、私が心底から感じた同情に感謝し、同時に朝に会話を再び始めることを望んだように思われた。夜は嵐で荒れ、それで彼女はあまりに具合が悪くて翌日は船室から出ることができず、私はバッファローで彼女が岸へ運ばれて行くのを一瞬ちらりと目にした以上のことはなかったが、前の晩よりさらに絶望的に見えたのだった。

　このサロンの下は婦人船室で、とても立派なものだったが、多くの痰壺のために美点を損じている。この下にはまた側面に深く食い込んで並んだ寝台が二つ付いた船室もある。だが、船が満員だったので、この部屋で、その夜、南部の婦人、その二人の女奴隷、テネシーで自由を勝ち取ったばかりの四人の黒人女性と一人の白黒混血《ムラット》の女性と同室になった。これらの黒人たちは本当にレディのようで知的で、たいへん気持ちよくまた率直《ナイーヴ》だったので、午前二時までお喋りしていたにもかかわらず、全く彼女たちに飽き飽きすることはなかった。

彼女たちは皆、私にイギリスに連れて行ってもらいたがっていた、というのは、イギリスを自由と幸福の土地と見るよう教えられてきたからだった。そして、私が彼女たちの雇用先を見つけることはできはしないということを納得させるのにひどく手こずった。私は、そのうちの一人で大層見目のよい白黒混血《ムラット》の女性に、結婚してどのくらいになるのか、また何歳かと尋ねた。彼女は三四歳で、結婚して二一年になると答えた！

彼女たちの黒い顔ともじゃもじゃした髪の毛は白い枕カバーとすごくおかしな対照をなしていた。しばらく眠った後で、私は呻《うめ》くような、引っ張るような、キーキーきしみ、波の砕ける、また風の咆《ほ》える不協和音で目が覚めた。やっと服を着て、窓まで這って行き、雲のない空、薄い、青い、嵐のような霧、これまで大洋で見たことのない高い波を見た。実際エリー湖は荒れ狂う、猛り狂う巨浪の一枚布で、レヴァイアサン（水に住む巨大な怪物）だが頭でっかちの蒸気船の周りに、船があたかも玩具でもあるかのように押し寄せるのだった。

私は前墻大帆のセットのみで疾走する二艘の操縦式帆船《スクナー》を見たが、すぐその後で一艘の船が遭難の信号を出した——疾強風の中でマスト、舷墻、ボートを失ったのだ。我が船は、その船に極めて適切な援助を申し出ることが可能になっていた。私は前夜に客室係《スチュワーデス》から受けた注意に今は驚きはしなかった、すなわち、事故の場合には、着衣を脱ぐことが少なければ少ないほどよりよい、というものだ。

強風が続いている間、あまりに荒い天候に慣れさせられたので、私は怖くもなく、それが異なる人々の感情に及ぼす効果を面白く観察していた。南部の婦人は恐怖で狂乱していた。まず、優しいとは言えない口調で私に客室係《スチュワーデス》を呼ぶように要請した。担当者の居場所へ行ってみると、船酔いで床に転がっているのを発見した。美しい金褐色の髪はこんがらかってもじゃもじゃだった。「おお！　マダム、どうやってお眠りになれたのですか？」と言った。「とんでもなく怖ろしい夜でした！　これまでこんなに具合が悪くなったことはなかったのに」。

遣い走りは徒労に終わって戻ったが、南部の婦人はそれから私に、直ちに船長のところに行って来てくれるよう頼んでくれという命令を下した。「彼は船の面倒を見ています」と私は強く言った。「あなたに少しでも可哀そうと思う気持ちがあるなら、ねえ、行って、そして船長に私たちは死んでしまうのかと訊いてきてちょうだい」「私が見るところ危険は全く無いわ、機関は正常に動いているし、船は舵のままに動いているわ」。メイフラワー号はいつもより激しく横揺れしていた。「おお、神様、おお、これは大変《ヘヴン》!」と不幸な婦人は金切り声を出した。「お許しください！　お慈悲を！　お慈悲を！」。続いて一凪が生じ、その間に彼女は一杯の水を持ってくるようにと奴隷《スレイヴ》の一人を呼び付けた。だが、あわれな生き物《クリーチャー》はあまりに具合が悪くて動けず、女主人が怒りを爆発させそうなのを見て、私がサロンに水を取りに上って行った。テーブルに行く途中で、私は倒れた男――その男は前の晩に豪快さと辛苦に耐えられるので人目を引いているのに気づいていた――の上にほとんど引っくり返りそうになった。「我々は海の魔人《デイヴィー・ジョーンズ》のところに行く（海の藻屑となる）にちがいない」と彼は言った。わたしは見て来ました、多くの……」――呻き声が続いた。私はあまりに長く罪人でした。「一晩中お祈りを唱えていたのに――ほとんど役に立たないようだ。私は向こう見ずな話し手を見た。彼は床に転がって帽子も靴も脱ぎ、横にライフルを置いていた。顔は幽霊のようで、しかし私が真に信じるところでは、恐怖よりは船酔いの影響によるものだった。弱々しい声で、ブランディを持ってきてほしいと乞うた。だが、それを与えることのできる人を誰も見つけることができなかったので、水を持って下りて行った。

二人の奴隷は、船酔いでほとんど掻き乱された《ステゥーピファイド》人々が陥《おちい》り得る限りの戦々恐々に陥っていた。だが解放女奴隷の一人に、怖いのですか、と訊いたとき、彼女は言った――「おら、怖くねえ。もしおら死《す》んだら、おらイエス・キリシト様んとこ行く。もしおら生きとったら、ここにおってキリシト様にお仕えする――死《す》ぬ方がましだ！」

「貧困、病気、人生のすべての苦しみは我々の死の恐怖にくらべればまるで楽園だ」（シェイクスピア『尺には尺を』第三幕第一場、クローディオの台詞。小田島雄志訳）――「人生が甘いのではなく、死が苦いのである」（コチェムの神父『四つの最後のこと――死、審判、地獄、天国』。第一サムエル記一五・三二）と言われてきた。ここに、詩人や哲学者はひとつの教訓を学んできたかもしれない。この可哀そうな教育のない黒人の女性は恐らく、「自分のバイブルは真実だ」ということ以上は何も知らなかった。だが、彼女はひとつの未来の状態の知識を持っていた――その知識は、啓示の光によって支えられない理性は決して学び得なかったはずのものだ。彼女はそれ以上のことを知っていた――彼女はキリストのうちに啓示されたものとしての神を知っており、その知識の中で、最高かつ最も真正な信念《フェイス》の名の下で、すべての者の裁きの席に彼女を召し出す召喚状を畏れてはいなかった。無信仰者《インフィデル》は心を欠いた信条を抱くかもしれない――その信条は、未来性と神の統治をともに無視することによって、過去を無目的の混沌に転じ、未来から希望なき暗黒を作りだす。だが「死の時間と裁きの日」（通常礼拝書）に、現存する最も大胆な無神論者も、自分の失敗した諸理論を可哀そうなアフリカ人の単純な信条と感謝して取り替えることだろう。

最高位の知力を黒人に賦与しなかった摂理は、我々には縁遠いものである相当量の心《ハート》と熱情を与え給うた。彼は愛着において温かく熱烈であり、怒りにおいて獰猛、復讐において恐ろしい。我が西インド植民地の黒人部隊は、解き放たれたとき、どんな白人部隊よりも激烈にかつ血に飢えて戦う。この気質は宗教に持ち込まれ、地上のどこでも我が主は、回心してキリスト教徒となった黒人の中におけるほど、愛と熱狂に満ちた弟子を見出さないのだ。次のことは実際、真実なのだ。すなわち、アメリカにおいてのみでも、三〇〇万以上の自由な身に生まれたアフリカ人が奴隷の鎖を帯びているのだ。だがしかし、次のことはそれに劣らず真実なのだ。すなわち、多くの場合に、福音がそのエジプトの暗黒の影の内部に入り込み、彼らに与えたのだ――すなわち、

　暴虐を振るう情欲からの明確な逃亡、
　刑罰の恐れへの完全な免疫（ウィリアム・カウパー）

を。何の患《わずら》いもなく大西洋を渡った多くの人々は、これらの内海の短く切り刻む大波によって平静を失い、可哀そうな黒人女性たちは船酔いにものすごく苦しんでいた。

客室係《スチュワーデス》は上の階にいて、しかも彼女自身があまりに具合が悪くて誰の世話もできなかったので、私が代わりにできることをし、枕、カンフル剤などを持ってきたり、役立つことのできるだけでとても幸福だった。彼女たちの一人は三ヵ月の赤ちゃんを連れた若い既婚女性だったが、危険なほど具合が悪く、可哀そうな幼子は船の揺れによって深刻な怪我をしかねない危険な状態だったので、私は大風が凪《な》ぐまで一時間、膝に乗せていたが、それでいつまでも気の毒なお母さんが思い出されるのだった。きっと、白人の幼児だったら驚くばかりの仕方で泣き叫んだことだろう――というのは、私はそれまで自分の腕に赤ちゃんを抱いたことがなく、ぎこちなく抱いていたのだから――。しかし、可哀そうな小さな黒人の赤ちゃんは床でじたばたして疲れ果て、とてもおとなしくころがっていて、時折、その小さなサル顔を私の方に向けたが、それは了解と信頼の一瞥を持ってであり、私の歓心はそれで全く手懐《てなず》けられたのだった。恐ろしいほど醜く、ひどく黒い尾なし猿にそっくりで、まるで人類の仔には似ても似つかなくて、私が陥る愚かな偏見と厭わしさの突発に駆られてその子を落っことしてしまうのを畏れて、抱いている間は眼をそらさざるを得なかった。そうこうしている間も南部の婦人はひどく具合が悪かったものの、奴隷たちの耳をぴしゃりと打てないほどの病ではなかったと、残念ながら言っておこう。

大風は朝の九時頃に弱まったが、まだ非常に荒れて、泡立つままの海は、雲の無い刺し通すような空の青を独特にくらくらさせ嫌な具合に反映していた。サロンはステンドグラスの連続窓を通ってくる陽の光の流れでロウソクの火に照らされたように壮大に見えた。

一時にたっぷりな量のディナーが供されたが、三〇〇人を超える乗客のうち、たったの三〇人ほどがそれに与《あずか》ることができた。バニラアイスクリームの大きなグラス鉢が出された。ほとんど一日中岸の光景を目にしなかったので、航海は特有の退屈さだった。未亡人の友人は現れず、ものを書こうとすると、インクスタンドがテーブルから転げ落ちた。まさに夕日が落ちるときだったが、バッファローに着き、荷の受け渡しをする大きな蒸気船で混雑する波止場に碇泊した。強風のせいで、列車ナイアガラ号に二時間遅れたので、ウエスタンホテルで眠り、そこであらゆる世話を受けた。

バッファローは、アメリカの進歩の最善の例のひとつだ。規則的に設定され、実質的に建設され六万五〇〇〇人の住む町《シティ》だ。まだ若い力が漲《みなぎ》っている、というのは、現在の町は一八一三年に発祥したばかりだからだ。ハドソン湾に開けるエリー湖の縁《ふち》に位置し、ここには内陸湖の一大商業チェーンが凝縮されている。まさに「前進して《ゴーイング・アヘッド》」いる。住民は常に入れ変わっている。住民はありとあらゆる国民で構成されているが、ドイツ人、フランス人、アイルランド人が非常に多くを占める。しかし彼らの国民的性格は、失われていないとはいえ、純粋なアメリカ魂の媒体を通じて見られる。彼らは皆、突進し回っている——無神経なドイツ人は活発なヤンキーと歩調を合わせ、アイルランド人はもはや襤褸《ぼろ》を着ず、アイルランド《エリン》訛りで「思い《ゲッス》」「考える《スペキュレイト》」。西洋の旅行者はバッファローを通って行く。カナダへ向かう旅行者はバッファローを通って行く。湖、海峡そして数本の鉄道路線の交通はバッファローに集中する。そこで一日中、機関車は音を響かせ、蒸気船はパッパッと蒸気を上げている。大きな造船業があって、あらゆる外観からして連邦で最も進歩し、進取《ゴー・アヘッド》に富む都市のひとつである。

晴れ渡り、凍える朝に、エリー湖の無量の堅い白い砂浜上の途方もない規模の材木置場[原注14]の間を走る路線でバッファローを発った。町《シティ》を発って間もなく、湖は狭く急流になり、お終いに恐ろしい速さで流れる。

［原注14］材木（ランバー）は挽いた木材。

私はナイアガラの急流の始まりを見ているのだと気づいていたが、列車は幾つかの開拓地の中へ走り込み、ほどなくすごく騒がしい駅で停車し、そこでひどくおせっかいな男が「ナイアガラの滝駅！」と叫んだ。その名前は私の耳に不快に軋《きし》んだ。一人の男性が客車――私がたった一人の乗客――のドアのところに現れた――「ルイストン（ニューヨーク州）行きの方、急いで、こちらへ！」と言い、四頭立ての無様な造りの馬車の中に私を急いで押しこんだ。これまでの旅行で最悪の道路を揺すぶられながら進んだ――丸太道はそれに比して至上の幸福《イリズィアム》だった。平地は見られなかった。それはたんに荒れ地伝いに走っている轍《わだち》に見え、穴ぼこを突っ切り、小山と切り株の上を越えて走っていた。わずか七マイル（一一キロメートル強）を行くのに一時間四五分も要した。もし近隣をもっと良く知っていたなら、――それを知ったのがあまりに遅かったのだが――、ナイアガラの滝で橋を渡り、ナイアガラを見て三時間を過ごし、カナダの列車でクィーンストン（カナダのオンタリオ州にある町）での汽船に間に合うように進んだのに！

ルイストンへの途上、四〇ものこの四頭立て馬車に出会った。私は滝を遠景に見て、まだ未完成のつり橋をより近くで見たが、それは完成の暁には土木作品の最大の勝利のひとつになるに違いない。

これを越えると景色はとても美しい。道はナイアガラ川のアメリカ側の土手沿いにこんもりと生い茂った森の木々、桃やリンゴの果樹園の中を走り抜けていた。この土手は三〇〇フィートの高さの断崖で、道の端から下の沸き立つ急流に石を投げ込める。だが唯一の欄干《パラペット》は腐った塀で、多くの場所で完全に壊れている。ルイストンへ急峻な丘を下り始めるとき、馬車の走りは完全な恐怖だ。手に負えない車両はギーギー軋り、ガタガタ揺れ、震え動き、摩擦ブレーキその他の装置にもかかわらず、徐々に弾みを獲得して、フルスピードでとてつもない丘を下り、鋭い角を回り、ルイストンのホテルへと送って行った。そこで駅馬車を見たり、桃を買ったりしながら――一ペニーで六個買えた――待っていると、一台の駅馬車が丘をフルスピードで下って来たが、御者台に二人の男がいるだけだった。バックストラップ（鞍から背骨に沿って尻に至る皮紐）は明らかに壊れ、馬具全体は傾いて前方に飛び上がっていたので、最も急な下り坂の部分に来たとき、ガタガタ揺れ、はなはだ滑稽な様で「ひっくり返り」、屋根が馬たちの背中に落ちて行った。男たちは怪我せずに投げ出されたが、可哀そうな動物たちはひどい切り傷と打撲傷を負った。

私はピアレス号でオンタリオ湖をトロントへと渡ったが、これはとても素敵で安全な蒸気鉄船でサロンと重心が下方にあった。この美しい小さな船の備品は申し分なく趣味がよかった。英領側の町ナイアガラの波止場で二時間過ごしたが、ここはかつては、今は廃止され装備を解かれている砦によって守られていた。列車は予定時刻を二時間遅れてようやく来て、その遅れの言いわけは牛を轢《ひ》いた、だった！

装備を解かれたイギリス要塞マササクワと厳しい対照をなして、ナイアガラ要塞はアメリカ側に建ち、相当の強度を誇る場所である。そこで私は灰色の軍服を着た歩哨と星条旗を目にした。

ピアレス号のD…船長は美しい小さな船舶を六〇〇〇個の部品に分けてクライド川（スコットランド南部の川、河口に造船所が多い）から運んで来たが、当然のことながらこの船を誇りに思っている。私はディナーのとき彼の隣に座り、スコットランドに幾人かの共通の知り合いがいることが分かった。ゲール語（スコットランド高地人が話すケルト語派の言語）が更なるきっかけとなって私たちが威厳のあるクフリン（アイルランド伝説：独力で祖国を外敵の侵略から守った英雄）やバルクィダーのヒースの茂る山腹のことを話したとき、何千マイルも離れているのだけれども、一瞬故郷にいるかのように感じた。ピアレス号では誰もがワインか蒸留アルコール《リキュール》飲料を飲んだ。料金は取らなかったが、ワインとスピリッツ（強いアルコール）の長いリストがそれぞれの皿の傍に置かれていた。肩を小突いてディナーの邪魔をされ、「ディナー券か五〇セント」と求められるのでなく好きなだけいることが許され、船旅の最後に紳士的な高地人のパーサーが船賃とディナーのお金を一緒に請求した。

多数のブリッグ（前後二本のマストに数枚の横帆を、但し後ろ寄りの下部に追加した帆船）やスクナー（二～四本マストの帆船）が帆をいっぱいに張っているのとすれ違って過ぎたが、白い帆布が目をひいた。船殻《ハル》もまた雪のように白かった。あたかも「すべてが無言の岸へ死者らと共に漂っていた」(スコットランド生まれの詩人トマス・キャンベル「ザ・ラスト・マン」)かのように見えた。

夕方遅くにトロント湾に入ったが、それは非常に広々として、数マイルの広がりで砂の自然の防波堤によって守られている。この防波堤は幾軒かの家と数本の木があるものの、荒涼とした廃墟の絵のようだ。トロント市は、カナダの学問と忠誠の砦だが、水上から見ると圧倒的な風貌を呈している。街は湖から上がっていく斜面にあり、いずれも立派な岸壁に向いている、製造所、大学、養育院、教会の尖塔、公共の建物が直ちに眼に跳び込んでくる。

柔らかく親しみ易い音が海岸から流れてきた。それはよく知られたイギリスの軍隊ラッパの調べで、絹の光沢のある襞《ひだ》が、微風に乗って上下する旗はイングランドの流星旗《ミーティア・フラッグ》(赤ないし白地の左上隅に現在の英国国旗ユニオンジャックを嵌め込んだ旗。アン女王[一八世紀]の制定)だった。それが永く「闘いとそよ風」(トマス・キャンベル)に立ち向かいますように！　イギリスの軍服が波止場の人混みの中にちらちらと見え、イギリス人の顔が私を取り囲み、イギリス人の声が耳に鳴り響いた。眼に映る普段着《ネグリジュ・コスチューム》はイングランドの最善のスタイルであった。喜びの興奮が故郷から四〇〇〇マイル以上離れて、愛する故国の諸特性に出会った私の心を通り抜けた。

しかし付け加えておかなければならないが、独特にイギリス的な不愉快な特性もあった。手助けしてくれるD…船長が助けてくれなければ、混乱はあまりにひどく、上陸することができなかったはずだ。あるポーターがひとつのトランクを持って走り、もう一人がもうひとつのトランクを持って走って行き、一方、私の旅行鞄を誰が運ぶを巡って争いが生じ、税関吏の杖が静かにさせるまで続いた。それから「波止場使用料」の請求のひと騒ぎがあり、御者は四分の一マイルの案内に付き一ドルを請求した。このすべては多少とも私の有頂天に水をかけ、合衆国の岸辺に秩序だって容易に上陸した仕方と歩《ぶ》の悪い対照をなした。

ラッセルズホテルでウォルレンス夫妻と再び一緒になったが、「もし彼らの国で女性が一人でちょっとでも困ったことや迷惑に出会ったならば、非常に驚いたことだろう」——七〇〇マイルの一人旅で！——と言った。

私の歓喜がさらにいっそう萎えたのは、とてつもない数の蚊に噛まれて、首、手、顔がチクチクし、腫れあがって翌朝目覚めたときだった。

第一〇章　カナダ植民地の生活

トロントの人々は、私が到着すると直ちに教えてくれた――「トロントはイギリス国外で出会うことのできる最もイギリス的な場所です」と。最初当惑していて、彼らの言う意味が分からなかった。木造の家々、互いに直角に交差する長い通り、木の歩道は私の眼にはひどく非イギリス的に見えた。しかし、トロントで二、三日過ごし、たった六〇年だけの存在を楽しんできた町の、必然的に未完成の外観に慣れて来たとき、私は町に対して下される称賛を帯びた評言に十分に同意した。木造家屋は主要な通りから完全に姿を消し、レンガと石の強固な建物に置き換えられている。教会は多数で、趣のある建築物だ。公共の建物はいい場所にありとても立派だ。キングストリートつまり主道は二マイルにわたり、歩道には素敵な商店が軒を連ねている。トロント郊外は、たくさんの豪華な邸宅が庭園または灌木の植え込みの中に建っている。人々は通りを「慌ただしく《ハリー・スカリー》」走りはしない、しかし、のらくらしている者も見られない。粗野な度を外した行いも消えた。あご鬚《ひげ》はめったに見られず、口髭は必要な外飾と考えられていない。アメリカ婦人の萎《しお》れやつれた外見は、血色の好い顔、えくぼのある微笑み、活発なしなやかな足取りに場所を譲り、まるでイギリス人そのままだ。実際、通りを歩いていて、自分がイギリスにはいないのだと告げるものは何もないのだ。そして、もしもこの幻想を完成させるために何か必要だというのならば、あのイギリス文明の確かな印――刑務所と癲《てん》狂院《きょういん》――も欠けてはいない。

トロントは安定性と進歩の様相を目につくほどに有している。西洋大陸のどの町もこれ以上急速に進歩したものはない。確かに、これ以上に確実に進歩した町はないのだ。一人の老紳士と話をしたが、彼はその場所が森林で覆われていた時代、インディアンのテント小屋《ウィグワム》の煙が木々を通して上っていた時代、野鳥が湾の水に群れていた時代の光景を記憶していた。その場所は当時トロント――人の集まる場所（当時はヒューロン族語とされてこういわれていたが、現在ではモホーク族の言葉で「水の中に木が立っている場所」の意味とされる）の名を冠していた。名前は最初の入植者によってリトル・ヨーク（ヨーク）に変えられたが、一八一四年（一八三四年の間違い。一八三四年トロントに市制がしかれたのを機にヨークからトロントに変更された）に音調のよいトロントの名前が再び贈られた（一七九一年カナダ法の発効により出来たアッパー・カナダの首府をニューアークに定める〔現ナイアガラ・オン・ザ・レイク〕。一七九六年アッパー・カナダの首府がナイアガラからオンタリオ湖北岸のヨークへ、一八三四年ヨークからトロントに名称が変更される）。一八〇一年に人口は三三六人だったが、現在はほぼ五万人だ。

トロントはつかの間の必要から生じた派手な色の朽木に生えたキノコのような成長物ではない。それは不屈の工業、資本の上手な適用、健全で進歩的な商業の繁栄の結果だ。さまざまな鉄道が建設中であり、トロントを内陸の増加する産物を外部に出す市場にするだろう。そして、巡回的に開かれていたカナダ議会は四年間トロントで動かないので、将来の進歩は多分これまで以上に急速になるであろう。波止場は常に貨物船や客船の蒸気船で混雑しており、合衆国の諸大都市、ケベック、モントリオールを日に二、三度往復している。それはカナダ人の学びの場であり、優秀な諸学校に加えて、一総合大学（州立トロント大学。一八二七年のキングスカレッジに遡り、最初、英国教会の運営。一八五〇年に世俗制度に改編と共にトロント大学に改名）、幾つかの神学と一般教養の単科大学《セミナリー》を有する。社会《ソサエティ》はすこぶる優秀だと言われている。私は目にしたささやかなことから、喜んでこの言説に好意的な証言をするが、しかし、マラリア熱の突発で、紹介状の提示が阻まれてしまった。それは非常に音楽的な場所であり、そしてトロントにおいてジェニー・リンド（ヨハンナ・マリア・リンド、一八二〇～八七。スウェーデンのオペラ歌手）はカナダを称えた唯一のコンサートを催した。住民の多くはスコットランド人であり、そのことが安息日の褒《ほ》むべき遵守情況を説明するかもしれない。

もし街路、店、口調、礼儀作法はイギリス風であるのが分かって悦にいったとすれば、私は最上流から最下層まで人々の心もまたイギリス人風であるのを見て狂喜したのであった。トロントにいたときに、セヴァストーポリ（ロシア南西部、クリミア半島南端部にある海軍基地、クリミア戦争における一八五四～五五年の三四九日間の抗戦は有名）およびロシア軍の奪取を報じる急報が受けとられたのだった。友人の家で夕べを過ごしていたが、そのとき一人の紳士が、教会の鐘が大勝利を祝って鳴り響いている！と言うために駆け込んできた。貸し馬車に跳び乗り、報告が確定されたらしい『グローブ』紙（トロントで創刊、一八四四年）新聞社にフルスピードで駆けつけるまで、ものの二、三分しかかからなかった。興奮した熱気の大群衆が戸口を囲んでいたが、ほどなく一人の男性が街灯柱のところに上って来て、次の言葉を読み上げた――「セヴァストーポリ奪還！　ロシア軍艦隊炎上！　一万八〇〇〇人死傷。連合国の損失、二五〇〇人」。このニュースはボストンからの電報だったが、確かに鋼鉄の震える舌（電信）がこのように血を沸き立たせる話を告げたことはかつてなかった。群衆からひとつの「オールド・イングランド（英国人が自国を呼ぶ愛称）万歳」の歓声がはじけ、心からのイギリス人の喜びが沸き出て、喝采はこだましてトロントの繁華街に伝染した。叫びは心をぞくぞくさせた。それは、イングランドの旗が忠誠なる、真心溢れる、勇敢な者たちの上に翻ったと告げていた。それは、憲法と王室への愛着について告げていた。それは現在の困難と危機の時代にあって、「聖ジョージと楽しい英国《メリー・イングランド》」（古代からある呼び名）が、繁栄するオンタリオ湖畔でさえ糾合の叫びであることを告げていた。この間違った、だが栄光のニュースの受容によって、これ以上の熱狂は本国のいかなる都市でも表出され得なかっただろう。二、三日前、アークティック号の悲劇的な結末（一八五四年、リヴァプールからニューヨークへの途上三五〇人を載せて沈没。一人も生還せず）のために鳴り響いた鐘が、今アルマ川（黒海に注ぐクリミアの小河）の勝利を勝ち誇って鳴り轟《とどろ》いていた。トロントはその夜、休むことを知らなかった。北の暴君に勝利を得たことを狂喜する者たちは、反逆者の一団の暴政に首尾よく抵抗してきた者たちだった。殺到する群衆で、通りはほとんど通行できなかった。ほとんど人々の眼の中でハンド・ロケットは破裂した――石畳でヘビ花火、爆竹はシューシュー音を発したり、パチパチしたりしていた――人々は点火するために異なった焚火と、いろんな方向に走って駆けこんでいた。これらのうちで最大のものは、セントローレンス・ホールの反対側にあった。それはタール樽の巨大なもので、街路全体を照らしていて、ガス灯の弱々しい炎を青ざめさせていた。大きな、いや増す集団となった群衆がそれを取り巻き叫んでいた——「オールド・イングランド万歳！　ロシア野郎《ルーシアン》どもをやっつけろ！　女王陛下に万歳三唱！」等々。スカイロケットは空中高く光り、男たちはマスケット銃を発射しながら駆け回り、波止場で蒸気船の小さな自在軸受けは絶え間なく火花を散らし、可燃物を積んだ荷馬車は猛スピードで通りを走り、新規到来のたびに熱狂的万歳で歓呼して迎えられた。絵のような服に身を包んだ消防士たちもいて、彼らは最初の鐘の音で現れ、彼らの業務はすぐに需要があった、というのは、興奮のために向こう見ずを生じ、二、三の板葺《ぶ》き屋根の上にロケット花火が落ちて火が点いたからだ。イギリスへの愛着のこの展開は、忠誠心あり貴族的なトロント市に限定されなかった。アメリカ的傾向ありと思われているハミルトンは、繁栄する商業地だが、町議会はその急報が受けとられたとき召集され、即座にイルミネーションのための予算が可決された。

トロント称賛から、ホテルは除外しなければならない——非常に下級だ。合衆国のホテルの貧弱な模造品だ。八日間滞在したラッセルズホテルは、デトロイトのナショナルホテルと不快な対照をなし、幾らか自負するところのあるもうひとつであるノースアメリカンは、さらに快適でないと言われていた。ラッセルズの寝室は蚊がうじゃうじゃしていた。そして、給仕たちは逃亡奴隷で怠惰で無作法だった。

トロントで友人たちとほんのしばらく滞在した後で、ハミルトンの幾人かの友人に顔を見せに行った。午後はひどく風が強くて嵐だった。波止場からは湖は展望がきかないように見えた。島が港を守っていたが、これを越えて波は猛り狂っていた。ハミルトンへ向かうつもりの幾人かの乗客が降りて来て、天候が荒れ模様なので躊躇していた、がしかし、オンタリオ湖の評判に対する悪い話を何も聞いていない私は、その中で自分の意向を貫く十分な自信があった。私は船長に「荒れないんじゃないかと思いますけど」と言い、それに対して彼は、そういった気休めを言うことはできないと答え、これまで午前中あったほど多くの船酔い客を見たことがないと付け加えた。湾を離れるとすぐにディナーが出されたが、しかし、座った人は最初三〇人ほどだったが、すぐに五人に減り、他の人たちはひどく不可思議な様子で専用室か窓に突進した。私自身に関しては、優秀さが公認の料理《キュイジーヌ》が非常にたっぷり食事するよう誘ったとは言いかね、専用室に退室する言い訳ができたことを喜んだ――この部屋はちょうど三人の子どもと別れたばかりの婦人と同室だった。船室はとてもきれいに設《しつら》えられていたが、ものの動きが並はずれていて、旅行鞄が最も信じられない心霊の働きの発露のようだった。

船は一向に進まず、恐ろしいほど横揺れ《ローリング》と縦揺れ《ピッチング》をし、船がいかに頭でっかちかを知っている私は、やっとのことで船室の窓から垣間見た猛烈な水が全く気に入らなかった。それに、何が続いたのか理解するためには、読者はこの船の広間と専用室がデッキからおよそ八フィートの高さの建物すなわち甲板室《デッキ・ハウス》を構成し、乗客のほとんどが集まっていた広間の部分は、私が座っていた専用室と同じく船首の二、三フィート以内にあり、従って荒れ狂う波に曝されていたことをもう一度思い出して欲しい。自分の船室でぼおっとして、私がいたところ以外ならどこでもいいと思って三〇分座っていたが、そのとき、何かが船にぶつかり、壊れた構造物が船側に落ちた。次から次に――それから一秒間の静寂が、ただ風と水の衝突および咆哮によって破られるだけだった。内戸が突然開いて浸水を許した。同室者は飛び上がり、叫んだ――「おお、我が子たちよ！　私たちは死んでしまうのよ――死ぬのよ！」、そして蒼ざめ身震いしながら、広間に這って行った。船が横に傾いていたので、移動は大変難しかった。だが、それでも船酔いの人たちは個室から出てきて叫んでいた――ある者は、死ぬ……死ぬんだ、と、他の者は子どもたちを案じて、またある者は慈悲を請うて。紳士の一団は比較的に騒がしくはなかったが、より怖がっていないというわけではなく、肌までずぶ濡れになって蒼ざめて灰色の顔色で固まって立ちつくしていた。この男たちの一人につかまりながら、私の同室者は「どうなったの」と訊いた。「祈りなさい、沈んでいるんだ」が粗っぽい返答だった。アメリカ旅行の中で最初でたった一度の、本当に恐怖で石のように身動きできなくなった経験だった。突然、波が為すすべのない船を襲い、広間の薄い木造側壁を破って耳をつんざくような音と共に衝突した。私は近くにあった救命ブイを摑んだ――一人の紳士が私からそれをぐいとひったくった（恐怖はある人間たちを利己的にするからだ）――そして、息もつけずに、渦巻く水の中に投げ出された。そこで私は、いかに素早く思考が頭をよぎるかを学んだ、というのは、この数秒に私は、湖の沸き立つ波の真っただ中での予期される死と、その薄暗い水の下での静かな眠りを思うよりも、むしろ、故郷の人々が取り乱して新聞の事故欄から悲惨な消息を拾い集める無様な様子が頭を過《よぎ》ったからだ。次の一瞬には、個室に通じる開いた戸を通って掃き出されていた――そして、次の不安の一瞬の後、船はあたかも超人的な力によるかのように再び正常位に戻った。小休止が生じたようであった――静けさがあり、ただ風と波の唸《うな》り声によって破られる、そして小休止とともに希望が訪れた。すぐ後で船長が現れたが、帽子を被らず、全くずぶ濡れだった。「神さまのお陰です、我々は助かりました！」と言い、自分の職務に戻って行った。私たちは皆、座礁したか難破したと思っていた。私は自分たちの危険については、その正確な実体を以下のことしか知らなかった――すなわち、船は突風に巻き込まれて梁端部《ビーム・エンド》上に投げ出され、そして一瞬にして風向きが変わり、怒濤が船上で収まったのだった。

　乗客の多くは今や船長が引き返すのを望んでいたが、彼は、開かれた湖上を進むことよりはトロントに碇泊しようと試みる方がさらに危険を被るだろうと言った。しばらくの間、濃霧、空を真っ黒にするみぞれ混じりの雨、荒れ狂う波のほか何も見えなかった――我々はときにはその波の上に乗り、またあるときはその間に埋もれていた。もう一時間すると強風は完全に静まり、ずぶ濡れになった衣服を着替えた後は、過ぎ去った嵐の形跡を残すものは、水浸しになり備品を撤去された広間のあり様と、これらの恐ろしい湖のようなものの上では二度と自分を信じることがないようにという堅い決心を除いては何もなかった。私は、嵐の間、恐怖の最大の症候を顕《あらわ》した人々が、「彼らはと言えば、危険があったとは決して考えなかった」との意見に真っ先に抗議する人々だったということを観察して楽しんだものだ。午後は、寒かったとはいえ、素晴らしく晴れわたったが、船旅の出だしの嵐のせいで、日暮れまでハミルトンに着かなかった、つまり予定時刻を三時間過ぎていた。

これらの内陸の湖、より的確な言葉でいうと潮の干満のない真水の海が好きではない。私はオンタリオ湖をよく知っている。二度渡り、五回行き来した。私はその岸近くに逗留し、秋の熱い陽の光の下、そして冬の雪のマントの下で見た。だが、私にとってこの広大な水には、独特に圧迫的な何かがあるのだ。もし湖が荒れていれば、避難すべき逃げ場の入江が無い——凪いでいるなら水は、青く純粋で澄み切っているとはいえ、単調で死んだように見える。まさに船々自体が孤独な者どもに見えるのである。その船殻《ハル》と帆は白く、そのうちの幾艘かはコレラの流行時には操舵する者も無く、日々湖を漂っていたことが知られている。湖岸もまた平坦でつまらない。眼は、遠い地平線のかなたへ伸びる木々の無限の境界線を飽き飽きして追いかける。

しかしながら、オンタリオ湖はカナダと合衆国の双方に大きな利点を生じさせている。前者はその岸にオークヴィル、クレジット、コバーグといった輸出基地を有するハミルトン、トロント、キングストンという大都市を抱えている。重要都市のオスウェゴとロチェスターは——もっと小さいものはあまりに多過ぎて名前が言えない——アメリカ側にある。この湖は周囲が五〇〇マイルあり、岸沿いを除いては非常に深いので不凍である。蒸気船と帆船の両方で莫大な交易が湖上でなされている。船舶用運河がオンタリオ湖とエリー湖を繋ぎ、それによってナイアガラの滝によって作られた航路への障害を克服した。この驚嘆すべき仕事は、ウェランド運河(カナダ南部、長さ四〇キロ)と呼ばれる。

ハミルトンで訪れた友人から真心からの歓迎を受け、近郊の田舎の幾許《いくばく》かを見た。それは、カナダで最も忙しい場所ではないかと思う。非常に若い町《シティ》だが、すでに人口二万五〇〇〇を数える。商店とホテルは立派で、通りはガス灯で明るく照らされている。ハミルトンは独特に未完成の外観を呈している。進歩を表示するものに到るところで出会う――建築中の家々があり、さらに大きくあるいはより立派にするために家々が取り壊されている――通りは広げられ、新しい通りが杭《くい》打ちされ、すべての外部的様相は新鮮かつ急速な発展を獲得しつつあるように見える。人々は、あたかも生活がスピードに負っているかのように急いで歩き回る。「私は思う《ゲッス》」や「私は考慮する《カルキュレイト》」はしばしば耳にし、「に通じている《ウェル・ポステド・アップ》」や「よっぽど《ア・ロング・チョーク》」も一緒である。そして機関車や蒸気船は一日中汽笛を鳴らしている。ハミルトンは非常にアメリカ化された場所だ。私は「不平不満《グリーバンス》、独立《インディペンダンス》、併合《アネクシエイション》」も耳にしたし、総じて境界線の反対側にあるものと考えるべきだ。

　ハミルトンは小さな湖の岸に位置しているが、これはバーリントン湾（ハミルトン・ベイ）と呼ばれ、狭い砂州によってオンタリオ湖から分けられている。この砂州は貫通されており、それで毎朝、同時刻に二艘の蒸気船がハミルトンの埠頭を出るので、狭い通路にどちらが最初に入るかで白熱した競争が日課となっている。この競争は時々非常に重大な衝突を引き起こしている。

　町は、住民が御山《ザ・マウンテン》の名であがめる、独特で急峻な丘の麓に建設されている。私はこの山――モグラ塚《モールヒル》と呼んだ方がよさそうだ――に一三〇段で登った。頂上からの眺めは非常に雄大だが、しかし、一戸の高い建物がさらなる広大な眺望を与えるようだったので、天辺まで階段を六つ登ったが、それは派手に売り込まれている暗箱《カメラ・オブスキュラ》を見るためだった。非常によい暗箱《カメラ・オブスキュラ》なら酒《スピリッツ》と玉葱の臭いのする家の中でのそんなに長い上り坂は価値があったかもしれない。だが、苦労して息を切らして、頂上に着いた後で、ボロボロの服を着た裸足の小さな少年がひどく気取って小さな木造の建物のドアを開けて、四枚の色ガラスの方へ連れて行った、そのガラス越しに私たちは春夏秋冬の異なった様相の下でハミルトンの町を見たのだった！

　ダンダーン城は立派な城郭造りの堂々たる建物で、現首相サー・アラン・マクナブ（一七九八〜一八六二）の邸宅であるが、ハミルトンの近くにあり、加えて幾つかのとても素敵な石造りの邸宅もある。そこで新世界で最初でただ一度だけだが、イギリス風の花壇のある美しく手入れされた芝生を目にした。ある素晴らしく天気のよい日に、楓の葉が初秋の深紅に染まる頃、友人がアンカスター（ハミルトンのナイアガラ断層にある歴史地区。逃亡奴隷の地下鉄道の遺跡を持つ）[3]とダンダスを見に連れて行ってくれた。前者は古い場所で、イギリスの灰色で静かなランカシャーの村に似ている——後者は西カナダを合衆国のライバルにしている急速な発展と起業精神のよい典型だ。工事中の橋があった——鉄道の堤防は労働者が群れをなしていた——丸太や厚板の道路がマカダム道路（粉砕を幾層にも敷き詰めて道路としたもの）に変わっていた——スネイク・フェンスが杭と鉄線や石塀に席を譲っていた——「水利《ウォーター・プリヴィリジ》」を見つけることができるところではどこでも製材所と製粉所が出来ていた。満載の荷馬車は道を重そうに進み、「小麦現金買い」と「羊毛現金買い」の威勢のよい広告をしばしば見かけた。山裾を巡る景観はとても素晴らしかったが、カナダの景色は単調でどちらかといえば陰鬱だ——もっとも、アメリカの秋の盛りの色はある種の木々の葉に、葉というより熱帯の花々の様相を与えてはいるが。

アンカスターは古い場所だが、ここには港も川もなく、まだ十年しか経っていない町々に追い越されている。農業共進会があり、びっくりするような大きなユニオンジャックのはためく下で、感心して眺める人々に化け物のようなカボチャや異常に大きくなったキャベツが展示されていた。

アンカスターの近くのダンダスは、前者を完全に顔色なからしめていた。ここは西カナダの最も賑やかな小さな場所のひとつのようだ。毛織物工場、製粉所、製鉄所が集積している。そして、私がこれまで培ってきた経済学上の見解では、製造業は本国に排他的に好都合だと思っていたのだが、資本も労働力もともにあり余っている、この場所は見たところ非常に繁栄していた。ある製粉所では、機械はポーツマスのビスケット工場におけると同じく完全だった——精巧な機械によって、非常な速さで冷却され、樽詰めされて焼き印を押されていた。製鉄所では蒸気機関と製粉機の製造は、需要に応じきれないということが分かって驚いた。

この近くで、フォース川（スコットランド南東部）の岸から来たスコットランド人の話の中で、揺るがない不屈の忍耐が為し得る面白い逸話を耳にした。

この若者は貧困少年で、スコットランドの製鉄所主任のところに年季奉公に出ていたが、年季が明ける前に逃げ出してグラスゴウで船に乗り、ケベックへ渡る算段をした。ここで彼は数ヵ月給仕として雇われ、わずかのお金を貯めて、シムコー湖（南オンタリオ、オンタリオ湖の北の小湖）の近くまで行き、日雇い人になった。ここで主人の娘と愛し合うようになり、彼女はその愛に答えたが、父親は馬鹿にして卑しいスコットランド人の求婚を拒絶した。だが愛情は大望へと刺激を増すばかりだった。そして近くの郡で仕事を得、夜は読み書き算術を教えて収入を増やした。必需品まで節約してかつかつに暮らし、蓄えたお金を細心を持って大切にした。ある夜遅く、ほとんど襤褸を着て、愛する娘の家を探し、二年以内に二頭立ての馬車で父親の許しを得にきっと来ると誓った。

まだ襤褸を纏《まと》っていて――それ以外のものを持ち合わせているようには見えなかったので――、トロントへとぼとぼ歩いて行き、仕事を探し、貯めた金はチョッキの裏地に縫い付けた。次々人を尋ねたが、仕事を得ることはできず、馬車も馬もはるか遠い霞んだ視界に遠のいて行った。ある日、キングストリートウェストの未完成の端を歩いていると、泥の中に何か光るものを見つけて拾ってみると、それは紙入れの金属製の留め具だと分かった。この紙入れには一五〇ドルもの大金が入っていた。そして翌日、見つけた人に二五ドルが報酬として提示されていた。スコットランド人は持ち主を待ち、その人は道具製造業者だったが、報酬はいらないので、ただ働かせてくれるようにとだけ頼んだ――バーンズが表出したように、「耕す許しを乞い願」ったのだった（ロバート・バーンズ、一七五九～九六。スコットランドの国民的詩人、「蛍の光」原詩の確定者。引用は「人の運命は嘆くこと（挽歌）」『ロバート・バーンズ詩集』国文社）。これは聞き入れられた。そして四ヵ月もたたないうちに会社の役員になっていた。給料は徐々に上がった――夜は弁護士のために代書役の職を得、貯蓄は、正当に得られたものが相当の額に達したので、一八ヵ月後にはロンドン（オンタリオ州西部、トロントとウインザーの中間に位置する都市）近郊の繁栄する農場を買いとったが、敷地内に水力利用が可能だったので製粉所を建てた。彼の工場はさらに成功し続け、もうすぐ二年も経つとする頃、二頭の頑健なカナダ馬に曳かれた軽快な馬車を駆って、以前の雇い主の家に行き、娘に結婚を申し込んだ——思い出して欲しいのだが、二年前にみすぼらしい恰好で彼女と別れて以来、全く連絡を取っていなかったのだった。最初、彼らは、立派な服装で「堂々たる」装備の自分の馬車を駆る人が、宿なしの襤褸を着たスコットランド人の雇い人その人だとは分からなかった。変化した情況は、父親側のすべての問題を解消した——乙女の方は立ちつくしていた——そして、そのすぐ後で結婚した。彼はさらに繁栄し続け、次々と土地を加えていった。そして、結婚から三年後にスコットランドの前の雇い主に彼の奉仕の喪失の埋め合わせに二〇ポンド送った。不思議な巡り合わせで、まさにその主人の息子は今、年季奉公から逃げ出した者の工場で働いている。このような事例は、正直な勤勉さを奨励すると同時に、西カナダの偉大な可能性を示してもいる。

ハミルトンで、商店が素晴らしいので、幾らかの買い物をしたが、カナダの通貨は極めて訳が分からなかった。合衆国のお金は非常に便利だ。私はすぐにドル、セント、一〇セント硬貨《ダイム》を理解した。だが、植民地では、手持ちのお金の価値が幾らかということが、全然分からなかった。プリンスエドワード島では一ポンド金貨は三〇シリングの価値だ。ニューブランズウィックとノヴァスコシアでは二五セント。他方、カナダでは私の訪問時には、二四・四ペンスだった。そこでは、あなたのシリングは一五ペンス、ないし四分の一ドルだ。他方あなたの四分の一ドルは一シリングだ。あなたの六ペンスは七ペンスと半ペニー、つまり一「ヨーク・シリング」だ。他方あなた方のペニーは明らかに不定価値の「銅貨《カッパー》」だ。比較的にいえば、金属貨幣はほとんど流通していないのだ。五シリングと書かれた紙幣を受け取る、そのとき、驚くことに、四シリング硬貨に交換できるだけなのだ。カナダでは全く、私は人々の正直さを、あるいは恐らく、私の無知についての彼らの無知に信頼するしかなかった。というのは、どうにかして説明しようとすると「混乱にさらに混乱を重ね」(ジョン・ミルトン『失楽園』第二巻、平井正穂訳、岩波文庫)させるだけだったからで、私は「ヨーク・シリング」より高いグレイドの何物もほとんど理解しなかった。通貨についての間抜けさから、そして私のしょっちゅうする「それは何ドル、あるいは何セントですか」という質問、それから汚い皺《しわ》くちゃになったトロイ(ミシガン州にある都市)、パルミラ(ペンシルヴァニア州その他)、ジェネーヴァ(ニューヨーク州の都市)のような名前を帯びている紙片——これらは事実アメリカの銀行の発行になる紙幣なのだが、支払い停止になっているかもしれないものだった——を出すのと相俟《あいま》って、私はいつも「本国」から来た無知な人としてではなく、「本物の東部沿岸地方人《ダウン・イースター》」と思われたものだ。カナダの信用制度は優れている。だが、合衆国の銀行制度は非常に不安定な基盤の上にある。あれこれの銀行が毎日「破産」し、債務不履行のリストが汽船とホテルに貼り出されている。

オンタリオ湖を信用しないという決断から、二、三日以内にそこを航行した——、とても天気のよい日で、トロントに向かったのだ。王立郵船汽船アラビアン号がバーリントン湾と主要な湖を結ぶ運河の狭い入り口へ向けて私たちと競争し、双方の船長は能力一杯まで「蒸気をふかした《パイル・オン》」が、しかしアラビアン号が勝ち誇って傍を過ぎて行った。その朝あまりに天気が良かったので、オンタリオ湖嫌いを半ば忘れていた。陸際の湖水には少し小高くなった岬の連続が、開墾したばかりの土地が著しい森林で埋めつくされ、その薄暗い色調は湖のキラキラする青によって救われている。私は一度だけ「水の蜃気楼《ウォーター・ミラージュ》」と呼ばれる美しい現象を見たことがあるが、それは木、船、建物が最もありえないような、ときには逆さまに位置するときもある。だが、この果てしない岬はさらに続き、遠景は小春日和《インディアン・サマー》(晩秋・初冬の穏やかな天候)の柔らかい水色の地平線に消えていった。だが、干満のない水と疫病性の岸のあたりには重苦しさがあり、白い船殻《ハル》の船は放逐された罪人のように見え、その長年月を経る審判はこれらの暗い水の上の終わりのない漂流であった。

トロントで、親切な友人であるフォレスト氏と会った。夫妻は、カナダの奥地《ブッシュ》にある遠く離れた家を訪ねるよう数ヵ月前に招いてくれていた。それで、ホテルで待っていた馬車を見ても少なからず驚いた、というのは、材木馬車で丸太道の二二マイルをガタガタ揺すぶられて行くのを予期していたからだった。それは、カナダで見た最もさっそうとした乗り物だった。大変に田舎らしからぬ《アンブッシュ・ライク》、スポーティーな外観の軽二頭四輪郵便馬車《メイル・フェートン》で、四段で上る。三つの席があり、前には覆い、後ろには荷物のための格子棚があった。八人は乗れるだろう。車体と車輪は明るい深紅と黒に塗ってあった。そして、とても見栄えのする、およそ一六「ハンド」（約一六三センチメートル）の高さの二頭の馬に曳かれ、優美な黒光りのする馬具が付いていた。フォレスト氏は、入植者というよりは、狩りをするイギリス地主《スクワイア》のように見えた。

湖の沿岸の道でトロントの外へ馬車を駆ったが、自分が海岸にいるのではないことがほとんど信じられなかった、というのは、大きな寄せ波が寄せては砕け、反対側の視界には全く岸が見えなかったからだ。しばらく後でとある川にやって来たが、ひどく不格好な旋回橋が掛かっていた――それは、粉を積んだ巨大な筏の通行のために開いていた。この進行はすでに一時間以上かかっていると、幾人かの不運な被拘留者《ディタヌ》（特にインドで拘留中の政治犯人）によって教えられた。筏乗りたちが周りでぐずぐず過ごしている間、三〇分待ったが、筏は波を越えることができず、彼らは思いとどまることを余儀なくされた。私は今、冷静に考えて、できる限り早く橋を閉じるべきだったと思う、というのは、およそ二〇台の馬車と多くの徒歩通行者がどちらの側にも待っていたからだ。だが違った。彼らはほんの少ししか動かさず、少し煙草をふかし、数インチ移動してまた煙草をふかし、そうこうしてもう三〇分経っていたが、その間、無慈悲な北東の風に曝されていた。彼らは私たちの当惑を明らかに楽しみ、どのくらい厄介な事態に我慢して耐えられるか試していた。西カナダでは激しやすい気質が抑制されなければならない、というのは、故国では上の身分の人々に対して「帽子に手をあげて会釈」しないようにと導くのと同じ精神が、ここでは、もし誰かが動きをもう少し早くするように頼んだとしたら、公然たる横柄および傲慢として爆発するだろうからだ。跳《は》ね橋は全く閉じられる気配も無く、ただ三本の梁《はり》が何も被うものもなく姿を見せていた。これを男たちはひとつの既成事実《アン・フェ・アコムプリ》と見なしているように見え、座って煙草をふかしている。ようやく、我慢している風をして、これ以上の留め置きに耐えるのは不可能に見えたとき、彼らはこの梁を幾つかの厚板で覆い、その上を我々の馬——路を拾って歩くのに慣れている——は安全に通ったが、しかしながら板の一枚が引っくり返り、非常に危険な割れ目を残すこともないわけでなかった。これはカナダの橋のましな方の一例であった。

　カナダの植民者の礼儀作法は、好印象を与えるところからは程遠い。イギリスの俗語あるいは濫用の連発を耳にしたところ、礼儀作法の蛮行が婦人に対する尊敬が伴っていないのに気が付いたところではどこででも、尋ねてみると、犯罪者が本国から新たに到来していたのだという答えにいつでも出会った。アメリカを訪れるしばらく前、移民した若者からの手紙を見たが、そこには次のような言葉が含まれていた——「当地で私は上流階級の紳士——それは私のよりよいコートを持っている人のことですが——に頭を下げたり、ペコペコする必要はありません」。私はこの下層階級の感情が我が領土《ポゼッション》の間に非常に行き渡っているのを見出す心の準備がなかった。子どもたちは親による改善を示し、忠誠と立憲的な感覚を発達させる。アイルランド人はイギリスの敵の中でも最も騒ぎ屋で、カナダに「イングランド人《サセナック》」の規則に対する最も根深い敵意を一緒に持ち込む。「スラング叩き屋《ファンガー》」という言葉はこれのために考え出されたに違いない。

　数マイルのひどい悪路——かつては丸太道だった——を進んだ後で、板張りの道に着いたが、その上では走行はほとんど線路の上と同じだけ軽かった。これらの道路がよいときは、その上を駆るのは簡単だ。修理していないときは、ちょうどその反対だ。下目板の家々のあるインディアンの村にやってきたが、ここは酋長《しゅうちょう》と一緒に住んだ六族連合《シックス・ネイションズ》（北米先住民のイロクォイ族の）の家族のために数年前、政府によって建てられたものだ。だが彼らは白人の進出を好まず、残りの者たちはさらに西へと移動した。私たちはアメリカ樫の森を通って何マイルも馬車を走らせた——これはほとんど藪以上のものではなかったが、ゼラニウムの真赤から深紅とテュロス《テュリアン》の古代紫（ギリシャ・ローマ時代の高貴な貝紫）へと変化するあらゆる色調の豪勢なものだった。おお！　我が国の感傷的な詩に書くのは、なんと貧弱な淡いほのかな秋の色なのか！　苔《こけ》の土手を急に曲がって長い丘を下り、藪に入った。そこには、夢見たカナダの景色のすべてが実現されて余りあった。木々は絵画的なすべての多様さで生え茂っていた。森は暗くて圧迫するように静かで、死のような寒さがやって来たので、私はマントをもっと強く身体に巻き付けた。香り高くしかし重い匂いが立ち込め、フォレスト氏は、羊歯《しだ》の生えている沼に下っているのだと言った――そこは最も暑い季節でさえ肌寒かった――。素晴らしく美しかった。ここから出て私たちは、急な小山の上に建つ、木立を通して聳《そび》える小さな尖塔がある一つの小さな漆喰《しっくい》塗りの英国教会に達した。そして、これを背後にして非常に荒れ果てた田舎を通る道へ曲がって行った。土地はかつては開墾されていたが使われたことはなく、およそ二フィートもある黒焦げの切り株に覆われていた。これを越えると、無限に続く藪が現れた。フォレスト氏は家は近いと言い、田舎の様子からして、私は丸太小屋に出会うものと期待した。だが、野原の中に回り込んで行き、素晴らしいリンゴの木の下を走り、優雅で快適さを完全に備えた家へと行き着いた。それはまるでノーウッド（ロンドンの地区）かハムステッド（ロンドンの富裕地区）の瀟洒な別荘がカナダの開墾地に移植されたように見えた。家はがっしりしたレンガ造りの一階建てで、冬の雪や夏の暑さから守るためにその周りを深緑のベランダが取り囲んでいた。豊かに色づいた実をつけたリンゴの木が周りに植えられ、秋の色に見事に色づいたハゼの木が玄関の向かい側にあった。まさにその家自体が微笑んで歓迎してくれているようだった。そして私は、フォレスト夫人から受けた手厚いもてなし以上のものにはめったに出会ったことがない。親切で優雅な奥様で、軽やかな足取りで戸口で出迎えてくれたが、ピンクと白のモスリンのきれいでシンプルなドレスと奇妙な対照をなしていたのは、目に入った焦げた切り株と、夕暮れの空に向かって暗くくっきりと立つ薄暗い藪の長い線だった。

「客間《ドローイング・ルーム》においでになりませんか」とフォレスト夫人が誘った。驚いた、というのは、カナダの植民者の生活と「客間」を結びつけていなかったからだ。だが後について、磨かれてピカピカの樫材の床の玄関を通り、天井の高い部屋に入って行った。部屋は、故国で裕福なイギリス人の邸宅にある優雅で贅沢な家具が設えられ、美しいピアノも欠けていなかった。このあらゆる慰めを備え、最上の親切なもてなしで歓待してくれたこの家でこそ、私は「開拓地の生活」の第一印象を得たのであった。招待者は前日の「脱穀集会《スラッシング・ビー》」の疲れからようやく回復したところで、他方私たちはバガテル（一種の玉突き）をしていたが、紳士助手の一人が戸口に来て、「御主人《ボス》」は御在宅かと訊いた。ある婦人が告げてくれたのだが、彼女が最初に現れたとき、召使いは彼女に「御主人様《ボス》のシャツはいかがいたしましょうか」と訊いた。まだムーディー夫人（スザンナ、一八〇三～八五。英国生まれのカナダ人。カナダ入植地の経験を書いた）が移民俗語の主題について世界を啓蒙していなかったので、その婦人は彼女の言うことがわからず、「ボス」ってどういう意味かと訊いた――それに対して彼女は応えた――、「あらまあびっくり《ローク》、御夫人様《ミッサズ》、あんたのだんなさん《ハビー》ですよ、当たり前でしょう《トゥー・ビー・シュア》」。

しばらくの間、この親切で大変気持ちのよい友人たちのところにいて、ナイアガラの滝を見物した後で彼らのところに戻った。彼らのところへの寄遇は、カナダの最も輝かしい記憶の中にある。最も柔らかい羽毛の上に憩っているという喜ばしい意識へ目覚めることによって、私の期待は、ある意味で、完全に失望させられたのではあるが、丸太小屋の床の上でバッファローの毛に包まりたいと願うほどにはロマンスを感じてもいなかった。ほぼ毎日カナダの農場の何かしらの作業を見たが、そこには困難と喜びが伴っていた。前者の中には、仕事をする男たちの確保が入る。支給賃金は一日当たり《パー・ディエム》五シリングで、多くの場合、他に「食糧の配給《レイション》」が付く。フォレスト氏のところにいる間に、二人の男が井戸を掘っていたが、一人の労働者は道具を持って冷ややかに歩き去った、というのは、朝食にたった半ポンドのバターが与えられただけだったからだ。フォレスト氏は六〇エーカーの土地を持っていたが、そのうち一五エーカーはまだ藪のままだった。納屋は家以上に非常に大きくて立派だった、というのは、冬期にはいかなる農産物も戸外に残しておけないからだ。二五〇ブッシェルの小麦――「脱穀集会《スラッシング・ビー》」の産物――その他のさまざまな食物があった。牡牛、しかも巨大で力強いのがこの農場のすべての牽引作業をしているが、牛舎は完璧に心地よさそうだった。家の周りの「スネイク・フェンス」で囲まれた場所が柱と柵の置き場だった。しかし、数百ヤード向こうは未開墾の藪だった。このように柵で囲まれた土地は、数年の間に開墾されてきた。牧草はよく、切り株は数えるほどしかない。ここを離れて、私たちは去年の切り株のところに来たが、そこでは切り株はより多数あり、そこから、春に切り開いたばかりの土地に来ると、焦げた切り株で厚く覆われ、土壌は肥えて黒く、小麦は四方八方に芽吹いていた。これを越えると、藪以外は何も無い。藪を通って骨を折って進むと、その道は非常に面白いのだが、ゆゆしい事態が生じている。

目新しさの興奮が終わり、私は家に戻って、非常に痛ましい感覚で洋服箪笥への荒廃の侵入を凝視した——あちこちが修復の可能性を越えて破れた服、そして沼地を跋渉《ばっしょう》して徹底的にずぶ濡れになった褐色紙へ帰した靴があった。それは、私にとって重大な考慮すべき事柄だった——私はといえば、そのとき西部を通って来て、とても小さなとてもくたびれた旅行鞄を持って、グラスゴウ、トーキー（イングランド南西部デヴォンシャーの都市）、ボストン、ロックアイランド、ほかに知らないところを旅行していたからだ。しかしながら藪は当面は、ひっかき傷にもかかわらず、非常に楽しかった。巨大な松の木々が天に向かってその頭を伸ばし、他のものは、多分竜巻《トルネード》か何かでなぎ倒され、腐り果てている。遠くには多くの木が地面に横たわり、男たちが枝を切り落とし、積み重ねて燃やしていたが、それはゆっくりといぶり、青い煙の渦の雲をたち昇らせ、黒い松の木の上に薄青いベールとなって拡散して行った。

この藪は、フォレスト氏の家まで危険な近さだ。春に火事がそこを通り抜け、まだ立っている多くの木々がその影響で黒くなっている。四月のある夜、長い日照り続きの後で、ちょうど家中の者が休もうと立ち去ろうとしていたとき、フォレスト氏は窓から外を見て、藪の中に土ボタルよりほとんど大きくも明かるくもないひとつの灯りを見た。やがてそれは高い松の木を駆け上がり、一番高い枝の周りに赤々と輝く腕を扼《やく》していた。火は二週間にわたって燃え続けた。彼らは雨がくるまで燃え続けるに違いないことを知っていて、フォレスト氏と雇い人は昼も夜も決してそこを離れず、食べものはみな藪まで運ばれた。ある夜、微風の間に火は突然家に向かって走り出した。瞬く間に彼らは牡牛と鍬《くわ》を取り出し、近所の幾人かも手伝いに来て、火と家の周りの刈り株の間に大量の土を犂《す》き上げたので、火は止まった。だがそれは、フォレスト氏の麦わら帽子が燃え、牡牛の毛が焦げた後だった。そうしている間、夫の安全を祈って震えてはいたが、フォレスト夫人は毛布を濡らし、家の屋根の上に運ぶのに忙しかった——乾いた屋根板は火の粉によって火が付いただろうからだ。戻り道は、六フィートの高さの「蛇《スネイク》」フェンスつまりジグザグの柵を登る必要があった。これらは新しい国に特有の塀で、道具も釘《くぎ》も必要とせずとても安価だったが、特有にだらしなく見えた。柵や薪にする木も十分に育つような藪も無い農場を買うのは賢くないと考えられている。

開墾地では、そこで全過程を見た。まず木々を切り倒すのだが、その困難な作業でイギリス製の斧《おの》は数時間の仕事で役立たないものになる。木々は根の上約二フィートで切られ、しばしば倒れるときに他のものを一緒に引き倒す。これらの木々はその場で割られ柵や薪とされることもある。また、製材所まで引きずられて行って材木にされることもある。だが、積み重ねられて燃やされる——仕方の無いことだが、決して納得できかねる森の無駄な浪費だ。森が切り払われると、切り株の間に小麦が蒔かれ、それから牧草が蒔かれるが、たったの四年くらいしか続かないように見える。これらのみっともない切り株をできる限り焼き尽くすため天辺に火が点けられ、二、三年後に根が土中で朽ちたと考えられると、数頭の牡牛がそれぞれに鎖で繋がれて、それを引き抜く。普通これは「木材伐採集会《ロッギング・ビー》」によってなされる。この言葉「ビー」を説明しなければならない——これは働く昆虫ともナポレオンの皇帝の蜜蜂(紋章に蜂が描かれる)とも関係がない。全くその名称は、早起き、健康的活動、陽気な騒ぎ、並べられたよい食事を想い起させるものだ。

「ビー」は、新世界での労働力の非常な不足から必然的に生じて来た。もしある人がトウモロコシを殻竿《からざお》で打とうとするとき、八～一〇人の近所の人に知らせを出し、家に集まる日を約束をする。その前二、三日の間に主婦たちによって大調理の準備が為され、前の晩にテーブルに食品が積まれる。朝になると、八～一〇人のがっしりしたサクソン人が現れ、昼まで一心に働く、その間、女主人は竈《かまど》の前でより暑い仕事にとりかかり、熱々の肉、プディングやパイの準備に大わらわだ、というのは、客のよいユーモアは彼女の出す御馳走の量と質に依るのだととてもよく知っているからだ。彼らはディナーをしに入ってくるが、まっ黒で（カナダ特有の雑草の埃による）、汗だく、疲れ、腹ペコで喉が渇いている。彼らは誰も食べないほど食べ、私たちが考えられるいろんな種類の御馳走の取り分け量を全く無視する。その日の終わりに、彼らは大量のウィスキーと一緒にとても実質的な夜食を摂るが、もしすべてのことが満足なら、宴会の楽しみは真夜中過ぎまで延長される。「ビー」の主催者は、すべての近所の人の「ビー」に出席する義務がある。「脱穀集会《スラッシング・ビー》」は、共同体の若い者たちによる非常に「のんびり仕事《スロー・アフェア》」だと考えられている。「キルティング・ビー」があり、カナダでは大層必要とされる厚いキルトが縫われる。「アップル・ビー」では、冬に備えてこの果物が薄く切られて刺される。「シェリング（鞘・殻剥き）・ビー」では幾ブッシェルもの豆が殻をむかれて樽詰めされる。そして、「ロッギング（伐採する）・ビー」では開墾地の傾いた切り株が牡牛により引きぬかれる。キルティング、アップル、シェリングのビーでは多くの麗しい性が出席し、ゲーム、ダンスやお祭り騒ぎが決まって朝まで続けられる。

冬には東部植民地（沿海植民地《マリタイム》）のようにすべての戸外労働が止められて、ダンスといろんな種類のイヴニング・パーティーがしょっちゅう開かれる。国中が広大な一本の道路のようで、天気のよい、寒くて、オーロラの光る夜は、橇《そり》のベルの生き生きとした音で賑わい、楽しいグループが毛皮に包まれ、雪のさくさくする表面を勇み立って走る。フォレスト氏のところでの生活の仕方は、特に好ましかった。朝食時間は七時ということになっていて、その後でフォレスト氏は自分の農場に出て行った。靴を履かされて全然楽しそうに見えない、一人のアイルランド人召使い女はジャガイモを茹《ゆ》でるよりほかにほとんど能がなさそうだった。それで、すべてのディナーの準備はフォレスト夫人に回ってきた。彼女は、カナダに来るまで一度も台所に立ったことがなかったのだ。私は彼女とよく台所に立ち、あるイギリスの王を悩ました問題を解く方法を学んだ。問題とは、すなわち《ヴィズ》次のようなものだ——「どのようにしてリンゴはリンゴ丸ごとパイ《アップル・ダンプリング》に入るのか」。私たちは中世的時刻《メディイーヴァル・アワー》の一二時に夕食をしたが、すべてが自家製であった。新鮮な肉は珍品だった。だが、子牛が一頭、屠殺《ほふ》られていて、数日の間ディナーに供されたが、最も驚くべきことに、毎日異なって下拵《したごしら》えをされたことで、フォレスト夫人の腕前はこれに関してアレクシス・ソワイエ（一八一〇～五八。ヴィクトリア朝英国で最も高名なフランス人シェフ）に匹敵するほどだ。一頭の飼い豚——一屠殺日《フェル・デイ》に屠殺された一一頭中の一頭——は素晴らしいハムとなった。カボチャとジャガイモが畑から採ってこられ、パンとビールは自家製の小麦とホップで作られていた。ディナーの後で、フォレスト氏と私は尋常でない能力のある馬で自然のままの道に沿って長距離を走り、夜はバガテルをしたり、朗読するのを常とした。これが開拓地での生活だった。一晩か二晩、非常に気持ちのよい近所の人が入って来た。そして、バガテルに加えて、パズル、とんち問答《カナンドラム》、奇術をした。これらの「ご近所さん」の一人は若い既婚女性で、アメリカで見た中で一番きれいな人だった。彼女はフランス系カナダ人で、それで彼女らが名を馳《は》せる人柄と礼儀作法の優雅さに加えて、持ち前の賢さと活発さがあった。私は友好的で気持ちのよい近隣の集まりを大いに楽しんだ。一定の年収のある非常に多くの紳士たちが住んでおり、カナダを自身の故郷として採用していたのは、無税を享受できる、そして体裁を維持する必要のない国での安楽のためだった。例えば、紳士は自分の馬の世話をしたり、材木馬車を駆って自分の作った農産物を市《いち》に持って行っても排他的地位を失うこともない。そして、レディは三年前に流行したドレスやボンネットを身につけていたとしても、レディであることを減じることはない。

ある朝、幾人かの午前中の訪問者という現象に驚いた——そう、カナダの開拓地での午前中の訪問者に。

私は、そのような文明の困りものや付随物が大西洋を渡って来ていることについて、ため息交じりで考えてみた。その朝の「訪問者」ハルディマンズ一家は私を大変に楽しませてくれた。彼らは大いに自分をひけらかしていた――彼らにとってカナダは「惨めな穴倉」なのだ。社会は「小作農民《ブーア》」たちから成っていた。数分後に、彼らは私に訊いていた――私は誰か――どこから来たか――そこで何をしていたのか――どのようにして友人たちと知り合ったのか――そして彼らと暮らすつもりなのか、と。ハルディマンズ氏は、私がイギリスから来たと分かると、ある美しい若い婦人を知らないかと訊ね、彼女との恋愛遊戯について詳細を語った。公爵、伯爵、子爵が彼の如才無い舌から流れ出した――「私が何とか公と狩をしたとき」とか「私がレディかんとかとワルツを踊ったとき」と。彼が求めて残念がっているのは、オペラと『オールマックス』（マリアンヌ・S・S・ハドソンの小説 *Almack's, A Novel*, 1827 初版）で、彼の幸福の絶頂がフォア・イン・ハンド（御者一人で駆る四輪馬車）の大型四輪馬車《ドラッグ》を駆っているように見えた。爵位のある社会《ソサエティ》の楽しさを最もガサツな礼儀作法で声高に喋った後で、フォレスト氏の方を向いて、「我々が出入りしていた社会《ソサエティ》の後では、いかに我々にとってこれらすべてが嫌なものであるか、あなたは想像できるのではないかと思う」と言った――思うに、ほとんど文明の台詞とは言えない。この常軌を逸した人は一人の婦人を連れて来ていたが、彼女を重要な人だと思っていた、というのは、馬車でドライブしていたとき、材木荷馬車を駆った男が彼の前の道を横切り続けていて進行を妨害したからだった。ハルディマンズ氏は徐々に激しく怒り出し、最後に激高し、馬車を跳び下り、手綱を婦人の方に投げ出し、げんこつを挙げて御者の方に猛烈な勢いで駆け出し、思いっきり金切り声で叫んだ――「血の通う人間《フレッシュ・アンド・ブラッド》（新約聖書、コリント人への第一の手紙一五・五〇）には到底耐えられん。我々のうちどっちかが消え去る《ダイ》のみだ！」」。その男は馬に鞭をくれて逃げ出し、ハルディマンズ氏はこの上なく彼を滑稽に見せた話を闇に葬ろうとしたが、無駄だった。

私たちは実際幾つかの朝の訪問をしたが、社会《ソサエティ》は非常に気持ち良く噂話はしないようだった。訪問のひとつは、カナダの最古の移民家族へのものだった。彼の場所はまさに美の極致だった。それは、人の手の入った森から形成された公園の中に建てられており、土地は絶壁の端まで広がっていて、そこから私が見た川は、陽光にキラキラ輝くときもあれば、森の中で泡立って流れるときもあった――ちょうどムーディー夫人の魅力的なオトナビー川（カチェワヌーク湖からオンタリオ州ピーターバラまで流れる川）の記述を再現したかのようだった。はるか下方で、水は暗い森の中でダイヤモンドの火花のようにきらきら光っていた。松の木が川の中に、あるいは横切って倒れていたが、木々はアメリカだけに見られる倒れ方をし、どの二本として同じ色合いのものはなかった。自然のままの蔓《つる》が崖に覆いかぶさり、その群生と巻きひげで木々を窒息させていた。そして、いくつかの場所では急流となり、他の場所では穏やかに、冷たい小川が湖へと流れ込んでいた――いかなる大胆な投機家でも、思い切って水を利権に転換しようとする勇気を持ち得なかった。

最初の騎馬は、いろんな意味で楽しいものであった。乗馬服《ライディング・ハビット》はトロントに置いてきてしまっていたが、これは難しい問題ではないようだった。フォレスト夫人の素敵な乗馬服と白い長手袋は素敵に私にぴったりだった。そして、帽子の問題は、近所の親切な人に伝言されてすぐに解決した、――彼女は丁重にとても当世風に見える羽飾り付きの帽子を送ってくれた。婦人用横鞍と優雅な馬勒・手綱があった。すべての装備はロッテン・ロー（ロンドンのハイドパークの並木。上流人が騎馬または馬車で練るのを日課とした）のそれにも劣らなかった。しかし、馬ときたら！　馬に跨《またが》る前に、勇気を「眼一杯巻き上げ」なければならなかった。その馬は素晴らしかった――一六ハンドの高さの立派な真黒な駒だったが、自分の確固至極の意志を持ち、鞍のために調教《ブロークン》されていなかった。フォレスト氏は素晴らしい鹿毛《ベイ》に乗ったが、幾らかの突飛な動きをすることなしに連続六ヤードの地面を進むことはめったに無かった。私の馬のペースはすさまじい速歩だったが、時々猛烈な疾走に突入し、そのどちらとも完全に自分の意思で振る舞い、彼を御しようとする私の思惑は全力と全体重をもってしても役立たなかった。私たちは川を見渡せる絶壁のてっぺんにきたが、そこでは馬の旋回はあまりに怖かったので、私は回転させて藪に突っ込んだ。それは明らかに差し迫った危険と危機一髪のところで助かった乗馬だったようだ。私たちは、この麗しい川の傍の雨と洪水が崖を急な下向き傾斜にうがち、もうひとつの崖の方にだらだら下っているところへ来たが、馬はそれに慣れていて、イギリスのロバでもほとんど近づく危険を冒さないだろうところへ下って連れて行った。美しさはこの小谷のすべてのものについて書けるだろう。私はこれほどきれいな岩、森、水で構成されたものを見たことがない。その上には、平坦で比較的つまらない田舎があった。それから、根を張れるところならどこでも木が茂ったこれらの断崖が、北アメリカの秋のすべての豪華な色彩を纏っている。これらの足元には狭い、光った緑の草原《サヴァンナ》があって、立派な木々がその上に生えていて、あたかも誰かが公園のような効果を出そうと熱中して植えたかのようだった。この上にダヴデイル（イングランド中央高地の小谷）の幅まで収束した小谷があり、その全体を通って、川は、ときには泡立って轟々と流れているところもあり、また別なときには花々で縁どられ、深く澄んだ淀《よど》みとなって湖に注いでいる。このサヴァンナを飛び越えると川の中に突入し、馬が脚を折る危険を冒して板橋を突破した後で、何マイルも藪や開墾地を通って砂道とひっかかる藪を下って、オンタリオ湖の小石だらけの湖岸へと馬を駆った。

　馬と装備と、乗って抜けた田舎との間の対比は、何か独特なところがある。前者はハイドパーク（ロンドン中心部にある大公園）にぴったりだった。後者は単なる藪漕《やぶこ》ぎだった——崖を下り、急流を渡り、柵の間と木材を越えてよじ上り、泥の中でもがき、顔の前の藪の枝を手で押しのけて進み、お終いにオンタリオ湖の青く深い水に馬を入れる——だが一度も、イギリスの緑道に沿っての騎乗で、カナダの野生的な景色の中でのようなすごい楽しさを味わったことがなかった。

　フォレスト氏宅で過ごした日曜日の数々は、とても楽しいものだった——最初の日曜日の暑さはほとんど耐え難く、最後の日曜日の寒さは過ぎ去りし年月のイギリスのクリスマスの頃のようだったけれど。西部カナダには多数の長老派《プレスビテリアン》がおり、彼らは純粋で素朴な信仰で、迫害した（国教に従わない長老派＝カヴェナンター［Covenanters 盟約者］の迫害）ダンディー（スコットランド東部の港）の日々に信仰契約した祖先と同じように、燃えるような熱情で真心こめて礼拝した。そして、彼らと深く結びついた古風で趣のある古い讃美歌を変わった古い調子に合わせて歌った——それは、彼らにはカナダの未開拓の森林地の間でも、低地地方《ローランズ》（スコットランド中部の低地帯の総称。北部のハイランド地方に対する呼称）の平和な村々でのように、あるいは遠く離れた高地地方《ハイランド》の峡谷でのように、甘美に響いた——私は、山風にのって来るそのゆっくりとした平坦な旋律をしばしば耳にしたものだった。「お前さん、グリニッファー《グレネッファー》（カナダ、アルバータ州）の丘の斜面《ブレー》から《フレー》来たのかい、お前さんたちはおらたちの教会《カーク》（kirk——スコットランドで教会を言う）の安息日に行っていたのかい、違いが分からないだろ《ナ・ケン》」と一人のスコットランド人老婆が言った。

そのアイルランド人は、自分が見捨てた土地に反対して熱弁を振るう——イギリス人もまたあまりにしばしば彼の貧困の記憶で苦しむので、彼をその生地に結びつける絆を断つことができないのだ——しかし我々はどこに、故国への愛が胸中における顕著な感情でないようなスコットランド人を見出すのだろうか。南部からの明るい髪色のサクソン人であろうと、飢饉のやせた手によって強制的に駆りたてられた高地から来た暗い毛と黄白色の顔のケルト人であろうと、すべての者は「彼らの国」としてスコットランドを回顧する——その名を挙げることは老人のおぼろな目に生気を焚きつけ、若者の躍る心を熱狂的に跳び上がらせる。スコットランド移民の唯一の想い出は、孤独な山腹に建つ寒い山小屋かもしれない——そこで何年もの年月が貧困と飢餓の中で経過して行ったのだが、しかし、彼にとっては地上の最愛の場所である。彼はカナダで資力を獲得し、その肥沃な土壌は、スコットランドの不毛の丘の斜面《ブレー》の土壌が決して産出しないだろうような収穫を生み出すかもしれない——しかし、どうであれ、それは彼の故郷なのだ！——彼の父祖の眠る土地なのだ——それは彼の生まれた土地なのだ。彼の夢は「山と洪水」（スコットランドのロマン派作曲家ハミッシュ・マカン作曲の序曲名［一八八七年］）のそれだ——深く入り込んだ入江に囲まれた寂しい湖と山の夢だ。そして、夏の夕暮れに紫色の光が森の上を流れるとき、彼は同じ光線がモーヴェン（スコットランドの山）やクチュリンズ（スコットランド、スカイ島の峰）に落ち、そして空中に行きわたる柔らかい音は羊飼いのパイプ（オーボエ）のこだまだと夢想する。彼は人生の最々後の時間まで、どこかせせらぐ小川の畔《ほとり》の農場へ戻るという考えを大切にしている。彼は決して、自分の山がちの土地に向かって心の奥底から、次のメランコリックな言葉を言い表すように自分を持ちこむことはできない——「チェ・ティル・ナ・トゥイレ」原注15と。監督派教会《エピスコパル・チャーチ》はたったの二マイルのところにあったが、板道の上をひどく無慈悲にガタガタ揺すぶられて行き、そこは板の多くが、推測してみようという気になれない深さに泥の海の中に傾いていた。美しいイギリスでさえ、私はこの会衆の集まり以上の美しい光景をみたことがない。教会は非常に急峻な小山の上に建てられており、基礎はほとんど川に取り囲まれていた。その近くに長い小屋があり、その中に礼拝の間、馬が繋がれていて、ヒヒーンと鳴いたり蹴ったりというような小さな交戦の音が時々教会の中に漏れ聞こえてきた。建物は内部は明るくきれいで、とても簡素ではあったが、素晴らしく趣味がよかった。そして、オルガンは無かったが、会衆の若い人々の歌声と唱和は故郷の私の町の教会の最もよいものに匹敵する。貧しい身なりの人はなく、皆幸福でたくましく、独立して見えた。真っ赤に光る樫や楓の葉は窓に押しつけられ、太陽の光の中でどこかステンドグラスのような外観を与えていた。川のさざ波が下方から聞こえ、私たちを取り巻き、はるかかなたの森へと延びていた。ここで偉大なる霊《マニトウ》（インディアンに伝わる霊）がかつて崇められていたが、今はより純粋な信仰が君臨し、人々の忠節は「教会へ行く鐘の音《ね》」によって我々の軍隊の銃剣によるよりさらに固く確立されている。これらの天を指し示す尖塔はカナダとイギリスの間を結び付けるものだ。それらは、**創造主**にひざまずくことを最初に教えられた蔦に覆われた教会、そしてその壁のまわりの清められた墓地《ダスト》——そこに父祖の聖なる灰が眠る——を想い起こさせる。

　イギリスの法律によって守られており、その自由の標準の影の下に生きている人々の間には、イングランドへの大きな愛着がある。多くの事例で、蒙った過ちの記憶、耐え忍んだ危害の記憶、絶望的貧困と十分に報いられない骨の折れる仕事の記憶が、国を追われた人々の心を、最後の息まで、生まれた国へと結び付ける、あの最も聖なる、神聖なる絆を断ち切ることはできないのだ。

この楽しい国にいて人々が不平をこぼす大きな患いは、内働きの召使いを得ることの困難さと、その資格要件を持っていると言って顔を出すとんでもない人間の見本である。誰でもいいからといっても雇うのも困難だし、獲得された者たちはもっぱらアイルランド人ローマ・カトリック教徒であり、彼女らは靴を履くのは多大な苦難と考え、主人を「ボス」と呼ぶ。私が尋ねたある家では、召使い《サーヴァント》つまり「お手伝《ヘルプ》いさん」は、身を低くしてディナーを運ぶ仕事をした後で、整理箪笥から本を取りあげて、それを読むためにソファに座った。行動について忠告されると、彼女は応えた――「手伝《ヘルプ》ってやっている家の人々が、若い女性が心を改善するのに異議を唱えるような家には、一時間も留まらないでしょうね」。トロントのあるホテルで、ある客室係の女がもう一人の係を指して、「あの若い淑女《レディ》があなたを部屋に案内してくれるでしょう」と言った。私はたった三日間でさえ後悔の念をもってフォレスト氏の家を離れていたのだが、ある非常に湿っぽい朝に九マイル馬車で行き、水上交通で二時間かかってトロントに着いたが、そこでいつものように波止場で私は「波止場使用料」のやかましい請求の挨拶を受けた。ラッセルズホテルでウォルレンス一家と他の気持ちのよい知り合いに出会ったが、すべての人々に関してどちらかというと差別の欠如だと私が考えるものに驚いた。私はクロムウェルをはじめとして、幾人かの故人となった、あるいは生存している王室の人々に加えて、スコット、バイロン、ウェリントン、ラッセル、パーマストン、ウィルバーフォース、ディケンズなどの貴重な手紙が含まれている貴重な真筆の収集を見せていた。諸王、政治家、詩人の亡霊がほとんど現れそうにそそのかされようとしていたはずが、そのとき、リチャード・コブデン（一八〇四～六五。英国の政治家。自由放任主義者で自由貿易を主張し、J・ブライトとともに穀物法反対運動を成功させた）のサインがそれら皆を圧倒した。

［原注15］私たちは二度と帰らない。

第一一章　ナイアガラを見ずして

「あなたは滝《ザ・フォールズ》を見たことがある？」――「いいえ」「それじゃ、あなたはアメリカの何も見ていないのと同じよ」。私はトレントン滝、ジェネシー滝、モンモランシーとロレッティの滝（マニトバ州）を見たには違いない。でも、ナイアガラ瀑布（何を措いても《パール・エクセランス》）を見ていないとしたら何も見ていないのだ。合衆国の友人たちがナイアガラに行くべきだと熱心に勧めるいろいろな理由がある。ひとつは、しょっちゅう言われたように、私が見物したすべてのものは、「祈りの眼《プレイヤー・アイズ》」（イリノイ州――Th. Ch. Haliburton, *The Clockmaker*, etc. 1836参照）でさえ、帰国すれば無に帰するというものだ、というのは、英国で、アメリカはひとつの町――ニューヨークと、ナイアガラと呼ばれるひとつの驚くべき自然現象を含んだ広大な国と考えられているからだ。「ニューヨーク、ケベックそれにナイアガラを見なさい」は、私が旅行に出るときに受けた指示だった。私は決して、どうやってか知らないが、どうにかこうにかして、最も幼少の頃から、ナイアガラの名前はよく知っており、私が見た多数の絵から思うには馬蹄の滝《ホースシュー・フォール》（カナダ滝）の絵を非常に正確に描くことができた。ポートランドに上陸して以来、不断にナイアガラに夢中で歓喜している人に会った。そしてそのしぶきの光景の中を通り、その唸《うな》り声を聞いた後では――すべての階級のすべての人々にとってのアトラクションの素晴らしい中心であることを見た後では――、それを自分で見たいという願望は絶対的なものになった。多数の困難がもち上がっており、一時はそれを見るという希望をがっかりして諦めていたが、そのとき、ウォルレンス夫妻が親切に、一緒に行くかと言ってくれた――ナイアガラ経由で東部へ戻るのであった。

この出来事の予想と、「セヴァストーポリの奪取」を祝う騒ぎの間にあって、私はトロントを出発する前夜ほとんど眠らず、夜明けの寒い灰色がタール樽とガス灯の灯りを消したとき、少しも心残りがなかった。鉄の蒸気船ピアレス号（「無比」の意）でオンタリオ湖を渡った。湖はいつものように荒れており、二時間のずぶ濡れの甲板散歩の後で、客室に引っ込んで、ナイアガラそのものがそこへの旅の不快さを補えるのかしらと夢見心地の時間を過ごした。D…船長は厳かに、下では「随分沢山の事例」があったと報せてくれたが、人々がこの船でよりもひどい嘆かわしい船酔いになったのに出会ったことはなかった。一七回も赤道《ザ・ライン》を横切ったことのある一人のインド人士官が、オンタリオ湖で初めて船酔いした。短気で怒りっぽい三角波の立つ海は、ほとんどの人に作用を及ぼす。サロンで波の影響を受けて心を乱されることのなかった唯一の人々は二人の背の高い女学生だけで、彼女らは互いの間で無数の告白・秘めごとを囁《ささや》き交わしているふうだった。

ナイアガラの波止場に着いたが、ここはナイアガラ川のイギリス側（カナダ側）の町だった――「バッファロー行きの列車、全員御乗車ください」――そして乗降場をちょっと横切ってカナダの列車に乗り、幾つかのもの凄い崖の頂上で、そして凄いカーブをぐるっと回って、ナイアガラのクリフトン・ハウスへぐるぐる回って届けられた。私は列車を離れて断崖の縁《ふち》へ坂を下って行った。ランチにホテルに呼んでくれていた友人たちを忘れていた――すべてのことを忘れていた――なぜかというと、ナイアガラの滝を見ていたからだ。

これ以上のものはない！――今なんとすごいものを見ているのだろう。
あの遠くの洪水が立ち上がることで？
より愛しい美しい流れの何千が
私自身の山の国を潤す

そしてそこから荒野と大洋の路を越えて
彼らの野生の甘い声が私を呼び戻した

彼らは私を多くの草生えの低地《グレイド》へと呼び戻した
私の子ども時代の行きつけの場所
そこは樺の木影の中で明るく
その水が輝き去った――
彼らは千の波で私を呼びもどした
私の父の丘と墳墓へと

ヘマンズ夫人（フェリシア、一七九三～一八三五。イングランドの詩人。引用は*The Traveller at the Source of the Nile*）がナイルの源流でのジェイムズ・ブルースに帰した感情（ヘマンズ夫人は上記の詩を、スコットランドの旅行家かつ旅行作家ジェイムズ・ブルース［一七三四～九四］に依拠して書いた）は私のナイアガラの第一印象の感情そのものだった。私の右手の幾らか遠くの馬蹄の滝《ホースシュー・フォール》は部分的に隠れているが、私の真正面にはアメリカ滝とクレッセント滝（カナダ、アルバータにある滝――「三日月滝」の意）があった。前者は完全に真正面にあり、巨大な水車用ダムのように見える。この類似性は、合衆国最大の製紙工場と言われる大きな木製の多くの窓穴のあいた構造物によって一層高められている。水車の山のような集積がこのロマンチックな地点を損じているが、それはマンチェスターの名前を受け、繁栄する工業都市になりそうである。英国領側においてさえ――そこでは人は物事がよりよいものと望みをかけるだろうが――、雨後の筍のように博物館、土産《みやげ》店、居酒屋、ピカピカの錫《すず》の円天井の付いた神殿の塔《パゴダ》が大発生している。私が立っているところから遠くないところで、一組のピクニックのメンバーがふざけたり、陽気に笑ったりしていて、ひな鳥の骨や桃の種を崖の向こうに投げ、シャンパンやソーダ水を飲んでいた。ナイアガラをじっと見るために必要な精神的忘我の適切な境地に達したすぐ後に、襤褸を着た屋根なし馬車《ドロスキー》の御者が近づいてきて、「お嬢様《イェ・アナー》、馬車にお乗んなりたくはないかね。全部連れていけますんで——ゴートアイランド（ナイアガラ川の小島——「山羊島」の意）、ファールプール（ナイアガラ川の大滝——「渦巻」の意）、デヴィルズ・ホール（ナイアガラ河畔の州立公園——「悪魔の穴」の意）——それで四ドルがとこでさ」。ナイアガラはちょっとした「ひと回り《ア・ラウンド》」になって、ドルとセントについて私が平静でいられるにはあまりに大きすぎた。それで失望の感情を失くする希望を持って、クリフトン・ハウスへ入って行った——出入り口に群がるホロ酔い加減の御者《ドロスキー・ドライヴァー》たちの誘いの一斉射撃に耐えながら。

アメリカ式で運営されているこの有名なホテル（クリフトン・ハウス——一八三五年、ハーマナス・クリフトン〔アメリカ生まれ、カナダに移住〕により建築。二度の火災の後、シェラトン・オン・ザ・フォールズ・ホテルに引き継がれた）は、周りを三つの緑のベランダに囲まれた巨大な白いレンガの建物で、四〇〇〇人を泊めることができる。夏のシーズン中はほとんど比類ない歓楽の住処だ。ここに旅行者、商人、弁護士、役人、上院議員、金持ちの南部人、青白い東部沿岸人が集い、等しく皆、仕事や暑さから逃げ出したものだ。ここですべての階級が、最高の地位を持つ者、失うべき地位もない者が出会う。また偶々《たまたま》数ドルを手にする幸運に恵まれた者、富の鉱脈が賭博場にある者——すべてが当面、完全な平等の条件下に集う。屋内外のダンスパーティーが、夜にパーティーとピクニックに続いた。その最も目新しいものは、ホテル前の美しい庭園で催されるものだ。この庭園は、明かりに照らされた広々とした芝生がある。そしてここで、「夏の夜の夢」（シェイクスピア）でのように、訪れた者は目に見えない音楽の旋律に合わせて夏の夜を踊る。しかし、二度目に瀑布を訪れたとき、すべての歓楽は終わっていた。ビジネスマンは都市へ戻り、南部人は日の照る家に飛び去っていた——家の一部分は閉められ、二〇〇人分ものテーブルのある大ダイニンググルームに二五人と座って昼食を摂ったが、ほとんどは極めて反発を覚える様相のアメリカ人とドイツ人だった。「五分後に全員ご乗車《ファイブ・ミニッツ・オール・アボード》」様式のこの食事の後で、観光旅行に出かけた。テーブルロック（ナイアガラの観瀑地点）に静かに腰掛け大滝をじっと見上げるのを許される代わりに、想定された必然的要求に従って訪問者は退屈なひと回り《ア・ラウンド》を回らせられる——正面からも、上からも、下からも滝を見なければならない。滝の背後に回り、ずぶ濡れにならなければならない。四肢の危険を冒しながら螺旋《らせん》階段を降りて行き、命の危険を冒しながら渡し場を渡らねばならない。血の流れ《ブラッディ・ラン》（インディアンの対英国戦争であるポンティアック戦争の戦場）、バーニング・スプリングズ（西ヴァージニア。天然ガスの産出が地名の由来）やインディアンの土産《みやげ》店（インディアンとは全く何の関係も無い）にも行かなければならない。そして、弱くて哀れな人間が「ナイアガラ見物《ドゥーイング・ナイアガラ》」によって完全に驚きあきれ、くたくたになると、本当に見に来たもののところへと、こっそりと逃れていくのを許される。それは、威厳、崇高、畏れの随伴物のすべてを備えた巨大な馬蹄の滝《ホースシュー・フォール》だ。

　クリフトン・ハウスの玄関の回りに二〇人ほどの襤褸の服を着た騒々しい屋根なし馬車の御者《ドロスキー・ドライヴァー》たちがいて、皆「お客《フェア》」を求めて大声で叫んでいた。「ゴート・アイランドへ行きたいんだけど、いくら？」「五ドル」「おれは四ドル半で行くよ」「いやお客さん、そいつはいかさま師《チート》で悪党《ブラックガード》だ。おらは四ドルで連れて行くで」「おれは誰にも負けず安く行くよ」と襤褸を着た男が叫ぶ。「三ドルで行くで」「よろしい」「おれはこいつと同じ値段でいくで。そいつは酔っぱらいで、そいつの車は御婦人が足を踏み入れるような代物でない」と最初に五ドルと言った男が叫んだ。この後で、彼らはいつもの乱闘《ミリー》を開始し、強打で撃ち撃たれ、しばしば「ボーンズ・オブ・セント・パトリック」（聖パトリックの聖遺骨を向けて呪う）の引喩が投げつけられた。とうとう襤褸を着た私たちの友人は戸口まで乗り付けることができたが、彼の馬車は本当に女性向きでないことが分かった――ほとんどの場所の詰め物がむき出しで、踏み段と泥除《よ》け板は定位置に縄で繋がれているだけだった。叫び声と口論にはナイアガラが伴奏をつけ、その深く恐ろしい轟《とどろ》きの低音《バス》はその他のすべての音をかき消してしまう。

　ナイアガラ川の崖の土手沿いを二マイルにわたって走ったが、崖は二五〇フィートの高さがあり、欄干はなく、緑色の深い激しい流れが下で暴れていた。サスペンション橋で六〇セントの通行料が請求されたが、ウォルレンス氏が出した二枚の五ドル紙幣はただの紙くずだと言って傲然と拒否された。四四〇トンの重さの列車が最近通過した、この驚異的な橋は、全長八〇〇フィートあり、二段車線で、上の階は鉄道が使っている。橋床は川面上二三〇フィートの高さがあり、その直下の川深は二五〇フィートもあるのだ！　そこからの景色は壮大だ。左に向かうと、猛り狂った川が狭い空間に閉じ込められてファールプール川へと早瀬となって走る。そして右側へ向かっては、馬蹄の滝《ホースシュー・フォール》が暗くて決して窺うことのできない深淵へと奔流を注いでいる。アメリカ側に着いたとき、税関吏に密輸者ではないと宣誓しなければならない。それから部分的には切り株に覆われ、ときには穴だらけの恐るべき道を、ひとつを越え、ひとつを抜けて、半分ほろ酔いの御者はガタガタ揺すぶりながら連れて来て、とうとう私たちはナイアガラ瀑布から一〇〇〇マイルも離れたいとのぞむまでになった。「来ましたで、全く！　全く大半、ほとんどおれ一人でやったんでねえけ？」と御者は絶叫したが、一跳ねで彼は席からほとんど泥よけに放り出されんばかりだった。

　ナイアガラフォールズとマンチェスターの名前の付いた町を通り抜けたが、そこはティー・ガーデン、土産《みやげ》店、巨大ホテルと輝く錫のドームの集塊だった。急な丘を駆け下り、非常にあぶなっかしい見かけの木橋を渡って小さな森の島へと渡ったが、そこで強い鼻声で話す男が二五セントの通行料を請求し、ほどなく私たちはそれほど大きくない急流上に掛かった長い橋を渡った。

　曇った朝が、光と影の変化に富んだ輝かしい昼へと変わった。にわか雨が少し降り、キラキラ輝く雨粒がすべての葉と小枝にぶら下がっていた。虹がナイアガラ川を跨《また》いで掛かり、葉はアメリカの秋の燦爛《さんらん》たる紅と深紅の色合いを纏っていた。太陽と空は機嫌よかった。まさにナイアガラの見物の季節と日和だった。喧嘩早い御者《ドロスキー・ドライヴァー》たち、不釣り合いな水車、何千というこの場所の安ピカは、すべて景色の完全な美の中で忘れられた――ナイアガラへの私の幻想は楽しく完全に実現されている。美と恐怖がここでは完璧な結合を果たしていた。素敵な木と蔓《つる》の葉に覆われ、人間の足によっては踏みつけられない苔が敷き詰められた小島の周りには、水は野生の混沌の中で思うがままに荒れ沸き泡立っていた――私たちが立っている震える橋の下を意にも介さず運尽きて落ちるまでひた走っていた。この場所は「水の地獄《ヘル・オブ・ウォーターズ》」と呼ばれ、一個に限らない恐ろしい悲劇の場だった。

この橋は私たちをアイリス島（虹の女神イリスより。ゴート・アイランドの前名）へと導いたが、それは、不断に取り囲み空に舞う虹からその名が来たのだ。地上の美のすべてがアイリス島で見つけられる。それは水の永遠の騒々しい音の真っただ中に立っていて、カナダ滝とアメリカ滝の間の障壁になっている。六二エーカー以上の広がりはなく、それでも巨大な森の木立があって、その下のはるか深い影の中に隔絶された道は、見たところ忙しい世間から遥かに引き離されているが、しかし地球のあらゆる場所から来る何千人もの人々が年々その美の路を踏みしめる。眼がくらむような小道のてっぺんで立ち止まり、何か珍しいものを買い求めるウォルレンス夫妻を残し、下ってゆらゆらする人道橋を渡ってクレッセント川とアメリカ滝の間にあるルナ島（「月島」の意）に一人立った。この麗しいこんもりと繁った小さな地点は身震いすると言われており、どんな波でも掃き浚《さら》ってしまいそうに見えるが、無比の壮麗な景色を持つ。そこからアメリカ側の急流全体を眺めることができるが、それは渦巻き荒れ狂って下り、陽のあたる小島にまるでその美に嫉妬しているかのように激しくぶつかる。カナダ滝は私の左手にあった。目を移すと正面は真紅の森がひろがる。場所の不釣り合いは眼に入らなかった。そして私の足元ではアメリカ滝が幅広の布となって畏るべき荘厳の中に身を翻していく。急流の荒々しさは、その抗《あらが》うことのできない力を見たことのない人には想像できかねる。荒れ狂う水は、まるで空に対して怒っているかのように上方に撒《ま》き散らされる。ギザギザの頂点が波間から見える岩は、あたかも超自然の力が働いているかのように素早い泡立つ波を振り払う。波はますます滝に近くなって、刻一刻さらに荒れ狂う。波はその縁《ふち》に近づくにつれて後ずさりするように見える。一瞬の静けさが続き、それからすべての前駆者のように、一緒くたになって深淵に落ちていく。この光景には、何か非常に興奮させるものがある。ナイアガラに人間の苦悶と不安の感情を賦与せざるを得ない。滝が示す現象を見て、人は新たな感覚を体感するが、それは恐怖でも、驚異でも、尊崇でもない何かだ。滝への訪れが、最も事実拘泥《こうでい》的な人をも電撃《ガルヴァナイズ》して、つかの間想像力を働かせるよう刺激する様を見て驚いた。

弱音器の付いたドラムの音があまりにしばしばトランペットの音に伴うように、ルナ島の美しさは、最近起きた恐怖の顚末と結び付いて心に永遠に残るに違いない。ナイアガラは最高に賑やかな時期で、夏が最高に熱いときだったが、そのとき楽しい一団がルナ島で一日を過ごしに行った。それはデフォレスト夫妻とその美しい子どもの「ネッティ」、非常な才能と将来のある若者アディントン氏と他に数人がいた。六月の素敵な夕べのことで、月明かりが沈む夕日の閃光と上昇を競っていた。一団の年長者たちが、疲れてきたので、休憩するためにアイリス島の椅子の方に進んでいて、デフォレスト氏がネッティに「こっちへ来なさい、いい子だから、水の傍に近づくんじゃないよ」と呼びかけた。「大丈夫ですよ——好きにさせておいたら——私が見張っていますよ」とアディントン氏が言った、というのは、その子どもはとても愛らしく、大人気者だったからで、一団の若い者たちはルナ島に向かって出発した。ネッティは大はしゃぎで、アディントン氏の上着を引っ張っていた。「ああ！　いたずらっ子、捕まえちゃうよ」と彼女をつかまえて言った——「投げ込んじゃおうかな？」。彼女は彼の腕から前に跳び出したが、ほんの一歩遠くへ行き過ぎ、唸り声をあげる急流に落ちてしまった。「おお神様！　お助けください——彼女は行ってしまった！」と若者は叫んで、水に飛び込んだ。彼はネッティを捕まえ、ひとつ二つの強力な水掻きによって、渦巻く流れの助けによって、島の近くに運ばれた。もう一瞬後には驚愕した仲間たちは彼を捉えることができたはずだった。だがしかし——二人にそのときは来たのだ。激流の波が彼らの側を通過した。アディントン氏の唇から刺すような叫びが漏れた——「神様、お助けください、おお魂をお救いください！」。そして互いの腕を組んで二人は運命の滝の上を運ばれて行った。駆け抜ける急流は前方へ渦巻き、人間の苦悶の、悲惨で絶望的な叫びをものともせず、二人の身体は、若い花の盛りに永遠へと急き立てられて、数日間見つけられなかった。デフォレスト夫人は娘の運命を永くは持ち堪えられなかった。

案内人がもうひとつの話をしてくれたが、これは読者が関心を持つかもしれない、というのは、インディアンの詩的な伝説のひとつだからだ。それは今ははるか昔に起きたことで、当時インディアンがグレイト・スピリッツを、その力の現れを眼にしたところで崇拝していた時代だった。ここでは**神格**の現存が森林を鳴動させ、地面を揺らしたが、インディアンたちは年に一度、生贄《いけにえ》を捧げて、人知れぬ深い裂け目へと水の霊によって運ばれるのだった。毎年、葉月八月に、首長《セイチャム》は言葉を陳《の》べ、それから果物、花が白いカヌーにぎっしり詰め込まれ、諸部族の中で一番美しい娘によって漕がれる決まりだった。

部族はグレイト・スピリットの神殿に捧げる花の盛りの捧げものを浮かべる順番が来たとき、そのことを大変に名誉あることだと考え、さらにそれ以上の誉《ほまれ》は犠牲にふさわしいとされた娘にあった。

セネカ族（アメリカインディアンのイロクォイ五族中最大の部族）の最も誇り高き酋長《しゅうちょう》のオロントには、レナという名の一人娘がいた。酋長は有名な恐るべき戦士であった。多くの血なまぐさい闘いで一本の鷲の羽根飾りはなびき、常に戦では手斧と戦斧《トマホーク》の赤い痕を残した。年月は過ぎ行き、そしてどの年もナイアガラの当時未踏査の滝の雷神《いかづち》への夏の供物が贈られた。オロントは彼の部族が順次歓呼して捧げた生贄の供犠に続く多くの祝祭で踊った。彼は、その子どもたちがかくしてテント小屋《ウィグワム》から連れ去られて、唸り声を上げる水の墓に委ねられた子どもたちの父親の立場になって感じることはなかった。妻のカルマは敵兵の矢に当たって倒れていたが、敵の血をもって先立たれた愛妻の凄惨な復讐を果たしていた。それから一五年が過ぎ、カルマが残した幼児は美しい娘へと成長した。犠牲の日が来た。その年はセネカ族の番に当たっていて、レナは部族一の美しい娘として知れ渡っていた。月光照らすときは来て、祝祭の踊りは続く。オロントは涙することもなく娘と、グレイト・スピリッツが支配する幸福な猟場で会おうと別れた。集まったインディアンから勝ち鬨《どき》の叫びが上がる。首長《セイチャム》の放った白いカヌーが土手から走り出したが、それが岸から離れ終わる前に、岸からもう一艘の踊る小舟が渦巻く水の上に躍り出、二艘は永遠への航海へと旅立ってしまった。

最初のカヌーは捧げものであるレナを乗せ、彼女は果物と花の真ん中に座っていた。第二のカヌーには、セネカ族の誇り高き首長オロントがいた。どちらも今にも下り落ちる間際に静止し、次いで渦巻く急流に一緒に乗るように見える。心配と情愛とのひとつに混じり合った視線が交わされ、野蛮人の叫び声で森がこだまする間に、オロントとレナは白いカヌーにのって深淵の中へ飛び込んでいく原注16。

この荒々しい伝説は大滝の完全に見えるところで案内人によって語られたものだが、あまりにリアルで真に迫っていたので、以下のようにきつい鼻音の東部沿岸地方（特にメイン州）の訛りで話しかけられた私はいささかはっとした――「さて、旅のお人、お前様はこれまででえち番ええ水を目の前にしてあんなさると思うでごぜえます」。私の思いもまた油紙の服を着て、風穴《ケイヴ・オブ・ウィンズ》へのひどく崩れかかった階段を這い降りる必要があるという事実に呼びもどされた――「決まったやり方《レギュレイション・マナー》」でナイアガラを「体験する《ドゥー》」ために。この洞は一部がアメリカ滝の後ろになっていて、ひゅうひゅう音を立てる風と絶えず飛び散る小渦の住処だ。それは断然素敵なシャワー風呂だが、その日はどちらかというとその贅沢を楽しむにはあまり寒過ぎた。私は別の急な道を下りて行き、大急流《グランド・ラピッズ》の一部に掛かる不安定な人道橋を渡った後で展望塔《プロスペクト・タワー》に登った。これはホースシュー滝の淵ぎりぎりに建てられた四五フィートの高さの石の建物である。人々はこの塔の周りのバルコニーに立っていると、死にたくないのに自殺を意図しているかのように感じると言われている。私自身はそういう体験をしなかったが、多分それは唯一人の連れがホロ酔いのアイルランド人の屋根なし馬車御者《ドロスキー・ドライヴァー》だけだったからだろう。この塔からの見晴らしは恐ろしい――構造物はこれまでに二度吹き飛ばされたし、恐らくいかなる石工技術もその基底部を襲う水の強襲に永続的に耐え得る力がなかったのだ。

あたかもしきりに恐るべき跳躍をしたがっているかのように、麗しい大波が飛び下りて来る。波は落ちる

［原注16］私はこれら二つの逸話のどちらも、出来得る限り、案内人によって語られたと同じ大げさな言葉で記した。

岩棚に沿って一瞬、一枚の鮮明な輝かしい緑のシートとなり静止する。次の瞬間には、降りしきる雪の奔流のように落ち、互いに追いかけ合い、終にごうごうと轟《とどろ》き、シューシューと音を立てて奈落の底へと辿りつき、一〇〇フィートの高さの飛沫を吹きあげる。それを説明できる既存の言葉はどこにもなく、いかなる画家と言えども最もかけ離れたその似姿すら与え得ない。それは偉大なる創造主の御声であり、その名は、イロクォイ族（モホーク、オネイダ、オノンダガ、カユーガ、セネカの五部族連合。語尾の「クォイ」はフランス語の影響）の美しい言語で「水の雷鳴《サンダー・オブ・ウォターズ》」を指示する。この塔から見れば、上方に、頭がぐらぐらする泡の渦巻きが落ちる一枚の紙のような大急流《グランド・ラピッズ》を見、下方に、まさに大釜《カルドロン》そのものの中を見下ろし（もしできるものならば）、きらきら光る緑の波が泡と霧の中に消滅するのを見ることになる。そして背後の岸を振り返れば、さっき渡って来た脆い橋が次の瞬間に洗い流されるのではないかと考えて、ぞっとする。私はぐらぐらする階段を下りながら、私の人生の願望のひとつはナイアガラを見たことで満たされたように感じた。

　内部に座った姿の骨のある幾つかの墓が最近アイリス島で発見され、それは恐らく、その無知の状態においてグレイト・スピリットをその全能の声の中にあって信仰していた先住民族の遺跡らしかった。橋の上で立ち止まり、もう一度その激流の中の諸小島を見てから、バス島（「風呂島」の意）に立ち寄ったが、それはそれ自体はきれいだったが、際立って毛むくじゃらのアメリカ人の存在によって神聖さを汚されていた――彼は「アイスクリーム」や「インディアン土産《みやげ》店」と大きな文字でペンキ書きされた料金所を預かっていた。また別の橋によって本土に渡った。そして、景色の美しさと崇高さによって直ちに圧倒されはしたものの、突然に私は次の考えに撃たれてしまった――すなわち、ナイアガラを「全能の素晴らしい水利」と呼んだヤンキーは、その定義において許容範囲で正しかったのだ、というのは、大製材所と製紙場のために数ヵ所の方向に水が引かれていたからだ。

　インディアンの土産物店で幾つかの買い物をしたが、そこで商品価値のおよそ六倍を支払い、そうしている間に私たちの御者は「ちょっと温かいもの《サマト・ウォーム》」(アルコール)を享受する機会を得、ほとんど直ちにそれで私たちはちょっと冷たいものを得る結果となった、というのは二度、切り株に乗り上げて走り、引っくり返って私たちを池に落とす寸前まで行ったからだ。吊り橋を渡って私たちはV・R《クィーン・ヴィクトリア》(ラテン語表記ヴィクトリア女王Victoria Reginaの略語)税関所に着いたが、そこでうんざりする滞留が決まって生じる。しかし、スコットランド人官吏にゲール語で数語話しかけたことが魔法のような効果を引き起こした、だが何か密輸品を持っていても同じようなものだったろう。三マイル走って渦巻きのところに連れて行かれた。三〇〇フィートほどの高さの巨大な断崖が水の中に聳《そび》えて塞《せ》き止め、その激烈な奔流を押し止めるので、その猛威は水を中央で立ち上げ、空中数フィートまで噴き上げていた。その狂暴さは抑え切れず、滝を越えて噴き上げられた人々の身体は身の毛もよだつ踊りで渦巻き、しばしばばらばらに分解するまでになった。渦巻きには何ら賛仰を掻き立てるところはない。それが心に残す印象は極めて不快なものだ。

もうひとつの嫌な必要性は川岸の土手の暗くて深い裂け目を訪れることで、これは非常に暗鬱な地点だ。この悪魔《デヴィル》と名付けられた洞穴《キャヴィティ》は、これまでいちども光線の影響を受けたことがない。どっしりした断崖がその上に立ち上がり、細い流れが血の流れ《ブラッディ・ラン》という恐ろしい名を帯びて、この断崖から裂け目に注いでいる。大抵の人々にとって恐ろしさと神秘さには奇妙に魅了するものがあり、ウォルレンス氏の警戒する眼付きと嘆願の身振り(彼は妻の弱い神経に与える物語の効果を恐れたのだ)にもかかわらず、私は裂け目の脇に腰かけて、ブラッディ・ランの名の由来を尋ねた。白状するが、大口をあけている中を覗き込んだとき、想像が物語(それだけで十分悪いものだ)に恐怖をさらに加味したのだった。

一七五九年に、フランス人は、セネカ・インディアンを雇っていたが、英国人の周りをうろついていたおり、大兵站《へいたん》物資が一〇〇人の正規軍に守られてイギリス軍によってナイアガラ要塞からシュロッサー要塞(両要塞ともエリー湖とオンタリオ湖を繋ぐ地点にあった)まで運ばれていたのだ。セネカ族の残虐な首長は、約束の頭皮の報酬をもらえるのを当てにして、数百を数える選ばれた勇士をもって待ち伏せさせていた。悪魔の穴《デヴィルズ・ホール》が選ばれた地点だった——それは血なまぐさい計画の目的を達成するために出来ているようだった。八月の暑くて蒸し蒸しする日で、英国軍はつらい進軍中、散り散りにぶらぶらしていたが、終に疲れか好奇心かに克服されて崖の岸近くに座っていた。恐ろしい鬨の声が上がり、銃弾の一斉射撃が伴い、インディアンは繁みから飛び出し、残忍さと「火酒《ファイア・ウォーター》」の影響が一緒になって、不幸な犠牲者たちが武器をとって立ち上がる間もなく飛びかかって、その場で戦斧《トマホーク》を振るって殺戮《さつりく》した。馬車、馬、兵士、御者はそれから崖の上から投げ出され、小さな流れはナイアガラ川に人間の血《ゴア》で紫色に染まった急流を流し込んだ。たった二人だけが逃げ出して、恐ろしい物語を語った。数年前に、骨、武器、壊れた車輪が岩の間で見つかった——ちっぽけな小流に恐怖を起こさせるブラッディ・ラン（血の流れ）の名が与えられた残忍な仕業の遺品《メメント》である。

　クリフトン・ハウスで買い物を預けた後で——給仕が品物を錠前と鍵をかけて置いていくように警告した——、観光が終わり、とうとう本当に眺めるために来たもの——ナイアガラの滝——を見ることができることを望んだ。しかし、何ということか、さらに犠牲者となることになっていたのだった。「大なる瀑布の布の裏」を行かなければならず、ウォルレンス夫妻は行こうと言わなかった。彼らの言うには、自分たちの頭はそれを許さないだろうが、しかしイギリス人女性たる私は行かねばならない、と。アメリカではイギリスの女性の能力は非常に過大評価されている。彼女たちはどんな天候でも外出するし、一日に一〇マイルは必ず歩く、馬に乗って五筋の塀を跳び越えるとされている。「断固たる必然の呵責ない法則」（サミュエル・エルズ、演説、一八三六年）に屈して、ロックハウスへ行き、とても優しい一少女が一揃いの油加工した綿布《キャラコ》を出してきた。私はコート、帽子、ドレスを脱いだ。彼女は言った——「おお、全部取り替えなければなりませんわ、ひどく濡れていいますもの」。時間を節約するために、衣服のさまざまな一式を脱ぐのをためらいつづけていたが、いつも同じ答えが帰ってき、とうとう完全に服装を替えることに身を委ねた。鏡を覗き込んで、アイルランドのハイウェイで物乞いをするのを見るのと全く同じぼろを着ている人《タッターデメリアン》を眺めた――もっとも、そのドレスには最も生き生きとした想像力でもこじつけて絵のように見せられるようなものは何もなかったのだが。この奇妙な装備の外面は脂加工した綿布《キャラコ》のフード、運送人夫の仕事着《フロック》のような衣装、青い梳毛織物《ウーステッド》のストッキング、あまりに大きすぎるインドゴムの靴から成っていた。私の姿はあまりに滑稽なので厳粛な友人たちの笑いを催させ、ドアの周りに屯《たむろ》している人々の鞭打ち刑《ゴーントレット》の列の間を通り抜ける決心をする前に、何人もの人々がすでに同じ衣装で出かけていたことをつくづく考えてみなければならなかった。ここで最高にぞっとする見かけの一人の黒人の案内人が待ち構えていて、完全な泥の海をやっと切り抜けて、テーブルロックの下へ移動するための立て坑《こう》に辿り着いた。友人たちは明らかに私の姿を恥ずかしがっていたが、しかし私が安全に戻ることを祈ってここで会い、案内人に続いて、ひどく暗く、大変に修復を欠いた螺旋階段を下っていった。

　この階段を離れて、頁岩の破片で覆われた細い道を案内人の後をついて行った――上にはテーブルロックが、下には深い淵があった。寒い、湿った風が私に向かって吹いてきて、鋭く打ちつける雨が続いて、道はさらに滑り易く困難になった。それでもまだ瀑布に近づいていず、微かにとは言えない目まいを感じた。急速に進路の困難な地点に到着した――強烈な突風にほとんど吹き飛ばされそうになった。雨のように注ぐ飛沫《しぶき》が目をくらました。全く聞こえず半分溺れかけた。引き返したくなって、案内人の進行を止めるのに声を使ってみた。金切り声まで張り上げたが、しかし瀑布の音にかき消された。黒人は私の不如意を見て、手を伸ばしてきた。そこでその手を摑んでいてさえ畏れ戦《おのの》いていた――「スス［煤《ブラック》］がつく《カム・オッフ》」（Charles Dickens, *Tom Tiddler's Ground*, 1861. 田辺洋子訳「トム・ティドラーの陣地」『クリスマス・ストーリーズ』渓水社、二〇一一。台詞は握手を求められた鋳掛け屋が、手に煤が付くよと警告したもの）という子どもっぽい考えから全く自由にはなれなかったからだ。彼はその瞬間、私を破滅に導く黒い小鬼《イムプ》のように見えた。

　小道は狭くて滑り易い岩棚だった。飛沫で目が見えず、前は一面の水で薄暗かった。行き続けるべきだろうか。飛沫は顔を打つ――目、鼻、口へと押し寄せ、ほとんど進路を阻んで飛び込む相争う風の突進に推し進められつつ――。次第に狭くなる岩棚は最早一フィートさえなくなり、猛り狂う湾は七〇フィート下方だった。だが何千もの人々がこの路を辿ったのだから、なぜ私が行くべきでないのか。案内人の手をよりきつく握り、頭を垂れたまま一歩一歩進む。水が打ちつけ、道は狭くなり、両足を並べて載《の》せられるに過ぎなかった。案内人に立ち止まるよう頼んだが、私の声は「水の轟音」にかき消された。彼は私がなにを言いたいのか推量し、私の耳に金切り声をあげてこう叫んだ――「戻るのはもっと悪い」。私は絶望的な試みをする――四歩ほど進めば岩棚の端だ。息がつまり、ただ私に向かって水を追い立てる突風に立ち向かって立っていられるだけだった。深淵は私から数インチしかなく、息が苦しくて喘ぎ、肌までずぶ濡れで、そのときターミネーション・ロック（終極の岩）に着いたことに気づいた。

一度《ひとたび》この場所に着くと、もうもうと立ち込める飛沫は少し薄くなり、そして、まだ見るのも息をするのも非常に困難ではあるが、奔流の自然の湾曲の背後にある絶壁の棚によってここに作られている寺院の雄大さは、いつまでも心に残る印象を作る。寺院はまるで「強力な風の翼に乗る」主のための相応しく畏れ多い神殿で、完全に人間の取るに足らない仕事から完封されていて、精神は自然と、「水の轟音」の中にその声が聞こえる主への崇拝の瞑想《めいそう》の中で高まってくる。小道はあまりに狭くて数フィート後方に小刻みにスリ足で歩かなければならず、それからずぶ濡れになって、悪寒がして、息もできず、ゴム製半長オーバーシューズ《ゴロシュ》は水浸しになり一歩ごとに滑り脱げ、飛沫の目晦《くら》ましのもやもやを通って格闘し、暗くなった階段を登って、髪と服から水を滴らせながら再びテーブルロック上に立った。遠出から生還した人は服を着替えてから熱いブランディと水を摂るのが普通である。そして、恐らくそうした予防措置の軽視の結果であろうか、私は後で悪寒を生じるほどのひどい寒さを経験したのだ。全体としてこの達成は、実際における以上に思い出の中での方が面白さを増す。それを完遂したことに誇るべきものは無いし、やらずに済ますことにも悔いるものは何もない。私は冒険の危険と好ましからざる事どもを行く前に知っており、「瀑布のシートの後ろへ行くこと」は「ターミネーション・ロックへ行くこと」と同意語であることを知っていたとしたら、私は行くべきでなかっただろう。非常に酒に強くない人は決して行くべきではなく、皆にとって行かないほうがはるかによい、というのは、テーブルロックの残っている部分はいつ落下するかもしれないからで、だからこそ最も立派な案内人たちの幾人かはその下にお客さんを連れて行くのを断《ことわ》るのだ。私は、もう一度そこへ行こうと思う素人はきっといないと信じる。結局、正面の景色だけがナイアガラのものである——瀑布の裏側へ行くことは絵画の額縁の裏側へ行くようなものだ。

この後で塔のてっぺんへ行き——そこは滝、急流《ラピッズ》、地域の全貌を鳥瞰するのにとてもよい——、それから、燃える泉（ニューヨーク州カナンダイグアにある天然ガスにより燃える泉）、博物館、捕えられた鷲、不潔なバッファローによって犠牲にされるのを拒んで、私は、疲れてホテルに向かったウォルレンス一家を残して、船付き場の方に歩いて下り、水の中で最も遠い岩と大滝に最接近している岩を渡り歩いて行って、強大な滝の景観が見えるところに完全に邪魔されることなく腰を下ろした。しつこく寄ってくる案内人やサンドイッチを食べながら歩く観光客に心を乱されることもなかった。汚い博物館も塔もティー・ガーデンも目に入らなかった——滝の崇高さは私の予想をはるかに越えており、事によると第一印象の失望があったからこそ、いっそうその良さが分かったのだと思った。腰を下ろして眺めていると、いつの間にか滝以外のすべてのものの完全な忘却が私を密かに包んだ。人は非常に統計に詳しいこともある——人はあなたに滝の高さは一六〇フィートある——、全幅は五分の四マイルほどある——、推定によると毎時九〇〇万トンの水が落ちる——、滝は一五万平方マイルにわたる幾つかの水塊からの噴出である、などと告げることができよう。だが、ナイアガラを見たことがなければ、その最小限の概念すら形成できない。それは私が期待したそのものと非常に似ていたが、しかし全く異なってもいた。空を背景とする海の緑の曲線を眺めて日没までそこに座っていたが、その後で真っ赤な光線がカナダ滝の上の飛沫の柱の真っ直ぐ上に落ちて最高に美しいバラ色へと変化させた。そして陽は落ちた。若い月が昇り、煌めく星が霧の軽いベールを通して光り、暗闇の中に大滝は吹雪のように見えた。ようやく立ち上がったが、四時間近くも滝を眺めていたこと、衣服が湿気と霧でびしょ濡れになっていることに全く気がつかなかった。ナイアガラの構造と後退について生じている多数の地理学的な推理について踏み込むのは場違いだろう。あたかも、科学がその過ぎし日の深淵に落とした弱々しい光は、その深みは人間の理知と探究によっても光を永遠に受けることなく取り残されるに違いないということを示すかのようだ。

クリフトン・ハウスの周りにはあまりに陰鬱な空気のようなものが漂っていたので、寒さが厳しさを増すまで、バルコニーに座っていた。そして、あまりに暗くなって目の前の白いものしか見えなくなったので、進行中の素敵な展開――その崇高さをいかなる眼《まなこ》も賞味することができないときに――の浪費（そう見える）を惜しまずにいられなかった。広間には小さな金髪の七歳の少年がいたが、その知的な諸能力はほぼ発達を見せていた――実際、あまりに発達していたので、その脳水腫《ウォーター・オン・ザ・ブレイン》（水頭症）が痛々しく示唆された。父親が彼を部屋の真ん中に呼び寄せ、彼はダニエル・ウェブスター（アメリカの政治家および演説家）の長い演説を弁士の身振りや強調そのままに、よどみなく復誦した。このことは、アメリカ人の子どもたちにしばしば見られる過度の精神的発達のかっこうの見本だった。

ナイアガラでとうとうウォルレンス家に別れを告げ（たくさんの人を訪れなければならなかったので）、非常に親切だが極めてサー・チャールズ・グランディソン（サー・リチャードソンの一七五四年の小説中の人物）風のスコットランド人紳士の庇護の下に、ハミルトンに向けてほぼ真夜中に出発した。恐ろしく疲れていて眠く、その上、真夜中に温かい家を出て悪路で明かりもない道を二マイルも乗合馬車《オムニバス・ドライヴ》で行くことは、ひどく嬉しくないことだった。吊り橋のところの騒がしい駅には待合室があるようには見えなかった、というのは、ああ、なんということか！　機関車のうつろな汽笛のピーと鳴る音がナイアガラの轟きの上でさえ聞こえるからだ。出発前に一時間ほど列車の中で眠り、車掌があまり優しいとは言えない調子で料金の支払いを請求するまで全然目覚めなかった。強風と降り注ぐ雨の中、午前二時ちょっと過ぎにハミルトンに着いた。そして一二人のひどく汚い移民と一緒に、一頭の哀れな馬に曳かれている、キャンバス屋根付きの木で出来た馬車に入って行った。カーテンは雨を防ぐにはあまりに不十分で、常にひっくり返る危険に瀕していた。とうとう乗り物は横倒しになり、アイルランド人移民全員は互いの上に、そして私たちの上に倒れ掛かり、「オック！」（［主にスコットランド・アイルランド］怒り、フラストレーション、驚きの表出）「人殺し」「悪党め《スパルピーン》（アイルランド語）」の大合唱だった。御者は落ち着きはらって、下車するようにと叫んだ。穴はちょうど車軸まで車が沈むほどの深さだった。私たちは恐ろしく広い泥沼の中に出て行き、そしてうんざりしてまた泥の中にと戻る。とうとう馬は穴で倒れ、スコットランド人の友人と私は降りて雨の中を少し遠いとても快適なホテルであるシティ・アームズへ歩いて行った。太陽はまだ、目覚めた生活のために世界をほとんど温めてはいなかったが、その前に次の叫びで驚いて眠りから覚めた――「六時ですよ。パスポート号とハイランダー号で行く乗客の皆様は三〇分発の乗合馬車にお乗りください」。だが、もう「三〇分」だったので、宿中に響く「皆さん、乗って」の不快な大声の前にはやっと服を着るだけの時間しかなく、急いで階段を降りて行き、一台の乗合馬車に入ったが、中には二二人の乗客がいて、肘付椅子にゆったり座っていた。私はハイランダー号に乗ってオンタリオ湖を下った。フォレスト氏は波止場で出迎えてくれて、数時間でまた彼のもてなしの篤い家に温かく迎えられていた。

ナイアガラ観光の記念品は、二、三のインディアンの民芸品と私の名前の記された印刷された証明書で原注17、私が大滝の背後を二三〇フィート歩いたことが証明されていたが、この陳述は、アメリカ人旅仲

［原注17］「ナイアガラの滝、C・W・（カナダ・ウェスト）――登録局、テーブルロック――これは、…嬢が大なる瀑布の布の裏をターミネーション・ロック（グレイト・ホースシュー・フォールの背後二三〇フィートにある）へと通り抜けたことを証明するものである。――一八五四年…月一三日――トマス・バーネット」

間の一人によって請け合われたが、「完全にぺてん《セル》で、とほうもなく大変な大嘘《フラム》」だった。

第一二章　モントリオールとケベック

私がトロントから乗ったアラビアン号は、旅行中にアメリカで乗って旅行したどの船よりもひどかった。コバーグ（オンタリオ州）、ポートホープ（南オンタリオ州）、モントリオールへ向かう広間の客と下級船室の客で、どちらも混み合っていた。ひどく騒がしくて汚く、敷物は噛み煙草汁のシミだらけだった。船長は尋常でない生きた大荷物にひどく慌てていたが、心根のよい人で、非常に注意深く、彼自身の台詞で言えば、「船首の錨鎖穴からよじ登って入り、手袋を嵌めたままで船室の窓から忍び込むのでなく、船尾への路を稼いだ」のだった。客室船員は汚く、客室係の女性はあまりにいい格好をしていて乗客の快適さのための世話ができなかった。

船尾と船首の入り口のどちらからも乗客、木枠籠、木箱が注ぎ込んでいたので、目下の混乱を見るために甲板の小さな面に出た——すべての手回り品は安全であることは前もって確かめてあった。その光景は面白い見ものだった、なぜなら、「時は金なり」の金言を地で行って、出航の時間の前に五分間以上波止場に下りて来た乗客はほとんどいないに等しかったからだ。人々——その中には多くの「介添えなし女性」と、前へ進もうとしない少年少女がいた——は、積み荷（乗用馬、馬、木枠、樽）を下ろしている手押し車、荷車の間に巻き込まれて纏《もつ》れていた。肘《ひじ》で押しのけて邪魔されず道を空けるのが困難だということが分かるだろうこれらの乗客は、手が新本《アンカット・ブック》、飼い葉籠、小型の布製鞄の荷でいっぱいのときにはほとんどそれが不可能だということが分かる。馬が無力な女性たちに荷車を背後で押しつけ、人々の靴の爪先に樽が転がり、新聞売りが大袈裟に宣伝し、フランス菓子《ボンボン》売りは焼石膏《プラスター・オブ・パリ》のような忌まわしいものをほとんど眼に押しつけんばかりだが、しかし言うも奇妙なことに、事故が起こることはめったにないのだ。決まって家族がバラバラになり、取り乱したママが子どもたち——誰もが人の邪魔にならないよう望む——を追いかけ、岸壁に残ってはいないという望みを口に出す。それから従順なパパは、「あの可愛い小さなハリー」を探すために岸壁に派遣されるのだが、当人は多分、婦人用広間にずっといて子ども好きの膝でボンボンを食べているのだ。乗船板が引き入れられる——舫《もや》いが解かれる——外輪は回転する——鐘が鳴る——機関はキーキー鳴り、蒸気船はオンタリオ湖の静かな水面に速度を増して離れて行く。

小さな子どもたちと詮索好きの若い婦人たちは、大綱《ホーザー》巻きで打ちのめされるか黒くなるかするのだが、それは「人夫《ハンズ》たち」によるもので、彼らは人手に過ぎないので、明らかに「すいません、お嬢さん」と言うことができないのだった。いつでも行ってはいけないところに行きたがる子どもたちがいて、人々に走ってぶつかり、ベトベトの汚れた手で衣服を摑んだりなすりつけたりし、行商中の紳士に独楽《こま》を回すようにせがみ、肥満した婦人にかくれんぼしてくれとせがんだ。一人のいかめしい風貌の紳士がこのやり方を煩《うる》さがって、その子に「とどめを刺す」準備をしているのを目にした原注18。旅行鞄を失くして腹を立て、大広間をくまなく探している人たちや、ソファに転がって小説を読んだり煙草を嚙んだりしている無精な人たちがいた。印刷された注意書きを全く気にしないで、妻が安全に乗船したか見に、婦人室に行く紳士もいて、「男子禁制」を告げる客室係からはねつけられ、そこの社会が彼を受け入れないということの意味——彼なら無意味と言うだろう——を知って、不承不承退却する。誰もが誰かあるいは何かを失くしたように見えたが、しかし一、二時間もすると婦人たちは小説に、紳士たちは新聞に没頭し、子どもたちは喧嘩し疲れ果てて眠り、船長は煙突のところに煙草を吸いに行った。

私は、秀でた女流詩人へマンズ夫人の姪で、スペリオル湖から来た女性と甲板の錨鎖に座り、彼女はオンタリオ湖の沿岸への私の称賛を喚起しようとした。だが私は告白するが、アメリカの蒸気船メイプル・リーフ（楓の葉）号と競争しているのに気を取られて、平らで暗い森林に縁取られた平野を見ることができなかった。すべての人間に競争の興奮への生来の愛着がある――もし私がミシシッピ川について聞いた話を信じるならば、年とった婦人でさえ逃れ得ないのだ。ある老婦人が初めてその川を下り、船長に競争などないようにという真摯な希望を表明した。やがて別の船が近づいてくると、乗客の半分は船長に「蒸気をふかす《パイル・オン》」よう急《せ》かした。その老婦人は金切り声をあげて抗議したが、無駄だった。船長は「蒸気をふかし《パイル・オン》」た。そして競争は非常に長く結果が危ぶまれたので、彼女はすぐに興奮してきた。競争相手の船はどんどん抜いた。その老婦人は脇肉のベーコン――唯一の所有物――をとってボイラーの火にくべた――相手の船は遅れた――彼女は手を叩いた――相手の船がまた先になると、彼女は狂乱して、安全弁に腰かけた！　また雲行きが怪しくなったが、しかし見よ！　対抗船が沈み木に引っ掛《スナッグ・オン》かり、難破して打ち負かされたのを見ると、老婦人は完全な喜びの歓声をあげ、一方、［遭難した］一〇〇人の人が水の中で闘っていたのだった。だが、私たちの競争はと言えば、興奮に欠けていた、というのは、メイプル・リーフ号は私たちのよりはるかに船脚の速い船だったからだ。

夕食《ディナー》は一日の重要な出来事のひとつであり、がつがつと食べて、さっさと終わった――生焼けのものもあれば、焼き過ぎのものもあり、すべてが脂っぽかったのだが。しかし夕食《ディナー》の卓に三〇〇人がついていることが――誰かが言ったように――何であれ食べることに反対する三〇〇の事由であった。私はひどい悪寒に耐えねばならず、九時頃に客室係は部屋を私に譲り、船を乗り換える三〇分前に私を呼びに来ると忠実に約束

［原注18］アメリカの小僧っ子たちは、概して言えば、イギリスやスコットランドの子どもたちが見知らぬ人をイライラさせるのを妨げる、あの好ましい恥ずかしがりを欠いている。

してくれたので、とてもぐっすり眠った。五時に彼女が入って来た——「起きてください、お嬢さん、ガナノク（セントローレンス川北岸の町）に着きましたよ。服を着るのにたったの五分しかありませんよ」。私は実際、五分で服を着、枕の下に時計と幾つかの貴重なロケットを置いたまま、雪で半ば見えない中を急《せ》き立てられて、狭い厚板を渡って清潔で明るい立派な蒸気船新時代号《ニュー・イアラ》に入った。一緒に旅行している友達によって私に割り当てられた非常に気持ちのよい専用室で眠りに落ちるのを自分に許さず、一〇月一八日の夜明けに凍える冬の最初の薄明とともに、急いで上の階に行った。広間の窓は雪で暗かったので、私は甲板に出て行き、歓迎せざるその朝の押し寄せて吹きつける風と雪をものともしなかった、なぜなら、千島湖《レイク・オブ・ザ・サウザンド・アイランズ》（オンタリオ湖の北東端からその下流のセントローレンス川にかけて一五〇〇以上の島々が広がる）の真っただ中だったからだ。旅行者たちがこの有名な水の一片《オー・コントレール》の美しさを大いに書き立て喋《ラプソディー》っているので、私は失望することを予期していた。だが、これに相反して私はほとんど自分で熱狂的文章を書きそうになった。

三時間というもの、この美しく不規則な形をした島々の間を航海していた。一六九二の島があり、たんなる岩から数エーカーまでさまざまな大きさがある。そのうちの幾つかは完全な美の楽園である。島々は完全な迷宮を形成し、そこを通り抜けて水先案内人は多数の航路標識を頼りに航路を探す。時々あたかも出口がないかのように、また岩の上に真っ直ぐ乗り上げていくかのように見え、どこでも水はあまりに深いので、甲板から人々は木々の葉を引っ張ることができる。百種類の木と灌木が灰色の苔に覆われた岩から生えている——汽船の外輪羽根《パドル》がその繊細な影を妨げるのが野蛮に見える。もしこの湖を一〇月中旬の晴れた日にあまりに美しいと思ったとすれば——このとき、輝く秋の色彩は朽ち葉色に変わっており、また凍える北東の颪が萎れた葉に吹きつけ、船に雪が掛かっていた——そして、何より悪寒から回復したばかりだったが——、明るい夏の日はどんなであろう——そのとき、天の青がセントローレンス川の透明な水に反射していることだろう。

九時までに猛烈な吹雪はすべてのものの輪郭を消し、霧はあまりに深く五フィート前さえ見えないほどで、一時間にわたり錨を下ろした。この間に非常に素晴らしい朝食を摂り、一〇時にまた蒸気を吹かし、わずか一マイルの川幅を羅針盤で舵《かじ》を操って進んだのだ！　新時代号《ニュー・イアラ》は目立って喫水の軽い船だった。広間つまり甲板室は船首の一五フィート内に来ていて、その上の覆甲板《ハリケーンデッキ》には二重舵輪《ダブル・ホイール》を収めた塔があり、それにより船は一〇〇フィートの長さの鎖で操られる。この塔の前に見張り場があり、通常、水先案内人がいたが、イヤリングをつけた堂々とした悪漢風《ラフィアン》のフランス人旅行家《ヴォワイアジュール》だった。クライスラー船長はといえば、その慎重、上品、親切が当然のことながら人気を博させていたが、めったにこの見張りの場を離れることはなく、個人的に船に非常な注意を払っている、というのも、セントローレンス川はミシシッピ川と同様に航行する船を壊すという悪評が高いからだ。

雪は今や甲板の上に数インチ積もり、甲板室付近で融けて広間のドアの隙間からちょろちょろ流れ込んでいた。内部の湿り気もまた天井に濃縮して溜まって、一日中シャワー室状態だった。ソファも敷物も同じく濡れ、誰もがゴム製半長オーバーシューズ《ゴロシュ》を穿いて座っていた――女性はマントを着て、男性は油布服を着て。後者の臭いと非常に多くの湿ったウールの服の臭いがストーブの火で部分的に温められた部屋ではほとんど耐えられないほどだった。一二時に霧と雪が晴れあがり、巨大なセントローレンス川が姿を現した――一本の急流が白い農家の点在するわずかに高められた土手の間の小渦巻きになって渦巻き流れていた。プレスコット（オンタリオ州）近くで、五つの丸太小屋が載っている一艘の巨大な筏《いかだ》舟の傍を通り過ぎた。これらはゆっくりと安全にセントローレンス川とオタワ川をラ・シーヌ（ケベック州）まで下るが、そこでしばしば大惨事が起こる――岩の上にばら撒かれた材木から判断することが許されるなら。一人の紳士が以下の惨事の統計を新聞で読んだ（「もし、本当ならひどい話だ」）――「この六ヵ月間にニューヨークで四四件の殺人と七〇〇件の殺人未遂があった」（『センセーション』紙）。カナダ最古の町のひとつであるプレスコットに止まり、すぐ後で通り過ぎたのが風車小屋の黒ずんだ残骸と、アメリカ「同調者《シンパサイザー》」の一団による一八三八年の反乱の期間に占拠された家々だった――しかし、ここから彼らはイギリス王立軍の大砲によって撃退された。五月の晴れた夜の暗闇に紛れて数門の大砲を持った五〇〇人のアメリカ「同調者《シンパサイザー》」がこの場所に上陸した。すぐ後で彼らはイギリス正規軍と市民軍からなる部隊の攻撃を受け、彼らを風車と二軒の強固な石の家に追い込んだ。その家に彼らは銃眼を穿ち防御したが、それは英雄的と呼ばれるべき不屈さであった（もしもその大義がより善いものだったらだが）。彼らはとうとう降伏してキングストン（カナダの最初の首都）へ囚人として連れて行かれ、そこで彼らのうちの六人が絞首刑になった。彼らの指導者で軍事的冒険家、フォン・ショウルツなる名のポーランド人（ニルス、一八〇七～三八。フィンランド生まれのスウェーデン人。ポーランド人とするのは恐らくバードの誤解――ニルスはロシアによるポーランド人圧迫を憤っていた）が最初に処刑された。彼は出自の国の名に価する技能と勇敢さをもって闘い、文句ひとつ言わずに死んだ――ただ神不在の大義のために、自由の名の下に、彼を戦いへとおびき寄せた者たちへの不平を除いては。以来、カナダの上にはより輝かしい日々が明け、今日、最も不平を持つ者でも、とっかかりになる不満の影をほとんど見出すことができないのだ。

高い状態の文明の功利主義がカナダ全土に広まっている仕方の一例として、次のことが述べられよう――コーンウォール（東オンタリオ）に着いたときに、私は失くした時計を探してキングストンに電報を打つことができて、三〇分後に満足すべき回答を得たのだ。

早い速度で何時間かこの強大な川を船で下った後、ギャルーズ・ラピッズ（不詳。James Croll, A Sketch of Canadian History, and More Particulary of the County of Dundas参照。County of Dundasはオンタリオ州の一部）の急流を航行した。急流を走ることはお気に入りであり、そして付け加えねばならないが、冒険好きな旅行者の魅力的な気晴らしのひとつだ。新奇さに醍醐味を添えるあのわずかな危険の感覚があり、急流に来る前に上陸する臆病な人もあり、急流下りの途中に多くの船が早すぎる終わりを迎えてきたという事実が添えられている。アムハースト将軍（陸軍元帥ジェフェリー、一七一七～九七。男爵、ナイト。一七六七年モントリオール攻略）のおもしろい逸話がある。彼は戦争の間にモントリオール攻撃のために三五〇〇人を引き連れて川を下って送られていたが、住民が目論まれた奇襲について受け容れた最初の兆候は、街の傍に浮いている、よく知られた深紅の軍服を着た運の悪い派遣隊員の身体を通してだった――無知の犠牲か水先案内人の裏切りかによるものだった。

　カナダ滞在中に絶対しようと決めた素敵な楽しみのひとつは、この急流を走ることだったが、失望しなかった。ギャルーズで川は美しい島々のある幅のある浅瀬の流れへと広がり、その島々の間で水は猛烈に突進し、大波へと砕けつつ、沸きたち、泡立って渦巻きながら回る。汽船は急流に近づいた――蒸気の半分が閉じられた――六人の男が外輪のところに姿を現した――私たちは穏やかな、緑色の深い水に沿って音もなく滑るように進んだ――猛り狂った波は私たちの前にあった――汽船は一回、気付くほど下方に突っ込んだ――飛沫は船首を越えて飛びかかった――そして、しばしば回避するのが絶望的に見えるほど島のあまりに近くを、時速二五マイルの速さで、水の荒れ狂う丘を駆け下った――そして、熟練した水先案内人の腕により無事導かれて逃れた。

　次の急流は、一マイルを超える長さのあるロング・ソウルト川（コーンウォル近く）だった。セントローレンス川はここで二つの水路に分かれる。私たちが取った水路は失われた水路《ロスト・パッセイジ》と呼ばれるものだ。それを知っていたインディアンの水先案内人は死んで、この五年の間に復活されたばかりだった。それは素晴らしい急流で、島々はえも言われない絵のような美しさだった。蒸気を全開にして、目の回るような速さで下って行った。思うに、それからすぐこの後でロワー・プロヴィンス（ロワー・カナダ、当時は東カナダ、現ケベック州）に入って行った、というのは、辺りの様子が完全に変わったからだ。村々はフランスの名前が与えられていた。水辺に背の高い木製の十字架が立っていた。家々はたくさんの切妻屋根とたくさんの窓に何層ものバルコニーがあった。夕日がローマ・カトリック教会のキラキラ輝く錫《すず》の尖塔に光を投げかけていた。すべてのものは沈滞と衰退の兆候を示していた――人々はフランス系住民《アビタン》たち、牧師司祭《クラージー・キュレ》たちだった。

　美しさでナイアガラの大急流《グランド・ラピッズ》を凌ぐ壮大な急流であるシーダーズ川を走り、その後コトウ・デュ・ラク

（フランス語で湖の丘の意）とスプリット・ロックの急流を走ったが、ラ・シーヌで錨を下ろすことを余儀なくされた——その有名な大滝はただ陽光の中でのみ下ることができるからだ。寒くて暗く、ほぼ旅行者全員がモントリオールに向けて列車でラ・シーヌを発ったが、かなりの人がこの急流下りは危険だと考えて避けたのだ。モントリオールに到着するためのどちらの手段も安全性にほとんど変わりがなかったので、船に残ることに決めて、特等室を確保した。広間での旅友達は船長の奥さんと、決定的に浮わついているように見え、愛玩犬のプードルの世話をすることに没頭していた婦人だった。船長が出て行った後、釜焚き、火かき人、それと給仕と料理人が、目の見えないスコットランド人のヴァイオリンの伴奏付きで即興の舞踏会を開き、大勢の娘たちを呼んだが、彼女たちはあたかも奇術で碇泊している波止場から現れたように見えた。彼女たちは「軽い夢幻的な爪先立ちで《オン・ザ・ライト・ファンタスティック・トウ》」（J・ミルトン、L'Allegro）踊ったとは言いかねる、というのは、スコットランド人愛用の粗皮製簡易靴《ブローグ》と編上靴《ハイロウ》で床をドシンドシンと重く踏みつけたからだ。だが、優雅さに欠けるところは十分に陽気さと快活さで補われた。会話はどちらかと言えば多言語的性格を帯びていて、フランス語、ゲール語、英語を駆使して行われた。

　夜を徹して絶え間なしに生きるに必要な温かさが保たれ続けるようにと努めたが、五時にボーイが起こしに来たとき、窓を開けたまま眠っていて、水差しの水が凍っているのに気付いた。冬空のように見える星は凍える霧を通して瞬《またた》いていた。濡れた太綱は甲板で凍って強張《こわば》っていた。出発時間の六時になったが、まだ動く気配はなかった。鉄道はカナダ人には時間通りに走るということはまだ教えていないが、よりよい事情が彼らを待ち構えていた。骨にしみる寒さで、温まるために広間を行ったり来たりした。床は湿っていて、ずぶ濡れの敷物が敷いてあった。ストーブには火がなくて、唯一の手段は機関の覆いに寄りかかり、温まった木の上で凍えた手を温めることだった。大層年老いた紳士と一緒になったが、彼は、数々の病苦の中でも、夜の間に卒中の発作を起こしたことがあって、誰かが、人事不省でいるのを見つけて頸静脈を切開してくれたと私に教えてくれた。彼の細くて白い髪は肩に掛かり、襟とシャツの前は血で汚れていた。彼は妻の喉を掻き切ってしまい、彼女の幽霊が追いかけて来ると言った。「そこ、そこだ！」と一隅を指差して彼は言った。彼の眼を見て、すぐに狂人と一緒にいると分かった。それから自分はモントリオール島の王で、妻を殺したのは彼女が自分をイギリス女王に売り渡そうとしたからだと言った。今や、モントリオールへ入る公共の門を作るために下るところだと宣言した。この言明の後で、彼の疑いを掻き立てることなしにボーイを呼ぶことができるまで、私は彼の空想の身分に従って尊敬を以って扱った。彼らは、彼は狂人に違いないと言い、何回か粗っぽく扱おうとした。彼はブロックヴィル（オンタリオ州東部。癲狂院があった）の管理者から逃げ出し、真の狂人の狡猾さで汽船に潜り込んでいたのだと人々は言った。モントリオールに着くまで彼を厳重な監視下に置いて、急流を下っている間、自ら身を投げる試みを頓挫《とんざ》させた。

七時にラ・シーヌの埠頭から艫綱《ともづな》を解いて、ラク・サン・ルイ（セントルイス湖）の静かな湖面を蒸気を上げて航行したが、それはあるカナダ人旅行家《ヴォワイアジュール》の世話によるものだった。このカナダ人は一人のインド人の水先案内人に従って行動しており、この人は唯一航路をよく知っていると言われ、船々は罰則を伴って彼を採用する（採用しないと罰則を被る）よう義務付けられていた。湖はラ・シーヌで狭くなり、再びセントローレンス川になる。この川は最も尋常ならざる姿を現し、およそ一マイル幅の水のほとばしる浅瀬の丘となり、また今にも連れ去られそうに見える二、三の島に激しく当たり、尋常一通りでない姿を現していた。大河オタワ川がセントローレンス川とここから遠くないところで合流し、その濁った水を大いなる洪水と混じり合わせていた。この川はますます速さを増して行き、終に大きな怒り跳ね返る波と荒れ狂う水の海（小さな舟が十分にのみ込まれてしまうほどだ）と呼ぶべきところに入った。蒸気船でそれを下るという考えは、尋常ではないことだ。船舶は岸からはあたかも確実な破壊に急いでいるかのように見えると言われる。それでも急ぎ進む（操舵のところに八人の男がいる）――岩が流れの中の沈み木のように見える――筏の破片が撒き散らされた岩だらけの小島に向かって真っ直ぐに乗り上げた。だが、しかし舵を一転、無事に時速三〇マイル（と言われる）で脇を駆け抜け、岩のギザギザの端が伸びて渦巻く流れを横切っているところまで来た。それでもまだ進む――激しい奔流はさらに大きく唸り声を上げる――下りはさらに急に見える――大地、空、水がひとつに混じり合って見える。私は思わず手すりをしっかりつかんでいた――例の狂人が飛び越えようとした――軽率な女性が金切り声をあげ、プードルをよりぴたっと抱きしめた。岩礁の端に着いた――岩の無いひとつの狭い空間が現れた――船が縦揺れして泡の大騒ぎの中に頭を落として突っ込んで行った――そしてラ・シーヌの「大滝を下った《ショット》」のだった。

この冒険《エクスプロイト》は旅行者が演じ得る最も気持ちよいもののひとつで、濃い朝の霧が目に見えて危険を増していた。蒸気を吐いて四、五マイルの間、川をさらに先に下ると、突然、見えない手によるかのように霧の大カーテンが巻き上げられ、姿を現した情景はモントリオールだった。水からこれほど壮大に立ちあがって見える都市を見たことはなかった。広大な広がりの地面を覆い、湖のような川から優しく坂になって上がって、山を背景にしていたが、それは七〇〇フィートの高さの嶮しい丘陵であった。遠目からでさえ、決定的に外国の情景だった。霧が晴れると、この山の姿を現したが、それを覆う森林は全山が真紅と紫だった。川の青い水は喜び勇んで走った。グリーン・マウンテンとベルアイル山（カナダの最高峰、モントリオール近辺のチャンブリー近く）の山々は夜明けのバラ色の色合いを纏っていた。遠景は紫色の輝きに浸っていた。錫の屋根、聳え立つ尖塔、モントリオールの半円天井たちが昇る日の光を照り返していた。

遠目からはどこかウェストミンスター寺院（イギリスのロンドン・ウェストミンスターにある、イングランド国教会の教会。聖ペテロ修道教会。戴冠式などの王室行事が執り行われる）のような聳えるゴシックの大建築物、立派な官公庁の建物群、一マイルもの目もあやな切りだした岩で出来た波止場が、水の上に際立った姿を現していた。運河の第一水門から上陸して、すぐにモントリオール主教の居館へと馬車を走らせたが、そこは山の近くで非常に高くなった場所にあって、壮大な景色を堪能できるところだった。主教とその家族から最大の親切を受けて、モントリオールの気持ちよい思い出をつくった。

それは木製の建物、道幅の広い通り、私が新世界でこれまで目にしてきたすべてのものに行き渡っていた目新しさの印象から、モントリオール市の古い石の建物、高層の家、狭い通り、錫の屋根の町への、奇妙でびっくりする変化だった。鉄製の窓シャッターがあり、鉄格子の付いた窓と長いめくら壁の修道院がある。変わった服を着たフランス系住民《アビタン》たちと長い列をなして行く修道士で混雑している狭い往来があった。さらにフランスに起源を持つ町とそのイギリス人による占拠はどこでも対照をなしていた。いろいろの通りがあった——サント・ジュヌヴィエーヴ（フランスの修道女でパリの守護神）通り《リュー》、サンタントワーヌ（聖アントワーヌ・ダニエル、一六〇一～四八。北アメリカの殉教者の一人）通り《リュー》、サント・フランソワ・グザヴィエール（聖フランシスコ・ザヴィエル）通り《リュー》がある。昔の慣習と封建的特権がある。イエズス会の神学校、スール・グリーズ（灰色の姉妹）とサン・シュルピス会（教区司祭養成のために設立されたカトリック教会内の教育団体）の修道会がある。長い黒い服を着た修道士。フード付きのコート、ウールのナイトキャップ、カラフルな腰帯を身に着けた現地人の車力。またフランスの言葉で弁じたてている法廷弁護士。また、騒ぎまわるヤンキーが経営する店に、マンチェスターの商品がある。兵士はイギリスの真紅の軍服やライフル隊の軍服を着て歩き回る。簡素でむき出しの教会から長老派《プレスビテリアン》の楽音が聞こえる。制度はパリからもウェストミンスターからも寄せ集めたもの。公共交通はリスボン（ポルトガル）とロング・エーカー（ロンドンの通り）の流行に与《あずか》っている。通りの片側で「御婦人方に席を空けてください」、もう片側で「進め《グラング》」が聞こえる。加えて合衆国は、ホテル・システムとスラングに寄与している。

モントリオールは尋常ならざる場所だ。商業と起業精神に富んだ貿易業者で、兵士、御者、馬車で賑やかだ。主教の親切のおかげで、町の幾らかでも興味のあるすべてのものを見た。注意を惹いた最初のものは主教館《シー・ハウス》の窓からの壮大な景色で、広いセントローレンス川とヴァーモントの緑の山々が見渡せた。次は精巧な作りの巨大な一組の青銅の門で、それは反対側にある王室の住居として十分なほど大きい邸宅のものだった。町はずれの遊歩道はまだひどい木道だったが、街路ではそれらは非常に頑丈でどっしりしていて、大きな石造りの家屋のように、二〇〇年も経ち、またもう一〇〇〇年ももつかのように見える。中でも幾つかの学校を訪ねた——そのひとつは師範学校《ノーマル・スクール》だが、非常に興味深いもので、英国教会の教義の下に教師を訓練するのが目的だった。また子どもたちのしっかりした知識の量と高い到達度にたいへんに驚き、嬉しかった——それは、子どもたちの作文と、モントリオール主教の非常に難しい質問に対する答えが証明していた。子どもたちは青白く痩せて見え、イギリスで観察したのと反対に、女の子たちの方が最も賢そうに見えた。主教は図書館も設立していて、そこで、人々は年に四シリングというわずかなお金で、さまざまな読み物を楽しめ、それはアリソン（アーチボルド、一七九二～一八六七）の著作（中身より見かけはそんなに重苦しくない）から新聞小説にまでわたる。

毛皮商《ファーリアー》の店は決して見逃すことはできない。六～三〇ギニーの価格幅でバッファロー、熊、キツネ、狼、アライグマの橇《そり》用外套がある。コート、レギンス、手袋、帽子は温度計がしばしば華氏マイナス三〇度（摂氏マイナス三五度）をも示す冬の厳しい寒さによって必需品になっている。人々は互いに毛皮と橇の備品の贅沢さで張り合う。完備した一セットがときに一〇〇ギニー（イギリスで使われていた金貨。一ギニー＝二一シリング［＝一・〇五ポンド］に相当する価値）もの値段になることがある。

ローマ・カトリック教会の大聖堂に入って行った。それは新世界で最大のゴシック建築で、非常に際立つことを意図されていた——それは途方もないものであることに成功している。そしてもし建築家たちが、ヨーク・ミンスター、コロンニュ（ドイツのケルン大聖堂）、あるいはルーアン（フランス西部の町）のように、仕事を後の世代まで称賛されて生き続けることを目論《もくろ》んだとしたら明らかに失敗だ。内部は、その広大な規模の効果は、全体として一万人を収容する座席や回廊で完全に壊されている。中には幾つかの非常に大きくて大変ぞっとする、低劣な看板塗装《サイン・ペインティング》のスタイルの絵がある。天井は明るい青に塗られて、高くなった祭壇はきらびやかでピカピカ光る金属の飾りの塊だ。ひとつのコーナーには豚たちによってむさぼり喰われたり、馬たちによって踏みつけられている赤子たちの絵があり、その下には「これは中国の子どもたちの運命だ」（参照——Charles Richard Weld, *Travels in the United States and Canada. A Vacation Tour*）と書かれた献金箱が置かれていた。その傍に色褪せたピンクのキャラコで吊り下げられた木箱があり、ノアの箱舟のように、犬、馬、豚、小さな犬を後ろ足で持ち上げた背の高い男性の小さな彫像が入っていた。この覗き紙芝居（他に呼びようがないので）は同時にあまりに不可解でかつあまりに馬鹿ばかしいので、その傍で、「大きな笑い声《エクラ・ドゥ・リール》」で祈っている信心の篤そうな女性の感情に衝撃を与えるのを避けるため、私たちはこの教会から急いで出た。

カナダの上流階級の間で多くの心底敬虔なカトリック信者と出会った。単純なフランス系住民《アビタン》たちの間に何千人も信者がいることを知っている。そして、無思慮な瞬間には、彼らの教会の愚かさと幼稚さは笑いを催させるかもしれないにもかかわらず、我が臣民のあまりに多くが、独裁的な僧侶、そして救うことのできない宗教のカモ《デュープ》にされていることは、最も深い悔恨事である。

大聖堂近くにグレイ・シスターズ（前記スール・グリーズ）の修道院があって、最もたゆまない熱意と親切さをもってシスターズ・オブ・チャリティ（主に病人の看護に当たる婦人慈善会）の天職を果たしている。他に数個の修道院があり、その幾つかは極めて厳格だ。そしてその高い塀と格子の入った窓が、モントリオールに大層大陸的な様相を与えている。これらの中の一人のシスターに、窓からの景色はとても美しいと述べた婦人に対して、彼女は、押し殺したため息とともに、自分は一度も見たことがないと応えた。幾つかの立派な公共の建物と銀行がある。案内書を書いているのではないので、その価値を敷衍する気はない。

私たちはシャン・ド・マルス（練兵場の意。パリのものが有名。マルスは軍神）――以前はモントリオールの若い婦人たちの一大リゾート地――を回り、そしてノートルダム通り《リュー》沿いに市場に着いたが、これは世界で二番目に素晴らしいと言われており、その立派なファサードとキラキラ光る錫の円天井は、水辺から最も目立つ対象のひとつだ。我がイギリスの通りに見られるむかつくような醜さ――肉屋の店――はカナダの町では見られない。そう言ってもいいと信じるのだが、合衆国の町でも見られないが、モントリオール市場には、決して魅惑的ではない外観の肉の巨大なディスプレイがある。外の景色は極度に絵のようだった。粗毛で我慢強い小さな馬が並ぶ、非常に種々雑多の天幕をつけた何百もの馬車がいる――キャベツとバターが豚肉と皮革を押し付け合っている。ここで、何百人ものフランス系住民《アビタン》たちを見るかもしれないが、彼らはまるで一世紀昔に住んでいたかのように見える――毛皮の帽子を被り、フード付きのたっぷりした青いけば立ったコートを着て、腰回りに明るいカラフルな腰帯を巻いたむさくるしい男たち――、女たちもまた、こわい顔つきの唐金色《ブロンズ》の顔色をして、大きな麦わら帽子、白い山高帽子、騒々しい木靴《サボウ》を履いている。あらゆる方面にアイルランド語、英語、フランス語訛りを耳にするが、一般に後者の地方訛り《パトワ》が一番ひどい。

会議室《カウンシル・チェンバー》に入ったが、ふかふかのクッションの席は審議よりは睡眠にぴったりするように見えた。そして前市長をちらりと見たが、民衆騒動の間の彼の小心さが人命の大きな損失の誘因となった。あの人気のあるイタリア人弁論家「神父《ファーザー》ガヴァッツィ」（アレッサンドロ、一八〇九～八九。イタリアの説教家、愛国者）はローマの迷信と欺瞞を非難することに従事していた。そして騒乱の兆候を表していた群衆に対し、この市長は通りに整列した軍に発砲命令を下した。唇から言葉が出るか出ないかの直後、一斉射撃によって、ユニテリアン（ユニテリアン主義は、キリスト教で伝統的に用いられてきた三位一体の教理を否定し、神の唯一性を強調する。一八二五年にアメリカ・ユニテリアンが組織され、東部マサチューセッツ州の著名人の支持を得たが、ライマン・ビーチャーの指導の正統派、信仰復興運動により増大は阻止された）の会堂から出て来た一七人の平和的市民（もし私の記憶が正しいなら）が倒されたのだった。

モントリオールは不穏な場所だ。群衆が議事堂に集結して焼き打ちしてからまだそんなに多年月経っていず、民衆のこの意思の実践のために、市当局は政庁所在地たる資格を失った。モントリオール社会の何程かを目にしたが、全くイギリスの田舎町と同等のように見えた。

真っ暗く霧の降る夕方七時にケベックに向けて、この古びた市を出発した――船は夜間に二市間を往来して、眠りと旅の幸福な組み合わせによって、商人にとってのお金である時間を失わないようにするのだ。このやり方によって、セントローレンス川の知れ渡った美しさを奪われる旅行者には非常に顰蹙《ひんしゅく》ものだ。それは、男女を問わず多数いる極めて臆病な旅行者にとっても同様に嫌なものだ――というのは、岩または洲に衝突したり乗り上げるというような事故はあまりにしばしば起きているからで、シーズンの初めに一八隻あった汽船中、二隻だけが無事シーズンを終わることができ、二隻は私のケベック訪問中に航行できなくなった。

モントリオールの埠頭を離れるや否や帆船《ブリッグ》に衝突して、その錨を私たちの木造部にひっかけ、その出来事が幾人かの御婦人の金切り声の合唱を惹き起したが、その声はどちらかというと彼女たちの度胸より強く、その治癒は両船の乗組員からのフランス語、ドイツ語、英語の大量の下品な言葉だった。この後で時速一七マイル(約二七キロメートル)でケベックへと下って行き、この不測の事態《コントラタン》は最も大きな金切り声をあげた者でさえ、八時に船の最下層階で出された、大層しっかりした夕食に与るのを妨げることはなかった。ジョン・マン号(ジョン・マン、一七八八～一八五九。スコットランド生まれの造船者。政治家。ケベックに移住)はとてもよい船で、その夏に川に沈んだことで評価を落とすことは全くなかった。

ケベックは旅の全くの最終地点と考えていた、というのは、書籍、言語、詩歌が等しくその美を称えているからだ。実際はそれに関してたったひとつの意見があるだけに思われる。表現豊かで才能豊かな『ホチェラーガ』(ビーバーダムの意。地名になっている)の作家(ジョージ・ウォーバートン、一八一六～五七)により、それに関して贈られたあり余る称賛の文句から、荒れた海の船長によって表明される賛辞にいたるまで、めったに出会うことのない満場一致の称賛があるように見える。ドルやセントの込み入った計算に夢中な商取引上の旅行者でさえ、それを承認する熱烈な表情で帳簿から目を上げることが知られている。私はこれまでに目にしている、あるいは見ることになっていた何ものより以上の喜びがあるものと期待し、五時に起きて広間に赴くほど理性を欠いていたが、勿論そのときはあまりに暗くてまだ一時間は何も見えなかったけれど。陽の光がさし、暖炉のそばの私のいる片隅から、客室係にいつケベックが見られるのかと訊ねた。彼女はもうすぐ近くに来ていますよと答えた。窓辺に寄り、目の前一面に広がる美の光景を期待した。目にしたことごとくはほんの二、三言で纏めることができよう——数本の棒が直立して置かれていたが、それはマストにちがいなく、真っ黄色の不透明な媒体を通して、幾つかの錫製の尖塔がぼんやり現れた。これがケベックの最初の眺めだった。幸せなことに私の最後の眺めについては自然の諸要素がその美へと十分に正当な評価を与えた。他の諸事物が、波止場へと汽船で近づいて行くにつれて展開していった。巨大な筏舟があり（およそ三、四エーカーも広さがある）、それはオタワの森林からの旅に付きまとう危険から生き延びて、今や聳え立つ絶壁の足元に沿って碇泊していたが、この断崖はアブラハムの丘《ハイツ・オブ・アブラハム》の名を帯びて世界的名声を得ていた。巨大で、四角い舷側、切り立った船首、低い帆柱の船が終わり無い線をなして錨を下ろして横たわっており、それらに混じって出たり入ったりくるくる回る小さくて薄汚れ、不様に見える引き汽船があった。狭間銃眼を通して突き出す冷然として見える銃口があり、極めて堅固な石造りの胸壁の後を歩き回る毛皮の帽子と銃剣があった。

中でも、すべてを暗くし、すべてを浸して、ボウ教会の鐘の音を越えて（セント・メアリー・ル・ボウ教会の鐘の聞こえるところで生まれた者が生粋のロンドン子とされた）これまで見た一番深い霧だった。それはダイヤモンド岬に厚く、重く垂れこめ、聳え立つ要塞をゆっくり規則正しく歩く歩哨の銃剣の光沢をおぼろにし、霧の深淵を見下ろしていた。霧はさらにセントローレンスの急流の上により重く立ちこめ、船の帆柱や索具から滴り落ちていた。それは町に垂れ込めて包み込み、そこで煙と一体になって、黄色い天蓋を形成し、湿気と冷気を帯びてイギリス国旗に浸み込み、切迫した惨禍の予兆でもあるかのように重い襞で垂れ下がっていた。

おびただしい船の間を曲がりくねった航路をゆっくりと進み、波止場へと曳かれて行ったが、そこは遍《あまね》く霧雨が沁み通り、泥と炭塵の入り混じったもので覆われていた。ここで極めて珍しい類《たぐい》の車両が私たちを待ち受けていて、驚いたことにすべて無蓋《オープン》だったことだ。それらはカラシュと呼ばれ、どこか幌とC字型コイルスプリング付きの極めて背の高い一頭立て二輪馬車《ギグ》のように見えた。泥よけ板はなくて、そこに御者のための小さな席ないし止まり木があって、御者は各車軸に片足ずつ乗せて非常に不安定な状態にみえた。これらの輸送手段は最も馬鹿げた外観をしている。しかしながらモントリオールでもケベックでも、少数の有蓋《クローズド》のものがあり、それは私の信じるには文明化された世界の他のどこでも、リスボンの数少ない裏通りを除いては見出せない乗り物だ。それは二つの車輪の上に載せたひとつの四角の箱からなるものだ。この箱は天井と後壁と前壁はあるが、横板があるべきところに鹿皮のカーテンがあり、風や雨の防護には極めて不完全だ。御者は屋根に座り、乗物は常に後方に傾き易く、それは一部は馬の体の下のバンドで和らげられているとはいうものの、ほんの一部にすぎず、箱に不慣れな客は、自分がつねに危険の状態に曝されていると感じる。

　屋根なしカラシュに乗って、これまで目にした中で一番急で狭くて汚い通りをラッセルズホテルへと向かった。ホテルから二〇〇ヤード以内のところに着いて、泥の中に降ろされた。降りると、道連れであった一人の紳士が丁寧に案内を申し出てくれ、すぐその後で名前で呼んでくれた。「いったいどちら様でございましょうか？」と私は尋ねた――あご鬚《ひげ》があまりに完璧に五年来の知人を作り変えていた。

　ひとたびホテルに入ると、案内が極度に貧弱だった。ケベックで最古の三軒の家で構成されていて、果てのない長い通路、暗くて曲がりくねった階段、奇妙な小さい部屋があるのだ。ドブネズミが恐ろしいほど現れる。居間では「もし本当なら、怖い」ような、訪問者が蒙るという身体に噛み付く恐ろしい話が語られていた。私の部屋は決してその家の最も古い部分というわけではなかったが、それでも夜な夜なこれらの四つ足の侵入者による非常に整然としたやり方でなされる襲撃《ソルティー》をよく耳にした。ラッセルズホテルのウェイターたちは無作法な振る舞いについて苦情を訴えられているが、しかし彼らは丁重さでも世話やきでも非常に気前がよいと感じた。その不具合にもかかわらずラッセルズはケベック一のホテルである。ケベック市で議会が開かれている間、多くの立法議会議員が逗留するので、非常に活気があって楽しいところなのだ。

　イギリス人の友人アンダーソン夫妻が到着して、町の多くを見た。だがそれについては非常にしばしば記述されているので、他の諸主題に進んでよかろう。『ホチェラーガ』の著者によりそれに与えられた輝《グローイング》くような描写は私の多くの読者にとってなじみ深いものに違いない。その描写は、望まれるべきものについて全く遺漏は無い――彼が目にしたすべてのものの上にバラ色《クルール・デ・ローズ》を投げかけた心の熱狂と親切さの温和な輝《グロー》きを除いては。

カナダでは頭を切り換えなければならない、あるいは一時的に捨てなければならないいくつかの一般概念がある。冬の初めに――それはここ新世界のパリにおいては陽気な季節だが――、結婚していない紳士の誰もが、そうしたいと思えばその時期の多くの娯楽の同伴者として若い女性を選び出す。その未婚女性の同意以上に必要とされる何ものもないように見受けられ、彼女は取り決めを承諾すると、「マフィン」と呼ばれる――というのは、母親たち自身が往時は「マフィン」であったために、娘に同じ特典を拒否できないのだ。紳士はその若い女性を橇で連れて行き、彼女と一緒に乗馬したり、歩いたり、かれこれ言われることなく一晩中踊ったり、パーティーに付き添ったり、すべての場合に彼女の付き添い人を務める特権を得る。春が来ると、その取り決めは終わる、そして私はしばしば結局婚約するとか、同じカップルが冬の二シーズン続けてこの取り決めをするという話を耳にしなかった。恐らくその理由は、互いにあまりに多くを見知り過ぎるからなのだろう。

この慣習はモントリオールとケベックではほとんど当たり前である。晴れた、霜の降る月夜には、橇のベルが楽しげに鳴り、パリパリと馬の足の下で雪が砕けるが、そのとき、紳士たちは橇仲間の集まりか雪靴ピクニック、あるいは氷上のシャンペン晩餐へと「マフィン」を連れていくのに呼びに行き、午前二時まで戻らない。だがこれは自由なやり方に見えるものの、カナダ人女性は極めて慎み深く、女性的で淑女らしい。彼女たちの礼儀作法の純真さは素晴らしく、家庭内の幸福の多大さでこれを凌《しの》ぐ国は恐らく世界のどこにもないだろう。

カナダの若い女性の美しさは称賛すべきもので、確かに大きなパーティーに行っても、人目を惹く、あるいはいわゆる美人は二、三人と目にしないだろうとはいえ、一緒《トゥタンサンブル》になると極めて魅力的なのだ。瞳は決まって大きくて輝いており、黒くて哀愁を含むか、そうでなければ、青く生き生きときらめいている。マナーと振る舞いは気取りがなく優雅だ。服装はこの上なく趣味が良くて優美だ。そして、独特に彼女たち自身のものである優美さをもって、マナーは完全に難攻不落の魅力と魅惑を持っている。彼女たちは普通、修道院で教育を受け、非常に早い年齢から――しばしば齢《よわい》一六になる前である――社交界《ソサエティ》に入るが、このときより後、楽しみの渦に巻き込まれ、読書に多くの時間を割けなくなってしまう。彼女たちは決して深く読もうとしないし、現代ダンス音楽以上のものを弾けるものはほとんどいない。美しく踊り、この楽しみに対する情熱はあまりに大きく――多分フランスの先祖から引き継いだものであろう――、既婚女性はしばしば自分の子どもたちと同じダンス教室に入るが、それは不断の練習を彼女たち自身が続けるためなのだ。

ケベックを訪問したときには、毎晩大きなパーティーが幾つもあったが、その多くはエルギン伯（ジェイムズ・ブルース伯爵。一八四七年よりカナダ総督）とその随員の出席の栄誉を担っていた。彼の副官《エード・ド・カンプ》の一人ベリィ卿――アルブマール卿（ウィリアム・カッツ・ケッペル、七世アルブマール伯爵、一八三二〜九四。ベリィ子爵と称する）の息子――は、北アメリカ全土の漫遊中にケベックに心を奪われた。エルギン伯の事務官はオリファント氏（日本公使一等書記官として来日、東福寺の水戸藩士の襲撃にあう）――『ロシア黒海沿岸探検記』の才能ある著者――で、彼もまたこの北の首都の魅力に屈している。それも無理もない！　というのも、全世界中でこれより友好的な場所はないからだ。私は二通の紹介状だけを携えてやって来たのだが、感謝しても決して十分に感謝しきれないほどの心からのもてなしと親切を受けた。

コレラは、アメリカではペストとほとんど同じ致命度と伝染の速さを持つが、夏の間ケベックに猛威を振るった。それは幸福な家庭に入り込み荒らし、貧乏人と惨めな人々の住処に限ることなく、富者も天賦の才ある者も美しい人をも襲った。長い間、死の天使《デストロイイング・エンジェル》は篤信の市の上を彷徨った――年寄りも幼児も見逃されず、多くの者が日々、生者の活気から墓の沈黙と忘却へと急《せ》きたてられていた。元気な人たちが、通りを歩いていて突然悪寒と痙攣に襲われて、石畳に崩れ落ちるともう二度と起き上がれない――ときには実際に冷たい硬い石の上で息を引き取ってしまう。楽しみは忘れ去られ、取引は部分的に停止された。逃げられる者は皆逃げ出した。住民の魂を覆う暗さは市に立ち込めると思われた茶色の雲より重くのしかかった。そして、恐ろしいペストから逃れて来た人々を運ぶ汽船は生者と死者を積んでトロントに着いた。恐怖におびえ、死にかけ、あるいは死んだ者の中で、聖職者たちはどこででも出会う悲惨な光景に畏れることなく聖なる職分を追求し続けた――異なった宗派の牧師たちは互いに優しさと献身をもって張り合っていた。ローマ・カトリック教会の司教たちはそのとき二重の影響力を手に入れた。人々の目には人知を越えた力と映ったものをもって彼らは夜昼問わず休むところを知らなかった。多くのぼんやりかすんでいく瞳の前に十字架をかざし、苦しみに満ちた遺族には、悲嘆と惜別が共に知られていない世界について語って聞かせていた。弔鐘の重く鳴り響く音は絶えず聞こえ、それは疫病に倒れた者が最後の家へと運ばれていくのに伴っていた。医術は無駄だった。「幽暗《くらき》にあゆむ疫癘《えやみ》」（詩篇九一・六）は、死と生を司る主のみによって取り去られた。

ケベックは、私が訪ねたおよそ六週間前に病から解放されていた。疫病の犠牲者は早すぎた墓で冷たくなっていた。繁栄の太陽は要塞都市の上に微笑み、心配の無くなった住民たちは、ちょうど夜ごとの楽しみとお祭り騒ぎを始めたところだった。エルギン伯の総督職は急速に終焉に向かっており、総督官邸で各週二回催されるパーティーは、ケベックの善き市民たちが追随するに遅れをとらない見本となっていた。音楽パーティー、懇話会《コンヴェルサツィオニ》、ショーディエール川（セントローレンス川のケベック近郊の支流）やロレッティの滝へのピクニックがあった。そして朝の四時までも踊り明かしていた人々は、一〇時過ぎにモンモランシーに乗馬に出かけるほど元気があった。

この市の絶対的な休みの無さに驚いた。朝は、流行を追う人々にとっては、九時に摂る漫然とした朝食をもって始まるように見え、その後で、ある者は訪問を受け、あるいは訪問し、そうでなければ店でどうでもいいものを買うために街中へ出向いた。一方で、少なからぬ若い女性たちがサンルイ通りや城塞を散策したが、そこで普通、士官たちと一緒になった。幾人かの士官は私に、ケベックほど楽しい兵営は世界のどこにもないと言った。真紅の上着はケベックの御婦人方《フェア・セックス》の大変な好意を勝ち得る――市民たちは、その精神的資質がいかに豊かでも、決定的に彼らの後塵を拝するのだ。そして私は連隊に加わったばかりの口髭を生やし始めた若い歩兵少尉《エンサイン》たちが、高い文筆上の達成を遂げた人々より高く買われているのを見て面白かった。ダンスパーティー、鹿狩り、橇乗り、「トボガン遊び《ターボッギニング》」（カナダのイヌイットが使う簡単な作りのトボガン橇を用いる雪上遊び）、そして大事なことをひとつ言い残したが「マフィン」を得て、時間は彼らにとって急速に過ぎていく。イギリスから着いたばかりの紳士は、「ケベックは本当にいやな場所で、住むに相応しくない」と宣言した。数日後、この失礼な発言をした同じ相手に出会うと、ケベックは「世界一楽しい場所だ」と思っていると明かした――「わかるだろう、僕にはマフィンがいるんだから」。

午後になると多数の乗馬グループが構成される、というのは、何か美しいものに出会うことなくケベックの三マイル外に出ることはできないからだ。そして、より公式の性格を帯びた訪問がなされる。ダーラム・テラス[4]や総督邸庭園《ザ・ガーデン》で軍楽隊が演奏するが、そのときそこは最も流行最先端の遊歩道の外観を呈する。夜はダンス場か、小規模の社交的なダンスパーティーで過ごし、あるいは冬の間は夜の一〇時前は立法議会のギャラリーで過ごす。そして朝は、ケベック社会が寝静まる十分前に繰り上げられる。

ケベックでは社交界《ソサエティ》はとても小さな境界内に構成されている。そのエリート層は、城塁の周りとサンルイの近郊にまとまっている。市は最近まで、非常に孤立した位置を占めていて、社交界《ソサエティ》としてはそれ自体に依存していた。それはそれゆえ社交的で、親しみやすく、もてなしに厚い。噂話があるというものの――それが見つからない場所など一体どこにあるのだろうか――意地悪な性質の醜聞がこれほど少ない場所など私は知らなかった。この市の上流部分の小さな世界は、どこであれ、これほど小さな差渡《さしわた》しの範囲内に見つかるものとしては多分、最も輝かしいものである。しかしその下にはひとつの世界があり、それは貴族的なサンルイ地区においてほとんど言及されることのない別の国であり、そこでは悪徳、犯罪、貧困、悲惨が互いに押し合いへしあいしていることは、上流の町で娯楽や政治が犇《ひし》めいているのと同じだ。これはサン・ロックの郊外で、その高くて暗い家々と悪臭のする小路の中で、生まれながらの権利が労働である人々が見出される――彼らは今日の糧を得るために人生を費やす一方、明日のために暗い不安の中に浸りきっている――彼らはしがみつくほどの一片の慰めも過去に持たず、あるいは歓呼すべきひとつの希望も未来に持たない。

サン・ロックは上流の町と同様に混雑しているが、非常に異なった住民――貧民、堕落者、悪人――がいる。ここでは熱病がその何十人を死に至らしめ、コレラがその何百人をも破滅させている。ここでは人々は互いにいがみ合い、それを少しも気にかけない。ここには狭い小路があり、高くて黒く見える石造りの家々があり、壊れた窓は、下の階では紙が貼られ、上の階では襤褸が詰められている――ここに私がエディンバラ（スコットランドの首都。「エイディンの城」の意）のカウゲイト通り（スラム街）とウェストポート通りで観察した惨めさのすべてがある。ここには火酒を煽《あお》りながら子どもたちを静かにさせている靴のない女たちや、もしその気になれば妻や子どもたちまで殺してしまうような荒くれ者たちがいる。ここにはゴミの山々があって、長い鼻の豚がいつも鼻先で掘り返している――ここには瘦せこけた野良犬たちが互いにもっと瘦せた骨を争っている――ここにはどぶと泥水があり、積み重ねた牡蠣《かき》殻、壊れた瀬戸物、キャベツの芯、帽子や靴の破片がある。壁に泥棒と殺人者の逮捕に報酬を支払うという破れた貼り紙があり、暗い振る舞いを痛ましく暗示している。あまり離れていないところに材木置き場と波止場があり、泥と大鋸屑《おがくず》、古釘と襤褸と骨の取引業者、腐った杭《くい》と横木、それに草地化の試み《アテンプト・アト・グラス》がある。古い樽の箍《たが》、古い帆の切れ端、枯れた灌木と死んだ犬、古いソース鍋、キャベツやカボチャがなんとか育っている小区画の地面がある。またチャールズ川があるが、もはやかつて木や丘や花がその表面に写されていた頃のように澄んでもいなければ輝いてもいず、濁り、汚染されて、その縁には造船所と蒸気機関、起重機、巻上げ機《ウィンドラス》がある。ここでケベックは終わるのだ。

　裕福で流行を追い、楽しさを追求するサンルイ郊外からサン・ロック地区へ敢えて行ってみる者は少ないが、例外は、一息ごとに疫病を吸い込む危険を冒して、神と人間への義務を心して、心と体が共に病んだ人々に奉仕するためにこれらのぞっとする居住地へ入って行く人々だ。私が初めてサン・ロックを訪れたのは日曜日の午後だった。午前中、私たち自身の簡素で美しい礼拝に出席しており、午後はカトリック聖堂での夕べの聖餐式を目のあたりにしていた。それぞれの教会は装った人々で混み合っていた。厳かな日だった。上流の遊歩場はみな混雑していた。陽気な制服と明るいパラソルが城塁に混み合っていた。セントルイス通りに沿って御者は馬をゆったりと駆けさせていた。聖職者の列がいろいろな教会の間を行きつ戻りつして通り過ぎた。歓楽する人々を乗せたたくさんのカラシュが駆け回っていた。ピクニックパーティーはモンモランシーや［セント・］チャールズ湖から戻りつつあった。フランス語で話している快活なお喋りの一団がどの街角にもいた。ケベックは大陸の安息日の様相——イギリス人やスコットランド人の目にはあまりに苦々しい——を持っていた。

　アンダーソン夫妻と私はこの陽気な情景、そしてローマ・カトリック教会の不断に鳴る鐘の音《ね》を離れて、サン・ロックへと向かった。彼らはデヴォンシャー（現在のデヴォン、イングランド南西部の地域）の田園地区に平和に暮らしていたが、つい最近になってアメリカの一番きれいで大変繁栄している都市のひとつに住んだ。そして彼らが最初に汚れた空気を吸ったとき、あまりに気分が悪くなりそうな場所から立ち戻りたいと望んだが、しかし、ケベックの陽のあたる場所と同様に影にあるものをも見たいという私の願望を親切にも許してくれた。

　聖別された付帯物を伴う安息日はサン・ロックの住民の上に萌すことはなかったように見えた。もじゃもじゃの髪の女たちが通りに立ち、色つやのない顔つきをした血走った眼の男たちがよろめき歩き、あるいは手に頭を乗せて座り、襤褸を詰めた窓から外を見ているのを目にした。子どもたちもいたが、子どもと言っても名と姿以外の何物でもなかった——無邪気さのない幼年時代、その最初の片言の発音で神の名を甲斐なく受け取ることを学び、苦しみと恥の成年時代のための準備をしている。これらのぞっとする家を、またぞっとする男や女も眼にし、さらにそれ以上にぞっとする彼らの子どもたちをも見たが、子どもたちは青白い顔をし、ちっぽけな姿で、非道の知に長《た》け、ませた顔つきをしていた。そして私は彼らと、青い瞳、バラ色の頬をした我が故国イギリスの幼子たちとを比較対照した——後者は蝶々を追いかけ、五月の花冠《メイ・ガーランド》を編み、黄花のクリンザクラやキンポウゲを摘む。あるいはハイランドの掘立小屋の血色の悪い子どもたちと対照をなしていた——彼らは土間の小屋で知識をむさぼり、ヒースの茂る山腹で課業を暗誦する。

しかし、あなたが健康に悪いすべてのものを帯びた毒性の空気を吸い、身体的および道徳的感覚が共に吐き気を催させ、嫌な気持ちにさせるすべてに出くわすときは、美しい子ども時代の汚れないやさしい苗木がこのような悪化された大気の中で成長するのを拒否するのは怪訝《けげん》とされる事柄であることを止めるのだ。ここでは、善悪のすべての区別が急速に失われて行っている——もしも、そもそもその区別がこれまで知られていたとしてのことだが。そして、男も女も子どもも、悪徳、信仰、礼儀作法と風貌において自然に戻るようになる。このような汚点は悪性腫瘍《キャンカー》のように振る舞い、年々いっそう汚染の影響を拡散し、不断に襲来する熱病や疫病の形をとったすべての恐るべき応報を準備する。それでも、そのような住民の有り様は、単にこの現世に関してのみ考慮されても嘆かわしいものであるが、我々が、光陰《タイム》の車輪は絶え間なく回り続け、天国へと送り届ける人の数が——ああ悲しいかな！——いかにわずかであるか——何百万もが地獄へ送られる——を想起するとき、それは恐るべきものとなる。しかも、次のことを想起するときだ——すなわち、「この存在のうち震える意識、それはその苦悶へ魅惑されて纏いつく」——それは人生が甘いからではなく、死が苦いからなのだが——その意識が終わるとき、残るものは、苦悩と悪徳以外にこの地上には何も知らない人間にとっては、「ただ、さばきと、逆らう人たちを焼き尽くす激しい火とを、恐れながら待つよりほかはないのです」（ヘブル書一〇・二七）――そのとき、悪を為した人々は「天罰の復活に立ち会うであろう」（ジョナサン・エドワーズ）。

サン・ロックの惨めな堕落した様相は私にとって何か新しいものだったというのではなかった。不幸にも同じ事態は我が故国の大都市において、はるかに大きい程度において存在する。私を驚かせたのは、それが新世界で見られるということ、またそのような巨大な悪がその成長のためにたった二〇〇年しか要しなかったことだ。そしてまた、私にはこう思われた――すなわち、ケベックでは二つの世界を分ける隔たりは、ベルグレビア（ロンドンでハイドパークに続く貴族的な住宅地）とベスナルグリーン（北西部の自治区で工業地帯）ないしはセント・ジャイルズ（ロンドンの地区。貧民街）の間の境界線をすら越えるものだ。下町に住む人々は主として波止場で、材木交易に雇われている。しかし読者諸賢は害毒を流す大気の中、そのような楽しくない光景の中に留め置かれるのに私に感謝しないだろう。だから市の本町通り《ハイ・ストリート》に登って行こう――ここは、豪華な呉服商の店とあらゆる仕様の贅沢品で眩《まばゆ》い。この通りと他の数本の通りではこのとき、馬車は通行できなかった――車道にトンネルを掘っていて、土砂の堆積と交通封鎖があったのだ。そうした奇妙でひどく不快な事態は、水道管の敷設から生じていると言われた。夜には、狭い通りに火が焚かれて照らし、気楽な格好のフランス人たちがその周りに立っていると、ケベックはまるで革命の後のサンタントワーヌ城外《フォーブール》通り（フランス革命の発火点となった襲撃対象の牢獄のあったバスティーユ広場に通じる）の様だった。

ケベックは外部も内部もまことに絵のように美しい市である。三〇〇フィート以上の高さの岩の上に立つ砲郭から、混雑する水辺まで、商人、ポーター、材木屋がざわめいていて、すべてが新奇で独創的だ。狭間から銃口を見せたどっしりした防備施設は、極めて目立つ姿を形成している。広い斜堤《グレイシス》（城の堀の外壁の堤）はその緑の中にあって平和に見える。城塞はアブラハム平原《プレインズ・オブ・アブラハム》を覆う。全方向に歩哨と番兵を立てているのが見られる。日暮れは誰何《すいか》――「そこを行くのは誰か？《フー・ゴウズ・ゼア》」――を齎《もたら》し、狭い門は街路への不便な入り口となるが、通りはあまりに急なのでどうやって死すべき馬が苦労して登り得るのかしらと思ったものだ。通りはいつも乗り物で混雑し、特に頑丈な馬車が粗暴な馬に曳かれ、のっそり動くフランス人百姓によって御されているが、

「御婦人方を先に《プラス・オ・ダム》」の間断ない叫びに「我関《われかん》せず」である。これらの店は上部にフランス語の看板を掲げ、店員はしばしば辛うじてかたことの英語を話す。通りの名前はフランス語で、ローマ・カトリックの教会と修道会が多く、不屈の善行を続ける修道女《シスターズ・オブ・チャリティ》が苦しむ者を訪ねているのが見られる。

告知や注意書はフランス語と英語の両方で掲げられている。フランス系カナダ人の軽くて陽気な口調はどこでも聞こえ、アブラハム平原にあるジェイムズ・ウルフ将軍（一七二七～五九。ケベック城を奪取して戦死したイギリスの将軍）の記念碑から下って城塁の上であなたに誰何《すいか》する赤い服を着た歩哨に到るまで、すべてが征服された地方について語り、また英国の旗が今誇らかにはためく場所をフランスのユリの紋章が占めていた、さほど昔でもない時代を語っている。

私はラッセルズホテルで数日過ごしたが、ネズミにもかかわらず、非常に立て込んでいた。カナダのホテルでは人々はとても社交的で、多くの人がシーズンの間ラッセルズを住居にするので、ディナーでは会話はかなり全体に通じるものだった。議員の多くはそこに住み、互いに対して際どく面白い話をし合うのが常だった。私は「仕立て屋が紳士を創る」との言説の真実の証明と思われた話を聞いた。ある紳士がM…氏なる人を訪問し――彼は政府のある地位に任命されていた――そして彼は然るべきときに訪問を返した。通りで一人のアイルランド人に会って彼は「『スミス』さんはどこに住んでいますか」と訊いた――「行っても無駄だよ」――「私は彼がどこに住んでいるのか知りたいのだが、知っているのかね」――「確かに知っているよ。だが行ったたって無駄だ」。M…氏は今や腹を立てて言った――「君の忠告を訊いているんじゃない、ただ『スミス』さんがどこに住んでいるか知りたいだけなんだ」――「うーん、ごろつき《スパルピン》め、彼はあの邸に住んでいるよ。でも行っても無駄だと言っておくよ、どうしてかっていうと、私自身が今そこへ行ってきたからで、彼はひとかどの男になっているからだよ」。当惑した上院議員は家に戻り、新しい帽子を買ったそうだ！

砲郭の傍を通りすぎると、アブラハム平原――今や競馬場の走路になっている――に入る。この戦場は、

「ここでウルフ将軍が死をもって勝利した」というひとつの簡単な記念碑があるだけだ。これを越えて市から三マイルのところに、スペンサーウッド――総督邸――がある。美しく設《しつら》えられ――家は広大ではないが――、どちらかというと昔風だ。しかしながら、エルギン伯によって建てられた舞踏室は、美しい部屋で非常に大きくて、見事に調和し、上品に装飾されている。ここは一種の総督宮が営まれている。そして、エルギン伯の在職期間中の後半の月々は、スペンサーウッドは華やかで手厚い接待の不断の連続の光景の舞台だった。エルギン伯は極めて大衆に人望があると思われていた。この国に多大な恩恵をもたらすと思われている互恵条約が彼の統治下で通り、カナダの資力は驚異的な発展を遂げ、その収益は大いに増加している。彼のケベックにおける人望については疑う余地がない。彼はカナダ人たちと密着し、彼らとは最高の思いやりと気の置けない付き合いで交わっていた。どの夜のパーティーでも彼の臨席は気兼ねと考えられるどころか、総督と副官の登場はいつも活気と陽気さが増すきっかけとなった。

スペンサーウッドでのパーティーに以前に行き渡っていたと言われる堅苦しさは、徹底的に彼によって排除された。そして、大舞踏会とディナーパーティーに加えて、私がケベックに滞在中に、八〇〜一〇〇人規模のイヴニング・パーティーを週に二回開催したが、そのときには最大級の社交が行き渡った。そして、このような場合に午前二時か三時まで続けられるダンスに加えて、フランスの目隠し遊び《ブラインドマンズ・バッフ》のようなゲームが取り入れられ、老いも若きも最高に楽しんでいた。この新機軸が元気で娯楽好きなカナダ人によって受容された喜び方は、カナダ女性とアメリカ女性とのあいだの性格の違いを示していた。私は後にニューヨークのあるパーティーにいたが、そこでスペンサーウッドにいたことのある紳士がこれらのゲームのひとつを紹介しようとしたが、きまじめに受け取られ、大失敗だった。エルギン伯は確かにあまりにしばしば社会《ソサエティ》で忘れられているような目的を達した――人々を心から楽しませることだ。個人的には、スペンサーウッドにいる間に罹《かか》った、短い期間ではあったがひどい病気の間に示された親切に、心からの感謝を陳べて差しつかえないだろう。ピカピカ光る肩章、深紅の軍服、モスリンのドレスがクラクラする目の前でぐるぐる回った——私は一瞬、言葉を発する力を失った——病的な寒気が襲った——身震いし、よろめき、支えられなければ立っていられないで倒れ込んだことだろう。二階に運ばれ、極めて注意深く避けていた恐ろしい疫病がとうとう私を襲ったのだと確かに感じた。医者が朝の二時に来て、いつもケベックで採用されている治療を命じたが、からしの湿布に丸々包まれ、大量の毛布、私が食べられる限りの氷だった。医者は、コレラはまたサン・ロックに現れていると言ったが、偶然にもこの前二日間の午後にわたってそこにいたのだ。コレラによって惹き起こされたパニックはあまりに大きかったので、私が姿を消した理由を説明する必要があるところではどこでも、エルギン伯が私が悪寒に襲われたと説明した。病気の治癒に用いられた処置は、情け深い神様のおかげで功を奏し、私は二、三日中にまた歩き回ることができるようになった——もっとも、続く数週間というものひどく苦しみはしたが。

　スペンサーウッドからジョン・ロス議長（一八一八〜七一。カナダの法律家、政治家、実業家。アイルランド生まれ）の家に移り、彼とロス夫人から多大な親切を受けた——それはケベックの思い出を長くよいものにするにちがいない親切だった。ロス氏の立法議会の議長としての公職は他の情況では知り得なかっただろう多くの人と知り会う機会を与えてくれた。そして、パーティーは私がケベックにいる間は一夜を除き毎夜開かれていたので——そこへ寄宿先の主人と一緒に招待された——、通常の情況下なら一年かけて出会うはずだったケベックの社会《ソサエティ》を目にした。カナダにおける一人の見知らぬイギリス人——良き紹介状を持った——より心地よい地位は無い。

　尊敬に価するケベックのプロテスタント主教マウンテン博士（ジェホシャファト。一八一三年、モントリオール司祭）からも多くの親切を受けた。彼はモントリオール主教だったとき、レッドリヴァー（アメリカおよびカナダを流れる川。流域のウィニペグが最初の貿易拠点）の開拓地に聖職按手式と堅信礼のために冒険旅行に出たことでよく知られている。彼はフランス人旅行家《ヴォワイアジュール》とインディアンの操る屋根なしカヌーで旅を遂行した。オタワ川を上り、それから、野生の湖と川によりヒューロン湖へと入り、ジョージア湾の中の迷宮のような島々を抜け、スー・セント・マリー（セント・マリー河岸の町）を経由し、スペリオル湖へ入って行った——それは当時ほとんど横断されない深くて恐ろしい水の布であった。そこから彼らはレイニー川を上って行き、ほとんど知られていない小川や湖によって旅の目的地へ到達した。大抵、夜にテントの周りに大きな火を焚いて休んだが、人を害する昆虫によって悩まされた。レッドリヴァー河岸の宣教施設で、主教はキリスト教に改宗したインディアンから多大な喜びをもって迎えられた——きちんとした服装をして手には本を持ち小さな教会に集まっていた——。確認された人の数は八四六人で、同じく二人の聖職叙任があった。レッドリヴァーにおける主教の滞在はたったの三週間だったが、彼は六週間で二〇〇〇マイルに及ぶ進取に富んだ旅行を完遂した。彼は最も見えを張らない人々の一人である。彼の来訪の話題を含む一冊の本を贈ってもらうまで、私は長く熱意と堅信の話を耳にしてきたその高位聖職者その人であることに気づかなかった。彼は今や老齢であり、その表情は「すべての物事に対する情愛深そうな愛と、理性的な知」を物語っている。

第一三章　フランス系住民《アビタン》（アッパー・カナダとロワー・カナダ）

ケベック観光対象のひとつ——私には決定的に最も面白いものだが——は議会だった。立法議会はモントリオールで議事堂から焼け出され（一八四九年四月、イギリス系暴徒による放火）、つい最近、非常に立派なケベックの議事堂から焼け出された——トロントではこの威厳ある組織体が、現在の議場で、より運に恵まれることが望まれる。ケベックにおける一時的な会議場所は私には聞き、見て、話す目的に完全に適応しているように見えた。

それは奥行きのあるいくつかのギャラリーの付いた広いアパートメントで、その周りに五〇〇人ほど収容することができ、ケベックにとってはロンドンにとってのオペラハウスあるいは諸処のクラブハウスに当たる。事実これらのギャラリーは毎晩混んでいた。そして確かに、私がいたとき、その席を占める者の優に半分は、見たり、見られたりできる御婦人たちだった。御婦人たちの存在は不謹慎過ぎる言葉を使うのを防ぐ効果があるかもしれない。若い議員たちの幾人かは、議会のためというよりギャラリーのために発言すると、意地悪な言われ方をされるかもしれず、また勇敢な面々の中には、場合によっては美しい持ち主の手に、どうという意味もなくハンカチやボア（boa——ボア襟巻。軟らかい羽毛、毛皮製）を返すために階段を駆け上がる者がいるかもしれないが、彼女たちの在席によって起こる気の散りは取るにも足りないことで、彼女たちに楽しみを与えるための取り計らいは、イギリスの下院議会で婦人傍聴者が追いやられている惨めな格子の穴とは大いに対照的だ。また言っておかなければならないが、建物は、熱風《シロッコ》と北風が交互に噴き出す影響を受けることなく、良好に温め換気されていた。演説者の椅子は演壇の上にあって天蓋が掛かって私たちの方を向いていて、その中で長服を着て議長がもたれ掛かっていた。彼の前にはテーブルがあり、そこに二人の黒い長衣を着た事務官が座り、その上には巨大な職杖《しょくじょう》が横たえてあった。そして彼の後ろには記者用のギャラリーがあり、報道関係の紳士たちが極めて心地よく席を占めているように見えた。このテーブルの前に大きな開けた空間があり、仕切りまで広がっているが、そこは議会の連絡係と、帯剣した守衛官《サージェント・アト・アームズ》の席だ。この開けた空間のどちら側にも四組の立派な机とモロッコ革の椅子が並び、それぞれが二人の議員にあてがわれているが、大変物腰の柔らかな双子座《ジェミニ》のように座っていた。床はふかふかの絨毯敷きで、机は深紅の布が掛けられ、豊かな光はうまく調節されていて、部屋は完璧だった。

　カナダの憲法（カナダ連合法）は、植民地的なもののいずれにも劣らずほとんど我が国のものの写しだ。総督は誤りを犯すことができず――立法議会の議員からなる責任内閣を持たねばならない――、政権はイギリスのように安定多数を持たなければならない――また国民の代表が政府への信任を失ったときは、補佐官の交代によって世論の前に屈しなければならない。立法評議会《レジスラティヴ・カウンシル》は我が国の貴族院《ハウス・オブ・ピーアズ》に当たり、立法議会《レジスラティヴ・アセンブリー》つまり植民地議会《プロヴィンシャル・パーリャメント》は我が国の下院に当たる。上院は時の内閣の助言の下で国王によって任じられる。しかし、下院の要求に対してあまりに譲歩し易いという、それに対する反対の声が上がったので、上院議員が数年を任期として選出されるようにするための措置が導入されている。もしこの変更が実行されれば、イギリス人読者がよく考えるほどの関心を引かないだろうその他の変更と相俟《あいま》って、カナダの憲法の合衆国のそれへの近似化が招来されることだろう。

　ある夜、議会の傍聴を楽しんでいたとき、議論の主題はカトリックの休日についてで、それがある商業取引に関連していた。それはひどく無味乾燥に聞こえるが、議論が極めて興味深い宗教論争に踏み込んだので、耳を澄ます価値があり、満員のギャラリーは静止状態に留まっていた。

前首相のヒンクス氏（サー・フランシス、一八〇七～八五。アイルランドのコーク生まれ。首相在位一八五一～五四年。鉄道建設推進者）は私たちが入って行ったとき、演説中だった。決して雄弁ではないが、所見は非常に鋭く、かつ彼の話はどこか他でも真似する価値があるくらいの量の論理的な系列を持っていた。彼は優れた人物で、おそらくカナダの将来の政治史に輝かしい役割を演じるだろう原注19。彼はコーク（アイルランド共和国南部）の長老派《プレスビテリアン》牧師の息子で、一八三二年にトロントに植民した。ダラム卿（ジョージ・ラムトン侯爵）統治下の間に彼は『エグザミナー』紙の編集者になり、一八四一年に連合カナダ議会に入った。彼はその後に財務総括監察官の重責に就き、とうとう首相になった。彼の政権は、しかしながら一八五四年初頭にひっくり返され、いろいろな由々しい譴責が彼を襲った。彼はカトリック教の休暇に与えられた特恵の廃止を支持して弁じたが、続いて数人のフランス系カナダ人が弁じ、そのうち二人はルージュ党（急進改革派）員で法案に反対し、一人はフランス革命のジロンド派（明確な党派ではなく、中流ブルジョワ、プロテスタントなどで結びついた穏健共和派諸派閥の集合体。ジロンド県出身者のブルジョワ階級が多数を占めたボルドー・ジャコバンクラブに所属する議員を中核としたことに由来。革命当時に「ジロンド派」という名前は存在しなかった）の歴史的日々を私に想い起こさせるほど雄弁だった。

極めて運よくトロントで阻止された謀反を率い、辛くも相当な罰から逃れたライアン・マッケンジー氏（ウィリアム、一七九五～一八六一。スコットランド生まれのカナダ・アメリカのジャーナリスト、政治家、反乱指導者。最初のトロント市長）が続いて、対露戦争への約束手形その他の問題から離れた。そして「質問、質問、秩序、秩序！」の大きな叫びが起こったとき、彼は覚書を引き裂き、突然極めて芝居じみたやり方でフロアからもギャラリーからも起こった大笑いの爆発の中で着席した、というのも、議院の特権的な道化師《バフーン》に見えたからだ。

議院の外観は概して立派だ。議員は目立つほど礼儀正しく振る舞う。そして英国下院議会の特徴である騒音と見苦しい妨害に慣れている人々にとって、連合カナダ議会の静かさと秩序は非常に好もしい原注20。

議員は議論に全精力を傾けて聞いているように見えた。ほとんど書き物をする者はなく、議会広報文書を除いて読んでいる者はなく、発言者はひとつの場合を除いては遮られることはなかった。歩き回る者は極度に少なかった。だが、一人の紳士――名うての洒落男――が数回議場を横切るのを目にしたが、彼には、議長に深々とお辞儀をして自分の素晴らしい見てくれを顕示する以上の目的は無いのであった。全体として見て、議員たちが紳士として恥ずかしくない外見をとっていることは注目を惹かずにはいられなかった。

現首相アラン・マクナブ卿（一七九八〜一八六二。「私の政治のすべては鉄道である」と公言した）は連合内閣の長である。幸い、その政策について言挙《ことあ》げする必要はない。そしてカナダは本国の例に倣いつつ連合に静謐《せいひつ》に従っている。自由党からなる反対派は政府与党の反対側に陣取り、ライアン・マッケンジー氏（アレキサンダー・マッケンジー〔一八二二〜九二〕自由党初の首相〔一八七三〜五〕か？）に率《ひき》いられているが、彼はあらゆる党に順次、揺れ動く接近を試み、そしてしばしば不面目なことに皆から拒否されている。アッパー・カナダの自由党員はジョージ・ブラウン氏（一八一八〜八〇。スコットランド生まれのジャーナリスト、政治家。『グローブ・アンド・メイル』紙前身『トロント・グローブ』紙の創設者・編集者）によって巧みに率いられているが、彼は、すこぶる明晰で、力強く、理路整然とした推論で抜きんでており、これはある効果を生み出すのに失敗することがない。

次にルージュ党があり、これはモントリオール選出議員に率いられており、主として共和主義と合理主義の奇妙な複合に見える教条を信じていると公言している、どちらかというと意見と目的の明確でない気紛れで熱狂的なフランス人からなる。宗教上の自由主義《ラティチューディナリズム》という言葉がその定義に一番ぴったりくる。一三〇人の議員がいるが、多くの「主義者《イスト》」と「信奉者《アイト》」（例えば、機械打ち壊しのラッダイト運動（Luddite movement——ラッドの信奉者）のように使う）に分かれている。ロワー・カナダ

［原注19］この予知は実現しそうもないようだ、というのは、故W・モルスワース卿（イギリス植民地相）がヒンクス氏をバルバドス［英領西インド諸島の島］の総督に任命したからだ。もし新しい総督が才能と同じく主義を持っているならば、この植民地の利点の認知は正しい方向への一歩だろう。

［原注20］カナダ議会に対して公正を期するために『トロント・グローブ』紙からの次の抜粋を挿入しなければならない――「マッケンジー氏は話そうと試み、二、三分はフロアの注意を摑んだ――と言っても、彼の声は机を蹴る音とギャーギャーいがみ合う声、議院のいろいろな場所からのとぎれとぎれの歌で聞き取れなかったのだが」。

（セントローレンス川下流域）の議員の大半はフランス人であり、従ってローマ・カトリック党は議会で非常に強力な党である。全体として、議員は忠節を尽くし、イギリスへの愛慕心を愛国国債のための二万ポンドの議決によって示した。

議会の討論報告書を読む習慣のある人は皆、議会における発言は我が国の下院におけるそれに匹敵することを認めるだろうと私は思う。そして、もし若い議員の中に、崇高なものを得ようとしてときに滑稽なことを達成することがあり、表出の馬鹿げたことを思想の偉大さとはき違える者があるとしても、それは時間と批判が改善するであろう。連合カナダは素晴らしくかつ繁栄している国であり、その立法議会はこのように若い共同体にとって非常に信頼に足る。賄賂や汚職、猟官運動がこの組織に反対して言い立てられる。しかしこれらの悪徳はイギリスで大いに広がっているので、それらについて評言するのは悪い趣味だ――特に濫用の最も熱烈な矯正者が現在では、不承不承ながら、それらは人々の集まりから分かつことができないことを認めているのだから。上院については言うまでもない――それは、我々の貴族院《ハウス・オブ・ピーアズ》についてからかい半分に言われてきたように、単に「高等登記所《ハイ・コート・オブ・レジストリー》」にすぎないのだ――選挙による議会がより大きな活力と独立を有するかどうかが、さらに見届けられるべきことである。

立法議会の議長はフランス人で、フランス語と英語が論争では区別無く使用される。議会の告示と報告書も両言語で印刷される。

寒く陰気な一〇月の朝で、冷たい東風が赤褐色の葉をカサカサ音をたて、深い靄《もや》がダイヤモンド岬に広がっていたが、私は、非常に元気のよい小さな馬に曳かれ、若い婦人が御者《チャリオッティーア》を務める軽馬車で、モンモランシーへむけての静かなドライブへと、ケベックの喧騒を離れた。この小さな動物は極めて血気にはやり、急坂で混雑したケベックの通りをガラガラ下り降《お》りたが、そのスピードたるや、こちらの車輪と無神経なフランス系住民《アビタン》たちに御された多くの馬車の車輪とを絡ませる恐れのあるものだった。住民たちは、嘆願するような調子で発せられる「ご注意《プルネ・ガルド》」と「御婦人を先に《プラス・オ・ダム》」の忠告を完全に無視していた。急な坂道を駆け下り、王宮の門を抜けてサン・ロック地区に入ったが、そこはアイルランド人と汚物でいっぱいだった、というのは、次のことが事実ではないかと恐れるからだ、つまり、前者の存在するところではどこでも決まって後者があるのだ。これを越えると泥と大鋸屑《おがくず》で覆われたところがあり、そこで二人のフランス系住民《アビタン》たちが凄まじく言い争っていた。大勢の見物人の喝采の真っただ中で、一人は相手にハイエナのように飛びかかり、殴り倒し、それから噛みつき、絞め殺そうとした。

　ケベックを後にして去りながら、対岸に緑豊かで肥沃なオルリンズ島（イル・ドルレアン。セントローレンス川のケベック近くの島）のあるセントローレンス川の小支流の見える道を七マイル駆けた。この道沿いの家々は非常に多くて、道中ずっとひとつの村の様相を呈していた。夏にここに到着するフランス人たちは、自国の陽の照る土地にいるのではないことをほとんど信じることができない。この地方の外的諸特性は全く似通っているのだ。これらの住居は大きく白漆喰塗りで窓が多く、いずれもバルコニーで囲まれている。何段階もの階段でドアまで行くようになっているが、それは冬の雪の高さの上に来るようにしているのだ。部屋は清潔だが、大きくて侘しく見え、大抵聖母マリアの戯画的な絵と奇跡のぎこちない絵が飾ってある。女性の服装はフランス風で、戸外では大きな麦藁帽子を被るが、それはいつも私をがっかりさせる原因だった、というのは、私はいつも若い――きれいでないとしても――人の顔に幅広の鍔《つば》の下で会うことを期待していたからだが、これらの女性たちは目立って好ましからざるものだった。彼女たちの顔色は激しい労働と極端な暑さ寒さのせいで、硬く、しわがあり、赤銅色《ブロンズ》だった。家々の多くから糸車のカタカタいう音が聞こえたが、それは、これらの勤勉な女性たちは家庭のリネンと男に着せる灰色の手織物《ホームスパン》を紡ぐ音だった。家具は古風で樫材で出来ており、あたかも世代から世代へと受け継がれたように見える。男性は、広く女性たちの手助けを受けて、小面積の土地を耕し、すべて現代的改善を全く無視している。これらのフランス人の町や村はほとんど改善されていない。

社会進歩のあの大いなる対抗手段《アンティドウト》たるローマ・カトリック《ポウパリー》教はあまねく信仰告白された教義で、概して、幾らかでも見かけのよい唯一の建物は、光った錫《すず》の二つの尖塔が聳《そび》える大きいカトリック教会だけだ。教育はあまり褒められたものでない。純朴なフランス系住民《アビタン》たちの望みは、生活の身代を達成することに限られており、それはこのぞんざいに耕された畑で叶えられる。カナダのこの地域を、一時的にしろ定住の場所とする移民はほとんどいない。気候の厳しさ、言語、宗教、法律はすべて彼らに敵対している。それで、より純粋な信仰の公言者ならそれを告白するのを恥じ入ることだろうが、移民が持ち込む諸悪徳は見られない。これらの百姓は太陽の下で最も無害な人々である。道徳的で、真面目で、満足して、間違った教義を熱心に遵守している。彼らの子どもたちは土地を分有するが、各々が道ないし川に沿った耕作地を好むので、ときには幅たった数ヤードしかない畑地が見られる。進歩よりは幸福を懸命に追い求めるのだが、彼らはその目的においては失敗していると誰が言えるだろうか？　父祖たちが住んでいたのであり、彼らもそこに住む。それぞれの世代は先代の質朴さと迷信を受けついでいる。秋には彼らは乏しい収穫を刈り入れ、長い冬の間、ストーブの周りで糸を紡ぎ、ダンスをして過ごす。日曜日と聖人の祝日には百年来の様式の服を着て、衆をなして教会に集まる。彼らの欲求と望みは少なく、彼らの礼儀作法は丁重で疑うことを知らず、彼らは盲信的で内に秘めた信仰を持ち、夏の夕べにはローヌ川（スイスに源を発しフランスに入り地中海に注ぐ川）の急流の微笑む土手で、過ぎし日々に彼らの父祖が歌ったようにフランスの歌を歌う。

これらの小百姓の住居が沿道に並ぶ道路は砕石で舗装され、時折り道路際に十字架が立っていて、帰依者がひれ伏しているのが見られる。地域全体に静かで無気力な古めかしい空気があり、アッパー・カナダのざわめく忙しく休みない進歩との奇妙な対照をなしている。フランス系住民《アビタン》たちの情況は彼ら自身にとっては極めて割が合わないのではあるが、外国人の思考力と観察力につかの間の休息を提供してくれる――その能力は新世界における物事の特急鉄道並みの発展を取り込み、熟考するのに、過度の緊張を強いられているのではあるが。

　西カナダ（アッパー・カナダの連合後の名称）と合衆国《ユニオン》の北西部諸州の広大な物質的発展を称賛し驚嘆している間にも、警告を伴う諸考慮がのしかかってこよう。我々は多大な進歩がイギリスによって進められていると考えるが、アメリカを旅行するまでは、アングロ・サクソン人種が新しい土地でなしつつあるものを信じることはほとんど不可能だろう。アメリカでは工場労働者、お針子、事務員が働き過ぎで安い賃金をもらい、露命をつなぐために命を削ってあくせく働いているのに出会うことは無い。しかし、あらゆる階層の間に、程々の労苦で、奴隷以上に働いて、富の獲得というひとつの欲望の達成のために、家庭の喜び、楽しみ、健康自体を犠牲にして、相当の資産と富を手に入れる人々がいる。冒険的な投機は失敗する。大資本を持つ人々との不自然な競い合いにおける闘争、あるいは不正直な取引は終には課題を詰め過ぎた身体の枠組みを摩耗させる――人生は渦巻きの中で費やされる――死が彼らを呼びだして、不意に彼らを襲う。既定の仕事に取り掛かっている人はだれでも働き過ぎだ。休息を求める人々の叫びの声はどの方面からも聞こえるが、誰一人として気狂いじみて走り回るこの競争で、あえて休止する勇気がなく、そこでは幸福と心身の健康は最小限の考慮のうちにある。誰もが自分の地位の現実あるいは想像上の必要によって拍車をかけられ、貪欲、野心、激烈な競争の向こう見ずな道を追いたてられる。

　八マイル馬車を走らせて着いたモンモランシーの滝は極度に美しく、加えて、その日はピクニックに集うにはあまりに寒かったので、私たちは全部独り占めした。水の大きな集塊はないのだが、川は黒くて狭い峡谷から二八〇フィート切れ目無しに砕け散っている。荒くれた肌の黒い断崖がセントローレンス川へ一気に下り落ちて、雪のような白さの滝と素晴らしいコントラストをなしている。モンモランシーはナイアガラ以上の楽しい感動を与えた。水車小屋も博物館も案内人も土産物店もない。美においてそこに在るものは、創造主の手の美しい痕跡を帯びていた。そして、もしこれらの滝が一〇月末の日において美しいとするならば

――このとき、凍える東風が冷たい灰色の霧を通して浮かび上がる、葉の落ちた木々を通りぬけて咆えていたのだが――、春の芽吹きの盛りや夏の旺盛な輝きの中では、いったいどれほどのものだろう。

幾らか馬車で戻って、小さなキャバレー（音楽やダンスのできる酒場またはカフェ）に入ったが、そこには幾人かの女が一生懸命に糸紡ぎに従事し、また幾人かの男が肉無しスープ《スープ・メーグル》の調整に強烈な関心を示して監督していた。彼らの地方訛り《パトワ》はほとんど分からず、雇ったガイドの少年は英語を全く話さなかった。幾つかの高い塀と沼沢地に出くわした後で、明るい緑色の苔むした木々、石と土のある森の中の狭くて岩だらけの道に出た。岩の土手を降りると「自然の階段」に来たが、そこはモンモランシーの急流が石灰岩の河床を無理に押し通って、切れ切れではあるが極めて規則的な地層の様相は全く広い階段のようだ。この場所の光景は荒々しく美しい。川はしばしばほんの二、三フィートの幅しかないが、時折り、木で覆われ、摩耗の年月の印を残す絶壁の間を猛り狂って泡だっている。それから、最後の跳躍に達する前に、暗い淵に沈んでいくか、あるいは静かな黒い水たまりになって一瞬、静かに休息する。

ケベックを出発する前日に、町からおよそ一三マイルのところにあるロマンチックなロレッティの滝へ行った。麗しい日だった。蒸し暑いというべきだったろうが、空気は涼しい西風が吹きわたっていた。小春日和がとうとうやって来ていた。西部の大草原《プレィリー》に、「部族の族長《サガモア》たちが会議の焚火《カウンシル・ファイア》を灯していた」（*The Bay State Monthly* — Vol. 2, No. 1, October, 1884参照）。そのような季節に何を惜しむというのだ！　それは夏の再点火、だが熱のないそれだ。その輝かしさにおいては秋だが、陰鬱さはない。空気は五月の息吹のように柔らかい。すべてのものが柔らかく純粋な霞の中に包み込まれ、空は消え入りそうな朦朧としたブルーだった。

不思議な魅惑が私たちをサン・ロックに結びつけているように思われた、というのは、道に迷い続け、「スティクス（黄泉の国の川、ギリシャ神話）のように黒い流れ」（John Aikin, *The Juvenile Budget Reopened*, etc., Boston, 1840）に入って行ったからだ。しかし遂に、緑のなだらかな坂と、もの凄い銃眼付き胸壁のあるケベックの街を後ろにして、おびただしい数の古い石造の住居、古い農場、切り株の大きな原野のある平原の地域を馬車で通り抜けて走った。青い丘々の近くを通り、インディアンの村ロレットに馬を繋いだ。美しきロレッティ！　その川がロマンチックな橋の下からミルクのように白い泡の幅広い一枚の布となって逃れ出、それから不機嫌な岩の関門の間で狭まり、松を纏った絶壁の深い影を求め、そこから急《せ》きたてられるように逃れる様を記述すべきではない——私にはできないのだから。それは完成であり、美であり、平和である。そして森に覆われた嶮しい岩山《クラッグ》の徒渉はスイスにはあるかもしれない。

　一団の中の紳士たちから見捨てられたので、きれいな若い仲間とロレッティへの道を見つけたが、そこはインディアンのために政府によって建設された大きな村だ。しかし、フランス人との国際結婚により、彼らはほとんどすべての目立つ特徴を失い、次の世代はインディアンの言葉を喋ることさえしないだろう。ここにはロワー・カナダのすべての村と同じく、けばけばしい絵で荘厳《しょうごん》した大きなカトリックの教会がある。幾人かのインディアンの服装の先住民女性《スクァウ》を訪ね、少しばかり買い物をした。その後、不格好な造りの弓と矢を持ったインディアンの少年たちに取り巻かれた。彼らは私たちが差し出した銅貨《カッパー》の報酬に釣られて、非常にうまく弓を射た。このような品位の下がった状態で古代の人種の残影を目にするのはつらいことである。彼らの改善の障害となるような知的遅れはないと信じるからなおさらだ。インディアンの若者によって描かれた明らかに相当の才能のある絵を見た——特にそのひとつ、エルギン伯の肖像画は見事に仕上げられていた。

　私の理解したところでは、これらの混血と中央アメリカの戦争好きの部族との間の差異は、彼らとレッドリヴァー植民地のキリスト教化されたインディアンとの差異よりほとんど大きくはないのだ。カナダにはおよそ一万四〇〇〇人のインディアンがいて、大層な貧困な状態の者はほとんどいない、というのも、土地を売ることによって得た年金を得ているからだ。彼らは骨の折れる仕事への励みがないので、猟や魚釣り、居酒屋で強い酒《スピリッツ》を飲むことに時間を費やし、そこで白人の勤勉と起業の習慣無しに素早く白人の不道徳を身に着ける。偶像を持たず、キリスト教に対して敵対的対立に与《くみ》することはめったになく、それが便宜であるならばグレイト・スピリットの崇拝をキリスト教の教義と容易に交換する。しかしながら、罪の感覚や、来るべき世界の重要性の観念に対して、彼らを呼び覚まさせるのは非常に難しい。しかし同時に、世界のいかなる場所でもレッドリヴァー植民地における以上の祝福された伝道活動はない。大いなる変化が彼らの目の前を過ぎた。年々歳々、彼らがさらに西部へと押しやられるのが見られた、というのも、彼らの猟場が強欲な白人らによって吸い上げられたからだった。インディアンの弓のビーンとなる音とインディアンのライフル銃の鋭い発射音《リポート》は、材木斧のカンカンという音とたくましい入植者の「行け《グランゲ》」に置き換わった。かつて大鹿（鹿《ヘラ》）の森の溜まり場で覆われていた土地は大収穫のトウモロコシが波打ち、赤色人（インディアン）が樺のカヌーで漕いだ湖の水は、今や込み合う蒸気船が掻き分けて運行している。彼の父祖たちの粗野な住居が立っていたところを、機関車は鉄路の上を疾走し去り、無力なインディアンたちは、自分の土地への青白い顔の侵入者の力と資財を見て肝をつぶす。

私がケベックを離れることになっていた船は、ロレットを訪れた日の午後に出航することになっていたが、その日郵便局長から夕方まで引きとめられ、そのとき深い霧になったので、翌朝まで出発は阻まれた。天然痘が市に発生しており、流行病《コレラ》の噂が届き、セントルイスの陽気な住民たちに警告を発していた。私はこれまで、疫病がぶり返したと聞いた幾人かの女性たちの間で止め処《ど》もなく高じたほどの恐怖を見たことがなかった。彼女たちの一人はヒステリーになり、同じ夜にケベックを去る必要があると考えられたほどの重い病気になった。出航の延期の結果、ケベックに左様なら《アデュー》したのは日曜日の朝だった。それまで日曜日に旅行したことが全くなく、必要に迫られたのでなかったら、今度の場合もそうすべきではなかっただろう。私はこう述べるのが幸せだ——安息日にセントローレンス川を走る船が無く、強行されたジョン・マン号の航行は、乗組員と船員の間で大いに不平を醸し出したのだった。通りは早いミサと、市の上に差し迫っているのではないかと恐れられた重い審判（コレラ）を避けるために催される特別礼拝に行く人々でごった返していた。船は満員で、疫病から逃げ出していた多くの人々が乗船して寝ていたのだった。

　ケベックの友人たちと、そして彼らと共に美しいケベックに名残惜しく別れを告げた。たくさんの親切と手厚いもてなしを受けたが、それでもやはり、この市の過度の陽気さと賑やかさが気を滅入らせる効果があると白状しなければならない。人々は、楽しみの時間が滑るように過ぎ去ることに夢中になっているように見える。この世の生活の楽しみは来るべき世の重要性に比して過度に重んじられているように見える。そして貧者の間では多大な量の罪悪と悲しみがある――祝福も無く世界に入り、望みも無く世界に別れを告げる人々があまりに多い。小春日和の輝く太陽は城のある急な坂に光の洪水を注ぎ、薄いブルーの霧は美しい光景に満ち渡っていた。長い緩やかに起伏する地平線が、緑のオルリンズ島の上に青い丘が立ちあがり、その壮麗な季節の霞の中に眠っているところを示していた。風の一吹きも、砲郭の上に重く垂れたイギリスの国旗を揺らすこともなく、眠たげなセントローレンス川も、あるいはその水面の数えきれない船影も揺らすことがなかった。そしてカトリック教会の鐘の音《ね》が水面を優しく漂い流れていた。こんな朝をめったに見ることはなかったが、ケベックは美の中に日を浴びてうつらうつらしていた。確かに、この朝の太陽が照らしている町でこれより美しいものは無かった！　その秋の陽の優しい光線は、背後に残そうとしている温かく優しい心に典型的なもので、彼らは自分のもてなし篤い家に旅人を迎えてくれたのだ。そして、鐘が鳴り、静かな深い水の中で外輪翼が回転するにつれて、私の耳に二度とその親しみのある声が響くことはなく、またそのとき要塞都市上にきらめいていた陽の光が、私の眼の前に二度と輝くことはないかもしれないという感慨を持ったとき、悲しみの感情が心に沸き上がった。

　ジョン・マン号はとても立派な船で、合衆国の汽船に特徴的なものとしてどこかで書いてきたような贅沢に満たされていた。しかし、探索の途上で最下級船客室《スティアリジ》、つまり移民の貧民に充てられた船の中甲板の部分に出くわした。これら移民の五〇〇人がほんの昨日ケベックに上陸したばかりだった。ここの光景は極度にひどいものだった、というのは、男、女、子どもが薬缶《やかん》、ソース鍋、毛布、寝具、そして大きな青い箱と一緒に風通しの良くない部屋に押し込まれていたからだ。強い酒《スピリッツ》を売るバーがあり、私の恐れるに、非常に常習者が多かった、というのは、夜にかけて、罵《ののし》り、喧嘩、取っ組み合いの、この好ましくない場所から発する音があったからだ。

日通い船は非常に稀なので、ケベック市民の中には単に自分たち自身の川の美を探勝するためにだけ旅をする者もいた。歴史上有名なアブラハム高原とウルフの洞窟を過ぎた。林のある坂と美しい田舎の邸宅。シヨーディエール川とその松の枝の掛かった土手。しかし、私はあまりに具合が悪くて、セントローレンス川の美でさえ私を広間に引きとめておくことができないほどで、婦人室に降りて行き、そこで毛布にくるまってソファの上でその日の残りを過ごした。たくさんの婦人たちが階下へ降りて来たが、それはあるフランス系カナダ婦人が演じているカドリール（四人一組のスクエアダンス）を避けて来たのだ。そして友達の一人であるP…陸軍大佐が、私がコレラに罹《かか》ったと誰かに言ったので、結果として大層奇妙な騒ぎがあり、そのうちで私は次のような言葉を聞いただけだ――「なんてひどい軽率さでしょう！」「公共の乗り物に乗るなんて、ひどい間違いだわ！」「たった今、それから私たちも逃げ出そうとしているところなのに！」。だが私は、ある婦人が私の顔を見ようと毛布を剝がしに及んだときでさえ、あまりに具合が悪くて面白がっていられなかった。反対側のソファに、私をじろっと見つめる非常に青ざめた顔の神経質そうな婦人が横になっていた。突然彼女は起き上がって、ひどい重篤ですか？　と訊いてきたので、私はそうでしたと答えた。「彼女はコレラだったんですよ、可哀そうに」と客室係があいにく気づいて言った。「コレラですって！」と彼女は驚いた顔で言い、急いでボンネットを被ると船室から消え失せ、二度と降りて来なかった。

彼女はコレラのせいでケベックを離れていたが、ジョン・マン号の中で誰かがそれが原因で死んだことがあるかどうか前もって問い合わせてからだった。そして今、想像したようにそれと遭遇し、想像力があまりに強く刺激されたので、ただちに極めて重篤な病気になり、ブランディとアヘンチンキ《ローダナム》が要請されていた。伝染の恐怖はあまりに大きく、船は多数の人がソファで寝なければならなかったほど満員だったのだが、誰一人として私と一緒に大広間にいようという人はいなかった。

霧のために遅れ、夜中の一時までモントリオールに到着しなかった。モントリオールは、初めて来たとき冷たくてぴんと張った空気だったのに対し、暖かくて湿っぽいことが分かった。しかし、私が受けた歓迎に比べれば空気はそれより暖かくはなかった。主教館《シー・ハウス》での滞在を延長するようにとの招待は、親切でもあり心惹くものでもあった。申し出のあったオタワ河畔の荘園《セニョリー》訪問の見通しは心を誘うものだった。そして、たった一日の滞在の後で、極めて気の進まないまま、この上品で接待のよい宿と大層親切に迎えてくれた大切な友人たちに別れを告げ、ニューヨークへの煩わしい長旅に出発したのだった。一〇月の末日五時に主教館《シー・ハウス》を発ったのだが、ひどく具合が悪くて話すことも立っているのもやっとだった。真暗で土砂降りの日だった。強風がドアのところにかけてあったランプの灯を消した。旅の不吉な始まりだった。馬具のどこかが具合が悪かった。無骨な乗物は、ほとんど後ろにひっくり返りそうだった。フェリー汽船は陰鬱さの極致で、息のつまりそうなほど暖房し、油布のコートと滴る傘を持った人で満員だった。モントリオールの黄色いガス灯が秋の朝の青白い霧が立ち込めた夜明けと闘っているちょうどそのとき、セントローレンス川の急流を渡って、はっきりとものが見えるようになる前に対岸の列車に着いた。ここで、親切にも私に付いて送って来てくれた召使いが去って行き、友人たちと一緒になる前に過ぎ去らなければならないはずの数時間が、越え難いいろいろな困難を提起するように思われたのだった。客車の中の人々はフランス人で、駅の名前はフランス語、そして「機関車に注意！《ブルネ・ガルド・ド・ラ・ロコモティヴ》」は踏切の表示だった。フランス系住民《アビタン》たちの自由放任主義《レッセ・フェール》（アダム・スミスの思想として有名なフランス語。一六八〇年頃のM・ルジャンドルの発言が起源とされる）の慣習は、時速三五マイルで住まいを通り過ぎる機関車のがたがたする響きで侵害されるに違いない。だが、フランス系住民《アビタン》たち自身は、極めて我関せずといった様子でフランス語で、アッパー・カナダにおける鉄道事故について語っていた――四八人もの死者を出したというのに！　二時間の旅の後で、私はラウジズ・ポイント（ニューヨーク州）に着き、チャンプレイン湖上で立派な蒸気船で英国の領土を離れた。

星条旗の領土に再入国する前に、私はカナダについて若干の結語的評言をしようと思う。

第一四章　カナダ総評[6]

この高貴な植民地に対する一層の興味が、これまでに述べてきた以上の、カナダ（連合カナダ＝ほぼ現ケベック州とオンタリオ州）の現状と将来性についてのより詳細な説明に一章を充てることの十分な理由になるだろう。

カナダはセントローレンス湾に突き出たガスプ半島からスペリオル湖まで広がっている。その岸は、ヒューロン、エリー、オンタリオの各湖と北緯四五度線にまで至るセントローレンス川によって洗われている。そこから川は海まで植民地《プロヴィンス》の中心を通って流れる。カナダは五大湖と合衆国によって西部と南部で境界を区切られている。東方へはニューブランズウィックと大西洋により区切られ、北方へはハドソン湾会社管轄地《テリトリー》により区切られる――もっとも、この方向の境界線は決して正確に規定されてはいないのだが。カナダはブリティッシュ・アメリカ（英領北アメリカ）の名の下に知られている広大な地域の小さな一部に過ぎず、後者の面積は地球の九分の一を占め、二六億三〇一六万三二〇〇エーカー（一〇六四万平方キロメートル）で、合衆国よりかなり大きい。

カナダは一七九三万九〇〇〇エーカー（七万二六〇〇平方キロメートル）の地を占めるが、そのうちたった七三〇万エーカー（二万九五四〇平方キロメートル）しか耕作されていない。そして一億三七〇〇万エーカー（五五万四四〇〇平方キロメートル）は未だ人が住んでいない。この広大な領域全体のほとんどが元来森林地帯で、奥地へ行くほどに未だに木材が最も収益をもたらす輸出品となっている。しかし、土地は切り拓かれているところではどこでも滅多にないほど肥沃であることが分かっている。ここでは石炭は極めて不足しているが、スペリオル湖近辺では、大変な価値のある鉱物資源が豊富であることが分かっている。

カナダの気候という話題に関して、イギリスで非常に間違った考えが幅を利かせている。多くの人々が、この国は永久に「厚い氷に閉ざされた凍てつく世界」で、スケートと橇乗りが住民の夏のお気に入りの気晴らしであると思っている。だが、反対に、ロワー・カナダ（当時東カナダ、現ケベック州）つまりセントローレンス河口に最も近くの地方では、夏はほぼ熱帯の気候に匹敵する暑さだ。冬は長く厳しく、普通一二月初めから四月まで続く。しかし、もし一月に温度計がマイナス三五度（華氏＝摂氏マイナス二〇度）を示したとしても、六月には日陰で九〇度（華氏＝摂氏三二度）を示すのだ。ケベック近辺では寒さは極圏内の方がはるかに寒いということはないが、空気が際立って乾燥しているので、肺病気味の人々に今、強く推奨されている。私は、ヨーロッパの変わり易い天候からロワー・カナダの乾燥した身の引き締まるような大気へと転地することから肺の不調の初期に及ぼす素晴らしい効果を見てきた。春はほとんど知られていない。冬から夏への変化は非常に速い。しかし、秋（オータムないしフォール）は長く、また非常に素晴らしい季節だ。ロワー・カナダの気候についてこれ以上深く考えることは不必要だ、というのも、これから先説明するだろう情況により、世間のどの階級も、ロワー・カナダを一時的休息場所以上にする移住者はほとんどいないからだ。

東海岸から西の境界にかけての気候の変化は、極めて著しい。西カナダ（旧アッパー・カナダ、現オンタリオ州）の半島は、ニューヨーク州のそれに匹敵する温暖な気候を享受する。一〇年間の観測による平均気温は四四度（華氏＝摂氏七度）で、温度計はめったに一一度（華氏＝摂氏マイナス一二度）を下ることはないが、他方、夏でもうだるような暑さはない。オンタリオ湖の近辺では桃とブドウはよく熟し、煙草はエリー湖とヒューロン湖の間の半島で非常に首尾よく栽培されている。アッパー・カナダは極端な暑さ寒さの影響を受けないので、ヨーロッパ人住民を受け入れようとしているように見える。移民は新風土に馴化《アクリマタイズド》することが要求され、それを普通、多少なりともひどい悪寒にやられることにより達成する。とはいえ、この地方はまれに見るほど健康的である。時々生じるコレラの流行の場合を除いて、流行病は知られていず、気候は人間の長寿にとって極めて好都合である。

カナダの可能性は今ようやく、真価が認められ始めたところだ。カナダは主に木材の膨大な輸出で知られていたが、しかしそれはその資源のほんのわずかな部分を構成しているにすぎない。アッパー・カナダはその土壌と気候のどちらによっても、農業と牧畜業のための広大で年々増加する土地を提供すると見積もられている。小麦、大麦、ジャガイモ、カブラ、トウモロコシ、ホップ、煙草はすべて完璧に栽培できる。カナダはすでに大層な量の小麦と最上品質の小麦粉を輸出している。そして、世界のどの国でも、この国のキングストンの西方部分ほど、人口と耕作面積との割合で、これほどに小麦が栽培されている国はないと言われている。穀物栽培地はほとんど限りがなく、北部と西部へと広がる広大な地域をセントローレンス川、エリー湖、オンタリオ湖の各沿岸、ウィンザー（オンタリオ州南西部のエセックス郡）まで広がっている。最近の栽培品目のホップは非常に優良品質で、これまで全く害虫の被害を受けていない。

農業を営むためのカナダの可能性は果てしないが、製造業への資本投下のための多大な便宜をも提供している――ただし、労働が貴重かつ稀少な若い国で、労働をこの方面に振り分けるのが望ましいかどうかは疑問であるとしても。土地を横切る幾つもの河の流れは、限りなくまたすこぶる経済的な動力資源をもたらし、すでに無視できない程度まで利用されている。ロワー・カナダとオタワ川の沿岸は莫大な白松《ホワイト・パイン》の供給をもたらし、スペリオル湖の周辺の地域は明らかに無尽蔵な量の鉱石を埋蔵しており、銅の非常に大きな割合を産している。かくて我が国は、カナダにおいて約一四〇〇マイルの領域（領域をマイル表示？ 因みに上記耕作面積七三〇万エーカーは一万一四一〇平方マイル。また一四〇〇マイル平方なら一九六万平方マイル）を有しているが、それは多分耕作者の手の下にもたらされた中で最も地味豊かで生産性の高いものだろう。そして、あたかも天の摂理が新世界のこの部分を、特にヨーロッパ人種の大事業のための活動場《フィールド》として特別に選りだしたかのように、その運輸と伝達のための自然の便宜はほとんど比肩するものがない。アッパー・レイクス（ミシガン、ヒューロン、スペリオル）、セントローレンス川、オタワ川、サグネ川（ケベック州の川）は、より重視されない多くの川とともに、内陸の最も奥深い場所から大西洋へと、あらゆる種類の生産物を輸送するための交通路になっている。これらの自然の便宜なしにこの国はすでに達成した驚くべき広範囲まで発展することは決してなかっただろう。

　これらの自然の利点は大きいとは言え、さらに英国の活力と事業によりいっそう大きく増進されたのだ。セントローレンス川、ナイアガラ、スー・セント・マリー川の急流による航行の障害を避けるために船舶運河が形成され、これによって、小型船がリヴァプールで荷を積み、スペリオル湖の最も奥地の岸に積荷を下ろすことができる。エリー湖とオンタリオ湖を結ぶウェランド運河だけで、一八五三年に徴収した渡し賃は六万五〇〇〇ポンドだった。同じ年に一万九六三一人の乗客と一〇七万五二一八トンの積荷が通った――他の運河の交通量も同様の規模で、月ごとに増加している。しかし広範な鉄道体系が、一年のすべての季節を通して大西洋との直接的交流を容易にし、カナダの資源の更なるかつ急速な開発のための、そしてこの国の物質的繁栄のための交通路を拓いている。すでにグレイトウェスタン会社は合衆国デトロイト対岸のウィンザーから、ハミルトン、ロンドン、ウッドストックの重要な町々を経由してトロントへ至る線路を敷設した――またひとつの支線はトロントとシムコー湖を結び、その方向での極めて肥沃な土地を開拓している。もうひとつの鉄道は、バッファローの対岸フォートエリーからヒューロン湖沿岸のゴドリッチへと一五八マイルの距離が延びている。グランドトランク鉄道会社の一部は最近開通し、列車は現在定期的にケベックとモントリオール間一八六マイルの距離を走っている。この壮大な鉄道が完成の暁には、ケベック、モントリオール、トロントの各市を結び、グレイトウェスタン計画の一翼を担い、アッパー、ロワー両カナダ全体が五大湖および隣の共和国の西の各州と結合されるだろう。本線はモントリオールで二マイルの長さの箱桁橋《テュブラー・ブリッジ》（四角の箱桁の中を列車が走る）を通ってセントローレンス川を渡ることだろう。グランドトランク鉄道はメイン州のポートランドで東の終点となり、その市とリヴァプールの間は毎週定期運行されるだろう。この鉄道はしかしながら、多少の財政的困難が憂慮され、それによりしばらくの間、巨大事業の完成は遅れるかもしれない。

もう一本の鉄道が重要な都市であるオタワとセントローレンス川沿いのプレスコットを結び、終点はボストン鉄道のオグデンスバーグ市（ニューヨーク州）の対岸にある。これらの他に、完成あるいは建設中の極めて多数の支線があり、内陸部全体の工業を開発するだろう。これらの鉄道の幾つか、特にグレイトウェスタンはすでに大量輸送を実現し非常にうまい投機であることを約束している。

往来のための、および生産物の輸送のための便宜は、カナダが移民に差し出す最も重要な利点に数えられるが、しかし看過できないその他のものがある。気候が健康的であることはすでに述べたが、それは重要な考慮点である、というのは、引き締めるような空気と病気の無さは、疲労や苦痛に耐えられる冒険者に活力と強靭さの意のままの行使を可能にするからだ。

イギリスとの往来はますます規則的になって来つつある。夏の期間は、スクリュー船と帆船がリヴァプールとケベック間を定期運航していて、そこからは安くて簡便な水上往来があり五大湖の沿岸地域と結んでいる。ケベックからウィンザーまで、距離にしてほぼ一〇〇〇マイルあり、乗船客の運賃は三一シリングで、全行程を通して目の前に自分の手荷物を置いておけるという利点がある。西カナダ（旧アッパー・カナダ）のすべての部分における労働需要は大きくかつ増加している。農業従事者の賃金は賄い付き一ヵ月四ポンドだ――日雇い労働者は食事なしで日当四～五シリング、刈り入れ時は一〇シリング稼ぐ。大工およびその他の技術職人の賃金はその能力に応じてさまざまだ。しかし、日当は七シリング～一二シリング六ペンスの間で、これらを最低および最高賃金としている。

生活費は本国よりかなり低い。もし品物がカナダ製品でなければ、瀬戸物、家庭用刃物類その他に対しては五〇パーセント増しの額が支払われ、衣類は本国の価格の五〇～七五パーセント増しになる。一六×二四フィートの広さ（約一一坪）の二階建ての住み心地のよい丸太小屋の値段はおよそ一八ポンドだ。しかし、入植者の方ではほとんど支出を要しないということを心に留めておかなければならない。住居と納屋は一般的に、近所の人の助けを借りて自分で建てる。そして、ほんのわずかの技量や模倣力しか無い人でもまた、最初に必要とされる多少の家具調度をほんのわずかな支出で造り上げることもできる。数軒の丸太小屋を訪れたが、そこの寝台の枠組み、テーブル、椅子はすべて入植者自身の手によるもので、多分ほんの数シリングしか掛かっていまい。そして、仕上げは粗雑ではあるが、ものは完全に実用に役立っている。カナダに労働者として働きに来る真面目で勤勉な人々は、急速に満足と独立を獲得する。私はこの八年の間に日雇い労働者として国を出て、今では必要とする農場資産を有する自作農場主になった入植者たちに出会った。

　西カナダは、少ししか資本の無い知性ある人にとってもまた大層望ましい場所である。五大湖に沿った地域と内陸部は未だに人の住んでいない広大な土地が広がっている。荒野の価格は場所によって一エーカー当たり一〇シリング～一〇ポンドとさまざまだ。最良の郡区《タウンシップ》のよい建物付きの開墾地は一エーカー当たり一〇～一五ポンドの価値がある――これらの値段はカナダ土地会社に属している土地を参照している。王領地《クラウン・ランド》はエーカー当たり四シリング～七シリング六ペンスで売っているが、これらの土地の所在地は大抵の場合、そんなに望ましくないのが実情だ。原野を切り拓く費用はエーカー当たりおよそ四ポンド五シリングだが、さまざまな場所、特に鉄道に近い場所では、材木の販売が開拓の費用を補填している。前に言ったように、アッパー・カナダの土壌と気候は極めてさまざまな作物に適している。しかしながら、小麦は多分最も確実でかつ利益が上がるものであり、穀物と他の作物に関しては、エーカー当たりの土地の生産力はイギリスに勝るとも劣るものではない。煙草に加えて、亜麻《フラックス》、大麻《ヘンプ》は入植者たちの注目を占めている。また、工場に投下される資本は年々増加しており、これらの最後のものは非常に儲《もう》けの多くなる公算が大である。

土壌の能力に加えて、ヒューロン湖とジョージア湾は魚が豊富で、その沿岸は特にアイルランドの西とスコットランドの西部高地《ハイランズ》の移民たちのための格好の場所となっている。

このような大層有利な地歩から、移民の潮流が英国領のこの場所に向けて次第に増加しているのは驚くべきことではない。以下に掲げるのは、この五年間にケベックに上陸した人数の記録である。一八五五年の統計は多分、相当の増加を見せるであろう。

年	人数
一八五〇	三万二二九二
一八五一	四万一〇七六
一八五二	三万九一七六
一八五三	三万六六九九
一八五四	五万三一八三

これらの人々の多数が今、本国で力を尽くしても得られなかった豊富《プレンティ》を、多くの者が豊穣《アフルエンス》を、享受していると信じて差し支えないだろう。よく切り拓かれた土地に囲まれている農場が見られるところではどこでも、現住者《オキュパント》はまた十中八九、所有者でもある。土地の価値はあまりに急速に上がるので、もともと一エーカ

ー当たり四シリングで原野を買った人は、それを処分して相当な財産を築いた。カナダでは、農場主は安定した確実な地位を保つ。もしお金を貯めるならば、利益のあがる投資をする百もの機会が生じるだろう。しかしもし、もっとしばしば起こることだが、お金に関する限り豊かでないとしても、お金が調達できるあらゆる快適さと贅沢を手にしている。土地の価値が上がり続けている。そして最悪の季節、あるいはたまたま望ましくない自然環境に見舞われたときも、本当の貧しさを決して味わうことはない――貧困とは、生存に欠くべからざるものの欠乏のことなのだ。

　しかしカナダでは、旧世界と同様に、相当の資産ないし富を得ようとする人々は、そのために骨を折って懸命に働かなければならない。カナダでは、その能力と利点のすべてをもってしても、金持ちになる王道はない――触るもの一切を金《きん》に変えるミダス（ギリシャ神話）はいないのだ。主要な呪いは未だに力を蓄えている――「慈悲に和らげられてはいるけれど」（『クリスティアン・エグザミナー』誌）。そして、故国で一シリング六ペンスで働くより、一日五シリングでより軽い労働を期待して移入する者は哀れにも失望するだろう――なぜならば、高い賃金が与えられるところでは重労働が要請されるからだ。小さなカナダの農場の生産物で洒落た様式で生活することを望む者も、失望することを免れないだろう。そして、想像上で自分に威厳を感じて犂や踏み鍬から身を翻す人々も、借り上げた資本を農場経営に投資する人々もそうだ。カナダにおける怠惰者の土壌は、茨《いばら》とアザミが生《は》えること、イギリスにおいても彼の畑で繁茂したのと変わりはない。怠惰は絶対的な荒廃であり、深酒は本国における以上に悪い悪徳をもたらす、というのは、その性癖は、移民者とその家族に完全な零落をもたらすとともに、社会的陶片追放《オストラシズム》（古代アテナイで、僭主の出現を防ぐために、市民が僭主になる恐れのある人物の名を陶片に記して投票により国外追放にした）の村八分を必然的に伴うからだ。成功の同じ条件はイギリスでも求められる――正直、謹厳、勤勉。これらをもって、カナダが有するすべての有利な点に助けられ、独立と富の獲得の望みに絶望する必要のある者はない、と言っても常に、過大な期待の放縦を抑えるのに困難はたっぷりあるのだが。

連合カナダ政府に関して二、三触れておく必要があるだろう。この二、三年のうちに、この植民地の地位はイギリスについては、英帝国議会の認可を得た諸措置によって大きく変わってきた。一八四七年に英帝国政府はカナダの関税に関するすべての統制を廃止し、植民地立法議会が現在、関税と国および地方の課税のすべての案件に至高の権力を行使している。これは非常に大事な一歩で、カナダの繁栄に多大な影響を与えたものだ。植民地は現在、責任政府であることのすべての利点を有している——わずかな不便さを除いて——。イギリスは総督《ガヴァナー・ジェネラル》任命の権限を保持し、女王は、かつて行使したことは稀であるにせよ、植民地議会の法案のあるものに対して拒否を発令する権限を持っている。イギリスは戦争と外交のすべての事項を指揮し、カナダ防衛のため正規軍を配備している。そしてカナダは我々の紛争に同調することも、我々の重荷のいかなる部分も担うことも求められないとはいえ、我々はカナダの名誉と領土保全に関するいかなる問題についても、気前よく血と財を支出してこの国を支援することを当然強いられる。カナダがイギリスに対して保っている現在の関係は大幅にこの国に有利であると見られ、幸いにもこの国からはそれを断ち切る欲求はない。

総督《ガヴァナー・ジェネラル》は英国王《ザ・クラウン》によって任命されるが——普通、任期五年間——、しかし植民地《プロヴィンス》によって俸給が支払われる。彼は副王《ヴァイス・ロイ》として行動し、立法府で可決した法律には、効力と拘束力を与えるために彼の裁可が必要とされる。現職の閣僚からなる彼の行政委員会はイギリスの内閣に類似している。総督は、我々自身の元首《ソヴリン》のように、立法府において多数の意思に従わなければならず、その組織の信任を失ったとき、閣僚を解任する。「第二階級《セカンド・エステイト》」(上院)は立法評議会《レジスラティヴ・カウンシル》である。総督は閣僚の諮問によってこの組織のメンバーを指名する。彼らは終身で選ばれ、その数に制限がない。現在、約四〇人のメンバーがいる。

この評議会の機能は我が国の貴族院《ハウス・オブ・ピーアズ》のそれに非常に似ていて、大いなる程度で、下院《ロワー・ハウス》の法案を正式に登録することからなる。「第三階級《サード・エステイト》」(下院)は立法議会《ハウス・オブ・アセンブリー》と呼ばれ、議員が一三〇人いて、東西カナダから六五人が選出される原注21。選挙権《フランチャイズ》の制限は適度に高く、そして疑いも無く賢明に設定されている、というのは、その適切な運用のためのよりよい保証が欠けている中では、財産上の制限は選挙運動の質を引き上げ、投票を重んじるように推進する傾向があるからだ。選挙権の制限は、自由保有《フリーホールド》五〇ポンド、あるいは年地代収入七ポンド一〇シリングとされている。合衆国における実際とは反対に――そこでは共同体の重要な地位にある部分の相当数が投票を放棄する――、カナダではすべての選挙で有権者はほとんど全員が投票し、選挙権がすべての真面目な人々の到達範囲内にあるという事実が、勤勉に対する更なる刺激を与えている。

新世界の土壌に英国の立憲的な政府を樹立しようという試みは興味深い実験であり、さらに検証が求められる。カナダには種々の攪乱要素があり、それらについて我々はイギリスでほとんど経験したことがない。主たるものは、連合にもかかわらず、異なった人種と宗教の二つの区別された国民（イギリス＝プロテスタントとフランス＝カトリック）の間で法治することの困難である。アッパーおよびロワーの地域《プロヴィンス》の敵対的な、そしてしばしば反対の主張の間を調停することの不可能性は、非常に厄介な問題となっている。イギリスにおける非常に強力な社会的抑制と一般的に高尚な公共感情――これが政権にある首相に強力な抑制を及ぼす――が、カナダには現在、存在しない。また公共精神は、望まれる道徳的真理のあの良き知覚も持ち合わせない。より特定して言えば、アッパー・カナダの住民は、より近年は、地球の多くの場所から集められ、概して言えば教育の無い人間から成り、その唯一の目的は富の獲得であり、いかなる国民性の共通の紐帯によっても結合されていない。これらの情況のもとで、そして、ローマ教皇権《ペイパシー》がカナダに及ぼすことのできる巨大な政治機構を念頭に置くと、英国の諸制度の植民地への移転は現在のところ問題を孕《はら》む成功の事柄に留まらざるを得ない。代議的諸制度の失敗は、選挙民の不徳《アンワージネス》から生じていることが認められる。そして、次世代の有権者の資質を高めるために教育手段によってなされる努力が実を結ばないことが証されたならば、植民地の独立に伴って、その好ましくない特徴を持つアメリカの諸制度が結果として生ずるだろうこともありえるのだ。現在乗り越えなければならない大きな困難は、フランス系ローマ・カトリックの人口が保有する不当な力と、カトリックの影響が首尾よく政府に及ぼしている影響の中にある。

カナダでは、国家的目的のための直接課税はない――ただし、地方の癲狂院《ルナティック・アサイラム》の維持と、他の幾つかの公共の建物のための些細なものを除いてだが。植民地《プロヴィンス》の歳入は、関税収入、公共事業、王立領地、物品税、銀行課税から得られる。昨年の関税収入は一一〇万ポンドで、公共事業からの収入は一二万三〇〇〇ポンド、土地からの収入は大体同じ額で、物品税からはおよそ四万ポンド、銀行の流通紙幣への税から三万ポンドであった。すべての郡、タウンシップ、町《タウン》、一体となった村落《インコーポレイテッド・ヴィレッジ》は自らの議会を選出する。そして、すべての地方物件がこれらの組織を通して直接税によって手当てされる。これらの自治体では地方税の課税権が付与されており、徴収したお金を道路、橋梁、学校、諸改善、公共司法のために管理する。

一八五一年の国勢調査によると、アッパー・カナダ＝西カナダの人口は一八四二年の四六万五九四五人《ソウル》から増加して九五万二〇〇〇人だった。ロワー・カナダ＝東カナダは八九万人に上《のぼ》り、合計で一八四万二〇〇〇人になる。だが、もしこれにこの四年間に移民した人数を加えたならば、人口二〇一万二一三四人となる。

ロワー・カナダの人口のうち六六万九〇〇〇人はフランス系だ。この人たちはフランス語を話し、カトリックを信奉する。土地は荘園《セニョリー》に分けられる。封土の年貢《カスタムズ》と旧弊の特権があり、法は古いフランスの形式に基

［原注21］立法評議会と立法議会の議員は、議会に出席すると出席手当てとして一日六ドル（英貨二四シリング）を受け取る。行政評議会議員には、年に一二六〇ポンド支払われる。

づいている。ロワー・カナダの進歩は非常に遅れている。フランス人は決してよい植民者にならなかったのであり、カトリック教は社会と国民の進歩の足手まといとして働く。ロワー・カナダの住民は、道徳的で人好きがするものの、大志は抱かず、進歩に反対する固陋《ころう》さをもって昔の習慣を保持している。帝国政府によってなされた関税におけるいろいろな変更が、ロワー・カナダに非常に重要な影響力を与えた。同時期の一二年間の二つの植民地の人口増加率を比べてみると、アッパー・カナダは一三〇パーセントなのに、ロワー・カナダはたったの三四パーセントしかないことが分かる。二つの地域《プロヴィンス》の人口と富の間の懸隔は、年ごとに増加している。

アッパー・カナダの進歩はどこか完全に驚くべきものがあり、その巨大な隣国のそれに、もし勝っていないとしても、比肩している。五大湖地方と大西洋間の往来は実際上、年全体をとればより経済的で、英国移民が主としてアッパー・カナダに向かってきたので、住民は合衆国のそれより均質性を有する。気候もまたロワー・カナダのそれより快適だ。こうした環境は、元来の植民者であったアングロ・サクソン人固有の活力と結びついて、ロワー・カナダと比べてのアッパー・カナダの物質的繁栄の爆発的増加の大方の説明となる。

一八三〇年のアッパー・カナダの人口は二一万四三七人。一八四二年は四八万六〇五五人。そして一八五一年には九五万二〇〇四人に達した。今やその人口はロワー・カナダの人口を三〇万人上回ると推定されている。九年間で約一〇〇パーセント増加した。ケベック経由で到着した莫大な数の移民に加えて、合衆国からの相当数の到着人口を受け入れている。一八五四年には七〇〇〇人が国境を越えた。富の増加は人口増加率に比してはるかに上回る。アッパー・カナダの査定可能資産の最初の税収は一八二五年に取られ、価額は一八五万四九六五ポンドと見積もられた。一八四五年には六三九万三六三〇ポンドと見積もられた。しかしこの七年後の一八五二年には三七六九万五九三一ポンドという驚くべき額になった！　一八四一年のアッパー・カナダの小麦の収穫は三二二万一九九一ブッシェルであり、一八五一年には一二六九万二八五二であった。だが今年一八五五年はほとんど信じがたい驚くべき増加を示すだろう。畑作から得られた富に加えて、植民者たちはこの地方が供給する膨大な水力に目をつけて、それを最も収益の上がる目的へと回している。製材所、製粉所、毛織物工場に加えて、道具・機械製造工場、鉄工場、粗製炭酸カリ製造所、製革所があらゆる地域で操業を開始した。

町々はどこでも新しい線路と運河に沿ってあたかも魔法のように湧き出し、アッパー・カナダの村々ですら電信によって結びつけられている。地価は、どこでも新しい交通網が形成されるにつれて上昇している。アッパー・カナダのロンドンの町は、急激な成長の極めて顕著な例を提示している。そこは非常に豊かな農業地区に囲まれ、グレイトウェスタン鉄道が通っている。七年前この場所は人口二〇〇〇から三〇〇〇人のあいだのみすぼらしい村だった。今ではビジネスの盛んな繁栄した町で、人口は一万三〇〇〇人だ。この近辺の資産価値の上昇は、イギリスの読者にはほとんど信じがたく思われるものだろうが、それは最高の権威によって述べられた記載によると——住宅建設地が一八五五年九月には一フィート一五〇ポンドで売られていたが、そこは一〇年前には同じ価格で一エーカー買うことができ、さらに一〇年早ければ一五〇ペンスで買えたのだった。

アッパー・カナダには、現時点では、ひどい争いと無法なやり過ぎによって記し付けられるような社会状態はほとんどないように見える。トロントより西の旅行のすべてのところで私が出会ったのは、高い程度の社会的慰安、生命と財産の安全、教育と宗教的信仰のための諸施策、および、高い状態の文明に付随するすべてのものであったが、それらは土地の開墾とほぼ同時にすべての地域にもたらされる便益である。しかし、気楽な訪問者にさえ明らかなことだが、西カナダ（アッパー・カナダ）の進歩はたった今始まったところである。その将来の繁栄のために割り当てられ得る限界はなく、その潜在能力がもっと知られるにつれて、強靭な精神と強力な腕力を持つ者がそれに惹きつけられて増加していくだろう。

耕作下にある膨大な土壌資源は、まだ開発し尽くされていない。入植者は土地を惜し気もなく使っており、最も繁茂した作物を実らせることを運命づけられている居住者のいる領域の大きな割合が、未だに藪の中に留まったままだ。ヒューロン湖、ジョージア湾、シムコー湖に隣接する膨大な地域はいま注目を集めたばかりだ。そして九〇〇万の人口を養うことができると見積もられているオタワ川の肥沃な峡谷については、ほとんど知られていない。提出し得る情況を総合すると、アッパー・カナダが素晴らしい、富んだ、繁栄した地方になるように運命づけられていることを示している。

国勢調査は、カナダ住民の起源に関する幾つかの興味深い表を示している。読者に以下の短い抜粋ではなく全体を示す紙面があればいいと思うのだが――

カナダ人―フランス系	六九万五〇〇〇人
カナダ人―イギリス系	六五万一〇〇〇
イングランドおよびウェールズ	九万三〇〇〇
スコットランド	九万〇〇〇〇
アイルランド	二二万七〇〇〇
合衆国	五万六〇〇〇
ドイツ	一万〇〇〇〇

これらの他に、八〇〇〇人の有色人種と一万四〇〇〇人のインディアンが連合カナダにいて、世界中のす

べての文明国からの移民がいる。

英国教会に関するかぎり、カナダは三つの主教区――トロント、モントリオール、ケベック――に分けられ、第四の主教区――キングストン――の創設が見込まれている。牧師は、その職務は非常に困難で報われないものだが、俸給は福音伝道協会（S・P・G）によって、また牧師会の予備費の収益より支払われてきた。伝道協会は大分その支援を撤回したし、最近の法的施策はカナダにおける英国教会を、ある程度だが、自立的システムに委ねる傾向にある。カナダ住民は、自分たちが所属を選んだ礼拝の任意の形式を支援することが完全に可能だ。トロントのトリニティー大学《カレッジ》は英国教会と緊密に連結している。

ローマ・カトリック教会は、モントリオール地帯の大部分と数個の荘園《セニョリー》を含む膨大な資産がある。また同教会は、修道会に入ってくる人から、また洗礼、埋葬、死者のためのミサに対しても非常に多額の報酬を受け取る。奴隷化し、無気力にし、遅延させるローマ・カトリック教会の影響が、ロワー・カナダ以上によく見受けられるところはどこにもないのであって、司祭が専制的権威を振るっているのだ。彼らはモントリオールとケベックの両方に多数の富んだ修道院施設を、また幾つかのイエズス会その他の学校《セミナリー》を持っている。アイルランド移民はアッパー・カナダのカトリック教会の大きな部分を構成する。ロワー植民地《プロヴィンス》では、この信仰に帰依《きえ》する者は七四万六〇〇〇人以上いる。

長老派《プレスビテリアン》はカナダで非常に名望があり、影響力のある重要な教会で、信仰と教義の一致によって堅く結びつけられている。監督派《エピスコパリアン》の教会統治形態と信仰形態は故国でと同じように彼らにとって不愉快なものだが、彼らの対立はめったに敵対関係に及ぶことはない。概して、彼らは英国教会の熱心で働き者の牧師との交際において友好的である。そして、実際、宗派的感情が比較的に欠如していることと、公益のためにはすべての宗派の聖職者が調和ある連合で行動するやり方は、カナダにおける宗教に関する喜ばしい姿のひとつだ。

アッパー・カナダには一五五九の教会がある――九五万二〇〇〇人の信者に対して、住人六一二人当たり一ヵ所の礼拝の場所があるので。これら礼拝所のうち二二六ヵ所は英国教会に、一三五はローマ・カトリック教会に、一四八は長老派《プレスビテリアン》に、四七一はメソジストに属する。ロワー・カナダには六一〇の教会があり、それは八九万二六一人の信者のためだが、そのうち七四万六〇〇〇人はローマ・カトリックだ。従ってロワー・カナダには住民一四五九人に対して一ヵ所の礼拝所がある。これらの宗教統計はアッパー・カナダの進歩の追加的な証明を提供する。最も重要な五宗派の信者数は概算で次のようである――

ローマ・カトリック	九一万四〇〇〇人
監督派《エピスコパリアン》	二六万八〇〇〇
長老派《プレスビテリアン》	二三万七〇〇〇
メソジスト	一八万三〇〇〇
浸礼派《バプテスト》	四万九〇〇〇

これらの他に二〇以上の宗派があり、中には最も法外で狂信的な教義を保有しているものがある。ロワー・カナダでは四万五〇〇〇人が英国教会に属し、三万三〇〇〇人が長老派《プレスビテリアン》、七四万六〇〇〇人がローマ・カトリックである。カナダにおけるカトリック教徒のこの膨大な人数をもってすれば、人口に関係なく各植民地《プロヴィンス》から同数の代表を出す権利を与える現行制度下では驚くことではないが、ローマ・カトリックは植民地議会に非常に強大な影響を与えることができる。この影響は、宗教的にというに劣らず社会的・政治的にも極めて嘆かわしいものである。ローマ・カトリック教《ポウパリー》はその統治力下にある国々を麻痺させる。そして、ロワー・カナダの停滞的な情況は主として、あの無知とテロリズムの体系――それ無しでは彼らの力は存在し続けることができない――を存続させようとする首尾よい努力に帰せられるのだ。

アッパー・カナダにおける教育に対しては、最初の入植者の極度の欠乏状態からして考えられていたかもしれないより、もっと大きな重要性が一般に帰されている。教育の国民的制度が、極めて潤沢な規模で立法府により組織されたが、それはイギリスにおける、この目的のために為される私的博愛による薄弱で孤立した努力との対比――しかも、後者には不利な対比――を提示するものである。政府の第一の義務はその臣民のために教育を授けることであるという原則に基づいた行動により、カナダでは均一で普遍的な教育制度が施行されてきたのだ。

この公教育制度は、行政執行政府《エグゼキュティヴ・ガヴァメント》と地方自治体の協力の上に設定されている。これらの団体のメンバーは、不動産自由保有者《フリー・ホルダー》と家屋所有者《ハウスホルダー》によって選ばれる。それゆえこの制度は厳密に民衆的《ポピュラー》かつ国民的《ナショナル》である、というのは、人々がその維持のために進んで税を払い、そして彼らの選んだ委員が自ら学校経営に当たるからだ。ありそうなことだが、この計画の運営は人心に有益な影響を与えて、子女のために最善をめざして配慮を向けるようにするかもしれない。地方自治体の行いに対して立法府が何であれ強制することは全くない。単に金銭的贈与を、地方が実施することを条件に申し出るだけだ。住民のすべての階級の子どもたちがこの学校に平等に通うことができ、いかなる宗教的信仰に対する強制も全くない。学校区における宗教的少数者には分離学校の代替肢があり、この対策に大きな重要性を置いている。我々が宗教教育というべきものは公立小学校制度の一部にはなっていないが、これらの学校の大多数で旧約聖書《ザ・バイブル》および新約聖書《ザ・テスタメント》が読まれ、聖書が使われる場所数が年々増えていることを聞くのは嬉しいことだと思う。それらは、アッパー・カナダでは三一二七の公立小学校で、そのうち約一八〇〇校は無償かあるいは部分的に無償である。学校の目的のために入手可能な総額は、一八五三年で一九万九六七四ポンドにのぼるが、これは国の若さと比較的少ない人口を考慮すれば巨額だ。同じ年、生徒総数は一九万四一三六人だった。しかし、この数は大きく見えるとはいえ、悲痛な事実もまた語られるべきだろう、すなわち、いかなる種類の教育の恵みも受けていない七万九〇〇〇人の子どもたちがいたのだ。同時期の教師の総数は三五三九人で、そのうち八八五人はメソジスト、八五〇人は長老派《プレスビテリアン》、六二九人は監督派、三五一人はカトリックで、一九四人は浸礼派の信仰を持っていた。学校視察は厳重かつ体系的で、異なった自治体が指名した地方監査委員によって実施されている。それぞれの地方に教師の資格試験および認可のための公共教育委員会がある。彼らの資格の標準は地方当局が定めている。頂点に公教育評議会と教育長があり、どちらも女王が指名する。数校の大学《カレッジ》があるが、スコットランドの大学《ユニヴァシティ》制度そのままで、トロントの三位一体大学《トリニティー・カレッジ》――英国教会と結びつきが深い――、およびノックス・カレッジ――長老派《プレスビテリアン》の神学校――を含む。アッパー、ロワー両カナダのどちらにも医科大学もあり、トロントのユニヴァシティ・カレッジには農業の講座も設けられた。これらの記述から、用意された潤沢な施策から、立派な教育が極めて安く受けられることが十分に見てとれるだろう。ロワー・カナダには一一〇〇以上の学校がある。

　どの町も、そして真実を書いたと信じるが、どの村も、日刊紙、週刊誌があり、政治的意見のすべての陰影を報道している。カナダでは新聞は、それを通して、人々が最初に電報の至急便で、続いて完全に、隔週の郵便が運ぶ英国の情報《インテリジェンス》のすべての項目を受け取る媒介である。新聞を全体として見れば、隣の共和国の報道媒体より論調ははるかに穏やかで、恐らく、我がイギリスの地方紙の幾つかに比べても毒舌も人身攻撃も多くない。しかしながら、改善の余地は非常に大きく、疑いなく国民の味覚《パレト》が教育によって改善されるにつれて、出されるご馳走《モースル》はより精選されたものになるだろう。ケベック、モントリオール、トロントはそれぞれ数紙の日刊新聞があるが、しかし、私が気付く限りでは、どの新聞も堂々と共和論者《リパブリカン》ないしは併合論者《アネクセイショニスト》の見解を述べてはいず、新聞雑誌のあるものは英国の諸制度に最高に配慮したやり方で論を張っている。これらの各紙の値段は一ペニー～三ペンスまでいろいろだが、労働者は朝刊紙がないのは朝食を奪われるも同じと感じている。何千人もの新聞購読者は読み書きができないので、内容について知るために子どもたちに頼っていると言われている。現在、どちらかと言えば、半教育を受けた以上の者はほとんどいないのだ。この事実の認識が報道の格調を低め、著者と話し手の双方を束縛する、というのは、歴史あるいは一般学識への言及は何であれ、仮に理解されても非常に不十分にしか理解されないだろうからだ。

カナダの商人と弁護士は、もしイギリス系ならば、概してしっかりした役に立つ教育を受け、ヨーロッパの政治や文学に歩調を合わせる見上げた方法と相俟《あいま》って、どんな社会《ソサエティ》にあっても非常に信頼を得て過ごすことを可能にしている。カナダ、特にトロントには、非常に立派な本屋があり、本国で買う半値よりほんの少し多く支払うだけで最善のイギリスの本を買うことができ、主として教育あるカナダ人によって読まれており、彼らはしばしば優れた蔵書を持っている。安価なアメリカの小説は、しばしば非常にいかがわしい傾向を持ち、下層階級の間で大いに流布している。しかし、よりよい書籍を行き渡らせるために、政府の補助金の助成で大図書館が地方の努力によって作られてきている。カナダには自前の文学はまだなく、文筆家は困難に取り囲まれている。思想の深さと言語の美しさを理解することのできない無教育の心に自らを訴えるという重い仕事を別にして、心を虜にする情熱が富の獲得であるようなところで、土着の才能に多くの活力が与えられるということは有りそうもないのだ。

カナダは、若い国ではあるが、機械技術で素晴らしい進歩を遂げて来ており、その機械と製品はパリ万国博覧会（第一回、一八五五年）で大変な称賛を博している。しかし、それは民間の出品者の起業というよりは、政府のおかげであることを念頭におかなければならない。

取りまとめていえば、世界中に多分カナダほど繁栄し恵まれた国はないだろう――ただし、同国の抱える以下のような不利な点を全面的に斟酌した後のことだが。すなわち、大きな数のカトリック人口、安定しない社会情況、ろくな教育も受けていない混淆《こんこう》した人々がいるということだ。ここには、太陽の下で最も自由で、専制君主もいなければ暴虐な大衆《ポピュラス》もいないということを認める。命と財産が共に安全である――自由はいまだ無法へと堕落していない——政体は君主制と共和制の政治形式の利点を合体したものだ——立法議会は大いなる程度において民衆を代表している——宗教的寛容は最高度に享受されている——活力を削《そ》ぎ、本国で不興を掻き立てる税と負債は感じ取れない——南部の桎梏《しっこく》から逃亡する奴隷は、セントローレンス川の岸に、英国の旗の影の下、自由と安全を共に見出すまではそれを知らないのだ。奴隷の呪いから自由なカナダは国家間競争に足枷《かせ》なしで出発し、その進歩は速さにおいてすでに先輩で巨大な隣国に優に勝る見込みがあるのだ。

　労働力はこの国が必要とするところであり、あたかもその要求に見合うように、情況は移民たちの注意をこの国に向けている——若く、起業心に富んだ、元気あふれる者が、スコットランドやアイルランドの荒れた岸辺を、日々カナダの豊かな土壌を求めて離れている——そこではイギリスの法律がまだ彼らを守るだろうし、その旗は未だに彼らの上に翻っているだろう。多数の人々が今カナダを目指してスコットランドの北東部を後にし、これらの人々はこの国の岸を求める移民の中でも最も貴重な人たちだ。彼らは故郷において特徴をなした高い道徳感覚、誠実、忠誠心を携えて来る。そして多くの場合、それ以上のものだ——それは宗教的原則であり、そして「今のいのちと未来のいのちが約束されている敬虔」（テモテへの手紙、第一、四・八）だ。

　全体的に見て、両地域《プロヴィンス》の住民はイギリスとイギリスの規則に結び付いている。彼らは悲しみをもって我々の諸敗北《リヴァース》のニュースを受け取り、我々の勝利はセントローレンス川の岸辺からスペリオル湖の岸辺まで爆発的熱狂を生み出す。予期されるだろうように、英・仏同盟《アングロ・フレンチ》（クリミア戦争の対ロシア同盟）は極めて人気が高い——カナダの共感を示すために立法議会は二万ポンドもの巨額を贈与し、これを両国の愛国基金《パトリオティック・ファンド》に分配するよう補助金を出し、さらにすべての郡区と村落が、同じ目的に充てるためにさらに金額三万ポンドに膨れ上がるまで献金した。カナダにおける帝国の守備隊は最近、相当数縮小されたが、完全に安全を確保していた。不満を醸し出そうとする扇動者の努力は目立って失敗している。そして、人々の気質を最もよく知る人々の言うところでは、カナダは、イギリスが進んでそう行動するのでなければ、分離した国にはならないだろうということだ。

現在、この国のなお一層の発展のあらゆる障碍《しょうがい》は取り除かれているように見える――憲法はこの二、三年の間に拡張され、自由主義的な基盤上に作りなおされてきている――宗教的財産は永久的な地に、まさに据えられたところだ――合衆国との決裂の原因となりかねないようなすべての点は、平和的に決着された――そして重要な商業上の利得が達成された――繁栄の太陽はセントローレンス湾から遠いオタワ川とウェスタン・レイクスの岸辺までカナダの上に輝いている。この国はこの国を偉大で力強い国にするために、ただ将来のために神の御加護のみを必要とする――それは神の栄光を称える国々に極めて潤沢に与えられているものだ。国々の将来は個人のそれと同じく神秘の中に慈悲深く包み隠されている。我々は諸帝国の興隆と進歩を辿ることはできるが、それらが消沈し衰退するのは何時《いつ》かを知る由もない――現在の裕福で人口の多い諸都市は、過去のニネヴェ（古代メソポタミア北部にあったアッシリアの都市）およびバビロン（メソポタミア地方の古代都市。旧約聖書創世記ではバベルと表記）と同じ数に入れられよう。後世には、我々の強大な国がその前に辿られたすべてのものの道を辿るということがあるかもしれない。しかし、賢明な神の摂理の指令が繁栄かあるいは衰退を運命づけるかどうかにかかわらず、依然として私たちは、新世界のこの高貴な植民地を、確信的な希望をもって見遣ることができる――その啓蒙され幸福な岸辺に、有益な諸制度と聖書に基づく信仰の影響の下で、アングロ・サクソン人がその若さの活力を更新し、新世界におけるイングランドについて、かつて形成されてきた輝かしい希望を、来《きた》るときに実現すると信じつつ。

第一五章　アメリカ合衆国再訪

合衆国に関する信頼のおける本がまだ書かれないままだということが実際に、言われてきている。そのような本の著者は、旅行者でもなければ一時的居住者でもないに違いない。その人は、東部、西部、南部間の大摑みに印された差異の陰影に加えて、異なった州で幾年かを過ごし、それぞれの異なった特徴を鮮やかに描き出さなければならないのだ。この広大な共同体を構成している異なった諸人種への共和主義の原則の影響を追跡しなければならない。そして、この国の繁栄を分析する一方で、注意深く現実的なこと、捏造《ねつぞう》されたこと、たんに推定されたことを区別しなければならない。イギリスでは単数形の「兄弟のジョナサン《ブラザー・ジョナサン》」(合衆国の人格的表現)としてアメリカについて語るが、いかなる友好的感情も持たず、そしてそれを、均質な区別の特性を持つ単一の国家とみなす。私にはエディンバラとボストンの間の差異は、ボストンとシカゴの間の違いよりは小さいと見えた。スコットランド西部の黒髪のケルト人、そして私たちの工業都市の感動的な職工たちは、ニューイングランドのピューリタンの子孫やミシシッピ川西側地域の新規入植者の、恐れを知らぬ無法な住人たち以上に共通性がある。忘れてはいけないことだが、合衆国《ザ・ユニオン》を構成する三二の州は、ある程度別々の国で、それぞれが知事と議会をもち、相当の程度まで各自の法律を作っているものとして考えられるのだ。それぞれの州がワシントンの下院《コングレス》と上院《セネト》に有する声を超えて、この広大な社会をひとつに繋ぐものは明らかにほとんど無いのだ。宗教の国家的形態も、州が基金を寄付する教会もない。ユニテリアン主義が多分、ある一州で広く行われている信仰かもしれない。長老派《プレスビテリアン》が次の州で、三番目の州ではユニヴァーサリズムが、という具合だ。北部と南部の諸州にはイギリスとロシアほどの大きな違いがある――この差異は土壌そのものに刻印され、ある意見によれば連邦《ユニオン》分裂の脅威となっている。

他の諸原因もまた、住人に極めて独特の様相を生じさせている。大西洋岸に接する昔からの入植地域では、文明に伴うすべてのものと利便に、そして、比較的に定常的で洗練され知的な社会情況に出会うことができる。西方へ向かっての四〇時間の旅行をしてみよ、そうすればあらゆることが推移の状態にある――でこぼこ道と建設途上の線路がある。町々の基礎が、森林からほとんど切り拓かれていない状態の土地に置かれる。きらびやかなホテルが、狩人の銃声と木材を切り出す斧の音のするところにある。他方では、社会の諸要素は国の姿以上に混沌としている。毎年移民の潮流は西方に押し寄せているが、それもヨーロッパからのみならず、混雑した東部の町々からも生じていて、民族、礼儀作法、宗教のもつれた波を形成しており、それは、せっかちな傍観者が解き解《ほぐ》そうなどとは思ってもみないものだ。しかし、旅行者が気付かざるを得ない一様性の多くの外観、米国風《アメリカニズム》という総体的な名で通用するものがある。それらは服装、マナー、言葉づかいの、そしてある程度は意見の、特異性であり、それらは部分的にはアメリカ人が送る移動性《ロコモーティヴ》の生活によって、またすべての階級の人々が旅行中に接触を持つやり方によって造られるのかもしれない。これらの特性は、最高のあるいは高い教育のある階級のあいだでは見出されないが、旅行者へは、著しい程度に、しばしば反発を覚える程度まで、自分を押し付けてくる。そして旅行者は、部分的諸前提から引きだした一般的推論を読者に提示する、あるいは、不完全でしばしば誤ったデータに基づいた結論を読者に述べるよりは、事実を陳《の》べることと、外面的なことへの意見を述べることの方が、より安全なのである――ただしそうすることで、人々の極めて部分的で表層的な見方を読者に提示することになるとはいえ。

新世界の岸辺に上陸して以来、物事を見るやり方に全面的な革命が生じた。私は過去の痕跡あるいは昔の壮大さを探し求めることを止めていて、それらの代わりに今、膨大な資源が進歩的かつほとんど熱狂的な発展状態にあるのを熟視し、絵のような美しさの一般的欠如に慣れて、高度な興味と楽しみをもって、実際的なものと功利的なものを見ることを学んだ。ロワー・カナダの不活発と封建性、そしてケベックの浮かれ騒ぎからニューイングランド住民たちの活動性への変化は、非常にはっとすることだった。英国系カナダ人の落ち着いた行儀のよさと紳士然とした風体、そしてフランス人の快活さと礼儀正しさから、ヤンキー風の服装、鼻声、風変わりさへの切り替わりも、それに劣らなかった。

これらのことはチャンプレイン湖上で過ごした数時間の間に、アメリカ人が言うところの「全開《フル・ブラスト》」で現れていた。女性客もちらほら含めておよそ一〇〇人の乗客がいた。娯楽は、物語をすること、木片細工《ホイットリング》、そして煙草を吹かすことだった。語られた話の優に半分は「東の方にはしっこい狸がいた《キュート・〔ラ〕クーン》」で始まり、話の要点のほとんど全部が、「新着移民《グリーンホーン》をしゃぶる《サック》」の決まり文句のように人を騙《だま》す気のきいた所業だった。時々、南の河畔での「大喧嘩《バスティングズ・アップ》」や、しつこい借金取りから「ずらかる《メイキング・トラックス》」の、実用的なジョークの、派手な詐欺の逸話があった。時間を問わず大量の「大酒飲み《リカリング・アップ》」が続けられていた。一番の話し手は繰り返し「一献お付き合い《リカー・サム》」を求められ、それに応じて「ジン・スリング」のおびただしい量が振る舞われるが、しかし終には彼は「へとへとだ《ゴン・〔ラ〕クーン》（死んだ狸）、参った《スタンプト》」と宣言したが、これは、疲れてこれ以上もう飲めないという意味だ。この断言は「もう一献《パイル・オン》」の勧めにあい、それに対しその人は「もうエンジンがかからない《キャント・ゲット・スティーム・アップ》、ちょっと《サム》疲れた」と宣言した。この「ちょっと《サム》」という言葉はその用法において、我々の「どっちかというと《ラーザー》」ないし、ヤンキーがいうところの「ちょっと《カインダー》」（kinder――kind of〔副詞句〕の崩れたもの）と同義だ。この機会に誰かが船にそれを適用し、船が「途方もなく《オールマイティ》汚くて、ちょっと《サム》がたつく《シェイキー》」と宣言した――ちなみにひどい誹謗だ。この人たちの服装はどこか面白がらせてくれた。紳士たちの普通のいでたちは麦わら帽子、目立って光った黒のドレスコート、ぴっちりした裾《すそ》広がりのズボンにパンプスだった。これらは首尾よくいった詐欺の話をする血色の悪い語り手が身に着けていた。無鉄砲な西部男がほんのわずかだけいて、朱色のフランネルのシャツを着、長いブーツの中にズボンをたくり入れ、頑丈な革のベルトで上着を支え、ボウイー・ナイフを吊り下げていた。この人たちは冒険とインディアンの危険の「冒険談《ヤーン》」をしたが、どこかしらデイヴィー・クリケット大佐（テキサス独立を支持し、アラモの戦いで玉砕）ばりのものだった。

婦人たちは色とりどりのサテンかキッド革の靴を履いていたが、泥が付いて甚だしく台無しになっていた。物語は開けっ広げの詐欺と、それぞれにおいて示された全き原則の欠如に正確に比例して、一座の喝采を呼び起こしていたが、それらは、もしもそれらが纏《まと》っている並はずれた方言と、語り手の挑発的で語気の強さから発せられたものでなかったならば、聞く価値もなかったことだろう。これのある者は椅子の三本の脚を余分と決めつけ《ヴォウト》、四本目の上で平衡を取っていた。その一方で別の者は、窓のてっぺんに足を引っ掛け、椅子の後ろ脚に寄りかかって平衡を取っていたが、それは踵《かかと》による逆さ吊りを強く連想させるものだった。これらの最もわくわくさせた物語のひとつを、語り手の俗語と仕種をはぎ取ってひどく意気地無《いくじな》くしたものは、以下のように読めよう。

ひとりの「東から来たはしっこい奴《キュート・チャップ・ダウン・イースト》」が「二・五〇」の黒い雌馬（二分五〇秒で一マイル進めるやつ）を持っていたが、「急いでずらかろう《メイク・トラックス》」として、雌馬を三五〇ドルで、ある紳士に売った。夜にその馬を盗み出し、尻尾を切り、脚を白く塗り、顔に「星《ブレイズ》」をつけ一〇〇ドルで売り、こっそり立ち去り《デキャンプ》、最初の購買者にメモを送り、取引の詳細を知らしめた。「はしっこい奴《キュート・チャップ》」「抜け目無い奴《ワイド・アウェイク・フェラー》」「その狸《[ラ]クーン》はもう立派な大人だ《カット・ヒズ・アイティース》」「うまいこと売りやがった《スマート・セル・ザット》」が、このずるい取引に関するコメントだったが、聞き手の全き共感が詐欺の側にあった。

バーナムによって語られた、彼自身その他によって実行された騙しと詐欺の話は、ホテル、蒸気船、列車の中でよく耳にするものの、詐欺に関する限り立派な見本である。男たちが種々雑多の仲間を前に開けっ広げに不正行為の話をするのを聞いたが、それはイギリスでは島流しにあうような代物だった。強欲《マモン》の神は人々の崇拝する偶像だ。そのひとつの欲望は金銭の獲得だ。最も不埒なだましと大胆な不正直は、もしこの目的を遂げるためとして動員されるならば、見せかけの威厳を与えられる。子どもたちは早い年齢から罪は罪という考えを受けいれる——ただし、もし発覚したときだけだが。

　朝食の鐘が鳴り、いつもの殺到が起こり、知りあったばかりの二人の若い婦人と取り残されたが、彼女たちは互いの好き嫌いを発見するのに決然として心を傾け、永遠の友情を誓うつもりのようだった。まるでダンス場から出て来たばかりに見える一人の紳士が現れて、何度もお辞儀をして、彼女たち、あるいは彼女たちの最もきれいな者にこのように話しかけた——「お譲さん、お食事の時間と思いますが。何をお召し上がりになられるでしょうか？」「あなたはとても礼儀正しい方ね。食券《ティケット》はなんですの？」「鶏と付け合わせはコーン、それと玉葱をつけ合わせた豚肉でございます」「そうね、ちょっと《サム》お腹がすいてきたわ、豚と付け合わせをちょっと《サム》いただきたいわ」。田舎の伊達男《スウェイン》は消え、目を惹くほどたくさんの御馳走が運ばれてきて、それがこういう評言を引き出した——「そうね、たっぷりあるわね」。若い御婦人たちの食欲はすこぶる結構なように見えた、というのは、こう言うのが聞こえたからだ——「まあ、あなたはよくお召し上がりになるのね。あなた全力《イン・フル・ブラスト》でお食べのように思われるけど」「私もそう思うわ——ひどく《オール・ファイアド》寒くて、気の遠くなるほど永い間、ずっと食べていないのよ」。長い小声の会話がこの礼儀正しいやり取りに続いたが、その婦人が幾分高い調子で言うのを聞いた——「あなたはちょっと《サム》私をイラつかせようとしているわ。あなたはつまらないことにあんまり拘《こだわ》りすぎるのよ」「でも、私はあなたの癇癪《ダンダー》をがまんしようとしているのよ。どこでお育ちになったか教えてよ」「ケンタッキーよ」「そうだとは思ったわ。派手な娘《ギャル》、ちょっと《カインダー》優しいじゃじゃ馬《ゴア》、おてんば《ハイ・ステッパー》見るたびに、あたし自分に言うのよ、あんな娘《ギャル》は間違いなく昔ながらのケンタッキーっ子、間違いないわって」。

この二人は同じような優雅なからかい《バディネジ》のスタイルで長い会話を交わした。だが、もうたくさんお聞かせし過ぎた。

チャンプレイン湖は極めて美しい――と言っても、イギリス人の目を楽しませるには、一五〇マイルも長さがあってあまりにスケールが大き過ぎるのだが。沿岸は背景にグリーン・マウンテンズ・オブ・ヴァーモントのある森林と耕作地の緩やかな坂になっている。水面にはさざ波ひとつ無く、午前中は大層暖かくてにわか雨があったので、四月の一日だと信じるところだった――もしも葉の無い木々が別の物語を告げていなければだが。チャンプレイン湖の誇るに足る美しさが何であれ、それは深い霧の中にイギリス人の眼から自らを覆い隠していて、その中を蒸気船は陰鬱な霧笛をひっきりなしに鳴らしながら半速で進んだ。

真白な砂浜にふちどられた湾の樹木の多い丘の下に位置するバーリントンに上陸した。ここは、合衆国のほとんどの町と同じく、大きいのも小さいのも素晴らしいホテルがある。どこの国民も、アメリカ人のような確信を将来に対して持っていない。あなたはしばしば下見板《したみいた》の家々に囲まれた素晴らしいホテルを見つけ、その不釣り合いさに笑いたい気がするかもしれない。建設者は未来を覗きこみ、二、三年以内に繁盛した町にはホテルの施設が必要となると考える。そしてめったに間違うことはない。アメリカ人は群居する生き物で、一個の定食《タブル・ドウト》のあるひとつのホテルが磁石の働きをすることも不可能ではないのだ。ここでアルダーソン夫妻と合流して、ヴァーモントとニューヨークを通ってオールバニーに一緒に旅行した。その地方は丘陵地帯で、トウモロコシよりは牧羊に適している。水利は絵のように美しい急流の形をとってふんだんにあり、多数の水車場がその水の能力を転じて利潤を上げる勘定に入れる。私たちの仲間はどちらかといえば低い部類の人で――多くはドイツ人で――、どうしようもない煙草の常習者だ。列車の床は全体が煙草の噛み汁、リンゴの芯、ブドウの皮と栗の皮の洪水だった。

ハドソン川を渡り、オールバニーのデラヴァルズでその夜を過ごした。この極めて快適なホテルの大きな特徴は、きちんとして簡素な服装の五〇人の給仕がアイルランド娘だということだ。彼女たちは有色人種の支配人の下にあり、丁寧な言葉づかいとてきぱきしたところは、高い給料を支払われる男性給仕のサービスはもっとたびたび無くても済ませられないのかしらと思わせた。鉄道はホテルのある通りに沿って走っていた。寝室の窓から機関車の煙突の中を覗き込み、一晩中汽笛のピューとなる音、ベルの鳴る音、「みなさんお乗りください」と「お進みください」の叫び声の小夜曲《セレナーデ》を歌ってもらっていた。

　オールバニーはニューヨーク州の首都で、北部連合中の最高にきれいな町のひとつだ。町が建てられている坂はハドソン川に向かっていて、頂上に大きな州議会議事堂があり、ここはエンパイア・ステイト（ニューヨーク州）の立法府の会議の場である。アメリカ人は「中央集権化」の原則を振り捨て――それも賢い諸理由で――、アメリカ人の相当数をアイルランド人が形成し、彼らはほとんど例外なく各州の政府を、最も重要な町や人口の多い町でなく、大したことのない場所に立地したが、そこでは学識ある法律制定者たちは騒がしい都市人口の威圧の下で討議することによる面倒の増大する危険性はないからだ。オールバニーには数個の公共の建物と人目を引くたくさんの教会があり、非常に繁栄した場所だ。そことニューヨーク間の河川交通は膨大だ。小舟のとぎれることのない上り下りの流れがある。エンパイア・シティ（ニューヨーク市）は近郊から日々野菜、肉、バター、卵の供給を受けている。エリー川とチャンプレイン運河はここでハドソン川と出会い、前者を通って豊富な西の生産物が大西洋へと注いでいる。運輸は小型の一本マストのスループ型帆船や蒸気船で行われる。時折り一五ないしは二〇トンの小型スクリュー船が大急ぎでぽっぽ、しゅっしゅっと煙を吐きながら大型船に近づいて海へ曳いて行くのが見受けられる。しかし、通常は一本櫂の曳き舟が六隻を曳航《えいこう》し、四隻は後ろに曳いて行き、一、二隻はいずれかの側に係留される。蒸気船も帆船もどちらも白く塗られており、帆は完全に眩しいほどの白さで、これらの船団《フロウティラ》が二〇、三〇、四〇隻も浮かんでいるのを午前中に見ることができるので、ハドソン川は極めて活き活きとして独特の外観を呈している。誰でもオールバニーでは財布《ポートマントー》をひとつ失くすると言われている――私はいっそうの幸福をもって、いささかの煩わしさも経験することなしにそこを離れた。

渡し場の反対側では、列車の望み通りの席に座るための場所を取るために、非常に品位のない争奪戦が繰り広げられていた――一三〇マイルにもわたり景色が文句のつけようのない壮大さだからだ。「進んでください」に急遽続いて「皆さんご乗車ください」で、私たちはこのひどく変わった鉄道で急速《ホイッズ》に駆け抜けたが、この路線はあまりに事故が多発するので、ニューヨークを出発するとき、友人たちはしばしば目的地に着いたら安否を知らせるようにと頼んだものだ。急峻な崖下の川っ縁《ぷち》ぎりぎりを走るが、しばしば木のプラットフォームで水面すれすれに支えられているところもある。案内書は、この線路を走る列車と、ハドソン川の定期運行汽船は同じく安全でないと報せている――前者は衝突と「転覆」、後者は「騒動」「大喧嘩《バスティングズ・アップ》」のためだ。しかし大半の人々は船を好む――川の両側が見えるという利点があるのだ。

オールバニーを出発したとき、一一月の朝の太陽はまさに昇り、あっという間に、隆起した丘、緑の草原《サヴァンナ》、ハドソン川を縁取った揺れる森の上に光を降り注いだ。コクサッキーで川は小さな湖へと広がり、堂々たるキャッツキル山地（ニューヨーク州の中部にあるゆるやかな山地。バードはCatsgillと綴るが正しくはCatskill）が西側からにわかに立ち上がる。この山々の間の景色は極めて雄大で変化に富んでいる。その静謐で厳格な荘厳さは、旧世界を思い出させる――岩だらけの高峰と砂漠の山道、立ち入ることのできない高地、大きく開いている深い割れ目がある。

世界はキャッツキル山地の麓で人口を増やすかもしれないが、山々は、その厳しい威厳のうちに手を触れられることなく、また冒瀆されることのないままに残るだろう。この地点から一〇〇マイルにわたって、旅行者の目は美しさの中に完全に浸される――美は寄せ集まり、さらに増して、ウェスト・ポイント――見たところいかなる出口もない湖の上に聳え立つ高地――で最高潮に達する。ここで出会う山脈の尖峰が、海抜五〇〇〜一五〇〇フィートの崖となって突き出している。岩々の間のすべての割れ目に、木々は根を生やす場所を見つける。クレマチスと野生の蔓《つる》の花づなが優雅な掛け布となって根元からてっぺんまで掛かり、黒い山影が湖のような広がりの上にぼんやり見える。この川の魅力を書く手は疲れてくる。私はそれを完全な一日において目にした。小春日和がいつまでも去らなかったが、それは冷え冷えとした冬の強風がこの麗しい景色の美しさを枯らすのを望まないかのようだった。秋の暗い気配はそこにはなく、その栄華はすべての葉と小枝の上にあった。楓の明るい緋色がナナカマドのピカピカ光る実と競い合い、西風の溜め息の中で揺れている蔓植物の巻きひげの間からハゼの実の深紅があちこちに顔を出していた。開墾の印しはほとんどなかった。ハドソン川の土手は美を除くすべてにおいて不毛である。川は狭い直線部分《リーチ》で永遠に嶮しい絶壁の間を繋がった小さな野生の湖の連続であった。ロック・カトリン（スコットランド、ロック・ロモンド・アンド・ザ・トロサックス国立公園の名所）より美しい湖があり、ロック・アクレイ（スコットランドの湖）よりその姿は優しい――どちらにも似ている、あるいはイタリアの青い空の下にキラキラ輝く水のようではあるが。

湖の縁沿いに木々は緋色と金色になって掛かっていた――上方高く紫色の山頂が聳えていた――雲ひとつ無い空から輝く太陽の光線を青い水が照り返していた――空気はまるで六月のように暖かだった――そしてその日の陽光がそれより素晴らしい風景の上に照り渡ったことはほとんど無かったと思う。真昼にハドソン高地を後にした――山々は丘に溶け込んだ――川は一マイルもの幅の気高い流れへと広がった――深紅の木々、銀色に輝く湖、荘重なキャッツキル山地が遠くに霞んでいた。そしてシュポシュポと鳴り、ゴーッと咆哮を鳴り響かせ、がたがたと揺れて列車は一〇番街と呼ばれる長い通りに入り、スピードを落としながら馬車や子どもや豚の間を進んで行った。

嘘でもなく、私たちはニューヨークにいた――ここは旅行者と活力に満ちた商人のみならず、貧困者、寄る辺ない者、要するにヨーロッパのすべての流出物の西の受け皿であり、彼らはここで悪の大きな塊りを形成し、アメリカをその不道徳と犯罪に責任あるものにしている。だが巨大な都市への接近の普通の印しは欠けていた――いじけた木々、野菜畑《マーケット・ガーデン》、夕方に市民がパイプをくゆらして、理想郷《アルカディア》にいるかの幻想に浸る、ロンドンっ子の庭園《アーバー》、並んだ小さな家々、陰気な煙の覆い。私たちは二、三マイル一〇番街を蒸気を吐いて下り、数本の通りが交差する行き止まりに出くわした。列車はばらばらにされ、それぞれの車両は四頭の馬かロバに着けられ、それらが私たちを町の心臓部までの相当の距離を、明らかに乗合馬車や運送馬車と競争しながら運び、最後にチェンバーズ通りに停車させられたが、そこは見れども駅でもなく屋根すらなかった。手荷物《バゲジ》ないし「手荷物《プランダー》」と称されていたものは前もって預けておいたが、不愉快なほど馬の鼻面近くで待っていて、私は人々が、自分の身の回り品を多数のポーター（その多くは恐らく泥棒である）の摑み合いから守ろうと試みて、散漫な、見たところ無駄のような試みをしているのを目にした。情況から判断して、その夜多くの人が小型トランク《ポートマントー》を失くして悲しむに違いない。

ニューヨークはワシントンに対して使われる「途方も無い距離の都市」（『アトランティック・マンスリー』一八六一年一月号）の名に価する。目的地まで三マイル、混雑した素敵な通りを貸馬車で駆けたが、この市のたった三分の一を横切っただけなのは間違いない。

この町は、多くの異なった国の姿を有しながらも、それ自体の独特の特徴がある。そして、その郊外と合わせてほとんど「百万人都市《ミリオン・ピープルド・シティ》」の名を帯び、その成長する影響と重要性は帝都《エンパイア・シティ》の名をほしいままにさせているので、次章にいくばくかの長さで思考するのを憚《はばか》る必要はない。

第一六章　ニューヨーク

その場所、人口、影響、商業からして、ニューヨークは新世界の首都として尊重されるべき価値がある。その立地情況は極めて有利な地歩を占める。マンハッタン島上に建設されており、長さ一三マイル幅二マイルである。東側にイーストリヴァーと呼ばれるロングアイランド海峡《サウンド》の最も狭い部分がある。ノースリヴァーと呼ばれるハドソン川がもう一方の側にそれを取り囲む。これら二つは、主として人造のハーレム川と名付けられた狭い海峡で繋がっている。市のこの島嶼《とうしょ》的な立地は決して外来者には知られ得ないが、どれか高い建物のてっぺんからは、はっきり見てとれる。ニューヨークの密集地区はすでに島の大きな部分を覆っている。そしてそれは日々北側に広がっており、隔離された土地全体のひろがりが区画に分かれ、綿密に市街計画されている。

しかし、ニューヨークは島を覆うだけでは満足していないのだ。この島は、ヘンドリック・ハドソン（Henry Hudson、一五六〇年代から七〇年頃〜一六一一年？　イングランドの航海士、探検家。北アメリカ東海岸やカナダ北東部を探検。ハドソン湾、ハドソン海峡、ハドソン川はその名にちなむ）が最初にそれを発見したとき、そこには大勢の赤色人（インディアン）がいて、彼らはその土手沿いで魚を獲り、島を囲んだ水の上で木の皮のカヌーを操っていた。そしてニューヨークはブルックリン、ウィリアムズバーグ、その他四つか五つの別の名の下に、ロングアイランド、スターテン島とハドソン川の岸に広がっていった。ニューヨークにとって、ロンドンにとってのランベス（ロンドンの南部にある特別区で、インナー・ロンドンを構成する区のひとつ）とサザーク（シティ・オブ・ロンドンの南隣に位置する特別区）と同じ位置を占めているロングアイランド上のブルックリンは、一〇万の人口を抱える。ブルックリン、ウィリアムズバーグ、ホーボーケン（ニュージャージー州、ハドソン川を挟んでニューヨーク州と向かい合っている）、そしてジャージー・シティはニューヨーク商人の極めて大きな割合の居住地で、彼らはタウンの旧市街つまりオランダ人街を捨て、結果としてそこはたんにオフィスの集合地になっている。一二ないし一四台の荷馬車と馬のためのスペースを中央にとり、贅沢な屋根付き部屋で、両側を蒸気の通ったパイプで熱せられ、蒸気で動かされる浮きプラットフォームは、乗客一人当たり一ペニー半で五分ごとに往復し、渡し場《フェリー》を渡るのにかかる時間はしばしばウェストミンスター橋（ロンドンのテムズ川に掛かる橋で、北にウェストミンスター、南にランベスがある）上で掛かる時間より少ない。これらの大きな場所の他に、スターテン島とロングアイランドは田舎風の大邸宅が広がっている。この広大な市の実質的な部分であるこれらのタウンを含めて、ニューヨークはほとんど一〇〇万人になんなんとする人口を擁するのだ！　ブロードウェイはコルソ（Via del Corso ――ローマの歴史的中心にある）、トレド（スペイン）、リージェントストリート（ロンドン）とニューヨークのプリンス通りと同じく、世界で最も注目される通りのひとつであり、市の中心を走り、それぞれの端で水際まで下るおびただしい数の通りによって直角に横切られている。あたかも人間の発明の才が遣い尽くされたかのように見える、というのは、世界のありとあらゆる場所からその通りの標示を借りてきた後で――この中には昔のオランダの名前のいくつかが最も清新に浮かび出る――、彼らはそれらを数える新奇な計画を採用したからだ。かくて北から南へ走る一〇本の「アヴェニュー」（街）があり、これらは一丁目、二丁目というように番号づけられたストリートと交差している。私は一五〇もの番号付きのストリートの骨格が存在すると信じる。タウンの南側の部分にはまだ古いオランダ式の家々が少し含まれており、近郊にいくつか強固な赤レンガの田舎風の邸宅があって、古いオランダ人家族の子孫が住んでいるが、殊のほか自分たちの慣習に固執している。

　ニューヨークは何と言っても極めて立派《ハンサム》な都市だ。木造家屋はほとんど、その古臭い、あるいは不釣り合いな外観とともに消え失せた。そして、新しい通りは茶色の石ないし黒っぽいレンガで非常に規則的で堅固に作られている。ニューヨークのレンガ造りの建物は極めて美しい。窓は大きく一枚硝子《ガラス》で、家全体の外装仕上げは壮麗だが上品な様式で、イギリスの街路建築では決してお目に掛からないものだ。市の家々はほとんど当たり前に地下室のストーブで暖められた空気で熱せられているので、ほとんど煙突は必要でなく、あったとしても屋根を隠す石の胸壁の上に見かけることはめったにない。無煙炭《アンスラサイト》がほとんど普通に使われているので、イギリスの町々を台無しにしているあの煙たい黄色い空の覆いはない。空気は著しく乾燥しているので、町《タウン》に幾つかある白い大理石の大建築物でさえ、ほとんど天候の影響を受けない。

　ブロードウェイはよく舗装されていて、番号付きの通りの多くはこの点で不満を漏らす余地はないが、市の大きな部分は口に言えないほど汚い——年に二五万ドルを超える額を清掃にかけていると公言しているにもかかわらずだ。その膨大な長さのゆえに莫大な物量輸送が必要とされる。そして、需要に合わせて乗合馬車施設を用意することに起因する交通の障害物を取り除くために、当局は主要道路のいくつかの路上での強度に警戒的な介入を承認してきた。外来者は、道路に沿って線路が複線で敷かれているのを見て驚く。そして、馬車で静かに駆けている間に警告の鐘が鳴るのを聞き、ほどなく三〇人の乗客を載せた鉄道客車《レイル・カー》が二頭あるいは四頭の馬に曳かれて通りをけたたましくやってくる。これらの鉄道客車《レイル・カー》は数分おきに走っており、料金はとても安い。極めて十分な理由で、ブロードウェイはこんな風にうまくはいかなく、入り込むのが難しい。つまり、この全く信じ難い通りの一方からもう一方の端までの移動は、時間がかかり困難な仕事だ。ザ・ストランド（ロンドンの通り）とチープサイド（ロンドン、シティの通り）の交通をオックスフォード通り（ロンドンの大通り）に詰め込んでみても、やはりブロードウェイの混雑がどういうものか、あなたはまだ想像できないだろう。より広い場所では深紅と黄色の乗合馬車の競い合う流れがあり、狭くなったところでは互いの車輪が嚙み合って動かなくなる——滑り易い泥の海の真ん中で嵌《は》まって、どうしようもなくなって馬車の車輪と馬の蹄《ひづめ》の間の鞭打刑列《ゴーントレット》（中世の鞭打ちの刑。鞭を持った人たちが二列に並んで、その間を受刑者が通り抜ける）中を走るべく運命づけられている女性がいる——巨大ホテルへ大急ぎで行き来する、商品を積んだ馬車と荷馬車がある――その上、混雑の中を斜めに出たり入ったりして速足で駆けさせる「アメリカ青年《ヤング・アメリカン》」がいる――車輪がからまり、馬たちは引っくり返り、時間に急《せ》かされた人間は気が気でない。時には通りの交通全体が麻痺することがあるのは障害物や混雑の結果で、ひっきりなしに「進んで！」と命令を下す警官も手近にいないからだ。

ニューヨークの貸馬車はとても立派で、二頭の馬に曳かれていて、個人の馬車の風格を備えている。しかし、一ドルで一定範囲を行きますという誘惑的な広告を信じる外来者に禍《わざわい》あれ。ロンドンの乗合馬車の御者たちは悪いことは悪いとはいえ、人はそれを眼にすると歓迎するだろう。ニューヨークの貸馬車御者は言わずと知れた強奪者で、この強奪に対して改善することも訴えることもできない。彼らは大抵アイルランド人で、恥知らずの大胆さで人々を騙《だま》す。乗合馬車あるいは駅馬車の用意はたくさんあって優秀だ。人は時々起こる車輪のからまりや競争にすぐに慣れ、そして楽しむが、これらの乗物は広くて清潔だ。それらは私たちの乗合馬車より一六インチ広くて、確かに能力の範囲内で多くの乗客を運び、料金は決まっていて非常に安く、どんな距離でも六セント半（半セント硬貨があった）だ。両側と前に窓があって、間の空間はまあまあの出来の風景画が描かれている。車掌はいない。御者は戸を紐で開閉し、お金は屋根にある小さな穴を通して彼に手渡す。女性客たちはこの目的のためにきまって一人の男性客にお金を渡すが、この指示の要請に従うということ以上に厳格に執行される礼儀作法の規則はない――その要請というのは一般に、横柄に手を振ることからなる。紳士たちが、厳格な慣行により、婦人に仕えるべく強いられる気遣いの何千もの行為は、婦人たちによって言葉であれ身振りであれ、全くこれっぽっちの気遣いもなく受け容れられている。女性たちによってなされるこの無頓着《ノンシャランス》の程度があまりに大きくなっているので、二、三の新聞がこの問題を真剣に取り上げ、紳士たちにこのような頼まれもしない気遣いをすることを止めるように助言している。

外来者はしばしば、ニューヨークには警官がいるのかしらと思う。疑いは極めてもっともなことだ、というのも、これらの公共平和の守護者（警官）は、必要とされるときにすぐにやって来ることはほとんどない。賄賂で容易に抱き込みやすく、気前よく報酬をはずむときは犯罪の捜査をする。しかし、恐らく文明化された世界で、この市におけるほど命が恐ろしく保障されないところはない。襲撃に備えて短剣《スティレトー》を、防御に備えて仕込杖《ソードスティック》の形で武器を隠し持つ慣習は、法に反するとしても、極めて普通である。「無法者《ロウディー》」と呼ばれるどうしようもない無頼漢が町の下層部分に横行する。そして、恐ろしく無法な行いと人殺しの襲撃は、幾らでも夜ごとに起こる事柄なので、ほとんど注目にも価しないのだ――恐ろしさを好む堕落した趣味に仕える新聞・報道においてさえそうなのだ原注22。

どんな言葉も、ニューヨークのみっともない状態を非難するのに強すぎる表現だということはありえない。悪は、市の役員たちの選挙で支配するひどい政治制度まで明確に跡付けることができる――彼らはしばしば文字通り最低の人々から選ばれ、非常に賄が横行し堕落している。

私のニューヨーク訪問中にこれらの役職への一人の候補者が警官を刺し、警官はその傷で死んだ。新聞・雑誌の論調とこの主題についての会話から判断すると、世間の感情はその行為自体にはあまり憤慨していないと思わざるを得なかったが、それは相手側の都合のよい隠れ蓑《ストーキング・ホース》で、ブロードウェイを進んだその警官の葬列はほぼ一マイルの長さであった。

主要な商店はブロードウェイに立地している。そして、ショーウィンドウを飾る気はほとんどないが、インテリアは広々として素晴らしい趣味でまとめられている。アメリカの店は普通、非常に広い区画で、素敵に飾られ、屋根はしばしば大理石の柱で支えられている。オーナーまたは店員は商品の傍に腰かけていて、朝刊に夢中だ――大抵、椅子の一本の脚でバランスを取っていて傍に痰壺《たんつぼ》を置いている。彼はあなたの問いかけにもったいないくもお答えくださろうとなさるが、しかし、イギリスの店員が商品を不屈の忍耐で見せるのとは様変わり、あなたが買うかどうかはアメリカ人店員にとっては完全に無関心なように見える。呉服商《ドレイパー》および反物商《マーサー》の店は「ドライ・グッズ」の店という名で通るが、世界中の最も値の張る製品で満ちている。フランスの機《はた》で織られた絹がペルシャとインドの製品の近くに置いてあり、イギリスの値段の優に三分の二は高い値付けだ。「小間物《ファンシー・グッズ》」店はシティの最も魅力的なぶらぶら歩きの中に入る。ここではパリが極めて大きく浮かび上がっていて、ピエール・スーレ（アメリカの政治家、外交官。フランスからアメリカに亡命）事件の結果生じたフランスとの難題が懸念されたとき、「ルイ・ナポレオン（ナポレオン三世。フランス皇帝）はアメリカに宣戦を布告するとともにパレ・ロワイヤル（パリにある歴史的建造物、ルーブル宮殿の北隣に位置する）に大砲丸を撃ち込むかもしれない」と言われた。これらの店にあるブロンズ製品のあるものは絶妙な細工で、陶芸の美の愛好者はセーヴルとドレスデンからの高価な陶器を眺めて楽しむ。

アメリカ婦人は高価な宝石を身に着けているが、飾られた品物のあるものの値段を見て大層驚いた。巨大で輝きのあるブリリアンカットダイヤモンド一個がはめ込まれた腕輪を目にした。価格は二万五〇〇〇ドル、つまり五〇〇〇ポンドだった。誰がこのようなものを買うのかと訊くと、店員は答えた――「どなたか南部の方が奥さまのためにお買い上げ下さると思います」。

ニューヨーク人がイギリス人旅行者を驚かす光景のひとつは、ブロードウェイのスチュワーツのドライ・グッズ店で、正面が三〇〇フィートもある六階建ての白い大理石の広大な四角い建物だ。年商一五〇万ポンドを超えるといわれる取引がある。この会社には四〇〇人が雇用されていて、敷地内には電信局すらあり、そこで局員は休みなくドルとセントを揺れる電線で急送《フラッシュ》し続けている。ひとつ四〇ギニーのレースの襟があ

〔原注22〕ニューヨーク州は改善された。一八五四年一一月に当選した市長フェルナンド・ウッド氏は、秩序の維持のため厳格な規制を公布した。警察組織が改善され、悪名高い多数の「無法者（ロウディー）」その他の悪者たちはブラックウェルズ島〔訳注：ルーズヴェルト島――ニューヨーク市マンハッタン区に属する小島〕に流された。彼の任期がちょうど満期になったところで、市の諸選挙に過度の影響を与える群衆が、自分たちの特権に介入する後任者を選んではいないかということが大いに恐れられる。

り、ヴァランシエンヌ・レース（フランス北部ヴァランシエンヌ産の高級レース）の裾襞飾り《フラウエンス》は半ヤードの幅で一襞《ひだ》一二〇ギニーだった。カーテンや椅子に用いるダマスク織と綾織りはほとんど法外な値段だった。これらの品物に一ヤード当たり三ポンド以下を払う紳士はほとんどございませんと店員が言った。最も高価なものはホテルが買う。私は半インチの厚さに金で刺繍した錦織を見たが、それらのうちの幾つかはセントニコラスホテルに一ヤード当たり九ポンドで納品されたのだ！　一足一ペニー〜一ギニーのストッキングがあり、一ヤード一シリング八ペンス〜二二シリングの敷物類がある。地上六階の他に、建物の地下とブロードウェイ自体の地下に、一万台の車両の回転で鳴り響く大きな明るい空間がある。

諸ホテルはニューヨークの観光スポットに含まれる。主なものはアスター・ハウス（世界的な評判をとっている）、メトロポリタンとセントニコラスで、皆ブロードウェイにある。プレスコット・ハウスとアーヴィング・ハウスもまた非常に大規模な宿泊施設を備えている。これらのホテルの正面玄関は決まって外来者の目を惹きつける。とっぴな風采の人間の一団がいつも戸口階段にぶらついていて、煙草を吸い、木片細工《ホイットル》をしたり、新聞を読んだりしている。南部人が太陽の照る家を思い出してため息をついて、ハヴァナ産の葉巻きを吸っている。西部人は彼らを見誤らせないものにするあの磊落《フリー・アンド・イージー》な空気を醸し出している。あたりの人間すべてを、プライヴァシーに踏み込んでくる野蛮人とみなす排他的雰囲気を身に纏《まと》ったイギリス人たち、そして、ビジネスがアメリカの首都に引き寄せたすべての国々の人々がいる。

メトロポリタンホテルは外観が最も際立っている。正面が三〇〇フィートの六階建ての、一街区を占める建物だ。きっと一三〇〇人は収容できるにちがいない。セントニコラスは装飾が最も贅を尽くした白い大理石の壮大な建物で、一〇〇〇人の客を収容できる。この大建築物のすべてが壮麗で豪壮な様式に則っている。一階の大きな玄関は大理石の床の極めて素晴らしいホールへと開かれているが、ここは野生動物の革で覆われた長椅子《セティー》が取り囲んでいる。パーラーは素晴らしく豪華で、それぞれ六〇〇人が入れる贅《ぜい》を尽くした食堂が二つある。パーラーの幾つかのカーテンとソファカヴァーは一ヤード当たり五ポンドもするもので、前に紹介したが、ある一部屋は一ヤード当たり九ポンドで購入した金襴で設《しつら》えられている。およそ一〇〇組の夫婦がセントニコラスに常駐している。しかし、そのことが最善の評判を呼んでいるのではない、というのは、そこが多数のプロのギャンブラーの溜まり場だと言われているからだ。これらのホテルは確かに大きいものだが、ニュージャージーのお洒落な夏のリゾート地であるケープ・メイにあるモンスターのような設備に比べると何物でもない。この建物マウントヴァーノンホテルの収容力は、最善の権威の言うところではあるが、ほとんど信用できない――それは三〇〇〇ものベッド・メイキングをするというのだ！

高額の家賃と召使いを手に入れることの困難が、彼らが要求する法外な給料と相俟《あいま》って、多くの既婚夫婦や家族でさえホテルにずっと住まわせている。家族間の付き合いの機会なしに公衆の中でいつも住むこと、そして家族の気遣いも家庭の団欒も無いことで、放浪的《ノマド》で落ち着かない快楽追求的な慣習を生じ、それが異邦人をしてアメリカ人は家庭生活が欠落していると非難させることになった。そのようなことは一定程度は事実だということは否定さるべきでない。しかし、この欠乏は決して一般的に観察されるものではない。私は新世界で、田舎だけでなく都会でも、旧世界と同じように結び付き、愛情深い家庭の輪に出会った。そしてニューイングランドには多分、ヨーロッパのどことも同じだけ家父長的生活と呼ばれ得るものがある。

ニューヨークの公共慈善事業は巨大な規模だ。正面に幾つかの大きな木のある立派な石の建物であるニューヨーク病院はブロードウェイに立地されていて、他のものと同じように私を嬉しがらせてくれた。二人の医師が親切に建物中を案内してくれ、すべての設定について説明してくれた。病院は六五〇床あると思う。そして大抵満員だが、それはニューヨークで日常起きる多数の事故のための避難所であるだけでなく、近隣の大地区の事故の受け皿でもあるからだ――彼らは列車で便宜良く運び込まれてくる。最近の事故の病室に入って行ったが、最近怪我をしたか手術したばかりの不運な生き物《ビーイング》たちが寝ていた。最初、幾人かはこれまで目撃した中で最も痛ましいもの《オブジェクト》たちであったが、医者たちは私が外科手術に深い関心があるとの印象のもとに、気を遣ってぞっとする有り様の一切を見せてくれた。事故の普遍の部類の事例——手足の骨折やずたずたにされた骨組み《フレーム》といった——の多くがあった。一人の可哀そうな一二歳の少年がいたが、両腕は機械で粉々に裂かれていた。片腕は前日に切断されていて、医師は義手《スタンプ》を示しながら、もう片方も翌日には切り落とさなければならないと所見を述べた。可哀そうな少年は、恐らく前途の救いようのない人生を思って、青ざめた顔に子どもっぽい以上の苦悶の表情を浮かべて呻《うめ》いていた。若いアイルランド人は鉄道客車に轢《ひ》かれ、片脚が二、三時間前に切断されていた。外科医が包帯を換えるとき、彼は笑ったり冗談を言っており、手術以来歌い続けていた——アイルランド人《パディ》の尽きることのない気楽さの顕著な事例だ。

しかし、これら一般の事故の他に、幾つかのニューヨークの、およびニューヨークの選挙の、極めて特徴的なものがあった。ひとつの病棟に前夜に刺された数人の男性がいたが、そのうちの二人は致命傷を負っていた。

ほとんど人間の外見を残していない二人の男性がいて、地獄のような機械の爆発で恐ろしいほど火傷し、怪我していた。人間の姿のすべての外観は消えていた。そのように黒焦げになり、歪められ、ズタズタにされた骨組み《フレーム》が人間の魂《ソウルズ》をうちに持っているとはほとんど信じられないほどだった。他に選挙中にマスケット銃で撃たれて傷を負った人々がいて、頭が割れ、またナイフで傷を負った多くの人々がいた。その病院で見られるこんなにも多くの苦しみが、荒れ狂う宗教的憎悪の、そして人間の暴力の無制限の無法の結果であったと知るのは悲しいことだった。

あまりにばらばらに砕かれた一人の男がいて、ズタズタの骨組み《フレーム》がまだ生命力《ヴァイタリティー》を残し得ているのは驚くべきことのように思えた。片脚は三つに骨折し、膝から足まで肉が裂け落ちていた。両腕とあばら骨もまた数本折れていた。女性病棟のひとつへ入ったが、そこでは一六本の折れた脚が首尾よく治療を受けていて、しばしば手足骨折に続いて生じて恒久的に跛行《はこう》を引きおこす収縮を治療する、非常に簡単な装置を褒《ほ》めないわけにはいかなかった。二つの長い紐状のギプス《プレイスター》が膝の上から踝《くるぶし》まで貼り付けられ、それから木の板に固定されてネジとハンドルを付けられていたので、うまい具合に歪力が調整され得る。これを評して、医者たちは、イギリスでは外科や医療におけるアメリカの改善を採用するのが非常に遅れていると述べていた。

この病院にはイギリスで真似し得て、患者にとって大いに有益なたくさんのことがあった。各病棟は清潔できれいで風通しが良かった。暖房と換気の体制は極めて優れていた。暖房と換気装置は、暖気と冷気を交互に送風する代わりに、一定で簡単に制御される温度を維持する。冷気は大きな蒸気配管装置を通して常に強制的に引き込みがなされ、それは上部の部屋で汚れると、天井の直下に設置された換気装置を通して吐き出される。私たちが次に行ったのは洗濯場で、そこでは二人の男性と三人の女性、そして最後にあげるが最も重要性が少なくはないのだが、四五馬力の蒸気機関が病院の汚れたリネンの絶え間ない洗濯に就いていた。大きくて高速回転してリネンを攪拌する回転機は蒸気洗濯屋で普通のものだが、絞り機は私が見た中で、自然哲学の原理の実際的応用の最高に美しいもののひとつだ。それは穿孔された大きなシリンダーからなり、上が開いていて真ん中にケースが入っている。このシリンダーは毎分四〇〇〜七〇〇回転し、こうして造り出された遠心力により、リネンは側壁に非常に強く押しやられるので、湿気は穿孔を通して飛ばされ、リネンはほとんど乾燥した状態になって残される。

豊富さと快適さを結び付けてアメリカを連想する人々には奇妙に思われるかもしれないが、ニューヨークには、むさ苦しく目も当てられない貧困の有り様で暮らしている非常に大きな階層がある。そして、それに属する子どもたちが幾分の教育を受けられるように、善意ある人々が、貧民学校《ラッギド・スクール》（公共の教育施設の初期の実験。貧窮した子どもたちに学費、食事、洋服を提供した）ないし実業学校《インダストリアル・スクール》で普通教育制度を補うことが必要なことが見て取られた。子どもが無償の教育を受けるには誇り高過ぎる両親の誇りを傷つけないように、これらの設立物は貧民学校《ラッギド・スクール》とは呼ばれず、「男子会《ボーイズ・ミーティング》」

「女子会《ガールズ・ミーティング》」と呼ばれる。これらのうちの二つを訪ね、最初にトンプキン・スクエア（マンハッタン、イーストビレッジ地区の中心に位置する公園。公園名はニューヨーク州知事、合衆国副大統領であったダニエル・トンプキンズに由来）にあるものへ行った。学校には約一〇〇人の子どもたちがいて、ほぼ全員がアイルランド・ローマ・カトリック教徒だった。彼らはよい初等教育を受けており、訊かれた質問に正確にてきぱきと答えていた。聖書は、当然のことだが読まれておらず、生徒は聖書の公教要理《カテキズム》（カトリック教会における公的教養の教科書で問答式）と聖書の出来事の説明版を学ぶ。ある日、先生のいない間に、生徒の一人が英語の聖書を覗き込んでいたら、他の生徒が彼女にこういう言葉で言った――「あなたは悪い娘《こ》ね、司祭様がその悪い本を決して開いてはいけないと仰《おっしゃ》ったことを知っているでしょう。私はもう二度とあなたと一緒に歩きませんからね」。その子は帰宅すると母親に教え、母親は、自分たちにとても親切にしてくれた婦人たちが読んでいたので、私はあれがそのような悪い本だなんて知らなかったと言った。その子はそれはとてもきれいな本だったと言い、隣人から聖書を借りるよう母親を説き伏せた。彼女はそれを読み、そしてプロテスタントになった。この子どもたちは一定のよい成績をあげることで服を手に入れるが、ほとんどは靴を履いていなかった。それぞれの子どもは週に一回、施設で風呂に入ることを義務付けられていた。生徒たちの地理と歴史の答えは極めて優秀だった。午後は、年長の少女たちは紳士服やコートの仕立てあるいは婦人服の仕立てに雇われていて、たくさんの仕事があるので、学校のこの部門を自営できるのだ。

　別の実業学校《インダストリアル・スクール》を訪ねたが、タウンの極めて劣悪なところにあり、バウワリー（マンハッタンの南部にある地域）に接し、そこでは両親は言い尽くせないほど最悪の部類で、彼らの子どもたちは堕落して始末に負えない。私はこの学校の子どもたちのように読み取りやすい程度に悪徳と罪が顔つきに書いてあるのを見たことがないと思う。教師たちはそもそも躾《しつけ》を保持するのが極めて困難だと思っている。そして生徒のコソ泥の習慣はほとんど矯正のしようがない。ディナーとして、一人ひとりが一パイント（四七三cc）の栄養豊かなスープと、いくらでもおかわりできるパンを貰う。しかし彼らは不満で感謝すらしない。

公立学校制度は次章で詳しく述べることにする。しかし、訪問したひとつの学校について述べるのをさし控えることはできない。それは赤レンガの四階建ての高い建物で、建築として相当に見栄えのするものだった。茶色の石で表面を覆い、とても立派なエントランスホールと階段が付いていた。ニューヨークの人々は外来者をもてなそうと、そして、市の中で興味ある事物を最善を尽くして見せようと、互いに張り合う。そして、ウェルズ博士——教育委員の一人——の主宰の下でこそ、私はこの称賛すべき学校、というより教育的施設を見たのであった。異常に高い欄干の理由を訊ねたところ、こう聞かされた——数週間前、少年たちが大急ぎで学校から帰ろうとして、四〇人もが階段から押されて落ち、そのほとんどが死んだということだった！

女子室には八歳から一八歳までのおよそ九〇〇人が集まっていた。彼女たちは大金持ちと極貧者を除いた市内のありとあらゆる階層の人々の子どもたちだった。この少女たちすべてが、見たところよい服を着ていて、幾人かは趣味が良く、他の者はお洒落な様子だった。年長の生徒たちの中には大勢のきれいな子がいた。ただひとつ残念に思ったのは、多くが持っている明るい輝きが儚《はかな》いことだった。豊かなふさふさした髪は、しばしば美しい金褐色だったが、見逃すことのできないほどの独特さだった。およそ一〇人の女性教師がいて、中でも校長はピアノに座って快活な曲を弾いており、その間に生徒たちはそれぞれの教室から徐々に列をなして入って来て、二人掛けの立派なマホガニーの机の席に座った。部屋の造作に費用は惜しまれていなかった。教育委員たちは、若者たちが弱くて疲れた身体を休ませる手段もなしに、不快な長椅子に座っていたからといって、より速く知識を得ることはないという意見を明らかに持っていた。

それぞれの机には引き出しか棚が付いていた。合衆国では非常な重きを置かれている秩序と独立独行の習慣がつくよう奨励するために、個々の生徒は自分の本と教育用具一式の保管と安全に責任を持たされるのだ。日々の学業は女生徒全員が敬虔に主の祈りを復誦することから始まるが、それは「我らが父《アワ・ファーザー》」としての神に呼びかけて、全人類をひとつに結び付けるところの兄弟愛の共通の紐帯を宣言するものだ。創造主に厳かに訴える九〇〇の若々しい声の響きは、非常に美しく印象深いものがあった。教師による大きな声での聖書の一章の朗読が続き、讃美歌が美しく歌われ、生徒たちは音楽の調べにのって前と同じように分列行進して出て行った。私たちは次に、習熟が基準に達するまでより上級に送られない児童専用の初級教室へ行った。

　それがより知的な本性のものである点を除いては、児童教育制度は実質的に我が国と違いがありそうに思われない。この部屋には一三〇〇人の子どもが集まって賛美歌を合唱していた。男子室では約一〇〇〇人の少年がいて、「アメリカ青年《ヤング・アメリカ》」の約一二の見本の下で指導を受けていた。教師たちの休みない、ほとんど恐るべき活力に、そして質問に答える少年たちの敏活さにはびっくりした。代数学の教室では、生徒にとっては最も難しい計算が含まれている問題に、ときには先生が解き終わらないうちに答えられた。

　全体としてこの学校と、教師と生徒双方によって示された熱心さが大いに気に入った。先生たちの礼儀作法には、同じ程感心はしなかった――特に男子校では。自慢、誇張、知ったかぶりが見られたが、これは決して高い達成に必然的に随伴するものではない。生徒たちは尊敬を欠き、親しみある、独立した空気を持っている――罰則はイギリスの学校で普通に認められているより厳しいことは理解しているものの。教育のコースは完璧だ。歴史は特に力を入れていて、現代政治に重きを置いている。教師たちは年に八〇～三〇〇ポンド貰い、非常に高い学識が要求される。公立学校《コモン・スクール》と実業学校《インダストリアル・スクール》の他に、非常に多くのニューヨークの外国人住民――主としてドイツ人――の若年層のために用意された教育手段がある。教会の地下に維持される幾つかの学校があり、支払いのある教師は付いていない。ニューヨークの婦人たちは、彼女たちの名誉のために言っておくが、無償でこれらの子どもたちの教育を引き受けており、どの学校にも一定数が所属している。各々の婦人たちが一日の若干の時間を費やし、また若く美しい人が、この骨の折れるが有益な仕事に辛抱強く従事しているのが多分見られるだろう。

ニューヨーク社会にしみ込んでいるように見える実際的な慈善の精神は、その最も喜ばしい姿のひとつだ。金持ちが慈善事業に大金を寄付するだけではなく、彼らはその正当な分配の管理に個人的に当たりもするのだ。慈善の努力が関わらない階層はない。苦しみと貧困が見つけられるところではどこでも、キリスト教と博愛の手が救うためにさし伸べられる。ニューヨークで市をほぼ金持ちと貧困に分ける湾は広がりが幾分小さくなっている、というのは、教育があり裕福な紳士淑女の多くが、貧しさと不道徳の中にある人々を探し求めて、よりよい状態に立ち上がらせようとしているからだ。

もし学校、移民病院、孤児院、施療院などがあって、ニューヨークの人たちの善良さと博愛の注意を惹いているとすれば、彼らの娯楽と余暇の愛好心は、その両者が手に入れられる多くの場所で強力に証明される。多分パリと同じだけの娯楽追求がある。娯楽の追求は、富の追求を特徴づけるのと同じ休みないエネルギーによって特徴づけられる。そして、アメリカ人はもし自分で楽しむ時間がないとすれば、そうする機会が遠くでも少なくもないようにしようと決意している。かくてブロードウェイとその近辺は世界の同等の大きさのどんな地域よりも多分多い娯楽施設がある。これらはニューヨークの非常に不均質な住民の好みを十分満足させるほど様々だ。

三つの大劇場がある。巨大な収容力のオペラハウス(メトロポリタンか?)は毎年ヨーロッパの最高の音楽家による上演がなされる。ウッズ・ミンストレルズ(「ミンストレル」は吟遊詩人の意)、そしてクリスティーズ・ミンストレルズ(E・P・クリスティーが組織した、黒人のメーキャップをしたグループ)が出て、そこでは黒人が申し分ない様式で飽きない聴衆に向かって芸をする。コミック・オペラもある。屋外《アル・フレスコ》エンターテイメント、仮装舞踏会、コンサート、レストラン、牡蠣料理店《オイスター・サルーン》がある。これらすべてに加えて、そしてそれ以上に、ニューヨークには一八五三年には驚異的な数の五九八〇もの居酒屋があるのだ。同じ人口の都市と比べれば、娯楽を提供する場所の多くは教養を高めるものと結びつくものは少ない。しかしながら大規模の読書室と図書館がある。

ニューヨークで食される牡蠣《かき》の数は私を驚かせた——もっとも、私が訪問したときには、牡蠣はコレラの原因だという考えがあって、この不思議な海産物の尋常でない食べ過ぎはどちらかというと抑え気味であったとはいえニューヨークのビジネス街では、目はひっきりなしに一階にペンキで大書された「牡蠣料理店《オイスター・サルーン》」の語に出会う。もし外来者の好奇心が、地下街の住みかまで階段を飛び下りるよう誘うに十分だとすると、一見したところ強盗を思わせるようだが、人々のひとつのお気に入りの娯楽が完備されているのが見られるのだ。片側にカウンターがあり、そこには二、三人がいて——しばしば黒人だが——客のためにせっせと牡蠣を開けており、客は驚くほどの速さで味わい呑み込む。その向こうのガス灯に明るく照らされた部屋に家族の一団が円形テーブルに座り、友人同士のさらに大きな一団が牡蠣シチューの皿を楽しんでいる。他方、何か不思議な凹所から料理の過程そのものの音が際立って聞こえていた。これらの食堂の幾つかは大層上品であるが、他方で多くはまるでその逆である。しかし牡蠣の消費は決して食堂だけに限られるのでない。一般家庭において牡蠣夜食は頻繁に夜な夜な行われることだ。牡蠣は食堂では、工夫を凝らした、エレガントならざるものではない用具を使って下拵《したごしら》えされる。この贅沢への情熱はあまりに大きく、シーズン中の消費額は一日三五〇〇ポンドと推定されている。

市中には数店のレストランがあり、パレ・ロワイヤルにあるもののモデルに則《のっと》っている。これらのうち、最高に贅沢なのは、決して一番上品というわけではないけれど、ブロードウェイのテイラーズだ。それは東洋の壮麗さをパリっ子趣味に結び付けていて、外来者はいつでもそこへ行ってみたいと思う。長さ約一〇〇フィートで高さ二二フィートの一部屋だ。屋根と軒蛇腹《コルニス》は豪華に彫刻して金箔が張ってあり、壁は華麗な鏡が飾られ、白い大理石で仕切ってある。床は大理石で、両側に縦溝《フルーティッド》を掘って磨いた大理石の柱が並んでいる。それは完璧にピカピカの装飾だ。部屋の端に凹室《アルコーヴ》があってオレンジの木がいっぱいあり、空気は水晶のような噴水で新鮮な涼しさを保っている。どんな食事でも、どんな時間にもここでは手に入る。私がそこへ行った日、収容する一〇〇脚の大理石のテーブルがほとんど満席だった。戸口の通りに馬車が二列に並んでいた。そして二〇〇ないし三〇〇人の人々が——その多くはボンネットを被らず素敵なドレスを着ていた——アイスクリームその他の優雅なものを、オレンジの花が香り、滴り落ちる水の音、音楽付きの嗅ぎ煙草入れのメロディーの雰囲気の中で楽しんでいた。迷宮フレスコ画、鏡、彫刻、鍍金《メッキ》、大理石の完全な迷路があった。ここではディナーは昼夜どんな時間でも、一シリング六ペンス～半ギニーまでで確保でき、他の食事も同じように頼める。私たちはレストランを覗きに行っただけなので、アイスクリームを注文したが、磨いた銀のように光っている大きなつぼから取り分けられた。その場でお金を払い、代わりに切符を貰ったが、それは外に出るとき門番が受けとった。共和主義的な簡素さはそれほど多い外部へのみせびらかしは軽蔑するだろうと思われるだろう。だが、公衆の娯楽の場は王宮と華麗さを競い合うのだ。

　フィニアス・テイラー・バーナムの所有するアメリカの博物館に行かずにニューヨークを去るのは、外来者にはほとんどでき難いことだった。この注目すべき人物の来歴は今やよく知られており、イギリスでさえそうで、彼の出版された自伝は一場の夢《ナイン・デイズ・ワンダー》だった。ニューヨークで一日に六万部売りあげたと言われていて、彼は公衆の目の前に永遠に自身を曝《さら》すのに成功している。人生を真実と無欠さの原則の全き無視の中で過ごして来た人が、自分自身にどれほどの人気と名声を獲得したかを見るのは痛ましいことだ。彼の博物館はブロードウェイの市民会館の近くにあり、けばけばしい建物で、巨大な絵、数多い旗と非常に騒々しい楽団が象徴している。博物館は、特に博物学者《ナチュラリスト》と地質学者《ジオロジスト》にとって本当に興味深いものが陳列されているが、まがいものと唾棄すべきものが混じっている。しかしこの博物館は決して、この「詐欺師《ハムバッグ》の宮殿」へと惹きつけるものではない。

　庶民の注目を惹きつけるらしいと思われる恐怖《ホラー》ないしは怪物《モンストロシティ》の収集品が付属している。このときの主要展示品は、二本脚の犬、四本角の牛、六本脚のヤギだった——奇形のうんざりする見本で、自然の怖ろしいものと異常なものへの病的趣味を満足させるために保存するというよりは、消滅されなければならなかったものだ。しかし、イギリスで最高の地位にあり教育を受けた人たちでも、全く原則の欠如した見世物屋によって如才なく展覧された人為的で哀れな小人《こびと》を愛好しているが、アメリカの人たちが同じ賛助の下に、よりずっとぞっとする見せ物でさえ非常に喜んでいるのは驚くことではない。

ニューヨークの個人住宅の壮大さは言及を逃れるべきではない――もっとも、多くの興味深い詳細を言うのを控えるけれども（それは「もてなしの権利の侵害」を恐れるからだが）。広場と、番号の着いた通りの多くには非常に好まれる決まった形式の豪壮な家々がある。茶色の石か暗赤色のレンガ造りで、耐久的に目地《ポインテッド》を塗り、石で表面を葺《ふ》いてある。レンガづくりの様式は極めて凝った仕上げで美しい。どの家もステンドグラスの窓のある二重扉の玄関ポーチがある。外側の戸は夜だけ閉められる。内ドアの上部はステンドグラスで作られている。ドアの把手とベル引き手はピカピカに磨いた電気鍍金《メッキ》製だ。そして優雅なブロンズの手すりが付いた立派な石の階段がポーチまで導いていく。玄関ホールはめったに大きいことはないが、階段は石造りできまって非常に立派だ。これらの家々は六階建てで、普通三つのレセプションルームがある。ダイニングルームは小さく、どっちにしろ見かけはぱっとしない、というのは、ディナーパーティーはニューヨークではめったに開かれないからだ。小さくて優雅に家具で設えられた応接室が、家族の居間と午前中の訪問者の接見室として使われている。それと非常に趣味が良くて優雅な家具を備え付けた豪勢な応接室はダンス、音楽、イヴニングパーティーのためのものだ。

ロンドンでは寝室は普通不便で居心地が悪い――応接室の犠牲になっているのだ。ニューヨークでは違う。寝室は大きくて天井が高く、換気がよい。そしてすべて現代の贅をこらした付属の家具が備え付けられている。贅沢に使った大理石がこれらのアパートメントにとても立派で上品な外観を与えている。

普通、三つの階に風呂場があるが、どの階でも温水と冷水が引かれている。家は地下室の暖房機で熱せられた空気によって暖められている。そしてこれに加えて、時には覆いの無い暖炉《オープン・ファイア》が設えられているが、煙を出さない燃料というより熱せられた金属のように見える無煙炭が焚かれている。これらの家には、パリっ子好みの装飾物とイタリアの職人仕事がふんだんにある。塑像と木工細工はどれも美しく仕上げられている。門戸と窓は非常にしばしばアーチになっていて、家の上品な外観に貢献している。華麗な装飾のどんな種類も厳格に避けられている。塗装は一般に白で、鍍金したモールディングが付いている。そして、高い天井は鏡板にペンキが塗ってあるか、とても単純な模様の壁紙が貼ってある。

　カーテンと椅子布は決まって豪華なダマスク織で、しばしば一ヤード二～三ギニーもする。しかしこれの贅沢さと金糸の刺繍の贅沢さは、樫の木の家具の暗い色合いによって和らげられている。応接室の敷物は大抵豪華なキッダーミンスター（イギリス、ウースターシャー。カーペットの産地）製、つまりビロードのけば織りだ。優雅さと清潔さの雰囲気がこれらのとびきり上等の住居に行き渡っている。最高に心地よさそうだ。記憶しなければならないが、以上のことはあちこちの住居の記述ではなくて、五〇ないし六〇もの通りの、あるいは四〇〇〇～五〇〇〇の家々の記述であり、それらは平均的収入の商人――最も裕福な階層でない商店主――と弁護士の住居である。このような豪邸で抱えている召使いの数は、イギリス人の耳には不釣り合いに少なく聞こえるかもしれない。二、三人の女中が必要なだけなのだ。朝食は非常に早くて、しばしば七時で、めったに八時より遅いことはない。市の下町で営業する商人の家庭ではしばしば一時に食事し、紳士たちはお茶とディナーを兼ねて六時に戻る。家庭での食事の贅沢にはあまり気を配っているようには見えない。ニューヨークのかなり裕福な住民の幾人かの中でさえ、贅沢な馬車にふける習慣はない。立派な出《い》で立ちの御者と二頭立ての「貸馬車《ハック》」は個人馬車停車場にいっぱいいて、どれも同じく立派に見える。御者は高い賃金を要求し、馬車はしばしば乗合馬車との衝突で傷ついている。これらが、貸馬車が非常に一般的に利用される理由に入っている。

　ニューヨークで見られる個人馬車は、広くて快適だとはいえ、優雅ではない。ほとんどが決まって両脇と前面がガラスで閉じられていて、夏の猛烈な太陽熱を避ける観点から作られている。御者は普通黒人で、馬は頑丈な動物で、尻尾が刈り込んである。大多数は敷き石のひどい滑り易さのせいで、膝を壊している。

全くのところ、乗合馬車に乗っている人はほとんどが確実にブロードウェイを流す多数の旅行者だ。高い箱に座った御者は馬の制御が容易で、衝突の場合は車両の重さが有利に働く。そして、馬車の御者たちには、これらの速やかに動く車に「空間《ルーム》と余地《ヴァージ》を十分に」与える一般的な傾きがある。荷馬車、乗合馬車、転んだ馬、止まってしまった車輪の複雑に入り組んだ迷路を縫って通る間、私用馬車に乗っている人にとっては、棒の端が馬車の後ろを貫いているのを見つけたり、あるいは御者に「御主人様《マッサ》、あの《ダット》でっかい荷車が私の車輪を引っ張っているだ」などと言われるのはひどく不愉快なものだ。

裕福な人の通常の家の様式を短く説明したので、非常に金持ちの家の生活様式をほんのちょっと覗いてみよう――そうしたものは五番街に幾つかあり、スクエアのあるものは、故郷で王室か公爵の城でこれまで目の当たりにしたことのあるものを凌駕している。五番街の邸宅の幾つかの外観はアプスリー・ハウスとスタッフォード・ハウス、セントジェイムズ（ロンドンにある最も古い宮殿のひとつ。ペルメル通りにある）のように茶色い石造りだった。…通りで訪問した一軒で――シティでおよそ最大の私邸で、最高の壮麗さと最高の趣味が結びついたと考えられるものだ――、広々とした大理石のホールに入ったが、それはブロンズで精巧に鋳造した人物像の手すりのあるすごい幅の石の螺旋《らせん》階段に導いていた。この階段の上には東洋の景色のフレスコ画で飾られた高い円天井があった。壁龕《ニッチ》があって、イタリアの像が置いてあるのもあれば、人工苔の上を水の噴射が流れるのもあった。

六室ないし八室の壮大な応接室があり、いろいろの様式で調度されていた――中世、エリザベス朝、イタリア、ペルシャ、現代イギリス等々。微妙で優雅な職人芸の噴水、昔の名匠の絵画、イタリアの彫像、芸術の「傑作《シェドゥーヴル》」。中国やセーヴルの陶磁器。ダマスク織、金襴、東洋の宝玉《ビジュー》。ゴブラン織のタペストリー、クジャク石と瑪瑙《めのう》、すべての種類の「装飾的骨董品《ニック・ナック》」があった。中世とエリザベス朝の部屋では、私には家具と装飾にはいかなる時代錯誤も冒されているようには見えなかった。明かりは豪華なステンドグラスの窓を通して来ることにより抑えられていた。私はおよそ二〇〇〇ギニーはすると思われるテーブルを見た。基礎は非常に高価な宝石で象嵌した花輪の付いた黒い大理石だった。トルコ石、ザクロ石《カーバンクル》、ルビー、トパーズ、エメラルドの花や果物の房があり、他方、葉はクジャク石《マラカイト》、紅玉髄《コーネリアン》、瑪瑙《アガト》だった。この富の贅沢な費消が生み出した効果はあまりよいことがなかった。寝室は客間に比べてめったに壮麗さで劣ることはなかった。椅子は鹿の角で形作られ、テーブルは瑪瑙の象嵌が施してあり、贅沢に金を浮き上がらせたカシミアのダマスク織が掛けてある。装飾品や家具に煌《きら》びやかさ、おびただしさ、目立つものは無かった。すべてが明らかに極めて洗練された趣味の人間によって選ばれ調度されていた。工芸の極めて美しい作品の中にはカメオのコレクションがあり、骨董品のチェリーニ（ベンヴェヌート、一五〇〇～七一。ルネサンス期イタリアの画家、彫金師、彫刻家、音楽家。奔放な「自伝」でも知られる）が若干あり、眺めるだけで心奪われるものだった。

N・P・ウィリス（ナザニエル、一八〇六～六七。アメリカの作家、詩人、編集者。E・A・ポー、ヘンリー・ワーズワース・ロングフェロー等に関わった）が「趣味と芸術のおとぎの宮殿」と言ったところのもうひとつの豪邸、そんなに広いというわけではないけれど、同じく美しくて、大きな冬の庭園がある。これには、とても美しい部屋の連続を通って近づいて行く――これらの部屋々々の壁には目利き《コノッサー》たちが大喜びしそうな絵が掛けてある。それは高い円天井のガラスの建物だった――中央に素敵な噴水が噴き出していて、大理石のため池を取り囲んでオレンジ、椰子、ギンバイカとその他熱帯産の木々があり、その幾つかは相当の生育を示していた。白い磨かれた大理石でない床のすべての部分は小さな緑色の羊歯《シダ》でこんもりと覆われている。オレンジの木々やそのほかの灌木の木立の合間から見える、白い大理石の彫像の輝きは特にきれいだった。実際、全体が妖精のような趣《おもむき》があった。このような大邸宅は私の考えている共和国の質素さとはどちらかというと齟齬《そご》がある。それらはウィンザー城やバッキンガム宮殿の最高の部屋をも顔色無からしむるような部屋を含んでいる。アメリカ人は子どもたちに大遺産を残す慣習はなく、彼らの富はほとんどが華麗な邸宅で美しさと優美さに取り囲まれるのに費消され、恐らく、大層な大金と困難をもって収集された装飾品は現在の所有者の死と共に散逸するのだろう。

私はしばしば訊ねられた――「アメリカの女性の服装はどうでしょうか。彼女たちは素敵な格好をしていますか。たくさん装身具をつけていますか。彼女たちの礼儀作法はどうでしょうか。高い教育を受けていましょうか。彼女たちは家庭的ですか」。私はでき得る限りこれらの質問に答えようと思う。

アメリカの過ぎ去りし、多分「旧き良き時代」において、大きな模様、輝く色、過剰な装飾はすべてアメリカ婦人によって採りいれられていた。そして、気候の厳しさに顧慮することなく、彼女たちは薄いドレスの贔屓《ひいき》、さらに薄い靴を愛好した。そのどちらも、爾来発見されてきたように、不健康を生じる非常に潤沢な源泉である。ヨーロッパとの頻繁な交友と洗練の漸次の進歩はこの不合理なスタイルを変え、イギリスのようにアメリカは今やすべての流行の点においてパリの言うがままに甘受している。しかし、パリは指図するにしても、アメリカの婦人帽子商店主《ミリナー》（イタリアの都市ミラノ(Milan)からで、ミラノの小間物を扱う商人の意）たちは独自の頑強な意思を持つことが判明し、パリの女性用流行服飾品仕立人《モディスト》たちがパリのシルク、リボン、手袋と共に輸入されたのだ。現在、マダムの接頭語を付けることのできない仕立屋は権威ある者とは見なされず、あらゆる種類の外国の素材と技術に対する熱狂はイギリスにおけると同様に滑稽だ。

まやかしの常習は大いに非難されるべきことではあるが、パリの通り《リュー》の幾つかの名前をこれ見よがしにつけた帽子、ボンネット、マントやその他の衣装類の大多数は、大西洋の航海の危険を冒すことなく手軽に手に入れられるということが知られているのは多少のご愛嬌だ。しかしながら、流行への愛着がいかに無価値なものであれ、ニューヨークの女性たちが美しく着飾り、しかも大変によい趣味でそうするということは確かだ。確かに、高価な絹や豪華な金襴がブロードウェイの舗装を掃いていく――ごみ収集人《ダストマン》たちより効果的だ――を眺める感じはどちらかというと気にくわないことではあるが。極めて確かなことだが、この有名な往来で、あるひとつの午後に、ハイドパーク(ロンドンの大公園)で一週間に見られるより多くの美しい装束《トワレット》が見られるのだ。混雑の中で閉め切られた馬車の中での婦人帽子商店主の工芸品の展示は不可能であるので、ブロードウエイは流行の遊歩場だ。そして、極めて軽いフランスのボンネット、襞飾り《フラウンス》を付けた絹のドレス——胴着《ジュポン》リボン《リバンド》、相応しいレース付き——が午後に見られる。すべての装いはイギリスと酷似しているが、ただ、よりお金のかかった素材を若い人が着ている。色の取り合わせは幾つかの目的にかなうように研究されており、ドレスの様式は一般的に着る人の背の高さ、顔色、姿に合わせてある。

若いときのアメリカ女性の姿は風の精《シルフ》のように非常にほっそりして優美だ。そしてこの外見は、まさに救い難いこれらの人為的締め付け具を用いなくても得られるものだ。彼女たちは美しいというにはあまりに細すぎるのだ——といっても、彼女たちが非常に早期の若さの豊かに波打つ髪、血色のいい顔色、弾んだ足取り、優雅さを保っている間は大したことではないのだが。しかし不幸にも、二〇歳の娘はあまりにも色褪せ、魔女のように見える傾向がある。そして、私たちと一緒で、三〇歳で花開いているだろう一人の女性は、盛り《パッセ》を過ぎ、しわが寄って、年取って見える。そして、次いで風の精《シルフ》のようなかたちが、好ましくない角ばりを帯び、疲労と気がかりを暗示する。

しかしながら、注目すべきことだが、最近のイギリス生まれの女性たちは、全く同じ環境にあって、見栄えの良さを中年を通して保持し、年を経るごとに骨ばりでなくて肥満《アンボンポワン》を生じるのだ。私はニューヨークの若い女性の美しさに非常に喜ばしい驚きを喫した。彼女たちの個々の外見には、どこか独特な優雅さと魅了するところがある。

商店に展示されている高価な宝飾品から判断すると、装飾品に対する凄《すさ》まじい執着があると思わざるを得ない。だが一度、五〇〇〇ギニーのダイヤモンドの腕輪をどんな人が買うのでしょうね、と訊ねて、宝石商から受けた返事——「どなたか南部人が奥さまのためにお買いになるのだと思いますが」——から判断して、これらの品物のほとんどは南部か西部で販路を見つけるのだと思う――そこでは、より洗練されていない趣味が多分流行していると思われているのだ。宝石をつけている人をほとんど見なかったし、またそれらは一般に高価だがあっさりした種類のものだった。若いお嬢さんたちは、「美人は飾らないときに最も賛嘆される」(聖エウセビウス・ソポロニウス・ヒエローニュムス、三四〇頃～四二〇。キリスト教の聖職者・神学者。聖書のラテン語訳ウルガータの翻訳者)という格言を採用しているように見えた。彼女たちは、贅沢さより装飾の個性を追求する。イギリスとアメリカの婦人の礼儀作法の間には大きな違いがあるということは、アメリカで会ったロンドンのイギリス人社会《ソサエティ》にいたことのある最も優れた女性が私にしたいくつかの評言から推測されよう。よく知っている、そして彼女への愛情が欠けているとはどうしても思われないある婦人の名前をあげて、彼女は言った――「彼女の礼儀作法は完全に貴婦人のようだったけれども、社交上慣習的に必要だからという理由で話している、というふうに見え、私は彼女が少しでも親身になっているとは信じられないわ」。付け加えて彼女は言った――「この点で彼女を責めはしなかったわ。それはただ、イギリスの教育のせいだわ――それは、すべての興味や情感を表すことを入念に追い払うのよ。情感は空想物語的で下品な感覚として、興味は熱狂として非難されるのよ」。

彼女が非難するやり方はニューヨークでは追従されていず、結果は、女性たちが「心臓を衣服の袖に着込んで(体外に置いて)黒丸鴉《ドウ》どもが突《つ》っつくに任せる」(Cf. Thomas James Wise (1859-1937), *An Enquiry Into the Nature of Certain Nineteenth Century Pamphlets*)ということではなくて、彼女たちは関知せず、生き生きとして気持ちがいいということなのだ。イングランドで極めて入念に涵養され、無頓着、無感動、無関心になったとき、完成されると思われている平穏《リポウズ》さは、活発な大西洋のこちらの岸の隣人の気に入られないのだ。その結果、御婦人方は極めて素朴《ナイーヴ》で活発であり、マナーはフランス人の軽薄さなしに快活だ。彼女たちは、自分たちはイングランドの婦人たちのように高い教育を受けていないという。公立学校は立派ではあるが、婦人対象の学校《セミナリー》はひとつか二つの例外があるだけで、我が国のものより極めて劣っており、若い女性たちが社交界に入る年齢の若さが高等教育の完成から彼女たちを締め出している。というのも、彼女たちの心が口説き落としと愛の称賛の的になる欲望とでいっぱいであるとき、自分の欠陥を系統的に矯正に従わせるということは、ほとんど期待され得ないからだ。そしてまたもや、合衆国では同性のある者たちが女性固有の領域の外へあまりに遠く踏み出したので、高度の達成は多くの者がどちらかというと回避するのだ――それは、その達成を相応しくない仕方で公に見せびらかすことに対して当てこすられる嘲りから逃れるためなのだ。若い婦人たちは、学校の抑制から解放されたときに教育が完成されたと考える傾向があまりにあり過ぎるが、その実、その基礎が据えられただけなのだ。音楽と絵画は高等教育ではそんなに啓発されない。そして、多くの人はペラペラと今時の言葉を話すが、自然哲学と数学――これらは知力を強くする――は蔑《ないがしろ》にされがちだ。だが、イギリスの女性が受ける高等教育を、ニューヨークの活発で魅惑的な女性たちの社交界にいて無くて困ると思う者がかつていただろうか。もちろん例外はあり、活動的で優れた精神は自己の忍耐強い努力によって大いに教化される。だが、女子の学校が提供する教育支援は本当に微々たるものだ。

合衆国の女性たちは、私には極めて家庭的であるように見えた。いかに彼女たちが少女として称賛の的になることを好んだとしても、若くして結婚した後は従順な妻となり、情愛深く献身的な母となる。そして、忠実で愛着を持った召使いがほとんどいない国においては、イギリスの女性が考えるよりはるかに多くの仕事が母親に割り振られることになる。家庭から彼女を外へ引きだすだろう楽しみは諦めなければならない。いかに旅行が好きであっても、子守り部屋に留まらざるを得ない。そして、イギリスでは子守りに回される細々とした世話は自分でするか、自分の監督下でやらせなければならない。彼女は昼夜を問わず、病めるときも健やかなときも自分の子どもの子守りでもなければならない。そして、アメリカの婦人たちは夫に払う気遣いがあるので、結婚生活は決して無為のものではないのだ。この情況下で彼女たちのバラ色の頬が早く色褪せてしまうのは不思議でなく、私は彼女たちの多くが、不安とどちらかというと引き籠りに陽気に順応する様を褒めないわけにはいかない――しかもそれも、青春の初期には当たり前の雰囲気に見えた賛嘆と陽気な楽しみの後でなのだから。

紳士方に関して言うのは、これより簡単でない。彼らはビジネスの渦巻きにどっぷり浸されており、それは往々にして投機の気味があり、強烈な思考の不断の行使を要求する。家族の懐《ふところ》で過ごすことのできる短い時間は、楽しみと息抜きでなければならない。それゆえ、反対の意見が見当たらないところを見ると、彼らが情愛のこもった夫であり父親であると考えて全く差し支えないと思う。ニューヨークの紳士たちはいかに活発にビジネスの遂行に挺身していようが、旅行し、新聞を読み、しばしば一般文学にさえ若干の時間を捧げる。彼らはイギリス人より青白い顔をしてやつれて見える、というのは、投機的取引が極めて膨張した程度まで行われている国においては、商取引の不確実さがより大きいからだ。彼らはまた「山羊髭《ゴーティー》」やさまざまな形の口髭は言うに及ばず、あご鬚《ひげ》や皇帝髭（ナポレオン三世の髭に倣った下あごの尖った髭）の形で常軌を逸した見栄にふける。これを別にすれば、外見、礼儀作法、言葉づかいにおいて、最善のイギリス社会の紳士たちと何ら変わるところはない――多分、明らかに会話においてもっと興味と感動を表出することを除けば。

アメリカニズムという名の下で通用する独特な言い方は、立派な社交界では決して耳にせず、煙草と結び付いたその好ましくない慣習も同様に知られていない。紳士たちは際立って、いかなる種類のマンネリズムにも陥っていないと私は思った。頻繁にアメリカ人が、合衆国で出会うスラングや、感心しない行状についてのディケンズ（チャールズ、一八一二〜七〇。ヴィクトリア朝時代を代表するイギリスの小説家。主に下層階級を主人公とし弱者の視点で社会を諷刺した作品を発表。『オリヴァー・ツイスト』『クリスマス・キャロル』『ディヴィッド・コパフィールド』『二都物語』等）やトロロープ夫人（フランシス、一七七九〜一八六三。ヴィクトリア朝の大小説家アンソニー・トロロープの母、小説家・社会改革運動家。反奴隷制度の小説がストウ夫人に影響を与えたとされる）の記述について語るのを耳にした。そして、彼らはただの一回もその正確さについて決して否定しなかったが、しかし、これらの作家は、これらの俗悪さを事とする犯人を紳士と間違えていると言った。紳士はレディに対する礼儀作法では極めて恭《うやうや》しくて注意深く、そして、私が見たところ、返礼に十分な優しさで扱われることはほとんどない。ニューヨークでは、極めて多数の人が活発に慈善活動に従事している。イギリス紳士が達成した礼儀作法の静止状態――これはしばしば愚鈍に近づく――はアメリカではめったに出会わない。気候の気分の浮きたつような影響やビジネスの興奮は、礼儀作法の活気や表現の力強さや熱心さを生み出す傾向がある。この点に関する大きな違いは、南部から来た紳士たちに明らかに現れている――彼らは無気力になる気候の中で暮らし、彼らの営みはより穏やかな本性のものだ。乾燥して伸縮的《エラスティック》な北部の州の気候は休み無さを生み出すが、これは肉体的ないし精神的な骨折り、あるいは表現の力において消尽されなければならない。ここから多分、頻繁に最上級の使用、および言語の誇張法が生じ、より沈着《フレグマティック》なイギリス人はこれをアメリカ人だからだと言う。

　イギリスに戻って以来、しばしば「アメリカの社会《ソサエティ》はどうですか」という質問を受けている。この社会《ソサエティ》という言葉は非常に曖昧な意味を持っている。英国では、爵位を持った貴族が、彼ら自身を、彼らの係累関係を、そしてその富ないし才能が彼らのサークルに入るのを許可したような人々を区別するのに使われる。しかし、どのサークルもどの町も、どの地方の近隣でさえも、社会《ソサエティ》と呼びたがるものを持っていて、その所属員がある個人について「私はその人と一度も社会《ソサエティ》で会ったことはありません」と言うとき、それは均等割して村八分にすることを意味する――それはどのくらいその人が尊重され、ないしは好感が持たれているかは問題でないのだ。イギリスでは社会《ソサエティ》へは、その個々の階級に応じて、富が確かな通行証であることは、近年に幾つかの非常に悪名高い事例が証拠立てている。かくて、「ニューヨークの社会《ソサエティ》はどんなものですか」というのは極めて答えるのが難しい質問だ。それは確かに私たちがメイフェア（ロンドン西部の貴族的な住宅地区）とかベルグレヴィア（ロンドンのイーストエンドのハイドパークに続く貴族的な住宅地区）のような地区との関連で心に思い浮かべるようなものではない。また、百万長者の周りに寄生的に形成されるサークルと比較することもできない。ましてや田舎の近隣の退屈さのことではない。ニューヨークは素敵《チャームド》なサークルもまた有している。ひとつの共和国は最大の排他性を許容する。そして、シティの最高のサークルにおいては、ある人が社会《ソサエティ》の中にいないということは陶片追放《オストラサイズ》により村八分にすることだというのは、イングランドと同様だ。言っておかなければならないが、ニューヨークの最も意に適ったサロンの幾つかは、ほとんど外国人には閉ざされている。堂々とした肩書のあるフランス人、ドイツ人、イタリア人はいかに無価値にそれらの肩書きを帯びているかを証明した。そしてこの外来者に対する感情――そのことに対する十分な裏付けがあるので私はこれを偏見とは呼ばないが――は、イギリス人にも及ぼされていて、そのうちのある者は、遺憾ながら言わなければならないが、多くの異なったやり方でもてなしの権利に違反しているのだ。私は驚きの余地がないそのような同国人の行状を耳にしたが、多くの家族――彼らと知り合うのは大変気分のよいことだろう――がイギリス人の侵入者から客間を厳しく防備している。そしてこの他に、同宿人《インメイト》たちをからかうためにだけ家に入り込む人たちがいて、もてなしを受けてもそれが実行される仕方を嘲るだけで、一方で、彼らは無愛想な個性をほしいままにし、私的生活の聖域を尊重しなかったのだ。

私が、外国人の悪趣味とより悪い行状によってこのように排他的になっていた幾人かから、イギリス人の外国人として最も親切なもてなしをもって受け容れられたのは、重んじられているイギリス人の友人から与えられた一通の紹介状を通してであった。書いていて感じるのだが、私がニューヨークの社会《ソサエティ》について下すどんな評言も完全に偏見に囚われないということは不可能なのであって、それは、あの市で出会った圧倒的な親切さと熱情的な歓迎のためなのだ。社会《ソサエティ》ではどこでも多くの楽しみ、多くの興味深いことや喜びを見つけたので、ニューヨークを去るときに、そこで過ごすことのできた数週間は同じだけの月に延長できたら、と望んだものだった。

ともあれ質問への答えだ。ニューヨークの最善の社会《ソサエティ》はイングランドの最善の社会《ソサエティ》とどの点において比較しても遜色はない。いかなる国民においても、国民的性格ないし特殊性を求めなければならないのは上流諸階層の中においてではない。文明化された世界を通して社会《ソサエティ》は一定程度まで、同じ鋳型で鋳られている。同じ礼儀作法の規則が支配し、そして同じ因襲尊重主義がいかなる個人的諸性格の提示をも大いに制約する。舞踏会《ボール》は疑いなく世界中の「社会《ソサエティ》」で同じだ――定量の黒布、仔ヤギ革の手袋、白いモスリン、もし手に入れられるなら肩章、ダンス、音楽、アイスクリーム。誰もが認めるが、ディナーパーティーはロンドンとパリで、カルカッタ(現・コルカタ)で、そしてニューヨークでも、隣の人がたまたま特に肌が合う人でなければ同じく退屈なものだ。そうしたわけで、最もありうることは舞踏会《ボール》とディナーパーティーはニューヨークで他のところと同じだということだが、ただ後者は少し規模が小さく、主として紳士方に限られるのが異なる。事実、ニューヨークでディナーパーティーを催すのは大変だ。緊急事態の重圧に耐えられる家事奉公人《ドメスティック》たちが十分におらず、楽しみは手間暇《てまひま》に価しないと考えられている。もし二、三人が主人《ホスト》と女主人《ホステス》の社会《ソサエティ》にとって、通常のディナーに普通の時間に入ってくるに十分価値があるならば、彼らは歓迎される。もしそのような場合に海亀とシカ肉が出されるならば、それは客を惹きつけるというよりは寄せ付けない効果をもたらすだろうし、客に主人《ホスト》と女主人《ホステス》はいつもそのような贅沢な食品で生活していたと信じさせる効果はないだろう。

ディナーパーティーは気分がよいとも都合がよいとも見なされず、また多くの分別のある人は、遅い時間と、舞踏会《ボール》や大ダンスパーティーによる世間一般の気晴らしに異論があるので、昔の慣習への幸福な革新がなされて、夕方早い時間の歓迎会《レセプション》が始められた。ニューヨークの同様に大層居心地よいだけでなく最も素晴らしい邸宅《マンション》の幾つかが今、社交儀礼として訪問者のための歓迎会《レセプション》が毎週誰にも開かれている。これらの歓迎会《レセプション》は、ロンドンで同じ名前で知られているものとは違う。その中に人々が無理に押し込められた群衆は、女主人《ホステス》と話そうと無駄に試み、できる限り避けようとされる。夜遅い時間は放棄されている。大抵八時頃に着く客は、一一時少し過ぎに消える――女主人《ホステス》が、シンデレラのように、雲散霧消しないようにするのだ。それで再び、すべての客は自分たちが完全に対等だという感覚を持つ、というのは、同じ女主人《ホステス》の招待を受けて、同じ部屋で出会う人々はそうあるべきだからだ 原注23。

その家の主婦は、人々を互いに紹介するのに昔からの、だが非常に理に適ったやり方をし、それは多大な堅苦しさを防ぐ助けになる。ニューヨークの家々は部屋は一般に大きいので、人々は気の向くままに座るか立つか歩き回るかしている。あるいは特に会話を盛り上げる力のある人の周りに集まっている。これらのくっついたり離れたりする集まりすべてに、聞く、あるいは仲間入りする価値のある会話がたくさんあり、私は、外国人として、知り合いになる価値があると考えられた誰にでも紹介されるという特典があった。詩人、歴史家、科学者はしばしばこの手の歓迎会《レセプション》で出会えた。彼らはしかしライオンとしてもてはやされず、楽しませかつ楽しむだけだった。そしてワーズワース・ロングフェロー（ヘンリー、一九〇七〜八二。詩人）、ウィリアム・プレスコット（ウィリアム・ヒックリング、一七九六〜一八五九。アメリカ独立戦争で著名な軍人ウィリアム・プレスコットの孫。著名な歴史家で著作家）やワシントン・アーヴィング（一七八五〜一八五九。アメリカの作家）のような人たちが親しみ《ボノミー》と無邪気な様子で普通の人だかりの中に混じっているのが見られるので、誰一人として、彼らが自国では時代の寵児で、世界的に広く名が知れている人々だとは露ほども思わない。文学上のライオンがイングランドで提示される――上流のパーティーの見せびらかし《エクラー》に本質的なものとして――仕方が、アメリカ人にとっては高尚な趣味にひどく気に食わないものと思われている。科学界と文学界の著名な男性たちの、とらわれない作法と極度の素朴さに、非常に嬉しい驚きを感じた。

このような晩さん会は非常に嬉しい思い付きだ、というのは、その仕事ないし好みによって、他の方法で会う機会を持てない人々がこのように形式や費用を伴わずに一堂に会するのだ。会話は大抵ヨーロッパ、一般文学、芸術、科学あるいは日々の出来事に関して交わされる。イギリス人の耳に苦痛を生じるような意見が述べられるのを、冗談でさえ一度も耳にしなかったと言わなければならない。教養のない社会で出会うような俗な自慢話や、非難悪口はひとつも無かった。私が出会ったほとんどの紳士と、そして多くの婦人たちはヨーロッパを旅行し、高度に育まれた芸術の鑑賞眼やコスモポリタンな理念を身に着けて戻り、彼らが動き回るサークルに感知され得ない影響を与えている。

皆が戦争と、我が国の勝利に深い関心を寄せているように見えた。私は軍人たちから、クリミアでの我が軍の動きについて幾らかの厳しさを持った批判を耳にしたが、彼らのうちの幾人かはその後、戦場目指して、我が軍の作戦の観戦のため出かけていた。ウィーン交渉（一八五三年）の結論は幾らかの驚きを惹き起こしているようだった。「いったいどうなっているのか分からなかった」と一人の将校は私に述べた――「イギリスでは世論はあまりに強過ぎるので、アバディーン閣下（第四代アバディーン伯ジョージ・ハミルトン＝ゴードン、一七八四～一八六〇。イギリスの政治家。保守党。首相［一八五二～五五］）のように強力なロシア贔屓《びいき》の大臣に、強いて旧友のニコライ（ニコライ一世、ニコライ・パヴロヴィチ・ロマノフ、一七九六～一八五五。ロマノフ朝第一一代ロシア皇帝［在位一八二五～五五］）との戦争に向かわせた」。バラクラヴァの協定は非常に広範な非難を浴び、人々はあるロシア人将校に帰せられる「あなた方は驢馬《アッス》たちに率《ひき》いられた獅子の軍隊を持っている」（指揮官ジェイムズ・シンプソン卿に率いられたイギリス軍を揶揄）という文句を好んだ。

アメリカ人はいつでも外国人が彼らの国にどのような意見を持つか知りたがっていて、ある夜は三〇回も「アメリカはいかがですか」と訊かれたものだ。運のよいことに私は出会った親切のため、満足です、とい

［原注23］アメリカ人は正当にもからかうのだが、悪い血筋がパーティーで人々を他の人々から身を引かせる――それも、彼らの謙遜が「社会」の独裁的な裁可により聖別されず地に引き落とされるかもしれない恐怖からなのだ。この誇りの効果の面白い一例――イングランドで起こった――が語られていた。数年前のこと、著名なフンボルト男爵［訳注：フリードリヒ・ハインリヒ・アレクサンダー・フォン、一七六九～一八五九。ドイツの博物学者兼探検家、地理学者。兄がプロイセンの教育相、内相、言語学者のカール・ヴィルヘルム・フォン・フンボルト］が高貴な家でライオン（社交界の名物男）の役を演じるために招待された。流行の衣装に身を包んだ選ばれたサークルが現れ、その仲間のうちに、非常に簡素に装い、人目を引かない服装の男がいた。彼はまずある人に声をかけ、次に別の人に話しかけた――幾人かは傲慢な態度でじろじろ眺めて身を引いた。他の人はそっけなく答えた。しかし皆は男爵を追い払い、彼がこの無様なレセプションにうんざりして早く引き揚げた後夜遅くまで、この人たちは自分たちの振る舞いによって時代の最大の人物の一人と会話をする特典を失ったことを知らなかったのだ。

う答え以外で応じることは不可能になっていた。イギリスの文学は極めて普通の会話の主題で、我々の最高の著作がいかに「日常のあいさつのようにくり返されて親しいものとなる」（シェイクスピア『ヘンリー五世』第四幕第三場、王ヘンリーの台詞、小田島雄志訳）のかが見出されるのは大層嬉しいことだ。文学に関する会話の幾つかは非常に見事な出来上がりだった。私は機智やユーモアに近いものはほとんど耳にせず、からかい《バディナージ》は、イギリスと同じ程度までは洗練されていない、ないしは発達していなかった。

あるとき、私は［著名人の］自筆の収集品を見せるように求められたが、アメリカ人の持っているイギリス文学の知識は、我が国の著名な作家だけでなく、我々でさえそれほど評判を知らない名前の作家にも及ぶ彼らの情報によって示された。かくて、メイトランド（フレデリック、一八五〇～一九〇六。法律史家）、リッチー（レイディ・アン・イザベラ、一八三七～一九一九。作家、ロンドン生まれ、ウィリアム・メイクピース・サッカレーの娘）、アンナ・シュウエル（一八二〇～七八。『黒馬物語』の作家）、ブラウニング（ロバート、一八一二～八九。イギリスの詩人。詩人エリザベス・バレット・ブラウニングの夫、彫刻家ロバート・バレット・ブラウニングの父。代表作は劇詩「ピッパが通る」）、ホウイット（ウィリアム、一七九二～一八七九。作家。メアリー、一七九九～一八八八。ウィリアムの妻。作品『蜘蛛と蝿』）等の作品に彼らは完全に馴染んでいるようだった。ジョージ三世（一七三八～一八二〇。イギリス・ハノーヴァー家第三代国王［在位一七六〇～一八二〇］）の震えるサインが、彼ら自身の歴史と結びついた彼の関係からの一般的な関心を掻き立て、私はいかにこれら共和主義者がヴィクトリア女王（一八一九～一九〇一。イギリス・ハノーヴァー朝第六代女王［在位一八三七～一九〇一］初代インド女帝）の果断な性格に謹んで注意を払って思い巡らしていたかを見て少なからず面白かった。バイロン卿の非常に特徴ある手紙は大きな声で読み上げられ、そして、彼らが経験した楽しみの返礼として、数種類のそれぞれ異なっている自国の文学者たち《リテラタス》と政治家たちの貴重な自筆を私にくれた。ワシントン（ジョージ、一七三二～九九。アメリカの軍人、政治家、黒人奴隷農場主、同国初代大統領）によって書かれた手紙は諸家族の中で貴重な先祖伝来の家宝《エアルーム》として伝えられ、この崇拝する愛国者が得ている評価はあまりに大きいので、アメリカ人がはっきり表す一異国人への恩恵を施したいという願いにもかかわらず、私の全コレクションをもってしても彼の手稿の二、三行でさえ買うことができないと私は信じる。

これらの歓迎会《レセプション》の極めて気持ちのよい性格がどんなものか述べることは困難だろう。それらはいままで出会った社会《ソサエティ》を見る最も理に適ったやり方であるように私には見え、イギリスでの一般的模倣に十分価するだろう。六〇人あるいは一〇〇人の人がダンスや音楽、飲食、あるいは何かの類の展示の誘因も無しに、どのようにして集うのかを目にし、またどのようにして大いに楽しむか、ある者がどのように紹介され、想像上の威厳を減らす恐れも無しに活発な会話に入らないのを見たとき、私は我々自身を包む氷のような冷たさを何時にも増して残念に思ったものだ。それでも、我々がこの氷河のように冷たい威厳の中に我々自身を纏おうとして営々と労を施してはいるけれど、他国へ行ってそれを投げ出し、我が同朋男女と、合理的存在であるならばそうするように、あたかも我々が自分の体面を危うくするとか、彼らによって拒絶されるかのように恐れることもなく混じり合う以上に我々を喜ばせるものはないのだ。この国民性の融通のきかなさが、私たちを外国人の笑いものたらしめている。そして、アメリカのある市では、「堅苦しいイギリス人《バックラム・イングリッシュマン》」（バックラムは膠で固めた布）以上に大当たりした芝居はなく、それは我が国の社会的な独特さをからかい戯画化していた。

エチケットの諸慣習はイギリスと全く同じだが、しかし人々はそれらによって、社会《ソサエティ》の楽しみにおいて拘束されるというより助けられているように見える。午前中《モーニング》の訪問は広く行われているが、しかし人々は、文字通り朝《モーニング》に訪問し、二時以後というより、もっとしばしば、それ以前に訪問する。新年には昔のオランダ人の慣習を守って、婦人たちは家に残り、知り合いのすべての紳士が必ず挨拶に来る。もちろん時候のあいさつを取り交わす時間的余裕しかないが、一日の短い日のうちに多くの社交的儀礼が繰り広げられなければならないが、この楽しい習慣は旧昔の知己を保持し、古い宿恨を消滅させる傾向がある。いかなるものであれ道徳の決まりからの知られている背馳は、ニューヨークの社会《ソサエティ》の指導者と見なされる人々の家から除外されるという罰を受けるのを見るのは満足させるものだ。さらに、ニューヨークの最善のサークルへの通行証が富だけではないのを目にするのもまた非常に嬉しいことだ。私はこれらの歓迎会《レセプション》への招待状が、華々しい肩書を帯びている外国人、および百万長者《ミリオネア》の評判が高い人々に対して拒まれたと聞いた。同時に、控えめな地位にいて資力の乏しい人々に遭ったが、彼らは才能や知力のおかげで特別に取り扱われている。だが私はそのような人がライオンとして後援されるか、取り扱われるかするのに、出会ったことがない。彼は社会《ソサエティ》に入れてもらったことに対して何らかの敬意を表したり、ないしは何かの罰則を被ることを期待されない。ニューヨークにおけるこれらのサークルの中で、才能や知性の持ち主が、彼らを後援する、より劣った者たちの面前で、おどおどしたり居心地の悪い思いをするという屈辱的な見世物を逃れられるのだ。もちろんニューヨークには俗な金銭の影響力が全能で、大げさな見せびらかしが流行っているような社会《ソサエティ》もあることはある。これまで話してきたのは最高の部類に属するものだ。

第一七章　ニューヨーク（続き）、ボストン

社会《ソサエティ》から墓場まで突然に移動するように見えるかもしれないが、しかしそれは不自然なものではない、というのは、ニューヨーク市民の多くは自分の壮麗さを墓までできる限り携えて行き、自分の富を頭上に豪華な霊廟《モーサリアム》あるいは高価な立像として積み上げるからだ。市のペール・ラ・シェーズ墓地（フランスのパリ東部にある墓地。エディット・ピアフ、ショパン、ビゼー、プルースト、マリア・カラス、モディリアーニ等の世界的な著名人の墓が多くある）に当たるのはロングアイランドのブルックリン近くのグリーンウッド墓地だ。一一月の最も晴れ渡った最高に寒い日々にそれを見たのだが、そのとき、身にしみる東風が木々の最後の真っ赤な栄華を散らして裸にしていた。ブロードウェイがいつも以上に混雑しているのに出くわし――私たちは馬車で三マイルの距離を一時間以上はかけて駅馬車で進んでいたのだから――、例の豪華な渡し船《パレス・フェリーボート》のひとつでブルックリンの渡船場《フェリー》を渡ったが（マンハッタンとブルックリンの間にあるイースト河。因みに、ウォルト・ホイットマンに"Crossing Brooklyn Ferry"［ブルックリンの渡船場を渡って］という詩がある）、船の乗客のための広々とした部屋は蒸気管で暖房されていて、運賃はたったの一セントつまり半ペニー以下だった。晴れた日だった。空には雲ひとつなかった。海峡とノースリヴァーの波が砕け、泡の飾りをつけて、白い小石だらけの浜に音を立てて駆けこんでいた。ブルックリン、ジャージー・シティ、ホーボーケンは緑の野原と別荘を伴って水辺から立ちあがっていた。白くて無煙の蒸気船が行き来していた。錨を下ろした大きな船が波に持ち上げられて揺れていた。木々、ビルディング、マストと尖塔の混合体のニューヨークは、その上に舞う煙の雲の一片も無く背後に立ちあがっていた。

一本の線路がブルックリンから墓地まで走っているが、客車は馬に曳かれ、ニューヨークの死者は便宜良くこの最後の休み場所に運ばれて行く。入り口は立派で、数多《あまた》の塀と馬車道がよい砂利で敷設され、美しく清められている。最も興味深い事物を見に馬車を駆《か》って行ったが、御者は特別な誇りをもってそれらを指差しているように見えた。この高貴な墓所はきれいに変化する丘と小さな谷の情景があり、周囲は六マイルある。木々は大変立派で、全体に、技芸が要請されたのはただ自然の助手としてだけだった。この墓地にニューヨークの死者のほとんどが運ばれて来て、その最も大袈裟な形での「人生という発作性熱病のあとで」（シェイクスピア『マクベス』第三幕二場）相応しい沈黙の中で眠りに就く。すでに数千の死者がここの埋葬場所に、最も壮麗で凝ったものから最も簡素な装飾のものまでさまざまな姿で安置されている。家族の霊廟《モーサリアム》があり、ギリシャ様式で陰気で陰鬱に見える。一家の埋葬場所は鉄やブロンズの手すりできちんと囲われ、白い大理石の十字架が墓の目印になっている。墓碑銘《エピタフ》のある墓、そして立像のある墓標がある。簡素な慰霊碑と記念碑的な遺体安置台《スラブ》、そして名もなく番号だけが記された墓がある。

この墓地のとても目立つひとつの特色は「ポッターズ・フィールド」（貧困者などのための共同墓地）で、敷地は数エーカーあって外国人が埋葬されている。これはすでに大部分はふさがっている。墓は小さな鉄製の板のそれぞれの表示番号が付けられ、密集した列になって並んでいる。ここには難破した人、疫病に倒れた人、無一文の人、知り合いの無い人が埋められている。そして、このような場所は悲しみの黙想を引き起こさざるを得ないとは言え、ニューヨークの人々は友達もなく一人で死んでいった人々の最後の休み場所の周りに放ったらかしの外見を呈させることはない。イギリスでは見かけられないもうひとつの特色が、最初は外来者に滑稽な想像を抱かせる――だがそれは実際にはもっと悲愴なものがあるのだ。この墓地の一区画に、数百もの子どもの墓があるが、これらには、他のより貧困な階級の子どもの墓の大部分と同じく、ガラスのケースに入ったおもちゃが上に置かれている。多くの種類の玩具、羊毛で作った犬や小羊の縫いぐるみ、小さな木の家など

――これらは両親の心の中では、家庭を楽しませたのに、先立って墓に行ってしまった子どもたちを思い起こさせるに違いない玩具だった。人は明るい瞳が曇り、嬉しそうな笑いと幼児の片言が沈黙し、小さな手は――かつてはあんなにも遊び好きのいたずらっ子で活発だったのに――硬く冷たくなってしまったことを考えずにいられない。これらすべてがそれらの玩具の光景により心に浮かぶのだ。ニューヨークには子どもたちの間には恐ろしい数の死亡率があり、幾つかの例では、ひとつの墓に埋葬された四、五体が、かつては幸福だった心の沈黙と寂しさの悲しみに沈む思い入れを語っていた。

二、三非常に目立ってどこか惹きつけられる記念碑がある。妻の思い出に捧げられた、天測する動作の船長にそっくりな像が上に乗せてある、白い大理石の美しいものである。彼自身への墓碑銘も刻まれているが、ただ死亡の日付だけが余白になっている。この可哀そうな男性が航海から戻って来るとき、彼は死別を嘆いて、墓の中で丸一日中過ごすと言われている。

燃え盛る住居から見事に幼児を救って命を落とした消防士仲間の一人を記念するために同僚たちによって建てられた壮麗な記念碑もある。彼の立像が頂上にあり、腕には幼児を抱いていて、職業道具が下に置かれている。しかし、桁外《けたはず》れに一番変わっているのは、そして確かにニューヨークの名所のひとつであるのは、舞踏会の帰りに死んだ若いレディに捧げられたものだ。馬車馬が逸走して、彼女は飛び降り、車輪の下敷きになったのだ。彼女は天使たちが支える大理石の天蓋の下に立ち、パーティードレスの上にマントをはおった姿で模《かたど》られている。この記念碑は多数の柱と天人たちの彫像があって、約六〇〇〇ポンドも掛かったという。幾つかの大理石の霊廟は四〇〇〇～五〇〇〇ポンド掛かっている。

しかし権力者、金持ち、貧乏人はすべて皆、そこから生まれ出た塵に帰し下ったのだ（創世記三・一九）。そしてここでは、他のどこでとも同じく、何物も以下の事実を粉飾することはできないのだ――すなわち、情熱と弱さの弱々しい戯《たわむ》れたる人間は、竟《つい》の遺贈《いぞう》として、ただ沈黙の墓の薄暗さのみを主張できるだけであり、そこで彼は父祖の塵と共に眠らなければならないのだ。私はたったひとつだけ聖書の句を墓石の上に見たが、それには相応しい祈りが含まれていた——「それゆえ、私たちに自分の日を正しく数えることを教えてください。そうして私たちに知恵の心を得させてください」（詩篇九〇・一二）。

移民が、悲しみ、希望、興奮の混乱の中で旧世界に別れ《アデュー》を告げたのを見て、五週間の航海が彼らにどんな違いをもたらしたのか、そしてどんな情況の中で彼らはアメリカの岸辺に上陸するのかを見てみたい好奇心をそそられた。

移民が一日に一〇〇〇人の割合で上陸する市では、機会を見つけるに手間取らなかった。私は、ちょうどリヴァプールから到着したばかりの六〇〇～七〇〇人のイギリス人移民が新世界の岸に上陸したのを目撃した。リヴァプールを出たとき、もし彼らが涙ぐみ、狼狽し、案じているように見えたとしたら、ニューヨークに到着したときも、涙ぐみ、青白い顔をして、汚れて、むさくるしく見えた。閉じた、薄暗くて風通しの悪い三等船室に、ほとんど着替えも無く、清潔さの目的のためには不十分な水しか与えられず、一緒に詰め込まれたとき、多くの人が経験をしたに違いない、避けられない不快さは、この場合に船内で起こったコレラの存在によってさらに増していた。

ニューヨークの波止場は必然的に汚く、朝から晩まで到着したり出港したりする船や、荷積み荷下ろしする船、ほとんど絶え間ない流れとなって街に注ぎ込む移民の、筆舌を越えた大騒ぎが繰り広げられる場だった。あたかもそのような混乱に秩序をもたらすことのできる既存の力は存在しないかのように見えた。見知らぬ土地の岸でのこの雑踏の中に、移民たちは自分を見つけ出したのだ。多くの者は痛ましくやせ衰え、他の者はぼんやりして間抜けに見えた。病気の者もいれば一文無しの者もいた。しかし、貧困と病は一人の移民が持って来られる最良の推薦状の一部だった、というのは、それらは、あの尊敬すべき働き過ぎの人たち——移民局委員たち（彼らの人間性はあらゆる称賛を超えている）——の即座の注意の下に彼を置いたからだ。

この人たちは彼にワーズ島（ニューヨーク市のイースト川に位置する島）の移民病院に待避所を見出し、健康にして将来の仕事の忠言と援助を与え、そこから送り出した。もし彼が健康で、ポケットに数ドルを持っているなら、即座に移民密輸業者《エミグラント・ランナー》たち、ペテン師《シャーパー》たち、居酒屋《グロッガリー》の主人たちの餌食《えじき》になる。しかし、これについては後にもっと述べよう。

これら移民の極めて多数が明らかに田舎の出身で、アイルランドから来た者もいる。その中にはわずかにドイツ人もいて、この者たちは航海のひどさと、自分たちが置かれた、新奇でどちらかというと困惑させられる状態の影響を受けることが最も少ないように見て取れた。彼らは多分ニューヨークに初めて上陸して、他のどんな人たちより居心地良く感じているだろう、というのは、市の下町にはドイツ人住居が大きく広がっていて、その当時彼らの大好きな飲み物である貯蔵ビール《ラガー・ビール》（弱いビール、元はドイツ産）を手に入れられる店が二〇〇〇軒もあったからだ。

アイルランド人の持ち物、家財などは主として多くの赤毛でいうことを聞かない子どもたち、それにみすぼらしく見える縄で巻いた包みから成っているようだった。ドイツ人は普通赤ら顔の大柄で、がっしりした見かけの、うまく縄で縛った荘重な衣装箱を、あたかも黄金が入ってでもいるかのように丁寧にとり扱っていた。イギリス人は青白く虚弱に見え、大きな青い箱にどうすることもできず疲れ果てた様子で腰かけていた。ここで彼らは百万都市の混沌とした雑踏の中にいる自分に気付くのだった――自分の行き先も知らず、「安い貸馬車だよ！」「皆さん乗船してください！」「世界一安い宿へどうぞ！」や似たような性質の誘いに、びっくり狼狽して。ありとあらゆる程度の嘘の宿の勧誘者がおり、大きな看板を掲げた男たちが人混みの中をせわしなく動き回り、「豪華《パレス》」蒸気船と「電光急行《ライトニング・エクスプレス》」列車を売りこんで、極西部の理想郷《エリジアン・フィールド》（ギリシャ神話のエリュシオンに倣って名付けられたテキサス州のコミュニティー）へ名目的な料金で嵐のように送り込もうとしていた。これら移民の一〇分の六がニューヨークに到着してから間もなく熱病にやられると言われているが、しかし疾病に対する備えはニューヨークの財力と慈善に任されている。

シティを去る前に、貧しい人たちの住居の幾つかを見たいと希望した。それで、貧民区といわれていたところへ連れて行ってもらった。訪問したある家は、ひとつの入り口から入ると一〇室あって、さまざまな個人そして家族に貸し出されていた。最下の階には高齢のアイルランド人の未亡人がいたが、片目に白内障を患っていて、身過《みす》ぎのたつきが無かったので、運送人夫をしている息子がくれる乏しい援助に頼っていた。彼女は身ぎれいにしていたが、あわれな服を着、部屋にはわずかな家具しかなかった。怠け癖と不徳により貧乏を余儀なくされている人を除いて、市内でこれより貧しい人たちを見つけるのは難しいかもしれない、と言われた。多くの同情が彼女に対して、そしてこの貧民区に住んでいる彼女のような人に対して表明された。それでも部屋は我慢できる程度に大きく、天井は高くて風通しがよく、イギリスの住まいの普通の大きさの窓がある。この部屋に彼女は四ドルつまり一六ペンス払うが、非常に高い家賃だ。それは、ロンドンではこのような部屋の多くは一五〇ポンドの年収の卑しからぬ事務員が持てたら幸運だと思うだろう家だった。

　私は、この地域の居住者に同情を寄せるときのニューヨークの慈悲深い人の感情に入りこむことができなかった。私は、ただこれらの寛大な人々が、何千という我がイギリスの貧民が、乏しい灯り、水の不足の下で、性別や数にかまわずごちゃごちゃに詰め込まれた小さな風通しの悪い部屋で貧しく暮らす不潔な住居を見ることができたらなあ、と望んだだけだった。だがしかし、ニューヨークにはファイヴ・ポインツと呼ばれる犯罪、熱病、悲惨がはびこる地区があり、そこは悪とあさましさでロンドンのセント・ジャイルズないしグラスゴウのソルトマーケット（スコットランド、グラスゴーの貧民街）にほとんど一目置かせないのだ。多くの有色人種が住む土壁小屋《マッド・ハッツ》と呼ばれる住居の集塊もまた、シティと結びつけられる好ましくない一面だ。しかし、ふんだんな雇用、高い賃金、またたまたまの情況から時折助力が要請される人々に対する豪勢な規模の慈善をもってすれば、相当数の人々が自らそこに沈むことを選択した悲惨な惨めさには言い訳はない。

　海洋の対岸アメリカに黄金時代《ゴールデン・エイジ》は存在していないというのは事実である。ヨーロッパと同様にアメリカでも悪と犯罪は相応の罰金が科せられるし、旧世界の最悪の様相の幾らかが新世界でも再現されている。事態の楽観的な観点をとれるようにというあらゆる欲求にもかかわらず、かくも有望な社会情況のもとで、そしてアメリカ史のかくも早い時期に、ニューヨークにおけるこの階級がかくも下層に沈んでしまったことには何か格別に絶望的なところがある。ニューヨークにおけるひとつの「危険な階級」(Cf.: Charles Loring Brace, The Dangerous Classes of New York. ブレイスはアメリカの社会改革家［一八二六〜一九〇］)の存在はもはや否定されない。全人口のうち七人に一人が一八五二年に犯罪者あるいは貧民の隊列に入って当局の監視下に帰している。そして昨年の数字は警戒すべき大きさに達し、社会の平和への脅威になっていると述べられている。この町《シティ》に上陸した人々で、犯した悪のために国外追放されたり、侵害された法の復讐から出奔したり、あるいは新世界で罰せられる恐れなしに悪事を働くことができると期待する人数を考慮すれば、これはほとんど驚くべきことではない。

怠惰な者たちと非現実的な幻想を抱く者たちがいて、働かずに食べられると期待している。一文無しの根も葉もない噂をばら撒く者たち、そして無節操な、全キリスト教世界の背教的流出者の冒険屋たち。これらに合して、病気や船上での悪い仲間によって元気を奪われたり堕落したりする者がいる。新規到来者の多くが居酒屋でどうしようもなくのらくらシケ込むのを眼にしているので、私はこう考えざるを得なかった――つまりお金を使い果たした後で、ニューヨークに残り、この階級の人数が膨れ上がるのだ。これらの人々は分別で暮らしをたて、飲酒で無けなしのものを失う。この生活は彼らにとってほとんど価値がない。そして聖書協会と小冊子協会、そして宣教会にもかかわらず、彼らは来るべき生についてほとんど知らない。従って彼らはどんな悪事に対しても覚悟が出来ていて、ほんの少しの賄賂《わいろ》のために存在を危険に曝《さら》すだろう。彼らの多くあるいはほとんどがアイルランド人のローマ・カトリック教徒で、多くの場合に偽の宣誓供述書《アフィディヴィット》を作ることによって市民権を得ており、集会所《クラブ》もまた自由に使えると見なしている。

諸選挙の時期に私はニューヨークにいたが、一八五四年の選挙は、アイルランド系ローマ・カトリック教徒と「ノウ・ナッシング党」（一八五〇年代に外国人特にアイルランド人排斥を掲げた政治的会派による運動で党員は何を質問されても「私は何も知らない」と答えることになっていた）との間の灼熱の衝突のために、異常な興奮を伴っていた。このノウ・ナッシングは帰化《ナチュラリゼイション》諸法を変え、ローマ・カトリック教《ポウパリー》の力を抑制する目的で設立され、公言する主義に劣らず、それに付随する不可思議さからも、この時期に極めて大きい世間の注目を集めていた――隠密の組織、未知の宣誓、夜間の集会には何か人心を惹きつけるところがあったのだ。そしてマサチューセッツの諸ノウ・ナッシング党と他の諸州の組織の努力による成功は、多くの人に深い関心をもってエンパイア・ステイト（ニューヨーク州）の選挙結果を観察させることになった。彼らの候補者は選ばれなかったが、プロテスタントとカトリックの間の信条の対決は相当な数の命を失わせることになった。イギリスの報道機関は暴動にはほんのちょっとしか注目していなかった――もっとも、地元紙は死亡者と負傷者の総数を四五～七〇〇人の間（！）でさまざまに報じていたのだが。暴動《エミュート》が起こるだろうと知れ渡っていて、私は一一月初旬のある夜に、市中の全域で警告の鐘が鳴り響いているのを耳にしても驚きはしなかった。ノウ・ナッシング党の約一万人の集会がセントラル・パークで催されたが、追い散らされた後、彼らは「アイルランド」旅団と呼ばれる幾人かのアイルランド人の射撃を受けたと発表された。これは秩序維持のための流血の闘いの始まりだった。三日間、マスケット銃の散発的な銃声がニューヨークとウィリアムズバーグ（ブルックリンの地区）で続いて聞こえ、双方で大勢の命が失われたとの報道が駆け巡った。病院は一七〇人の負傷者を受け容れ、それ以上の人数が仲間によって運び去られたと発表された。軍隊が出動して、鎮圧するのに五日かかったので、大勢の命が失われたものと推定されるべきだ。私はこの目で二遺体見た。そしてファイヴ・ポインツ近傍のひとつの通りや路地では、歩道も馬車道もどちらも血で滑り易くなっていた。だが町の上流地域では大騒ぎはほとんどなかった。人々はいつも通り出歩いていた。ビジネスは妨げられることがなかった。そしてこの問題についての質問への返事はしばしば、「まあ、それはほんの選挙騒動にすぎませんよ」で、それはそのような騒擾《そうじょう》がいかに悲しいことにありふれたものになっているかを示していた。

ニューヨークと近郊に関心の惹かれるたくさんのものがあり、中でもクロトン水道橋（クロトン川からクロトン貯水池まで）は偉大な国民に価する仕事だ。およそ英貨で五〇〇万ポンド掛かり、それによって日に六〇〇〇万ガロンの水が日々、市に運ばれている。またブラックウェルズ島には監獄があり、癲狂院《ルナティック・アサイラム》、孤児院《オーファン・アサイラム》、船修理用施設《ドック》その他多くのものがある。だが敢えてこれらには触れずに措《お》くつもりだ——他の著作者によって記されているからだ。この短く不完全なニューヨークの説明を結ぶにあたって、本書の序文に言及し、物事や社会に関して私がした説明は、単に「素描」であり、そうであるから、慌ただしい観察にはいつも付きものの間違いを犯しがちなことを繰り返し言っても許してほしいのだ。

新奇で、多様で、常に姿を変えているニューヨークは、外来者の心に非常に強烈な印象を残しそうである。ある場所では黒人の町と思うかもしれない。別のところではドイツの市だ。と思えば、リヴァプールとの不思議な捕え処のない相似が全体に行きわたっている。その中では心の静謐はほとんど無く、目の平穏はさらに無い——ただし安息日は極めてよく守られている（住民の信教と国民性が大きく異なっているのを考えれば）。通りは商取引、小売、卸売で活気づき、全般的な大騒動の様相を呈している。どの方角にも旗が目に入り、船舶の高いマストが家々の上に見える。赤か黒の文字で名前の書かれた大きなキャラコの四角い布は通りを横切って吊り下げられて、幾つかの人気のある候補の、または「誇大宣伝《パッフィング》の」商店主がどのあたりにいるか表示している。そして大量の乗合馬車、貸馬車、荷馬車《ドレイ》、鉄道客車は大急ぎで鐘を鳴らし、不慣れな徒歩通行人を恐怖させている。露天市《バザール》の規模の店があり、何百もの「銀板写真館《ダゲリアン・ギャラリー》」（フランス人ルイ・ダゲール〔一七八七～一八五一〕の発明した銀板写真「ダゲレオタイプ」に因む）、大衆居酒屋、地下にある牡蠣料理店《オイスター・サルーン》、巨大なホテル、喫茶店、娯楽施設がある。他方では、歩道にはすべての国と肌色——赤、黒、黄色、白——の男たちが、ありとあらゆる異なった衣装と髭を着け、婦人たちは、美しいのも醜いのも、贅沢なドレスを着ている。そしてまた、泥小屋と宮殿のような邸宅、また、ニワウルシの木々が木陰をつくる堂々たる住居のある通りがある。舗道を横切って商品を荷降ろしする荷馬車。上階の店と地下の貯蔵室。鉄道の汽笛と蒸気船の鐘、電信線（八本と一〇本が一本のポストに繋がり、全部がウォールストリートへと収斂《しゅうれん》している）――これはニューヨークのロンバードストリート（ロンドンの金融街シティにある）だ。いろんな色の軍服を着た国民兵《ミリシャ》連隊が一日中、町を出たり入ったり行進している。途方に暮れてびっくりした、赤痢と船酔いでやせ衰えた移民の一団が店のウィンドウを覗いている。天の下のすべての国民の代表がいて、すべての地上のありとあらゆるごった混ぜの言語《バベル・ランゲイジ》（人間のバベルの塔建設に怒った神が言語の多様化によって人を罰したことから）で話していた。そして、あたかもビジネス、お祭り騒ぎ、変化のこの絶え間ない盛観をでき得る限り単調さから遠ざからせるかのように、火事の警報ベルの早鐘が毎日のように聞こえ、ピカピカに磨いた装備を着け、よく訓練された隊員を乗せた巨大な消防車《エンジン》が花々しい大火災の現場へと猛スピードで通りを駆けて行くのが見られる。ニューヨークはイギリス人に対して、その古風な名前の者《ネイムセイク》がアメリカ人に対して為すのと同じ圧倒的な外観を与えると思われる――その年齢、沈黙、堂々とした有り様、衰退と共に。

小春日和《インディアン・サマー》が来て過ぎ去り、輝く霜の天気がそれに続いた頃、私は決して忘れ得ない親切と歓迎を受けた町を去った。私を最初に合衆国へと歓迎してくれた親切な友人エイミー氏は旅行友達で、彼のボストンの近くの家で、幸福な家族の集まりの中でイギリスへ戻る前の短い残りの時間を過ごしたのだった。

ちょうど太陽が凍えて赤く沈んでいくときニューヨークを出発して、ニューヘイヴン（コネチカット州南部の都市）に着く前まで、これまで見た中で最高に素晴らしい冬の夕方のひとつだった。列車の窓に湿気が凍りついて数えきれないほどの妖精の形を作った。三日月と千もの星が深く青い空から明るく照らしていた。オーロラが煌き、流星が燃え立ち、多数のゴボゴボ音を立てて突進する流れの上をチラチラ点滅する光がキラキラ輝くとき、私はどんなにニューイングランドが美しかったか、ただ思い出すだけで、大急ぎで通り過ぎている多くの姿に形と明確さを与えるには十分だった。私は心にブドウ園とマグノリアの木立ちのある南部を、アメリカで目撃したたくさんの美しい光景を思い起こしていた――二、三ヵ月前には見知らぬ人であった多くの人たちから経験したすべての優しい親切と共に。そのとき、酔っぱらったスコットランド人のヴァイオリン弾きの《ヤンキーの馬鹿《ヤンキー・ドゥードゥル》》の襲撃が私の夢想を破った。そんなことが即座に思考の本質を変え得るのは奇妙なことだ。私は、いろいろな思弁、はしっこい考え《キュート・ノウション》、推測《ゲス》、思考《カルキュレーション》を思い出した。「みなさん乗船してください《オール・アボード》」「お進みください《ゴー・アヘッド》」「蒸気をふかせ《パイル・オン》、船長」、鋭い熱烈な顔、さまざまな髭、決闘者、掏摸《すり》、ありとあらゆる種類の冒険者たちを思い出した。

このような思い出では、コネチカットでも場違いではなかった――ここは我々がヤ、ン、キ、ー、イズムと称するものの中心であり魂なのだ。この州は合衆国でもっとも著名な教育諸施設のひとつを持つ――ニューヘイヴンつまり楡の街《シティ・オブ・エルム》のイェール大学で、これはユークリッドの埋葬（大学二年生が数学の教科書を焼く）の儀式における夜の祝祭《フェイト》での市民と学生の間の毎年の闘いの許容は有名だ。コネチカットの言葉づかいと道徳的性格のあるものは全く特異だ。それは学習、有用な技芸、成功した活力ある商人と農家で著しい。神秘的なサム・スリック（カナダのユーモア作家トマス・ハリバートンのヤンキー気質を巧みに風刺した『時計師サム・スリックの言行録』の主人公）は行商人の第一人者《プリンス》だ。そして、彼の生きている同輩のバーナムはショーマンの第一人者《プリンス》だ。良き秩序の愛好と、みなぎる宗教的感情は、その田舎の人たちの礼儀作法の顕著な質朴さに伴っているように見える――もっとも、南部人は、これらのニューイングランド人たちの道徳的美点を羨んで、彼らに木製の偽《にせ》のナツメグの製造の責任を負わせる（コネチカットのあだ名は「ナツメグ州」）。この州は木製の時計を世界に供給しているが、それについては我々の植民地の住民が特に気に入っているようだ――もっとも、イギリス本国では「動こうとしないヤンキー時計」と呼ばれているのだが。私はカナダの開墾地の中でさえ、奇妙に作られた馬車で苦労して進む行商人を見たことがあるが、彼らはコネチカット「生《は》え抜き」の人種に属すると言われている。彼らは極めて人を楽しませる一群で、彼らの商品にお金を遣わずにいるのは不可能である、というのは、彼らの執拗さは極めて滑稽な言い回しで慫慂《しょうよう》されるからだ。行商人はあなた方にありとあらゆるものを――時計や聖書から一ペニーのピンまで――供給し、布切れ、ウサギやリスの毛皮をそれぞれ二セント支払って持っていく。彼の「柔らかなお世辞と人間性《ネイター》」（ハリバートン『自然と人間の本性』参照）の知識はサム・スリック――追随を許さぬ行商人の代表――のそれとおなじほど大きい。そして靴も履いていないアイルランド人の少女に幾つかの安ピカ物の装飾品と一ドルを交換するように勧める――彼女の個人的な魅力に対する巧妙なお世辞でもって。彼はどこでもくつろいでいるように見える。政治について話し、あなたの必要なものを当ててみせ、冗談を飛ばし、あるいは細長くのびた顔で、あなたの不幸に悔みを言う。彼はいつでもまんまとディナーかお茶のときに立ちより、それにはいつも言い訳するが、遠く離れた入植地では弁解の決まり文句は脇においておかれる、というのは、各地を旅行して世知にたけた行商人の訪問は常に歓迎されるからだ――たとえ彼があなたを数ドルほど貧しくして置いていくにしてさえだ。この人種の絶滅の恐れが幾らかある、というのは、鉄道が今や最も遠い地方をもウィンドウの平硝子《ひらガラス》の付いたきらびやかな店の勢力範囲内に運んで行きつつあるからだ。

　ボストンに着いたとき、夜明けまで六時間あった。そして停車場の楽しみのない待合室で、消された火の灰が実際以上に寒く感じさせた。温度計は氷点を数度下回る中、私たちは屋根なし馬車に乗ってボストンの音のない通りを通って田舎に出たが、しかし大気の乾燥が全く寒さの感じを防いでいた。空気は澄み静かで完全にしなやかだった。断続的なオーロラが途上を照らし、速足で行くポニーの蹄鉄は凍った土に元気に音を響かせた。ドライヴの終わりに来ていることを私はほとんど残念に思った――たとえ田舎の心地よい…邸宅が、そして燃える薪の火で照らされた部屋が、私を待っているとしても。

　天気は申し分なく素晴らしかった。雲ひとつなく金色に太陽が夜に沈んだ。朝には雲ひとつないバラ色の中太陽が昇った。輪郭が鋭くきっちりとした葉の無い木々が、空の刺すような青を背景にして立っていた。凍った大地は一足ごとに合わせて音を立てた。雪の薄い広がりが風景に変化を与えた。そして健康的な空気が病弱な神経をさえぴんと張らせた。ボストンは本当に素晴らしい町《シティ》で、その全体はパノラマとなって広がり、近隣の数ヵ所の高台から眺めることができる。冬の夜明けのバラ色の閃光が空を去るか去らないかのときに、私はドーチェスター高地（南ボストンの中心部にある。かつてジョージ・ワシントン将軍指揮の大陸軍が要塞を築き強力な大砲を設置してイギリス軍を撃退）から町を見降ろした。眼下に横たわる市街地は並木に縁取られた立派な街路、堂々たる官庁の建物と教会の尖塔の集積で、全体の頂点に高い州議会議事堂がある。光る青い水とマストの林立が町に交差するように見えた。緑の木の茂った小高い丘に、白い田舎の大邸宅がぽつんぽつんと見え、それが町をどの方向にも取り囲んでいた。青い丘は遠くに立ち上がっていた。一方、右手にマサチューセッツ湾の輝く水が、船と水先案内舟の白い帆によって活気付けられて、この魅力的な眺望を完成させていた。

　ボストンは半島の集まったところに建設されている。そして、一定の船主たちが町の中のはるか遠くに波止場を持っていて、彼らの船はここへの海路を見つけなければならないので、重い荷を積載した大型船が空いたところを通ってゆっくりと牽引される間、はね橋での永い引き留めの間しばしば辛抱の美徳を強いられた。アメリカ人の性格の落ち着きはここでも、しばしば以前にもあったように、私を驚かせた。というのは、私がさまざまな回り道をとることによって、いろいろな手段で時間を節約している間、およそ一〇〇人もの被拘留者《デテニュ》たちがどんなイライラの兆候も見せないで遅延を甘受していたからだ。ボストンの一部は海を埋め立てた土地に建設されており、活発な住民たちは建物を建てる目的で不断に水を浸食し続けている。

　この素晴らしい町は、ニューヨーク、シンシナティ、シカゴその他のアメリカの町を見た後での二回目の訪問では、さらに素晴らしさを示した。それらの都市ではその進歩は絶え間ない建築と取り壊しによって明らかで、その結果は廃物の山と目障りな退蔵物が貼り紙と広告で覆われており、かくて事情止むなく町に未完成で安定感のない間に合わせの外見を与えていた。これは家屋の多くが木造で、バラバラに壊さないで取り除かれ得るところではさらにいっそう増加するのだ。ある午後に、馬でひとつのアメリカの町を通ったときのことだが、驚いたことに、私は歩道に上がって避《よ》けなければならなかった、というのは、梃子《てこ》を持った一〇人の男の援護で、同数の馬によって通りを引っ張られて来る家を避けるためだった。極めて新奇な光景に、私の馬は極めて落ち着き払っていたので、この馬はこれらの移動する住居に慣れているのだなあと思った。

ボストンはこういったものすべてが無い。堂々として頑丈で素晴らしく、あたかも一日で開始し完成したかのように見える。大きな石とレンガの家々には見苦しくない極めて好ましい雰囲気がある。商店は広々としていて非常に洒落ている。そして公共の建物は耐久性があって上品に建ててある。科学施設、音楽ホール、書籍商人や科学機器《フィロソフィカル・インストルメント》製作業者たちが所有している豪華な店は、住民の文学的かつ洗練された趣味を主張しており、それが市に「アメリカのアテネ」の名を得させている。ボストンには静寂の雰囲気がある。大きな財産が実現され楽しまれているところがあるとすれば、それはここでだと思われよう。すべすべした光沢のある馬は石だたみの上を急いでいるようには見えなかった。看板も少なくなり、煙草を吹かす人も少なくなった。馬車自体が速度を重んじてでなく、どちらかというと重さを運ぶために作られている。だが、私が訪ねた中でボストン以上に繁栄して見えるところはなかった。通りは文字通り乗り物で押し合いへし合い、歩道は通行人で混みあっているが、ただ後者は主としてニューイングランド人で立派な格好をしている。これらの歩道はアカシアや楡が縁取りしており、それが最も混雑した通りで繁茂しているように見え、人も馬もともに強烈な暑さから守るほかに、秋まで保っている緑は大層眼に新鮮である。騎乗の人々と同じく、極めて多くの個人馬車が見られる。住居は平硝子《ガラス》の窓と明るい緑色のすだれ《ジャラシー》が付いている。歩道は御影石で、全体としてイギリス風の雰囲気だ。ボストンでは公有地《コモン》というよりむしろ公園《パーク》は、これまで見た中で最高の遊歩道《プロムナード》で、五〇エーカーほどの広さがあって、大層きれいな並木の路が光彩を添えている。これは南に傾斜し、坂の頂上部は州議会議事堂と市で一番立派な邸宅が占めている。ボストンは非常に清潔で秩序があり、通りでの喫煙は許されていない。極めて貴族的な雰囲気が漂っていて、歴史的関心の対象を探索する人たちは失望することがないだろう。古いファニエル・ホール（ボストンの公会堂）があるが、かつてここで嵐のような議論が巻き起こり、革命の指導者たち（サミュエル・アダムズやジェイムズ・オティス等）の熱弁がこだましたのだ。その近くに古いたくさんの切妻屋根の家が少し残っており、どれもがアメリカ人の愛着する伝統と結びついている。そこに黒っぽい石の教会があって、未だ普通の言い方でキングズチャペルの名を帯びている（ユニテリアン派の教会堂。同市最初の聖公会の教会堂。当初は木造）。樫の黒ずんだワニス塗りの高い信者席《ピュー》が相応しく、イギリス式の礼拝式《リタジー》がわずかに変更されてまだ礼拝の形式として使われている。さらにオールドサウス会場があり、そこで住民たちは知事に対し国王の軍隊を入れることに異議を唱えた。最後にグリッフィン波止場があり、ニューイングランド魂の厳正な集中した意思の衝迫の下で「自由の息子たち《サンズ・オブ・リバティー》」はイギリス船に乗り込み、ゆっくりと慎重に積み荷の茶を湾の水中に投げ込んだ（一七七三年、ボストン茶会事件）。

私はバンカーズヒル（チャールズタウンにある丘。一七七五年独立戦争における最初の最大の戦闘が隣接するブリーズヒルで行われ、イギリス軍がチャールズタウンのこの半島を占拠したが、損失も大きかった）記念碑に行き、頂上からの景観の美しさの保証付きの陳述書を得て満足した——この記念碑は二二一フィートの高さがあり、非常な急な階段で上る。一緒にいた愛国心溢れるアメリカ人たちによってなされた、英国軍がその場所で負けたという説明を私といえども否定するものではないが、我が歴史家たちの国家的威信が真実よりはよく見せるような話を彼らに語らせなかったかどうか確実に感じることは全くなかった。というわけは、

誰かが言った、我々の勝ちだと、
またある者が、彼らの勝ちだと言い、
そしてある者が言った、誰も戦争で勝者はいない、男よ、と（古いバラッド「シュリフミアの戦い」——国教への改宗を求めた一七一五年のスコットランドのジャコバイト反乱の鎮圧を描く）

チャールズタウンの海軍基地を訪ねたが、古い七四門艦《セブンティ・フォー》（七四門の砲を積んでいる二層艦）オハイオ号は、新兵練習艦として今は

使われている。この艦の主甲板の両側の間には一目瞭然な違いがあった。片側は塵ひとつ残さずきちんと掃除が行き届いていたが、もう一方は決してそうではなかった。その理由を訊くと、きれいな方は訪問者用だと言われたのだ！　この基地は教練所の名前を辛うじて受けるに足るだけだ――というのも、アメリカが所有しているものの中で一番小さいので――とはいえ、多数の大砲と砲弾がうず高く積み上げてあることが、攻撃戦あるいは防衛戦の準備が出来ていないわけでもないことを示している。

商品取引所――そこではニューオーリンズの天候のすべての変化が数分で分かる――。郵便局――おびただしい数の郵便箱と終わりのない喧騒がある――。トレモントホール――世界最高の音楽堂のひとつである――。水道設備、ボストン・アシニーアム（図書館）、諸図書館、これらはみな行ってみる価値がある。

博物館があって、ある夜にそこへ行ったが、しかしこれはこの素晴らしい住民の趣味にとって名誉となるとは言えないものだ。多数のレプリカ（化石本体が失われて岩石に残された凹凸を鋳型として作ったレプリカ）と化石、野生動物と鳥類の剥製、奇形体、ガラスで作った見事に動く蒸気機関、がある。だがしかし、これらすべてのものはこの施設の本当の性格を隠してしまうためのもので、後ろにある劇場に押し寄せる上品な服装をした大勢の人は見落として通り過ぎてしまうように見えた――劇場は非常に薄暗く見える建物で、背の高い座席がある。看板にはディケンズの『ハード・タイムズ』とあって、この本（一八五四年初版）を舞台化したと思われるものが上演されようとしているようだった。戯曲は極めて道徳的だと言われているが、メロドラマの中に宗教と道化《バフーネリ》がしばしば混ざっている。そして、白状すると、私は通常の演劇的なものに不服である人たちの良心を慰めるこの方法は、是認できなかった、というのは、含まれている原理は同じままに留まるからだ。

国立劇場（一八三六～六三。建築デザイン、ウィリアム・ウォシュバーン）は観、聴き、受容するために見事に設《しつら》えられているので、ヨーロッパ人建築家が頻繁に訪れる。あるアメリカ人の友人が夜に観に連れて行ってくれたが、そのときは、公演のために残ろうとする者以外は誰一人として入場させてもらえなかった。これが決まりであって、門番は丁寧に私たちの入場を阻止した。しかし、連れが私が外国人であると言うと即座に入場を許し、建物を見るのに最上の位置を指差した。四段に並んだボックスのある劇場は極めて立派でキラキラと照明されていた。だがしかし、思うに、我が国の貴族院《ハウス・オブ・ピーアズ》にしばしば行く人が眩い光とあり余る装飾から経験するのと同じ目まいや頭痛をひき起こすに違いないだろう。

これは、外国人と称される者が惹き起す魔法の効果のたくさんの例の中のひとつだった。あたかも、他の何物に対しても開かないドアが、あの聖なる名前に迫られて直ちに譲ったかのように見えた。これはマウント・オーバーン墓地（マサチューセッツ州）でも同じで、門番は我々外国人に免じて馬車で回るのを許してくれたが、それは規則違反で、いかなる場合でも私たちにあれほど便宜を図ってくれた人々も、決して手付を受け取ろうとはしないだろう。

ボストンとニューヨークの人々の間には、墓地の美しさに関して幾分の競争意識がある。多くの旅行者はマウント・オーバーンの墓地を世界一素敵だと言う。しかし、これとグリーンウッドの両方ともあまりに美しいので、どちらに関しても「欠点をほのめかしたり、気にいらないと口ごもる」（J・モンゴメリー『クリスチャン・コレスポンデント』）必要がない。マウント・オーバーンには緑の茂った坂、深い野生の小谷、大木で美しい森林の日陰になった湖がある。だから大層静かで、市の喧騒から遠く離れているので、まるでただの一歩でも踏み込めば死者の眠りを乱しかねないかのようだ。ここでは墓の外観の無頓着さとわびしさが完璧に廃されていて、死者は花で覆われた木陰の土の下に静かに横たわっている。墓碑の簡明さはとても美しい。シュプルツハイム（ヨハン、一七七六～一八三二。ドイツの骨相学の推進者）の墓には、ただ平板に名前を刻んだだけだ。ロバート・フルトン（アメリカの技術者で発明家。世界初の潜水艦ノーチラス号を設計、ハドソン川で蒸気船の実験と実用化）、チャニング（ウィリアム・エラリー、一七八〇～一八四二。ユニタリズムの創始者）その他の著名人たちがここに埋葬されている。

ニューヨークは頻繁で不可思議な火災で有名だ。それより程度は低いが、どのアメリカの都市も同じだ。これはイギリス人にはひどく驚くべきことで、多くのイギリス人は消防車をほとんど見たことがない。ボストンではその石とレンガの頑丈な建物は、むさぼり喰い尽くす要素の進展の大きい障害になっているけれども、しばしばこれらの望まれない灯火の装飾を示すので、非常にうまく組織された消防団が幾つかある。これらの消防団は任意組織であり、合衆国の重要な特色のひとつである。クエーカー教徒がその創始の栄誉を担っている。平和主義の人たちで彼らは国家防衛のためにも武器を取ることができず、市民兵《ミリシャ》の任務の代わりに市民同胞の放火であれ失火であれ、すべての火事を消す仕事をしている。これは木造建築の市では容易な仕事ではなく、例の乾燥した気候においてはひとたび発火すると松瘤のように燃える。現在でさえ、火事はまるで不可思議な仕方で起きる。ニューヨークではうたた寝しているときに、火事が発生している地区の番号を知らせる召集の早鐘でしょっちゅう目を覚まさせられた。これらの消防団は正規の組織を持ち、団員は幾つかの役職分担の免除を享受し、そのうちのひとつは陪審員の役目を果たす義務を逃れることではないかと思う。

彼らは主として若者たちで構成され、その中の幾人かはその町の最初の諸家族の中でも、より荒っぽいメンバーたちである。彼らの服装はそれに適し、まるで絵のようで、明るい色に塗ったピカピカ光った真鍮の大きな消防車《エンジン》を持っていて、彼らは「栄光の七月四日《グロリアス・フォース・オブ・ジュライ》」(独立記念日)の例年の催しの一番際立った部分のひとつを構成する。活動の舞台に最初に到着する消防士はその晩の隊長で、この名誉はひどく欲しがられるので、彼らはしばしば、冬の夜の間、支度を整えて待機し、鐘の一叩きの音で飛び出していくことができるようにしている。十分危険な冒険とぞくぞくする付随的な事件がふんだんにあるので、この仕事に町の血気盛んな若者を羨望の目で引きつけるだけのものを与えるのだ。彼らは戦争ごっこをするよりはるかにこれが好きであり、どの町でも人気がある。華やかできらびやかな行列が通りを通ると、大喝采が彼らの進行を迎え、熱狂した女性たちが彼らの頭に花を振りかける。彼らは度量が大きくて勇気があり、いつでも危険への準備が出来ている。だが、この絵には暗い面がある。彼らは政治的侵略と陰謀の焦点であり、すべての階級の絶え間ない騒動の主要成分の中心だと言われている。多くの事例であまりに力強く危険になってきているので、連邦の中で最大で最も信頼されているアメリカのある新聞で最近、連邦の諸都市で彼らを抑える必要があると報道した。

盲人ホーム《ブラインド・アサイラム》（パーキンス盲学校。卒業生に下記ブリッジマンの他にアン・サリヴァンやヘレン・ケラーがいる）はボストンの最も高潔な慈善施設のひとつだ。それは、マサチューセッツ湾のすべてを一望できる壮大な場所にある。それは主として盲目の聾唖者ローラ・ブリッジマン（一八二九～一八八九）が暮らしているところとして関心を引き、彼女の歴史はイギリスで大変興味を持たれている。私はヨーロッパに向けて出港する日の朝までこの施設を訪ねる機会がなく、またこの興味深い少女と話をする機会もなかった――彼女はちょうど田舎に向けて出発するところだったので。彼女の指導教官サミュエル・ホーウィー博士（一八〇一～一八七六）と会ったが、彼は彼女のためにたゆまない努力を尽くし、それに、彼女は素晴らしい成果をもって報いている。非常に活き活きとした活力ある男性で、現在精薄の状態の改善に身を捧げており、すでに著しい成功を収めている。

ローラは優雅に見える娘で、彼女の顔つきは、もともとはひどく空っぽだったが、現在は活発で豊かな表情に満ちている。彼女は大変身仕舞いよくきちっと自分で服を着て、金髪も自分で編む。彼女の外観には人を喜ばせるものしかない、というのは、両眼が小さな緑の陰影で覆われているからだ。彼女は二三歳くらいで、以前ほど元気そうでないが、恐らく健康が優れないからか、あるいはもしかしたら自分が苦しむ欠落を以前より身にしみて感じるようになっているからだろう。動作は非常に活発であり、多くの役立つ、かつ飾りになる品物を作り、母親の便益のために役立たせている。彼女は他の生徒たちの間でも非常に役に立っており、いろいろな分野の有用な知識を持っている。彼女は考えることについては完全に現実的になっている、というのは、ホーウィー博士は複雑なイメージで彼女の心を煩わせないように、指導上では敢えて想像的な事柄や比喩的説明を全部避けているからだ。彼女が宗教の主題で考えることがほとんどないのは残念なことである。

ボストン近郊で私に興味を起こさせた場所のひとつは、ワシントン将軍の住居だった。そこは一七七五年に彼の住処となり、自由のための闘いが近隣で続いていた間ここに住んだ。

それはボストン付近の最も大きい田舎の邸宅のひとつで、木柱に支えられたサイド・ベランダがあり、正面に大きな庭がある。幾本かの古くて神々しい楡の木が家に隣接し、敷地は当時流行した様式に設《しつら》えられている。ワシントンが有名な急送公文書を書いた部屋は、未だにアメリカ人によって神聖化されている。この有名な独立の闘士への彼らの崇拝には、ほとんど偶像崇拝的なものがある。アメリカの歴史上の最大の人物が最善でもあったことは大変幸運なことである。クリスチャンで愛国者、かつ立法者で兵士たる彼は、彼の母親（メアリー・ボール・ワシントン）の誇り高い自慢「私は、ジョージ・ワシントンはどこにいても彼の義務を尽くしていることを知っています」（メアリー・G・ダンカン『私の見たアメリカ』）を受けるに価する。彼の人物像は、周りに栄光を放つのに年月の経過を必要としなかった。同時代の作家の妬みがそれに染《しみ》ひとつ付けずに残し、続く幾世代もの歴史家が毒舌を振るったとしても、あの時代でもいかなる時代でもが生み出した、最も偉大な人物の一人の名前の栄光を汚すことはできなかったのだ。

しかしながらこの邸宅は、詩人ロングフェローの邸となったことから、さらなる興味が付け加えられた。詩人としての名声に加えて、アメリカが生んだ最高に素晴らしい学者の一人で、最近まで近隣のケンブリッジの大学（ハーヴァード大学。所在地はマサチューセッツ州ケンブリッジ）で近代言語の教鞭をとっていた。ここで彼の詩を批評することは場違いなことだろう。とても不揃いで時々風変わりで、また最高の詩のひとつで英語が六歩格《ヘクサミター》（一行六詩脚からなる詩行）で鎖になってはね回っているようではあるけれど、多くの短詩は心から沸き上がってきて、作者の永続的名声を保証するような風《ふう》なのだ。「人生讃歌《サーム・オブ・ライフ》」と「命の酒杯《ゴブレット・オブ・ライフ》」の真実、活力、真剣さは、戦いに大勢を前へ駆りたて、彼らにとってミルトンの重々しい崇高さは死んだ言語であり、テニスン（初代テニスン男爵アルフレッド、一八〇九～九二。ヴィクトリア朝時代のイギリス詩人）の形而上学的な抒情詩は理解し難いものだ。聞いたことからして私には彼の名声は自国におけるよりイギリスでもっと高まっているようで、アメリカではその名声は、ブライアント（ウィリアム・カレン、一七九一〜一八七八）やローウェル（ジェイムズ・ラッセル、一八一九〜九一）によって失墜の危険性がある。彼は極めて外国人に礼儀正しく、一友人を介して私にケンブリッジの大学を見せてくれると申し出があり、彼と知り合う機会があった。

しばしば彼の個人的外見について説明を求められることがあったが、私が真実に強いられるまま掲げる肖像に対して失望がしばしば表明されてきた。彼は背が高くも、黒髪でも青白くもない。瞳はいつも天を仰ぐ習慣はないし、ワイシャツの襟は折り返されてもいない。彼は甘美な諦めの表情も装わず、愛に鍍金《メッキ》された貧困の中でバラに囲まれた小屋で暮らしてもいない。反対に、彼は中背で、決して痩せていない。見目よく、陽気な青い目をして、血色のいい顔色をしている。贅沢な家具を設えた大きなお屋敷に暮らしている。そして、大きな富を持つのに加えて六人の花ざかりの子どもたちの父親だ。つまり、彼の見かけは極めて紳士風でないとしても、快活で楽しそうだと考えられそうなのだ。

ロングフェロー氏は、特徴的な気持ちのよい都会風の洗練さをもって玄関に出迎えてくれた。私たちは素晴らしい図書室に案内された後、ロングフェロー夫人に紹介されたが、威厳ある風采の優雅な礼儀作法のレディだった。彼女はヒュペリオンのメアリー（『ヒュペリオン』はロングフェローの小説。主人公ポール・フレミングが友の死を悼んでドイツを旅する。著者も最初の妻メアリー・ポッターの死を経た直後であった）として有名である。そしてその優雅で詩的な本の著者への相応な程度の憤慨をみせた後で、彼女は彼の愛の揺るぎなさと献身に報いて手を差し伸べたのであった。図書室は昔風にパネルを張り、本の大量の収集が壁の凹部に並べられていた——しかし、この大きくて立派な部屋は明らかに図書と婦人の間《ブドワール》の目的に役立っていた、というのは、女性の趣味と仕事の証拠が多数、見て取れたからだ。アメリカの子どもたちはすべてませた小さな男女であると考えている人たちは、ドアが小さな少年によって騒々しく開けられ、その子が父親の膝に浮かれ騒いでよじ登り——まるでそこに前からいることにしているかのように——木を削《ホイットル》って棒を作ってくれと頼むのを見て驚くことであろう。

ある著者の会話が彼の書いたものと同じようなものであることは、そんなに頻繁にはないものだが、だから私はロングフェロー氏の場合、出会ったことのないような失望を予期していたのだった。彼は軽くさまざまな主題に触れ、その各々を完熟した学者のゆったりさと優雅さで面白くし、そして、疑いもなくイギリス人の訪問者に親切に敬意を表して、短いイングランド訪問の間に我が国の知識階級《リテラティ》の幾人かととり結んだ親交の幾つかの楽しい回想を語ってくれた。ヨーロッパ古代について、新世界におけるその欠落について、それとともに、そのことがアメリカ人の性格に及ぼしている効果について、豊富な趣味と感覚をもって語った。ヨーロッパへの二回目の訪問以上に大きな喜びを彼に与え得ただろうものは無かった、しかし、「それが生じる途中には六つの障害《シセロウニ》」（オデッセウスはトロイ戦争からの帰途、六つの障害に出遭った）があったと言った。

彼を非常に有能な案内者としてケンブリッジの大学訪問を楽しく過ごしたが、それはアメリカで眼にした何にも増してイギリスを想い起させた。実際そのイギリスの同名のもの（ケンブリッジ大学）に似ていなくはない諸様相がある。それにはニュートンやミルトンの陰影は無いが、しかし次の世紀には、ひとつの生きている時代を栄光で満たす名前は、その学術的な木立の中に記念碑を残すであろう。黒っぽい石あるいは赤レンガの古い外観の数個の会館があり、壮麗な楡《エルム》の並木道がある。図書館は素敵なゴシック建築で、幾冊かの古い作品の貴重な手稿や彩色挿絵入りの本が所蔵されている。四人の福音書記者（マタイ、マルコ、ルカ、ヨハネ）の小さな写しがあり、活字体《プリント》に似た文字で書かれているのだが、あまりに小さくて虫めがねなしで読むことはできない。この本は一生の仕事であり、転写者は無益な課業を死の床で仕上げたのだった。またロングフェロー氏がアメリカの愛国者たちの幾つかの手稿を見せてくれている間に、私は、私がカナダのある町で幾つかの署名を見せていたとき、一人の脇にいた紳士がロード・プロテクター（一五九九～一六五八。イングランドの政治家、軍人、イングランド共和国初代護国卿）のサインを見て、最も無邪気な無学をさらけ出して、オリヴァー・クロムウェルって誰ですかと質問したことを話した。一人の婦人が、彼は昔の成功した反逆者だったでしょう！　と答えた。「もしあなたが二度目にその質問を受けたら」と、疑いなく十分にクロムウェルの偉大さの真価を認めている詩人が言った――「彼は高名な醸造者《ブルーアー》だったのよ、とでも仰《おっしゃ》ったら」。

全く、ボストンとその周辺には興味深いことと美しさの両方がふんだんに備わっている。そして、私はニューヨーク以上に意にかなった社会《ソサエティ》を見つけたでしょう、と繰り返し言われた。ロングフェロー家とアボット・ローレンス氏（一七九二～一八五五。アメリカの実業家、政治家、慈善家）の家を訪ねた以外は、ボストンの住人に会ったわけではなかった――その近辺にたった三日間いただけだったから。だがエイミー氏の家で目にしたものは、どの国においても、そしてより特別には変転と変化の国において気持ちよいものだった――幸福なアメリカの家庭だ。この西のアテネの人々は、知的な社会《ソサエティ》と保有する著名人の数を自慢している――その中にはロングフェロー、エマーソン（ラルフ・ワルド、一八〇三～八二。アメリカの思想家、哲学者、作家、詩人、エッセイスト）、ローウェル、デイナ（ジェイムズ、一八一三～九五。アメリカの地質学者、鉱物学者。造山活動、火山活動、大陸、海洋の起源、構造を研究）、サムナー（チャールズ、一八一一～七四。アメリカ、マサチューセッツ州の政治家。理論的な法律家で演説家として、マサチューセッツ州の反奴隷制度運動の指導者）といった名前が挙げられよう。少なくともこれらの一人は超越学派《トランセンデンタル・スクール》（近隣の人々によってカントの哲学から名前を借りて名付けられた。エマーソンが代表的人物）の出だ。私はさまざまな興味の対象があまりに豊かなこの町に、もっといられないことをとても残念に思った。だが、北の冬はすでに始まっており、咆《ほ》える風と猛り狂う海が、ハリファックスで友人たちと合流するべきときだと警告を発していた――彼らは、天候がこれ以上大荒れになる前に「心休まらない大西洋」（William Hayley, *To Mrs Hayley, On her Voyage to America*, 1784）を渡りたいと思っていたのだ。

第一八章　アメリカの政治体制

この本を終わる前に、アメリカの諸制度と合衆国の現居住者に明らかに見られるそれらの影響について少々触れておくのが適切であろう。私にその能力が無いことの言い訳として私は再び読者に想起してもらいたいのだが、これらは単に、本書の序文に合わせて提供されるほんの表面の観察に過ぎないのだ。

憲法がまず最初の注目を要求する。アメリカの我が植民地がイギリスの軛《くびき》を捨て去るのに成功したとき、ある形態の政府を選択することが必要となった。このような幸先のよい出発をした国はどこにもない。それは、世界最大の帝国のひとつとの勝利した闘いの決着をつけたばかりだった。その独立の心構えはヨーロッパの熱狂的な精神の共感を得て、あの正直な君主（イギリス国王ジョージ三世）の尊敬さえ勝ち得たのだ。この君主は、自分の反乱を起こした諸植民地から最初の大使を接受したとき、彼に向かって以下のような記憶に残る言葉で述べた――「予はイギリスでアメリカの独立を承認する最後の人間だったが、それが確定した今、予はきっとそれを侵害するイギリスで最後の者になるであろう」（『著名かつ傑出したイギリス人の生涯』G・G・カニンガム編集）。このような情況下で、各一三州は、ロード・アイランドを除いて、いかなる統治形態を採用すべきかについて話し合うためにフィラデルフィアに代表を送った（一七八七年五月フィラデルフィアの憲法会議）。この自由な人々の協議集会は、諸国民が見守る中で崇高な光景を呈した。二年間の慎重な考察と、かなり異なった意見の末に、旧世界の君主政治の伝統は疲弊し時代遅れであると決めつけられた。そして、それに応じて純粋に共和主義的な憲法が公布され、これの下に合衆国は豊かで力強い国家となったのだ。一イギリス人にとっては、合衆国憲法は、大なる程度でイギリスの憲法から由来していることを知るのは喜ばしいことである――拡大したり、その忌憚すべきだと思われる様相を除去したりしてだが。いろいろな州が以前から地方議会、総督、奴隷制度と結びついた諸制度を有していた。この最後のものは、今日でもイギリスによってアメリカに伝えられたときとかなり同じ状態で残っている。ワシントンは一七八九年に大統領府に入り、その義務を果たしたが、それは他のどの部署の義務を果たしたのとも同様に、あの志の高い公平無私な愛国心をもってのことで、それにより彼は模倣され称賛されるに価する者となったのだ。

三つの当局――大統領、上院《セネト》、下院《ハウス・オブ・リプリゼンタティヴズ》――があり、全員が国民の選挙によって選ばれる。かくて、彼らの言動は一定の程度まで国民の意思を表現している。

大統領は四年に一回、普通選挙によって選ばれる。彼は年につき五〇〇〇ポンドの俸給を受け取り、五人の補佐官によって補助されるが、彼らは他の二人の高官とともに年一六〇〇ポンド支払われる。

この大統領職は相当の権力と巨大な任命権を持つ。彼は条約を作成するが、それは単に上院の批准だけが必要だ。恩赦を与え、他の二つの当局（上・下両院）の法案に拒否権を行使できる――ただし、それぞれの院が三分の二で再可決しない限りでだが。

六二人の、つまり各州から二名ずつの上院議員《セネター》がいる。これらは六年の任期で、地方の州議会によって選出され、議員の三分の一は二年ごとに辞める。上院議員は三〇歳になっていなければならない。代表する州に住んでいなければならず、市民権を得て九年経っていなければならない。

下院《ロワー・ハウス》、つまり代議院《ハウス・オブ・リプリゼンタティヴズ》は多分世界で最も純粋に国民的な組織だ。議員は普通選挙――つまり二一歳以上のアメリカの男性自由市民のすべての投票――によって二年任期で選出される。下院の各議員は市民権を得て七年以上経っていなければならず、二五歳以上でなければならない。議員選出権の基礎として、人口が以下のような極めて単純な様式で決定される。下院議員の数は議会法によって二三三人と定められている――ただし、最近カリフォルニアのために新たに一名加えられたが。議員選出権を持つ人口の総計（この一〇年間の計算では二一七六万七六七三人）が取られ、二三三で割られる。そうして得られた商が（端数は切り捨てられて）それぞれの州の間での議員割り当て数になる。それから各州の選挙権人口が確定されて、上記の割合に基づいて分けられ、その商が各州の代議員の数を決める。ニューヨーク州は人口が最も多く、三三人の代議員を持つ。二つの州、つまりデラウェアとフロリダはたった一人ずつだ。概算で各議員は九万人を代表する。二院を一緒にして議会《コングレス》と呼ばれ、両院の議員は一日の出席当たり三二シリングを、病気の場合も差し引かれることなく、旅費に追加して受けとる。すべての立法と課税の措置は大統領と議会の承認を得なければならず、議会の多数派が国民の意思を代表する。各州には議会と知事があり、一定程度は独自の法律を制定する権能がある。これらの議会の議員、州の知事、市長と市の官吏はすべて普通選挙（白人男子）で選出される。

合衆国では、地方的な目的の場合を除いて、いかなる直接課税も採用されていない。国家歳入は関税収入から――これは多くの品目についてはあまりに高く、保護関税になってしまっている――、原野の販売から、そしてその他一、二の源泉から得られる。一年度の国家歳入はおよそ一二〇〇万ポンドで、歳出は歳入を下回る。州官吏はどちらかというと貧弱な給料だ。首席大使たちでも年収一八〇〇ポンド以上は貰わず、骨の折れる仕事で責任の重い首席裁判官は年収たったの一〇〇〇ポンドだ。歳出の主たる項目は陸軍と海軍に関わり、これらの両軍務に就く士官は潤沢な報酬を得ている。合衆国海軍は海軍要員の規模から期待されるだろうほど強力ではない。新兵練習艦と建造中のものを含めてたった一二隻の戦列艦《シップ・オブ・ライン》（単縦陣の戦列を作って砲撃戦を行う）と第一級フリゲート艦（戦列艦よりも小型・高速・軽武装で、戦闘のほか哨戒、護衛などの任務に使用された船）一二隻があるだけだ。

陸軍の常備軍は一万人を擁し、一般大衆から幾許《いくばく》かの羨望《せんぼう》をもって見られている。この軍務の給料は少将の年一〇〇〇ポンドから一兵卒の日当一シリング六ペンスまでさまざまだ。この後者は見かけより大きい、というのは、イギリス兵の給料からの大きな天引は無いからだ。実際のアメリカ陸軍の戦力は見事に訓練された約二二〇万人に及ぶ国民兵《ミリシャ》に存し、巨大な出費をもって支えられている。この大組織は防衛目的については不敗であることを証する傾向にある、というのは、二級射手《マークスマン》として素晴らしい技量まで訓練を受け、最も強烈な愛国心によって鼓舞された一般市民から構成されているからだ。だが願わくは、大規模の攻撃戦に対してもまた備えることが望まれる、というのは、非常に多数の男たちが攻撃目的で相当長い期間、仕事も家庭も擲《なげう》つというようなことはまず起こらないだろうからだ。

　合衆国の最高の法廷は、ワシントンで年に一回のセッションが開催される最高裁判所《スュープリーム・コート》だ。それは首席判事《チーフ・ジャスティス》と八人の陪席判事《アソシェト・ジャスティス》たちから成り、国民の意思に直接的にも間接的にも従わない唯一の権力だ。合衆国は九ヵ所の裁判区域に分けられていて、それぞれの内部で年に二回、巡回裁判所《サーキット・コート》が開かれ、最高裁判所の一判事が主宰し、法廷が開廷される州の地方判事の助力を得る。しかしながら、権力執行部についても司法の運営についても極めて大きな弱点があり、その結果として、権力者に嫌われるある措置が法令全書に登録されるとき、それを執行する目的のために私人たちによって同盟《リーグ》が形成されるか、場合によっては空文《デッド・レター》となる。「メイン法」（禁酒法）の運用を保証するために作られた強力な諸団体が忽《たちま》ちイギリスの読者たちの頭に浮かぶことだろう。

　各州は知事《ガヴァナー》、上院、下院から成る独自の政治機構がある。知事は、男性市民の投票の多数によって選ばれ、任期は州によって異なる一～四年の間の数年である。上院議員も同様の任期で選ばれるが、下院議員は一年か二年の任期で選挙される。下院議員の最大数は、どのひとつの州についても三五六人だ。

　合衆国のすべての権力のほとんどすべては、かなりの程度で国民の御許し《サファランス》（ミルトン『失楽園』第一巻、平井正穂訳、第二四〇行参照）の下にある。それは多数派の意思から出ている——彼らがいかに悪く、いかに無知であっても。場合によっては、このことは次のラテン語の格言——Salus populi est suprema lex（人民の福祉が最高の法たるべし——キケロ『法について』）——のちょっとした変更に導く。その変更したものは、「国民の意思は最高の法なり」と読めるだろう。アメリカ憲法は理論上は称賛すべきものだ。それは、「すべての人間は自由かつ平等である」（マサチューセッツ州権利宣言）という論駁し難い原則を宣言している。しかし不幸なことに、ひとつの深刻な攪乱要素、そしてその間接的影響によって共和国の機構を「行き詰まり」へともたらそうと脅かすものが、これらの政治理論家の計算の中には入っているようには見えないのだ。

この要因は奴隷制度であり、三一州中一五州に存在し、最近の立法によって、それを拡張する権能が多数派の手に落ちる——新しい諸州で多数派がそれを宣言するならば——ことが恐れられている。自由の唱道者と奴隷制度の唱道者の闘いは、今やアメリカを激震させている。カンザス準州では暴行と流血がすでに引き起こされ、北部と南部の間には長引き禍々《まがまが》しい軋轢が見て取れる。この問題は、合衆国ではどの政党も無視するわけにはいかないものだ。イギリスでは恐らく一般に知られてはいないかもしれないが、奴隷制度は裁可された合衆国憲法の一部であり、政府はそっくりそのままで維持する義務があるのだ。それの廃止は憲法における重要な変更によって保証されなければならないのだが、それは広大で扱いにくい共和国を揺さぶるであろうし、混乱させるかもしれない。各州は、私はそうだと思うのだが、各自の版図内で奴隷制度を廃止する権能があるが、連邦政府はその制度の修正を導入するいかなる権限もない。連邦盟約が政府を縛り、「合衆国でそれが存在する州で奴隷制度に干渉せず、逃亡奴隷の事態においては所有者を守り、その件に関する侵入あるいは家庭内暴力事件の際には彼らを保護する」ことを求めている。かくて奴隷所有者の奴隷に対する権利と財産権は合衆国憲法によって法的に保証されているのだ。最新の国勢調査では、奴隷は三〇〇万人すなわち人口の約八分の一を超え、ひとつの外的な集合体《エイリアン・ボディー》を構成し、共同体のその他の部分の特権も行使せず、その国民感情によって奮起させられることもない。奴隷制度はこの瞬間、呪いと恥辱であるとともに、連邦の悪性腫瘍《キャンカー》（Canker）でもある。それによって、まさに自由を高らかに誇る国の憲法によって、三〇〇万人の知性と責任ある存在が単なる財産のレベルにまで引きずり落とされているのだ——自由州では、逃亡奴隷条例と呼ばれる法案によって法的に返還要求可能な財産でもあるのだ。優しく公正で人間的な奴隷所有者がいるということに、一抹の疑いも無い。だが体制としての奴隷制度がその実際活動においてこの何百万という人々から知識を奪い、聖書を取り上げ、ひとつの人種をキリスト教の国において異教徒の無知のままに放置し、奴隷たちに労働の報酬を、結婚や親子関係の権利を拒絶しているが、これらは最も野蛮な国々でさえ尊重されているのだ。それは、邪悪な国内奴隷取引を続けさせる——それは、所有者たちを堕落せしめ、労働の尊さに誹《そし》りを投げつけるものだ。それは、公共の改善の重荷として働き、公共道徳を害する。そしてそれは、宗教、進歩、国民的統一にとって極めて侮りがたい障害であることを証した。そして、アメリカ憲法の一部にそれが残っている限りは、それは、「すべての人間は自由で平等である」という際立った宣言に対する生きた虚偽を与えることになる。

成文憲法が残っている限り人々の意思によって全政治機構を変えることができるところではどこでも、そして、すこぶる重要な諸問題について親譲りのかつ地域的な見解の差異のあるところではどこでも、党派心が激してくるのは驚くべきことではない。州の最高府は野心を唆《そそのか》すほど潤沢でも恒久的でもない——さらにそれら役務に就く者がただ短期の任期で大統領によって任じられる——ところではどこでも、そして最高の威厳がしばしば終生の無名状態に先んじるところではどこでも、党派のリーダーシップの名声が野心のある者に大きな誘因を提供する。党派根性が中層や下層階級に行き渡る。すべての男性、ほとんどの女性があれこれの党派に属し、何らかの政治的影響力を行使したいと願う。

地方政治であれ国政であれ、目立つ役割を演じる者は誰でも、演壇上で、報道で攻撃される——私生活の聖域でさえ容赦することなく、激烈さをもって、下劣さをもって、俗悪さをもって——。金持ちで、教育と能力があり、ほとんど得るものも失うものもなく、抑制の外れた大衆の理性を欠いた騒がしい声に、注意深く採用されたどんな原則も放棄することもない人々は、世の出来事に超然としている――ほとんど例外はない。文筆の徒、金持ちの商人、任意の専門職で成功した者は政治の土俵上で出くわすことがありえず、しばしば、選挙の投票すら棄権する。この政治に関わることへの気の進まなさは、恐らく、公人を襲う猛烈な攻撃、および、現在の環境下での、腐敗した実際、暴民支配《モブ・ロウ》および威嚇の波を堰《せ》き止めることへの周知の無能力の両方から生じているものであろう――これらによって、合衆国は、特権階級の暴虐と同じほどの厳しさの暴虐の下に置かれているのだ――それはつまり、乱暴な、啓発されていない多数派の専制だ。数が排他的に代表され、そして、一部はその結果として、財産、性格、国への関心《ステイク》は、大衆の支持をとりつける候補者において望ましいと見なされるものの中で最後の位置を占めるだろう。

尋常でない外国人の流入によって、憲法の構成者たちの観点にほとんど入りこみ得なかっただろうひとつの要因が持ち込まれ、今日、その有益な働きに対する大きな障害になっている。合衆国に植民し、その感情はあまりにしばしば不満に満ち反アメリカ的である多数のアイルランド人カトリック教徒は、帰化法を潜り抜け、投票権を内密に得ることによって選挙に大変悪い影響を与えている。教育は未だ、代議員の選出に有効に働く程度には異質的な大衆にそんなに浸透していない。選挙人は人気取りの騒々しい熱弁と、もっともらしい約束に――主権を有する人々へのおべんちゃらの甘言とともに――絡めとられる。選挙期間が近づくにつれ、弱小党の候補者は大衆の叫びを導くことによって人気と評判を得ようと躍起となる。一八五五年の終わりに、イギリスに喧嘩を吹きかけようとある民主党員がふるった芝居がかった激しい熱弁は、合衆国であまりにしばしば信頼されている政治的資本の見本だ。

毎年、市民権を得るが、選挙権を正しく使い得ない無能力、その無知、混乱、そして悪行以外にその公民権資格《フランチャイズ》の無い莫大な数の移民は、諸国民の集合体の評判をさらに貶める傾向にある。アメリカがこの恐るべき外国人構成分子を導入しないという情況における立場を推測してみるのは無駄である。統治の共和主義的形態は正当な試練を経ていないというのは容認され得よう。その現在の状態は、合衆国の多くの考える人々の心の中に、現在の形態を続け得るかどうかという重大な疑問を起こさせている。

政府における永続性の要素の欠乏は、多くの人々に公的な生活に入ることを躊躇させている。そして、実力と傑出した才能が、ある人物を役職からの報酬から自立させるような能力を伴う場合でも、決して成功への通行証にはならないように見えよう。合衆国を訪れた外来者は、政治的事柄に全く紳士的感情が欠落していることに驚く。そこには、がさつでぞっとする俗悪さが行き渡っている。政治は上流階級の会話においてめったに仄《ほの》めかされることもない。そして、この広大な共同体で指導的な権力は、堕落した扇動者や騒々しい大ぼら吹きへと投げ出される危険がある。大統領、国会議員、そしてさらに大きな程度で州議会議員は、国民の代議員《リプリゼンタティヴ》というよりは、暴虐な多数派の代表《デレゲイト》たちである。一〇〇万人が政治的卑屈さの相当量を獲得するのに成功するが、それは、同じ程度を手に入れるのに暴君でも成功したものはほとんどいないほどのものだ。

財産資格の欠如（財産の下限が無く立候補できる）と代議士任期の短さ、そして多くの場合、彼らの金銭的独立の無さが、他のさまざまな情況と結びついて、立法府の議員は大衆の直接的制御の下に置かれる。彼らはその隷属した手先になり、むら気な衝動と評判の気まぐれに支配される。よって、いかなる政治の確固とした方針も著しく欠けている。アメリカの公共法案は孤立化される。それらは、民衆の叫びないし圧力の影響下で当面の必要のために一瞬燃え上がるように見える。そしてときには過去に結んだとり決めを、あるいは将来のありそうな事態の進展を、認知しもしないように見える。アメリカは伝統的な政策を持たず、国家の行状を決める規則として、いかなる広くよく定義された原理をも認めない。これまで立法府によって承認された剝奪ないし卑劣な行為の国家的法案は、予備選挙《プライマリー・エレクション》が行われる様式まで直接に辿ることができる。ヨーロッパの諸政府にとって、アメリカが何か大きな問題で参加することになる役割については、推測以上のことをするのは、不可能とはしないが困難だ――国家間の衝突が起きたとき、アメリカが偏りのない中立を遵守するか、あるいはまた、自由か専制かの天秤に影響する分銅を投げ入れるか否かということだ。

政治道徳が極めて低い状態にある恐れがある。投票制度が投票者が責任を問われることを毛ほども無くしているが、それは彼らを無責任にすることによってである。敢えて自主的であろうとする勇気のある者はほとんどいない。はなはだしい政治的不正直の情状酌量のために、ご都合主義の訴えがしばしば用いられる。政治的恩恵や地位を手に入れるために、人は身を低くして恥を忍ばなければならない。無知で悪い人々のご機嫌をとらなければならない。躍起となって人々の情熱を掻き立て、それに奉仕しなければならない。悪者に媚《こ》びへつらい、あらぬ毒舌をもって誉れある人を攻撃しなければならない。国が自由の独占権を持っていると断言しながら、まさにやろうとする計画は衆愚政治《モブ・ルール》によって国が足枷《あしかせ》を嵌《は》められていることを示している。誉れある人でこれらの技法を遣うことのできる者はいないが、しかしそれは政治的名声への公道だ。この政治的腐敗により社会全般に生じる効果について論評することはほとんど不必要だ。

道徳の普遍的で高い標準が欠けているのは非常に明白だ。政治活動であまりに悪名高く、頻繁に首尾よく実行されるあの不正直は、人間同士の付き合いからも排除され得ない。

それは「賢さ《スマートネス》」という名のもとに冗談めかされ、「抜け目なさ《キュートネス》」という名のもとに称賛されて、挙句の果てその規則が頻繁で実際的な適用になるまでになり、不名誉なやり取りに精を出す恥辱はただその露見のみに存することとなる——そこで、慣習が公けの生活で正当と認めた行動の限度は、個人の行動に関して咎めることはできないのだ。

公生活における勲功への大道《アヴェニュー》は誉れある人間に対して大幅に閉じられている一方、富が名声への確かな道《ロード》を提供し、その獲得は追求される大きな目的だ。それはしばしば、正直や道徳性の考慮は除外された手段によって追求され、手に入れられる。しかし、我が国におけるのと異なり、世論の正義の検閲があって、不誠実に汚名の烙印を押し、その侵犯者を、富がそこへの通行証になるであろうと彼が望んだ社会から、見事な道徳的腐敗状態に置いて、隔離するということがないのだ。もし汽車、蒸気船、ホテルの中での会話を聴いたならば、国中に行き渡っている道徳的真実の欠如を痛く印象付けられることだろう。バーナムの成功、彼の悪名高い自伝の絶大な人気、そして大勢の人が彼の成功に感じる誇りは、大いに公的な生活における原則の欠落の結果としての歪んだ道徳感覚を例証する、というのは、州の最高の地位にいる人々の例は、善かれ悪しかれ、大衆に強力に影響するに違いないからだ。一種の道徳的な歪みが社会の大きな階層に浸透し、それにより、それを構成する個々人が真実と虚偽とを見分けることを妨げられている——いずれかが自ら個人的に勢力拡大をするような場合を除いてだが。かくて、真実は恐ろしく割り引きされ、男たちは成功した詐欺にたいして、あたかも新たな啓示がそれを枢要徳《カーディナル・ヴァーチュー》（思慮、正義、忍耐、節制）の中にランク付けするのを公認したかのように狂喜する。

これらの評言は、ある一階層——不幸にも非常に多数のものの——に当てはまるが、その存在については、誰も、アメリカ人自身のうちでの善き人たちほど以上に心を痛めて意識する者はいない。商人、工場主、造船屋などの上層階層についてはあまり高く評して言い過ぎるのは難しいだろう。彼らは高潔、時間厳守、すべての商取引において称賛される振る舞いをもって世界的な評判を得ている。

暴虐的な多数派によって行使される抑圧は、合衆国に存在する多数の政治的諸団体《ソサエティ》のひとつの指導的な原因だ。それらは弱者側が数の上で優越する党派と闘う武器だ。大勢の人が不満——本当であれ想定であれ——に思い当たるとき団体《ソサエティ》を組んで団結し、他の地域から代表を招く。ほとんど想像できないに違いない素早さで、宣言は宣布され、機関《オーガン》紙誌が設立されて党の見解が唱道される。公開の会合が持たれ、完成した組織が確保され、国中に支部が広がる。侮りがたい堅く組み合わさった組織がこうして立ち上がり、そして場合よっては、そのような団体はある少数派の弱さの中で発生し、政府執行部に進路を指図するに十分なほど強力になる。

これまでに結成されたすべての結社の中で、どれひとつとしてノウ・ナッシング党、ないしアメリカ党（一八五三〜五六年の頃政治の実権を土着人の手で占めようと努めた）ほど重要な影響を及ぼす見込みを持ったものは無かった。それは、見てそれと分かる悪の恐ろしい広がりから現れた――すなわち州議会に対してふるわれた、外国人の、もっと具体的にはアイルランド人カトリックの、パワーに対抗するものだった。外国人の大きな影響、主として迅速に、また無法に市民権を得たアイルランド人とドイツ人は全国的に大いに警鐘を鳴らす原因となった。前者は司祭たちの現世的《テンポラル》および精神的《スピリチュアル》な支配の下に、そして彼らを通して一人のイタリアの大公（当時の第二五五代法王ピウス九世、一七九二〜一八七八［在位一八四六〜七八］三一年七ヵ月という最長の教皇在位記録を持つ。本名ジョヴァンニ・マリア・マスタイ＝フェレッティ。教皇領のセニガッリアで貴族の家に生まれた）の下にあるので、合衆国の共和制的な諸制度に極めて有害な影響をふるっていた。すでに複数の州で、公立学校のやり方に介入するためにカトリック信者は自分たちで組織を作った。この警鐘は新党の急速な拡大へと道を開き、それは最初に人々の目の前に秘密結社と巨大な政治機構として姿を現した。その成功は空前のものだった。無記名投票に助けられて、その、被任命者《ノミニー》たちが幾つかの州のすべての責任ある官庁の任に就いた。他の諸政党は完全に麻痺したかに見え、人々は、その本当の強さについては全く無知だったある不思議な力の前に屈した。ノウ・ナッシング党の公言している目的は、その州に二一年間住むこと無しには市民権獲得を禁じる新しい帰化人法を制定することだった――それは、すべての官職からのカトリック教徒の排除を確保、憲法の働きを元来の純粋さに戻し、国民に宗教的自由、無料の聖書、無償の学校を保障するためであった。実際、アメリカ人たちに、彼らが保有するのを止める危険にさらされている権利――すなわち、自ら統治する権利――を保証するためだった。

予備的な演説で述べられた諸目的は、高尚で神聖なものであった。それらは、異質的な多数派の暴政の下で苦しむ人たちの愛国心を揺り動かし、他方で、夜の会合と秘密結社は若者と燃える思いを持った者の支持を得た。しばらくの間、純粋の共和政治体制再生の希望をもたらしたが、不幸なことにノウ・ナッシング党は内部に分解の要素を含んでいた。その基本原則の幾つかは、不寛容と、また宗教的意見への迫害の気味を示し、そして奴隷制度問題を無視した。これはどのような党派の考慮すべき問題からも決して永く除外しておけることではなく、政治家が努めて避けようとするが、問題は依然として繰り返し起こり、自ずと注目せざるを得ないようにするだろう。ノウ・ナッシング党を最初に耳にするようになってからわずか一年過ぎただけで、一八五五年の夏に問題にぶつかり、党の大会での嵐のような意見の衝突があった後で、数個の会派に分解して、そのうち幾つかは全体として、団体《ソサエティ》の元来の目的を変更するか捨てるかした。

彼らの勝利は短かった——最も成功した諸州の幾つかで、際立った大敗を目撃し[原注24]、その後の彼らの活動から何も実際的なよいことが結果としてないだろうという懸念があった。しかし、アメリカでは立憲政治の善き大義が彼らの失敗で失われることはなかった——世論は、公平に訴えられるときには何時でも、真実と秩序を支持すると宣言するだろう。保守主義の原則は、活動休止にあるとはいえ、まだ力強い。そして、われわれは共和制の首尾不一貫性に笑い、共和政治が陥った状態を残念に思ってはいるが、アメリカは自らのうちに革新の諸要素を含んでおり、さらに世界に対して、正しい法により自らを統治し、その元来の共和制の諸制度を喜び享有している自由な人々の崇高な全体像を現すだろう。

新聞報道は、合衆国での最も並々でない様相のひとつだ。その影響力はどこにでもある。宗教、政治また道徳のすべての党派は、ひとつではなく五〇もの機関紙誌《オーガン》により語る。そしてすべてのはっきり規定された意見の陰影はまたその代弁者をも持つ。大規模のどの町も一〇から二〇の日刊紙がある。どの村にも三、四紙がある。小屋の集落でさえひとつの「日刊紙《デイリー》」と二、三の「週刊誌《ウィークリー》」がある。これらの印刷物はいかなる財政的拘束も受けずに刊行を開始することができる——認証も新聞発行税もないのだ。新聞は我が国のよう

［原注24］一八五五年末の数州の選挙で、ノウ・ナッシング党は一部彼らの当初の目的の幾つかを放棄することによって、被任命者（ノミニー）たちを首尾よく官職に就けることに成功した。

に贅沢品ではなく、生活必需品だ。価格は一ペニー半〜三ペンスまであり、毎日パンを食べるだけの余裕のある労働者は新聞なしでいることは考えられない。ホテルの朝食時間に何百部もが売れる。そしてどんな蒸気船でも汽車でも、大西洋から西部の大草原まで、旅行者は何ダースもの新聞をかかえた新聞売りの少年の売り込みに遭う。どんなところでも何百部もが購買されて、男、女、子どもがむさぼり読む。町の立地する場所が選ばれるや否や、新聞は直ちに生活を開始し、いつも反対者を作りだす効果がある。

　大都市の新聞は、電信によるものであれ何であれ、世界中を駆け巡るものすべての最速の知識を入手するのに、金銭に糸目を付けない。イギリスのニュースのすべての項目が日刊新聞に出る——裁判所の動きから文人《リテラタス》たちの動向まで。また週に一度、議会情報の要約は常に出ている。何か目につく法的手続きもまた簡潔に詳細を伝えている。結果として、シンシナティやニューオーリンズの住民は、バーミンガムの住人とほとんど同じくらいイギリスの出来事に精通しており、イギリスの政治や一般の動向は極めて頻繁に会話の話題に上るのだ。対ロシア戦の開始以来、イギリス関連情報への懸念が増してきていて、クリミアやバルト諸国のニュースのすべての項目は、「特派員の記事」に載っているままに、アメリカの新聞が省略しないで再掲載しており、全階層の購読者がむさぼり読んでいる。これらの日刊紙のほとんどの大きな欠点は粗っぽい品性である。私生活のプライヴァシーでさえ、彼らの詮索好きなアルゴスの眼をした《アーガス・アイド》（アルゴス——ギリシャ神話、百眼の巨人）精査に侵略されている。新聞はすべてのことを弁別し、誰もが読むので、政治、宗教、世間一般であれ、大衆に知らされない当今の出来事はない。アメリカの新聞の内容ははなはだしく種々雑多である。今日のニュースと並んで議会や裁判の報道内容があり、面白おかしい作り話、説教の報道、宗教論議、宗教的祝祭の報道がある。それは社会のすべての部門を覗き込み、その読者にすべてのものの動向と情勢を報せる。

　かくて、すべての党と分派が言ったことやしたことは分刻みに記入され、すべての他の派のやりとりと進み具合が日々、事細《ことこま》かに記入される。そして、真理と誤謬が大衆の前に不断に示されているので、彼らは知り比較する機会がある。ホイッグ党、民主党《デモクラッツ》、ノウ・ナッシング党、自由土地党《フリーソイラーズ》（西部領土への奴隷制度の侵入を防止しようと一八四九～五六年に活躍）、合同論者《フュージョンニスツ》、ハンカーズ（民主党員中の保守主義者）、ウーリィヘッズ、ドウフェイスイズ（南北戦争で南を支持した北部人。原義――練り粉で作った面）、ハードシェルズ（ハンカーズの後継者）、ソフトシェルズ（ハンカーズの後継者）、シルヴァーグレイズ、その他、私には分からない有象無象《うぞうむぞう》の名の下に政党がある。全部が外国人には極めて分かりにくいのだが、地域的には大きな重要性がある。およそ百のいわゆる宗派があり、正統派教会とその分派から、無法の狂信的なモルモン教を公言するもの（一八四三年モルモン教会創始者ジョゼフ・スミスは黙示により一夫多妻制を命じ、一八九六年合衆国の一州となるまで続いた）、また無神論の凍らすような独断的教義まである。これらすべての宗派は独自の新聞を持ち、それぞれの「運動」はその機関紙がある。「女性解放運動《ウィメンズ・ライト・ムーヴメント》」「スピリチュアル・マニフェステーション・ムーヴメント」は数紙持っている。

新聞の継続的増殖があるが、それは、人口増に対応するのみならず、党派や突飛な考えの増加にも相応する。編集者や記者募集の増加は、人々を無責任に案内するという大変重要な職務に自らを適合させるに足る教育も知性もない人々を隊列の中に入れている。彼らは知識と才能の不足を、激烈で無規律な党人根性をもって埋め合わせ、読者の前に真実を並べる代わりにその熱狂と偏見を助長する。反対の原則を持つ新聞間の闘いは何かしら極めてもの凄いものだ。これら印刷物の多くの存在は、支持者の中に掻き立て得る激しい情熱に依存し、しばしば編集者は最も無節制な性格の人物だ。異なった宗派の見解を唱道する新聞は、人格攻撃や悪しざまに書くことの非難を逃れられない。どんな内輪もめも、宗教のマントの下に覆い隠して実行されるものほど恐ろしいものはなく、合衆国では宗教的報道は、この上なく苦々《にがにが》しい足場に置かれている。

しかし、大いなる程度で報道によって振るわれる影響は悪であり、その詮索は過酷で、その力は限りなく、大いに原則に欠けているのではあるが、その暗い面とともに明るい面も持っている。理論、意見、人物、事柄はすべて検証され篩《ふるい》に掛けられ、すべての人が真実と誤謬が理解できるまでになる。年を経た、あるいは権威ある議論は論破され馬鹿にされ、衰退した伝統の基礎上に昔の間違いを維持しようとする人は、書かれたものか理由によってそれを証明するよう強いられる。だが、すべてが論じられる仕方は極めて数多く曲がりくねっているので、自分で考えてみる暇も能力もない多数の人々は何を信じていいか分からず、明確で強く規定された原則への愛着がすこぶる明瞭に欠けている。新聞が享受する大きな流通はおびただしい統計を与えることなしに、数多くあるニューヨークの新聞雑誌のひとつだけで一八万七〇〇〇部配布していることから推測できよう原注25。「ニューヨーク・トリビューン」はアメリカの「代表的な新聞」と考えられようが、しかしそれは一組の原則に密着しており、編集者ホレス・グリーリー（一八一一～七二。進歩的共和党の創設者、社会改革者、政治家。ホイッグ党や共和党を助成し、また奴隷制度廃止運動と多くの改革運動も提唱）は道徳と人権の強力な唱道者の評判が高いのだ。

外来者にとって、アメリカにおける宗教が本当に有する影響力を幾らかでも推測するのは不可能である。私は、意見を形成する機会のある人によって言われる、「アメリカとスコットランドは世界で最も宗教的な二つの国家である」という主張を疑うよう導く何物も目にしなかった。

安息日はよく遵守されており、予想されるだろうようにニューイングランド州だけではなく、連邦の諸大都市でもそうなのだ。そして、太平洋岸でさえカリフォルニア州議会は同州でより良く遵守するための法案を通過させた。ビジネス遂行と厳しい競争が今まで聞いたことがない程度まで実行されている国で、すべての階層の人々が七日目の休息の必要性を感じ、安息日を身体的な必要と見なしているのだということがありそうである。すべての宗派の教会は溢れるほどいっぱいだ。出席する教会員に対する陪餐会員《コミュニカント》（幼児で父母の信仰に基づきバプテスマを領した者）の割合はすこぶる多い。そして、海外伝道とその他の宗教団体は驚異的な気前の良さで支援されている。

合衆国にはいかなる国家教会あるいは支配的な宗教信条もない。国家設立施設もない。すべてが同じ立場にあり、人々の賛成投票を得るに応じて生き死にする。合衆国はいかなるひとつの宗教形態をも認知しない一方、国はすべての聖職者を助けることが期待されているかもしれない。が、そのようなことはない。そして、政府は賢くも人々に教育を普及することが必要だと考えてはいるが、宗教の維持のために何か支給するのが得策だとは考えていない。すべての人は自分のやり方に則って礼拝する。宗派は幾多あり細分化されている。そしてどれも完全な宗教的寛容のお陰を享受している。

耳慣れない諸宗派が出て来て、その名前自体がイギリスではほとんど知られておらず、それぞれが大勢の帰依《きえ》者を有している。合衆国では狂信は恐ろしい高さまで広がるだろうと予想され得よう。国勢調査表に報告のある一〇〇の異なった宗派の中には、以下の名前が浮かぶ——モルモン教徒、アンチバーガーズ（アダム・ギブ創始）、ビリーヴァーズ・イン・ゴッド、チルドレン・オブ・ピース、ディスユニオニスツ、ダニアン、デモクラティック・ゴスペル・オブ・ピース（聖タマニー）、イービニーザー・ソーシャリスツ、フリー・インクワイアラーズ、インスパイアード・チャーチ、ミレライツ、メノナイツ、ニュー・ライツ、パーフェクショニスツ、パソナイツ、パンセイスツ（汎神論者）、タンカーズ、リストレイショニスツ、スーパーラリスツ、コスモポライツやその他多数（すべて複数形の音声表示）。

牧師は彼らが祭祀を行う会衆と個人献金に俸給を頼っている。合衆国における教会財産の総価値は八六四一万六六三九ドルと見積もられているが、その半分はマサチューセッツ、ニューヨーク、ペンシルヴァニア州内で保有されている。教会数は、新しく組織された領土にあるものを除外して約三万八〇〇〇ある。人口六四六人につきひとつの教会がある。自発的体制に各宗派は依拠している——監督派教会《エピスコパル・チャーチ》では少し変えているが。しかしながらその中では、主教は選挙され、牧師は人々によって選出され、その諸課題は代表会議で決められる。それは諸宗派の中で最も古いものであり、それゆえ最初に注目するに価する。

［原注25］合衆国には現在四〇〇の日刊紙があり、総配布数は八〇万部を超える。総配布部数が三一〇万五七部になる二二一七の週刊誌がある。そして、すべての印刷物の総配布数は約五四〇〇万部である。年に約四億二三〇〇万部の新聞が印刷され、配布された。

監督派教会には三八人の主教、一七一四人の聖職者、一〇万五三五〇人の教会員がいる。一四二二の教会があり、教会財産は一二二六万一九七〇ドルと見積もられている。多数の教育ある金持ちがこの教会員だ。幾つかの除外と変形を別にすれば、その式文集《フォーミュラリー》は英国教会のものと同じだ。主教の幾人かは非常に高い学識がある人々だ。オハイオの主教であるマキルヴェイン博士は、極めて学識が高く信仰が深く、イギリスにおいて神学的著作によってよく知られている。

メソジスト派はアメリカで最大の宗教団体だ。本国におけるように彼らは強い宗派的差異を持っているが、しかし非常に役立ち、特に社会の下層階級と有色人種に受け容れられている。彼らは一万二四六七の教会と八三八九人の聖職者、一六七万二五一九人の陪餐会員《コミュニカント》がいて、教会財産の価値は一四〇〇万ドルを超える。

長老派《プレスビテリアンズ》は影響力、教育、富に関して多分、宗教諸団体の中で最も重要である。彼らの本拠地はニューイングランドにある。彼らは七七五二の教会地区、五八〇七人の聖職者、六八万二一人の教会員がいる。教会財産は一四〇〇万ドルの価値がある。

浸礼派《バプティスト》は非常に多い。八一八一の教会、八五二五人の聖職者、一〇五万八七五四人の陪餐会員《コミュニカント》を持ち、教会財産は一〇九三万一三八二ドル相当だ。

組合教会《コングリゲイショナリスツ》は一六七四の教会、一八四八人の聖職者、二〇万七六〇九人の教会員を有する。財産は七九七万三九六二ドルの価値がある。

ローマ・カトリックは最近の国勢調査時点では一一一二の教会、教会財産は九〇〇〇万ドルを有する。

教会施設は、およそ一四〇〇万人、つまり人口の優に半分以上を収容できる。三万五〇〇〇の安息日学校があり、教師二五万人、生徒《スカラー》は二五〇万人だ。多数の教会に加えて、多くの学校と裁判所、森や野原においてさえ礼拝が行われている。聖書の普及は増え続けている。昨年、聖書協会は一一〇〇万部以上を配布した。宗教出版協会は一三〇〇人の聖書販売人《コルポルテール》を雇い、年内に総額五二万六〇〇〇ドルに上る売上を出した。宗教諸協会の重要案件は安息日の遵守、禁酒、反奴隷制度の案件、内地伝道、海外伝道などを目指すものだ。これらすべての団体の最近の総収入は三〇五万三五三五ドルであった。

マサチューセッツ州ではユニテリアンは極めて影響力ある団体で、住民の最も知的で高い教育を受けた者の多くを数える。しかしながら、これらの人々は、それぞれが我が主に割り振る神聖さの量に応じて分裂している。

幾つかの宗教誌を鼓舞する敵意のある精神はすでに注目されている。異なった宗派間でしばしば大変な張り合いがあるが、正統派諸派の聖職者たちが、一般の福利のために、一緒に和やかに行動するやり方は、アメリカの将来にとって極めて喜ばしいことのひとつだ。慈善精神に富む宗教組織は大規模であり、イギリスにいる我々には無縁の金離れの良さで運営されている。海外伝道は特に優れた体制にあり、無私の働き手と彼らの狂信的伝道者たちは接触のある皆から十分に認められている。この目的のためのお金を集めるのは困難なことではない。事業のための無心をする機構を作ることなしに、ただその金額が必要だと言いさえすれば、四方八方から必要な総計を上回る献金が流れ込んでくる。

全くのところ、与えられたデータによると、アメリカの宗教の状態は、すこぶる多様な人口から予想され得るものよりはるかに満足させるものだ。ニューイングランド諸州は宗教の外面的形式の大きな広がりがあり、清教徒の祖先の目的を幾分和らげて受け継いでいる。そして、ニューイングランド人は大勢で西部へ移住して、新たに入植した州に宗教と道徳のパン種を運んだ。すべての宗派の教会がいっぱいで、たくさんの紳士淑女が入って行くのが観られるが、私の見た限りでは、紳士も淑女も同じだけ詰めかけている。しかし、「ヤング・アメリカ」の名で知られている、大志を抱いている階層はあらゆる種類の宗教的しきたりからの完全な自由を誇りとしている。

道徳律廃棄論《アンチノミアニズム》と他の諸形式の過ちの複合体であるユニヴァーサリズムの名をもって知られる教義があり、その境界内に何万人も包含している。それはしばしば最も完全な多神教《パンシイズム》に移っていくが、大勢のアメリカの若者にとても人気がある。

公的な大合同《リ・ユニオン》、夜会《ソワレ》集会その他の類似した形で宗教体により維持されたかなりの興奮があり、宗教的放蕩の種をまき散らしていて、極めて好ましくなく、真の敬虔さの成長に極めて不都合であると考えざるを得ない。この制度は、アメリカ人の特徴である元来のたゆまなさと相俟《あいま》って、大量に偽の宗教を創ってしまい、聖職者の命を縮め、その身体的活力に負荷をかけ浪費することによって有用性を損なってしまう。

合衆国の聖職者の名誉のために言っておかなければならないが、彼らは著しく政党政治とは無関係で、これに関してはカトリック教会の司教と比べて大層好ましい――彼らは、極端な民主主義と狂信の過剰の天秤皿に影響力の分銅を投げ入れるのだ。彼らの教会体制が彼らに確保させるところの活動の統一性は、彼らの進歩的増進の価値を下落させている。

宗教の祭司たちの努力に大いに依拠してこそ、真理と正義の不動の原則が大衆を幾らかでも摑《つか》むことができたのだ。それらは、その極端な形式においては、合理的かつ合法的《コンスティテューショナル》な自由――放縦と無政府とに対するものとしての――の側に見出し得る。そしてそれらは、人間の心のよりよい感覚に実践的行動の形式を与える。それらが取り囲まれている大きな諸困難の真っただ中で、大衆の中に正しさの定まった原則が欠如しているので、それらは大衆の心に次のことを刻みつけようと模索している。つまり、道徳性と真理のわき道に外れない律法は、罰を受けずに違反し得ないことは、個人による場合に劣らず百万大衆による場合も同じであり、そして、個人に対する場合と同じく国に対する場合も、遅かれ早かれ報いの日は到来するということなのである。

宗教の自発的体制はアメリカで修正されない形式で存在するが、ひとつの深刻な付随的な悪を持つ聖職者が自分の収入を、スコットランド自由教会《フリー・チャーチ・オブ・スコットランド》の場合のように、ひとつの共通の基金への寄付に頼らずに、それに対して執行《しぎょう》する会衆に頼る場合には、彼の良心は危険なまでに聞き手の力の下に置かれるのだ。多くの事例では、彼らとの不確かな金銭上の関係が導いてありふれた罪を見逃すようにさせ、聖書の口当たりの悪い教義を背後に押しやらさせ、実際上、堕落し不道徳な人間に創造主のメッセージ「悔い改めて福音を信ぜよ」（マルコによる福音書一・一五）を伝えるのを怠らせる。合衆国では、一方では、国家の支援、および、多くの者の意見では、それが生み出す傾向があるとされる無気力と、他方では、修正されない自発的体制――それには従属状態と「高圧」が付随している――、この両者の間の正当な中庸を見つけるのが不可能なことが分かっているのだ。

それはそうとして、合衆国の聖職者は、その道徳性の高い基準、祭司への情熱、実践の熱意、政治からの断絶において、最高の栄誉を受けるに価する。

第一九章　結論的評言

我が国の教育制度の欠陥があまりに強く感じられるとき、合衆国において辿られたその軌跡の概略を示すのがよいのでないかと思う。最新の国勢調査から採った以下の統計は、大西洋の向こう側の兄弟たちが道徳と知的関心面で大進歩を遂げたことを示している。

統計が作成された当時、八万九五八の公立学校があり、先生は九万一九六六人、生徒数は二八九万五〇七人であった。一一九の単科大学に一万一九〇三人の学生、四四の神学校、三六の医学校、一六の法律学校があった。教育に年に五億ドルが投じられ、共同体人口に対する生徒《スカラー》の割合は一対五だった。

しかし、まさに公立学校制度にこそ特に注意を向けるべきだ。それは避け難いひとつの欠陥を有していると前提してよいだろう、つまり、宗教教育の不在だ。どれかの宗派の教義で子どもを教育する、あるいはどれか特定の教義体系で彼らを導くことは可能でも正しくもないかもしれないが、しかし、最低の地盤に立てば、唯一の真理と、正義の道を外れない規則と、標準としての聖書の知識を与えることは、賢くもあれば思慮深くもあるのではないのだろうか。アメリカ人の大きな割合の人々の間で存在を許されている道徳的見地の歪みは、ある程度は彼らに教育を授けるのに関わった人々の責に帰することは許されないのだろうか――彼らは人々の前に、教育の一部として、あの真理と道徳性の諸原理をおくことはないのだ。その原理とは、聖書に表されていて、全宇宙を忠順への義務の下に置くものだ。歴史も観察もともに示していることだが、至高の権威を欠いた諸原理が実際に小さな影響力しか持たず、良心の及ぼす拘束は小さく、「命の北極星、神の畏れ」(Piers Edmund Butler, *Songs of the sanctuary: and other poems*, 1837 箴言一・七)を一度捨てる者は、はるかに深く間違いに彷徨《さまよ》い込むのだ。公立学校体系からの宗教教育の除外を後悔しつつも、この主題を取り巻く諸困難を忘れてはならない――それは、宗派の多数性と、極めて多数のローマ・カトリック教徒だ。全員に無差別に課せられた税金によって支えられている学校においては、宗教の名を冠し得る教育課程を構成し、しかしすべての者の見解に合致し、誰の良心や偏見にも衝突しない、ということは明白に不可能な事であった。アメリカ合衆国における宗教的公衆は、徹底した宗教的教育と最も広範な宗教的寛容の間に守ることのできる土壌はないと感じてきた。国の情況によって後者の道を受容して、彼らは公立学校におけるこの排除に対処するに、最も包括的な安息日学校体系をもって努力した。しかし、平日《ウィーク》における世俗教育の下にある子どもたちのほんの一握りが、これらの学校に出席するだけである。そして、認めなければならないが、生徒たちに知的文化を賦与するのに、宗教教育を与えること無しでそうするのは、心を引き出し力を増そうとするのに、道案内するいかなる舵《かじ》も与えないようなものだ。言い換えると、能力を増すのに悪を行う性向を減じることなしにそうするようなものだ。

この重要な考察を離れてだが、合衆国で遂行されている教育制度は、最高の評価と、一九世紀におけるひとつの啓発された国民に価する。教育は公的費用で運営され、従って生徒は授業料を払わなくていい。両親は、無償教育は、法が子どもたちの生命と資産に恵与する保護と同じく、彼らの生まれながらの権利の一部だと感じている。

公立学校《コモン・スクール》と呼ばれる学校は教育税によって支えられ、各州では総体的な教育委員会の監督下にあり、地方委員会は税金を払う人全員によって選ばれる。マサチューセッツ州だけでその年に九二万一五三二ドル徴収され、住民一人当たりほぼ一ドルの税負担だった。合衆国の文部省の指導主事の下で、国勢調査によって定期的に確定された人口の教育的必要性によって、地区に学校が創設される。

採用されている制度のいくばくかの概念を与えるために、ニューヨーク州における教育情況の概略だけを述べようと思う――最も人口が多く重要だからだ。

八〇万ドルの「州税《ステイト・タックス》」つまり「政府取得金《アプロプリエイション》」があり、これは不動産と個人資産に課せられた税によって補充される。一八五四年の終わりに州議会提出の財務報告書に依拠して述べると、州内で学校の目的のために使われた総額は二四六万九二四八ドルだった。その州の設立地区の子どもの総数は一一五万五三二人で、そのうちの八六万二九三五人が教育指導下にあると登録されていた。州の全般的な教育の管理は中央委員会に付託され、各設立地区における地方教育委員会に学校の直接的管理と公式の監督が委託される。

教育制度は初等と上級部門から成る公立学校、教師を育成するための師範学校《ノーマル・スクール》、無償《フリー》のアカデミーを含む。ニューヨーク市には公的資金を受けている二二四の学校があり、そのうち二五は有色人種の子どもたちのためで、生徒数は一三万三八一三人が登録されている。これらの公立学校ないし地区学校《ウォード・スクール》は大変立派なもので、膨大な費用をかけて設立され、あらゆる最新の暖房や換気の改善が備わっている。市内に住んでいるどの階層の子どもたちもお金を払うことなく入学が許される、というのは、全員の両親が彼らの資産の割合に応じて課金されると考えられているからだ。

各学校には校長がいて、多数かつ有能な教師陣に助けられているが、後者は後者で師範学校のコースを取りにいくことが期待されている。これらの学校のために要請される教師数は非常に多い、というのは、このうち二校に毎日出席する者が二〇〇〇人を超えているからだ。提供される教育は非常に優れていて、秩序と礼節遵守《プロプラエティ》の習慣は大層見事に教え込まれているので、金持ちの商店主の子どもたちが働く機械工の子どもたちに並んでいるのが見られるのは当たり前だ。各校に大きな集会室がひとつあり、五〇〇～一〇〇〇人の子どもたちを収容することができ、一〇～一二の広々とした教室がある。秩序はひとつの大切な規則であり、それが実現されるように、混みあい過ぎることはない――生徒はたった二人で使う頑丈なマホガニーの机に座っている。
提供される教育は教養教育《リベラル・エデュケーション》の全科目を包括しているが、諸言語は除く。アメリカ以外で、ニューヨーク市のように初等教育の恩恵が無償で提供されている都市共同体は無い。困窮児で無償教育を受けられない子どもはいない——その教育で彼は国のいかなる役職にも適する者になるだろう。公立学校はアメリカの栄光のひとつであり、市民すべてが正当にも誇り得るものだ。それは、異なった起源を持つ人々の子どもたちを、まだ柔軟な状態にある間にひとつに集める。そして、彼らの間に知識を広めるのと並んで、人種的あるいは党派的偏見を和らげ、継続的同化過程を実行している。

ニューヨークの教育委員会は、最近これらの数校を夜間に開放したが、非常に有益な結果を伴った。昨年登録された生徒数は九三一三人だった。このうち三四〇〇人は一六歳以上、二一歳以下で、一一〇〇人が二一歳以上だった。この夜間学校は一万七五六三ドルの追加費用を要した。市の学校関係総支出は四三万九八二ドルに上る。ニューヨークの地区学校と夜間学校で一三万三〇〇〇人が教育を受けたのだ。各地区《ウォード》、すなわち学校区《エデュケーショナル・ディストリクト》では理事《コミッショナー》二名、視学官《インスペクター》二名、評議員《トラスティー》八名が選ばれる。視学官《インスペクター》の役目は非常に骨の折れる仕事だ、というのも試験がしばしば行われ、また厳しいからだ。

この称賛すべき制度によって提供される教育上の利点の最たるものはフリー・アカデミーだ。このアカデミーはただ公立学校からだけ生徒を受け入れる。候補として名乗り出る者は誰でも一三歳以上でなければならず、一二ヵ月間、公立学校に出席した後で、校長から、綴り、読み、書き取り、英語文法、算数、地理、初級簿記、合衆国史、代数の試験でよい成績を取ったとの証明書を提出しなければならないのだ。この制度は公立学校の生徒に、他の単科大学ではかなりの授業料を払わずには獲得できないような高等教育分野で、無償教育の恩恵を推《お》し及ぼしている。毎年、入学希望者への試験は七月に公立学校の試験の終わった直後に行われる。現在六〇〇人近い学生が一四人の教授の指導下にいるが、多分同じくらいの数の講師が必要だろう。勉学のコースは五年間にわたり延長され、非常に完璧かつ厳しい。選別に当たり採用される原則により、社会でのすべての社会的また金銭的階層を代表する生徒たちは、極めて高い程度の学識と能力を示す。このアカデミーでは、高級と低級諸階級の間の対立の痕跡は一掃されている。実際、金持ちより貧しい人が、この教育制度を維持することにより、大きな関心を寄せているということを感じるだろう、なぜなら、この特典を通してだけ、子どもたちのために、金持ちがその金で他の出所から得ることのできるものを手に入れることができるからだ。日々あくせく働くことに満足するのも、政府の賢明な施策によって名声、昇進、富への広い道が、土地で一番の金持ちの子どもたちと同じようにただで自分の子どもに開かれていると思うからだ。

適切な資格のある教師の供給を確保するために、教育委員会は学生数およそ四〇〇人の師範学校を設立した。この学生たちのほとんどは公立学校の補助教員で、土曜日ごとに師範学校に出席して、さらに高い学識と職業の上級の資格を得ている。

大衆教育《ポピュラー・エデュケーション》のこの制度下で、五年間の生徒一人当たりの平均的費用は、本、文房具、燃料その他すべての諸費用を含めて年間七ドル二セントだ。この教育制度はほぼ全州で追随された。そしてそれはアメリカへの最高の評判を反映する一方で、イギリスで推進されているけちくさい計画と奇態な対照をなす――後者では、人々の教育のようなあまりにも重要なことが、ほとんど完全に当てにならない寄付と私的慈善に依っているのだ。

無償で包括的な教育機構を持っているのに、ニューヨーク市民とその他の人口の多い市の市民が、まるで我が国のスコットランドやイギリスの貧民学校《ラッギド・スクール》のプランそっくりに、靴もはかず、襤褸を着、不道徳の生徒のために公立学校を補完するよう強いられたのは幾らか驚きを掻きたてるかもしれない。新世界の大都市はすでに旧世界の都市の情況に近づきつつあり、アルコール依存や中毒、身を持ち崩し、悪を為したり、ひどく惨めになったりする人々の沈殿、堆積《たいせき》を作りだしている。この階級の親たちは、子どもらの教育は重要でないと考えていて、これらの学校の博愛的な創立者は子どもたちが通えるようにやむなく子どもたちに食べものや衣類の形で物質的誘因を提供している。これらの学校では、公立学校の子どもたちのきれいできちんとして優れた外観の代わりに、汚れて、ぼろぼろで、裸足、気の抜けた、悪質でませた表情が見られる。悪の習慣ほど諸人種の外面的に区別のつく特殊性を破壊するものは何も無い。変化も無く作りだされる表情の整一性があり、それはひどく痛ましいものだ。これらの子どもたちは早くに、善というものを、金持ちの着るマントか何かに過ぎないように見ることを教えられる。この危険でニューヨークで増え続ける階層は、ほとんど全部外国人移民で構成されている。これらの学校での教育は、主に高い身分の教育ある婦人《レディ》たちによってなされている。それはニューヨークの「上流社会」の高貴な様相であり、時が経つにつれて、異なった階層間に広がっている格差を縮め、一方の側にある王侯的な富と、もう一方の側にある悪徳にふける貧困の間の忌わしい対比を減少させるかもしれない。

連邦の至るところのさまざまな学校をとると、現在四〇〇万~五〇〇〇万人が教育を受けている。

アメリカ合衆国の社会的様相から物的様相に目を転じよう——その国内連絡機構は短く述べるに価する、というのは、それによってその諸資源は驚異的な程度まで発展したからだ。鉄道、電信・電報、運河と河川運行の機構は、合衆国の富と進歩の指標を表している——その進歩のどの他の様相にも劣らずに素晴らしく、合衆国には世界の他の場所を全部合わせた以上の鉄道のマイル数がある。

アメリカのような比較的に新しい国においては、イギリスの鉄道建設に伴う出費項目の多くは回避される。初期費用は非常に少ない。ほとんどの州で、必要とされることのすべては、会社が——立法府から極めて小さな費用で特許《チャーター》を獲得するときには——その計画を実行するための資力を用意しているということを示すことである。人口の多いニューヨークやオハイオを含む数州では、特別な特許《チャーター》が要求されることはない、というのは、一般的な鉄道法が、合資会社が遵守すべき規則を指示するからだ。資材は、鉄のみを除外すれば安価であり、道筋の利権は普通、無料で譲渡される。比較的古い州では、土地の値段は一エーカー当たり二〇ポンド以上はしない。森林はしばしば伐採費用しか掛からず、地方の全くの平地ではトンネル、伐採、土手積みは一般に不要だ。一マイル当たりの平均単価はおよそ三万八〇〇〇ドル、即ち七六〇〇ポンドくらいだ。

土地が際立って価値を増した諸州では、土地損傷が新しい路線建設における重い項目になるが、しかし南部と西部ではケースは逆転して、土地所有者は要求されただけの土地を提供したがるが、それは自分の土地の資源が鉄道交通によって開かれるという見返りを求めてのことなのである。新しい諸州における鉄道の費用は、一マイル当たり四〇〇〇ポンドを超えないと見積もられている。終着駅はあっさりしていて、極めて安い費用で建てられ、道端の駅の多くはただ木製の差し掛け小屋に過ぎない。複線の鉄道はほとんどなく、橋や陸橋は数少ない例を除いて、木の丸太で出来ていて、ほんのわずかの事例を除いて、鉄製部分はほとんど無く、ペンキを塗ったものはもっと少ない。線路が耕作地域と交差する場所を除いて、柵はめったに見られず、少数の荷運び人や他の職員の乏しさで、実質的に運営費を減らしている。通常の速度は毎時二二～三〇マイルだが、確実に毎時六〇マイル出せる急行列車がある。燃料は森林の薪なので、非常に安価だ。ほぼ全線で乗客と貨物の輸送は膨大であり、そのほとんどが八～一五パーセントの歩合を支払うと言われている。

当初の計画は海岸と内陸部のすべての場所を結ぶ予定だったが、最後には大西洋と太平洋を結ぶことである。現在、運行中と工事中の鉄道は二万五〇〇〇マイルあるが、乗車料金の平均は一マイル当たり一ペニーを超えることはめったにない。すでに大西洋側の主要都市はミシシッピ川の広大な谷と結ばれ、遠からずしてヒューロン湖とスペリオル湖の沿岸部はモービル（アラバマ州南部、メキシコ湾岸に位置する港湾都市）およびニューオーリンズと結ばれるだろう。この膨大な鉄道網に加えて、運河と河川航行は一万マイル以上に拡充され、アメリカの水域だけで三〇

○○隻以上の蒸気船が航行している。
合衆国の電信伝達設備はこの目ざましい国民の起業の更なる証明である。現在使用されている電信のマイル数は二万二〇〇〇マイルで、メッセージを伝える費用は二〇〇マイル以下であれば距離にかかわらず、一語につき半ペニー以下だ。建設費用はすべての経費を含めてマイル当たりおよそ三〇ポンドである。電線は鉄道に沿って架設され、森林を抜けて町々や川、大草原を横切っている。非常に遠い地点から別の地点への電報は普通、仲介駅で書き直されなければならない――ただし、改善された計画により、ニューヨークからモービルまで直接、距離にして一八〇〇マイルを送られている。ニューオーリンズへのシンシナティ電信路――ニューヨークから二〇〇〇マイルの距離――によって、朝八時にサンディフックへブリティシュ汽船で運ばれたニュースはニューオーリンズへ打電され、一一時前には、それによってそこで投機に及ぼされたその効果がニューヨークに返されている――そのメッセージは三時間で四〇〇〇マイルの距離を到達するのだ。受信量は膨大だ、というのは、メッセージを送るのに掛かる非常に安い料金の結果として、一日に主な回線を使って六〇〇通もの電報が随時送られるからだ。ニューヨークの主要な朝刊七紙は急送便のために一年に五万ドル、特別電に一万四〇〇〇ドルを支払っている。マーケット、公的ニュース、天気、株式の上がり下がりと結びついたメッセージが大都市間をひっきりなしに流れている。綿の収穫に影響するかもしれぬ天候の変化は、即座に北の諸都市で知られる。ボストンの商品取引所にいる間に、私はニューオーリンズで豪雨が降っているのを伝える速達電報を受け取ったのを目にしたのだ!

新世界に貧困は無いと思ってはいけない。一年間に一三万四九七二人の救済を受ける困窮者がいて、そのうち五万九〇〇〇人がニューヨーク州にいる。だが、外国人の、特にアイルランド人の分子の悪い影響を示していて、犯罪者や貧窮救済受給者の七五パーセントは外国人だと言われている。

犯罪の大きな割合が強いアルコール《スピリット》の影響下で行われる。そして、その販売を規制するために、「メイン法」の名で知られている、かの有名な法令が、ニューヨーク、メイン、マサチューセッツ、コネチカット、ネブラスカ等の重要な州を含むいくつかの州の法令全書に採用されている。この法令は、重い罰則によってアルコール飲料の製造または販売を禁じている。選挙で宣言される国民の意思に従ってそれは可決されたのである。そして、その法的規定は我々にはどこか恣意的なところが見られはするが、その運用は非常に有益な効果をあげている。

教育に非常な重要さが置かれ、豊富な施設が作られるとき、国中に読書趣味が広くまき散らされることが期待される。そしてそれは事実だ――アメリカは本だらけになっている。すべての読む価値のあるイギリスの著作の一冊目が大西洋を渡るや否や、合衆国で安価な形で再版される。我々の書評誌や雑誌は普通半値で並べられ、ディケンズの『日常のあいさつ《ハウスホールド・ワーズ》』（週刊誌。タイトルは三〇六頁注記のシェイクスピア『ヘンリー五世』に因む）や『チェンバーズ・［エディンバラ・］ジャーナル』（週刊誌）は著者たちを特別に金銭的に利すること無しに大いに流布している。皆が新聞と『ハーパーズ・マガジン』（一八五〇年ニューヨークのハーパー・ブラザーズ社が創刊した月刊誌）を読み、誰でももっと低俗な新聞に載っている低俗な小説を列車や蒸気船の中で買う。合衆国は、たっぷりとイギリスの文学を供給されてはいるが、自国の人気のある作家がたくさんいて、その中にはプレスコット、バンクロフト（ジョージ、一八〇〇～九一。歴史家、政治家）、ワシントン・アーヴィング（一七八三～一八五九。アメリカの作家。作品に『ブレーリーの旅』『スリーピー・ホローの伝説』『リップ・ヴァン・ウィンクル』等）、ストウ、スティーヴンズ（アレクサンダー・ハミルトン、一八一二～八三。アメリカ連合国副大統領）、ウェザーオール（？サー・ジョージ。イギリスの将軍、一七八八～一八六八。ロワー・カナダ反乱を鎮圧）、エマーソン、ロングフェロー、ローウェル、ブライアントの名がある。イギリスの著作の版に関するところではどこでも本は非常に安価で、図書館は家の構成の必須の条件として考えられている。ニューヨーク州では、一八五四年の年末に教育委員会は図書のために九万五七九ドル受けとった。

多分、移民に提供される最大の有利な点は、至るところに与えられている少々の額を有利に投資する機会である。イギリスでは商売のほとんどの部門で、低い賃金率のために職工が稼ぎのいかほどかを貯めることを不可能にしている。そして、そうできた場合でも、自分のお金のために預金銀行が提供する以上のより高い利率が得られることはほとんどない。いかに節約しようが、懸命に働いて得たお金はめったに老後の蓄えを与えるほど十分であることはない。アメリカではそれと対照的に、五ポンドとか一〇ポンド持っている人は資産を確保するあらゆる希望が持てる。新しい入植地に土地を買うこともでき、それは一エーカー七シリングで手に入ることもあり、価値が上がるまで持っていてもいいし、何か繁盛しそうな営業会社の株を幾らか入手することもできるだろう。知恵と勤勉のある人間にとって、ささやかな財産を増やす百通りもの道が目の前にある。生活必需品は豊富で安く、無償教育の援助に助けられて、子どもたちが尊敬され豊かな地位に昇るだろうと、根拠をもって満足できる一方、老後は現在の窮乏からはるかに隔たっているだろう。一シリングの貯金は思慮分別のある投資によって一〇あるいは二〇シリングを生むという知識は、彼の勤勉を常時刺激する。

だが、私が見聞きしたことのすべてから、西カナダが移民にとってさらに有利な分野を提供していると考えなければならないようである。課税から同じく自由で、その重荷から逃れており、同じ社会的および教育的有利さを持ち、すべての種類の労働者に対する需要の増加があり、豊かな土壌、伝達・移動設備の尋常でなさ、健康によい気候があって、貧窮は知られていない。商業業務の変動は比較的小さく、なかんずく、移民は上陸するや否や、持っているものすべてを失うという危険に身を曝されない。

「移民幹旋人たち《エミグラント・ランナー》」とよばれる悪名高いペテン師階層が、ニューヨークに到着した気の毒な冒険者を待ち構えている。彼らは二等車の切符を一等車の値段で売りつける。せいぜい二〇〇〜三〇〇マイルの切符を一〇〇〇マイル乗れると騙して売りつける。もし彼が恐喝に抵抗すれば、ぶん殴られ、罵られ、しばらく荷物を失うか、あるいは下宿屋の主人の優しいお情けに縋《すが》らせられるが、こちらは速やかに一生懸命働いて貯めたものを剝ぎ取る。これらの幹旋人《ランナー》たちは、さまざまな方法で移民の西方への前進を妨害する。彼らは波止場から荷物を移動させるのに法外な要求をする。彼らは客車の中、蒸気船の中、宿屋の中で移民を簒奪《さんだつ》する。

そして、もし神意が彼を暗闇と絶望に沈むのから助けてくれ、彼はもはや引き留めることができないと分かったら、彼らはどこか存在しない場所にある土地を高く売りつけるか、ありもしない雇い人を探しているふりをしている西部に送る。移民がお金と財産を失った後で、失望から病気になり、希望に見捨てられることはあまりに頻繁に起こり、しかたなくニューヨークに残るが、そこですでに帝都《エンパイア・シティ》で著しく恐れられているあの「危険な階級」を増大させることになる。

注目しなければならない点がひとつ残っている、それは、アメリカにおいてイギリスに感じる感情である。双方で敵意を燃やすことが多くなされた。国民的競争意識が焚きつけられて、国民的妬みを誘発される。合衆国中を旅行しながら、強烈な反イギリス感情があるものと予期した。これに関して私は失望した。確かに私は、列車であれ、汽船であれ、またホテルでも、イギリスについて戦争に関連した議論の話題を耳にすることなしに入ることはほとんどなかった。だが、しかし西部での二、三の場合を除いて、我が国へ表明された親切な感情以外を耳にしたことはなかった。二、三人が失敗、凶事を予想し、「破局《バスティング・アップ》」を祝福するかもしれない。しかし、これらは一般に、国民兵《ミリシャ》の「仁《カーネル》」たち（堅果の中にある肉。kurnelと綴ってあるが正しくはkernel。国民兵の仁についてはTh. Ch. Haliburton, *The Clockmaker*, etc. 1836参照）ないし着いたばかりのアイルランド人植民者たちだったのだ。この後者は確かに極めて騒々しい敵であり、「イギリスが関心を持つところどこでも、アメリカの間違いが存在する」との格言に同意すべく準備していたのだ。新聞の幾つかもイギリスに対して手加減のない言葉づかいで書いている。だが次のことを心に銘記しておかなければならない。すなわち、演説調の発言や著述は自由な国の安全弁であり、アメリカ人の感情についての我が国の意見が一般に採られる新聞は、国民の立派な少数者さえ代表していないのだ。アメリカ人の通商上の利害は我が国のものと緊密に織り混ざっており、「兄弟のジョナサン《ブラザー・ジョナサン》」は些細な口実で戦争に走って軽々しく自身の利害に反するようなことはしないだろう。

アメリカの大都市のひとつのあるホテルで食事をしていた間に、一人の紳士が彼のイギリス人の友人に

「オールド・イングランドの成功」のために乾杯しようと提案した。ある有名な大学《カレッジ》の二〇〇人近い学生がおり、その一人が学生仲間を乾杯に入れてくれと頼んだ。「というのは、」と彼は付け加えた――「我々は教育を受けたアメリカの若者と共に、尊ばれる母のようにイギリスを見ているからです」。私は頻繁に公共の場でこの感情が表明されるのを耳にし、またしばしばイギリスに対する優しい感情が社会に増しているという話を耳にした。

アルマ川の勝利のニュースは喜びをもって受け取られた。バラクラヴァにおける騎兵隊の英雄的な自己犠牲は熱狂的な称賛を沸き起こした。そして、インカマン（クリミア戦争におけるロシア敗北の地）の栄光ある勝利は、年取った親たちがまだ元気のよい若者と一緒に自由を守るために闘うことができることをアメリカ人に教えた。その冬の凶事と、続いてやって来た静止の悲観的な月は、彼らの同情を減らす効果があって、負けるという予言がしばらくの間勝利し、我が国の衰えていく威光と評判の無能さは報道機関による意地悪な論議の主題となった。しかし、セヴァストーポリの陥落のニュースが到着すると、新聞の口調は変わり、読者の忘れっぽさに頼んで、彼らはロシアの破滅をいつも予想していたと宣言した。勝利の電信報道は喜びをもって受け取られ、それをボストンへ運ぶ船は合衆国砲兵隊による三一発の礼砲を受けたのだった。

共和国の栄光はその進歩した社会諸原理と和平の術策の首尾よい遂行に基礎を置く。古い軍事専制政治は富と啓蒙でそれと太刀打ちできないので、それらと常備軍および戦争の術策における競争を試みない。国民の虚栄はアメリカ人の過ちであり、もし彼らの軍隊の勇敢な腕前が以前に示されていなかったとすれば、それをヨーロッパの地に示そうとしたかもしれなかった。だが、しかし独立戦争でのイギリスとの闘いの成功は、そのような顕示を不必要にしている。合衆国の諸制度は世界の陸軍時代に日を刻んでいず、同盟国憲法は攻撃戦争のための準備をしていない。教育ある階級の人たちと自由諸州の大多数の感情は、本質的にイギリス的であると信じられている。専制政治と自由は決してひとつになり得ない。そして、民主党の宣言にあるのが何であれ、大衆の感情を知悉している人々の意見は、もし、問題が非常にまじめに議題に載せられるのであれば、イギリスあるいはロシア同盟との戦争は、彼らが受けるに価するだろう義憤ないし軽蔑の推進者に席を譲るだろう、というものである。本気で望まれ、また私は信じられていることを疑わないが、私たちの誰一人として、血、宗教、自由の愛によって緊密に同盟している二つの国家が、恐ろしい同胞相争う戦争に引き込まれることになる日を見るまで生きていないだろう。

ワシントンによってアメリカにもたらされた共和主義的統治の純粋な形態の汚染に適用される前述の評言は、大いなる気後れをもって思い切って述べたものである。イギリスでは私たちは合衆国についてほとんど知らず、そして、一人の旅行者の意図するところがいかに偏見のないものだとしても、その国での短い滞在の間に完全に、ある種の偏見や誤解を捨て、公正さや正確さの幾らかの程度を以ってその社会の諸特性の描写に着手するのは難しい。言語の類似性、それに大いなる程度までの習慣とマナーの類似性があるので、人はどちらかというとイギリスとアメリカの切りのない比較に入り込みがちで、アメリカを真に眺めるべき視点――つまりその国そのもの――から見ないことになり易いのである。だがそれでも、関心をもって見る者に与えられる顕著な諸点があり、私はこれらにアプローチするのに、できる限り偏見を持たず、褒めたり敬服したりすべきことが多々あるとき、明らかな欠点を誇張したりしないように努めてきた。

以下の評言は、最近、ある寛大で開けたアメリカ人によって私に言われた、イギリス人観察者たちの思い違いについてである――「この国におけるイギリス人旅行者が極めてしばしば犯す大きな間違いは、イギリスの事物の年代と狭い地方的諸次元に合わせて調整された眼鏡を通してすべてを見ることである。そして、ここでは事物は新しく、よいものはすべて、狭い空間に集中されて一目で見られるようにする代わりに、広くまき散らされて簡単に測定できないがゆえに――言い換えれば、ここでは春であり、秋ではなく、我々の前進は年寄りの慎重な足取りの代わりに若者の歩みであるがゆえに、そして我々の洗練は故国で馴染んだ精確な習慣を持たないがゆえに、彼らは強い不満で顔を背けるのだ。多様性の中に傑出したものがあり、異なるものは多分どちらもよいことなのだ」。

第二〇章　帰国、結語

ボストンに着いて、私の旅はキュナード汽船のアメリカ号に乗ると決めてあることが分かったが、全航路の船の中で一番遅く、一番じめじめしているという評判のものだった。親切なアメリカ人の友人の幾人かが冬を一緒に過ごすように熱心に勧め、冬の航海の危険と不快さを大げさに言った――一二月の嵐、ニューファンドランドの「グランド」バンクス（北アメリカ大陸東海岸の大陸棚にある海面下の台地群「堆」。ニューファンドランド島の南東沖の大西洋に広がる）を渡るのにかかる三日間、霧笛を鳴らし霧角笛を吹き鳴らしながら半分のスピードで進み、甲板に出ることができず、混み合って暑い広間に閉じ込められる不愉快さなど。その船に対するこれらの悪口全部がまだ記憶に新たなうちに、それはアメリカを離れる日の午前中だったが、その船を、ドックで、その大きくて、不格好で、船腹が木造の船体が、豪雨を透けて暗くぼーっと浮かぶのを見た。最初に合衆国へと歓迎してくれた友人たちが船まで連れ添ってくれて、別れをさらに慙愧《ざんき》に堪えないものとし、別れを告げるやいなや号砲が鳴り、縄が解かれ、巨大舷側輪が絶え間なく回転し始めた。

それは幾つかの点において嬉しくない船出だった。小春日和《インディアン・サマー》は過ぎ去っていた。地面は霜で閉ざされていた。霙《みぞれ》の猛烈なシャワーが降り注いでいた。そして、冷たく咆《ほ》える冬の風が、マサチューセッツ湾の水の上を吹き荒れていた。私たちはボストンとハリファックスの間を、逆風が吹き相当遅れていた。私はこの数ヵ月の疲れを眠って回復しようと寝台に早く引きあげたが、これまで耳にしたことのない、ガーンとつんざくような音の連続で真夜中頃に目を覚ました。私はどこかをぶつけたような、寝台はいつになく硬くて冷たいような気がした。そして、真っ暗な中を手探りした後で、床に投げ出されているのに気が付いたが、その事実は、私の身体が船室を横切って特別にうんざりする移動コースで転がっていたことによってはっきりした。立つことも歩くこともできなくて、自分の寝台まで横切って這って行くと、自分の旅行鞄の襲撃に出会った。というのは、それは私に向かって荒々しく飛んできたのだ。

その上さらに数時間というもの、眠ることはできなかった。バン！　バン！　と大波が耳の間近で船腹にぶつかり、あたかも船体の材木の強さを確かめているかのようだった。時々重い波を航行するかのように、ガラガラ！　ガラガラ！　と波は高い上甲板の横の波よけ用の低い壁の上を荒れ狂い、七フィートの滝となって一気に雷のような音を立てて甲板の上に落ちて来た。それから、ひとつの音が他のすべてを圧して聞こえるように権利を主張し――あたかも甲板が打ち破られでもするような音だ――大砲か何か重い物体が壊れてばらばらになり、身の安全は保障できなかった。甲板排水溝を通して聞こえる水の絶え間無い咆え声、割れて、膨れ上がり、重い轟きがあたかも洪水の甲板から遅々とした脱出を見出したかのようで、それは単に「向かい風《ヘッド・ウィンド》」と「荒れ模様の一夜《アグリー・ナイト》」の結果にすぎなかった(Cf. Richard Henry Dana, Jr., *Two Years Before the Mast*, 1840)。

航海二日目の夜遅く、私は甲板を散歩した。大風の「名残り《ファッグ・エンド》」の雨が滑り易い厚板の上に降り注いでいた。遠くの船から明るく流星花火が上がり、降り注ぐ光がはじけ、もう二つ続いたが、リヴァプールからボストンへ向かう我々の旧いなじみのカナダ号の信号だった。こちらも返礼に何発か花火を打ち上げ、それから間もなく外輪覆い上のあの懐かしい光は視界から消えた。カナダ号はアイルランドの岸に着くまでに見たたった一隻の船だった。

朝の五時に他の乗客たちと一緒に甲板にいた――ハリファックス港の先端の光を見るためだった。暗く、厳しい冷気と湿気だった。降り注ぐ雨が夜の間に甲板で凍り、溶け始めて水が小さな煤だらけの川になって流れていた。防水布の帽子とコートを着て毛皮に包まれ、寒さで歯をガチガチ言わせ、眉にしわを寄せ、寒さで青い鼻をした男たちが震えながらゆっくりと甲板上にやって来た。それからゆっくりと東の空が輝いて明けてきて、三日月と星がひとつひとつ消えて、徐々にノヴァスコシアの低い松の枝の丘が光に反射して暗い中に立ち現れたそのとき、全く突然に「栄光のように、満ち溢れた太陽」(Dr. Horatius Bonar, 1857)が紫色の荒野を背景に昇り、まもなく、丘と町そして湖のような湾は冬の昇る日の冷たい燃え立つような色に染まった。今は七時半――ヨーロッパの汽船の入港のような重大な出来事を称えて朝の号砲が要塞から轟いたが、静かなハリファックスの住民たちは早起きしているに違いないと考えて、スコットランド人の友人とインディアンの土産物店に行こうとして陸上に踏み出した。アメリカの都市では、睡眠は必要だからとるのであって、贅沢としてふけるのではない。アメリカで早起きの習慣が広まっているのとだらしのない対比を見せて、店が閉まっているのを発見した。直接に汽船に関係がある人を別とすれば、襤褸を纏《まと》った黒人やむさ苦しい外観のインディアン以外は通りには忙しく立ち回る人は一人もいなかった。二、三人の抜け目の無い起業精神に富んだヤンキーが、すぐにこの市の情況を変貌させるに違いない。一人の傲慢なアメリカ人が「ブルーノーズ(ノヴァスコシア人)は、我が国の自由で啓発された市民の一人がボストン《ボスティング》からニューオーリンズ(正しくはNew Orleansだが Orleensと綴ってある)に行くのと同じくらいの時間をかけて、やっと帽子を頭に載せることだろうよ」とあるとき私に言った。町の外観は極めて嫌悪の情を起こさせるものだった。降った雪が融けて、埃、店の掃き寄せたごみくず、キャベツの芯、牡蠣の殻その他の廃物と一緒くたになって、三~七インチの高さの、柔らかく特別に浸透性のある混合物の山を作っていた。

ハリファックスでアメリカ号に一八人の乗客が加わったが、その中に嬉しいことにいとこたちがいた――一行七人で、プリンスエドワード島からイギリスへの途上にあった。彼らと一緒の二人の赤ん坊は不安でむずかっていたが、私の信ずるところ、彼らの振る舞いは全般に許されて受け容れられていた。犬はデッキや広間には入ることは許されていなかったので、船では大人しい赤ちゃんはどちらかというと気に入られていた。温和な気質の紳士たちが大層よく面倒を看たり高い高いをしたりし、ボーイたちは優しい微笑みで見守り、ときにはディナーから「おいしいものの一口《ティットビット》」を盗みとって来た。

ハリファックスから乗って来た乗客の中に、三ヵ月前（一八五四年九月七日）にレイス岬で難破した汽船シティ・オブ・フィラデルフィア号（二一八〇トン）のレイチェ船長（ロバート）と遭難した航海士三人がいた。レイチェ船長はモンテ・クリスト伯（アレクサンドル・デュマ・ペールによる同名の小説の主人公の復讐譚）の肖像に大層似ていた。彼の英雄的で恐ろしい災難に遭っての英雄主義と冷静沈着さによって六〇〇人の人命が救われたが、その多くは女性と子どもだった。船が突き当たったとき、この大人数の中で起こった恐怖の騒ぎはもちろん大変なものだった。だが、乗組員の統制は極めて完璧であり、司令官への信頼は大層大きかったので、その難儀の秋《とき》に際して、彼の許可なくして客室船員一人さえ船を去る者がなかった。レイチェ船長は船を降りる最後の一人になると言い、約束を守った。だが興奮、心配、続く寒さや疲労への曝露の、とりわけ不運な北極の生還者の探索の中で病気に罹《かか》り、それからひどく患っていたのだった。

たった六〇人の船客しかいなかったので、極めて静かな一行だった。一人の紳士がいたが、アメリカの領事としてパリに赴くところで、不断の、熱のこもった不屈の奴隷制度擁護者である。一人のイエズス会宣教師はローマに司教の位《ハット》を受けに行く途中だった。イエズス会修道士が二人。五人の快活なフランス人。そしていつもと同じくらいの数の商用旅行者、代理人、店主――が乗り合わせており、大体がカナダ出身だ――。女性の数は極めて少なく、広間には私たち一行の他にたった三人しかいなかった。ハリファックスを出て二、三日の間、海は凪《な》ぎ、順風が雨を伴って吹いていた。そして、航海中一度も上がってこなかった六人の不幸な乗客を除いて、いろんな事をできるだけ利用してすべてうまく行っているように見えた。

これらの船上の恒例の日々の出来事の短い説明は、大西洋を渡ったことのない人には面白いかもしれないし、経験した人にとっては、場合によっては気分が良かったり、気が進まなかったりした思い出を呼び戻すかもしれない。

　一日目と二日目の間、船酔いした人々は大抵下の階に残っていて、調子のよい人たちは後ろに離れていく土地を感傷的に眺め、五、六人が列になって散歩する人々と知り合いになり、非社交的な慣習の孤立した人たちを圧倒する。二、三日経過すると人々は普通すべての目新しさに興味を失い、一番適したことの追求に取りかかる。朝八時に身支度合図の鐘が鳴り、ほんのわずかの感嘆すべき人たちが起きて、甲板を散歩して、八時半には朝食に現れる。しかし、ほとんどの人にとってはこの食事は前夜の夕食――あの、皆が文句を言うが、皆がお相伴にあずかる浮かばれない食事――のせいで余分のものになっている。それでも、もし、わずか二、三人でも現れると、幾つもの長いテーブルは惜しみなく冷製タン、ハム、アイルランド風シチュー、マトンチョップ、焼いた鮭、切れ目を入れて身を締まらせた鱈、卵、紅茶、コーヒー、チョコレート、トースト、ホットロール等々で立派に飾り立てられる！　これらの御馳走は九時半までテーブルに残してある。朝食の後、幾人かの暇な人が甲板に上がりぶらつき、風を観察して、風向きが少し変わったと言い、航路を見て、船長に五〇回も、いつ港に入る予定かと訊ね、測程器《ログ》の投入《ヒーヴィング》（糸を付けた木片を海に投入し、一定時間に解けた糸の長さを測り、船の速度を知る）を観察して、航海士が常に変わらず船は実際の速度より一ノットか二ノット速く走っていると告げると同時に、近くの物知りの人に訳知りの一瞥を与える。一年に二度渡る習慣のある多くの人は、朝食後直ちにトランプを始め、食事で中断されるだけで夜の一一時までゲームする。他の人たちも同様にチェスに邁進する。そして、商用旅行者はドルやセントで満たされた枠のある小さな四角い本を取り出し、勘定書の計算をしてペンの端を噛む。一二時の鐘が昼食にさまざまな潜伏場所から乗客を呼び出し、この食事のちょっと後でディナーが続くけれど、この呼び出しに出頭しない人はほとんどいない。白ビール、羊肉と野菜のごった煮《ホッチポッチ》、冷製牛肉、ジャガイモ、ピクルスがおびただしく消費される。これらのピクルスは特別に明るい緑だが、使われるフォークは電気鍍金《メッキ》で、日々の銅の費消は計り知れない。

四時にすべてのテーブルが広げられる。鐘が鳴る――バイロンが冷やかしつつ、だが正しく、食事を告げる鐘を命名したあの「魂を目覚めさせる警鐘」（バイロン『ドン・ジュアン』小川和夫訳、冨山房）が。そして乗客すべてが船の四方から駆け込み、覆いが上げられるまで期待を込めて座っている。

しばしば重大な失望が料理の蓋が持ち上げられると曝《さら》け出される、というのも、白状すると、多くの人にとってディナーは当日の最大のイベントだからで、前もってやまが張られ、後では批評の対象だ。各テーブルの先に蓋つきのスープ用深皿があり、船長が席に着くと直ちに前もって一列に並んでいた青い上着を着た一二人のボーイが蓋に突進して、二、三分後にはがたがた音をたてて食事という重要な仕事が始まる。ボーイは礼儀正しく、てきぱきと給仕し、客の意思を察知するように見えるのは、航海の終わりの心付け《ドゥサー》を思い描いてわずかに鼓舞されて、立派に役目を果たしているのは少しも疑いない。長い勘定書がテーブルに置かれ、十分に氷で冷やしたよい飲み水が食事ごとに提供される。ワイン、強い酒《スピリット》、リキュール、白ビールは大量に消費され、同じく、スープ、魚、猟鳥獣の肉、鹿肉《ヴェンソン》、食肉、すべての種類の家禽、フランス風付け合わせ、ふんだんなゼリー、プディング、パイ、山盛りの新鮮なあるいは砂糖煮の果物の豊富なデザートも。多くの人たちは海での食欲の不足を嘆き、キュナード汽船で使われる「［リー&］ペリンズソース」（ウスター・ソース。イギリス、ウスターのサンズ卿がインド・ソースの作り方を持ち帰り、薬剤師であったジョン・W・リーとウィリアム・ペリンズに依頼して作らせた。後に世界初のソースメーカーのリーペリン社が設立された）の瓶の数はほとんど製造者の一財産を作るに違いない。七時にお茶の鐘が鳴るが、テーブルは比較的空《す》いている、というのは、九時半過ぎから一〇時半にかけて、人々は夕食として何でも好きなものを注文できるからだ。

アメリカ号では、冬の航海だったので、夕食後デッキを歩くことを選択する人はほとんどいなくて、従ってサロンは八時から一一時まで上流のホテルにおける一室のようだった。正式なホイストの会が二回催され、それはブリッジの三番勝負《ラバーズ》を延々《アド・インフィニタム》と勝負していた。トランプは実際のところ、ほとんどのテーブルで行われていた——バックギャモンをする人もいれば——古い小説を読みながらうたた寝する人もいた。——他方、同時に三つのチェス盤が出された。この高貴なゲームに十人もが夢中だったからだ。広間を占める人々のさまざまな用事は、奇妙な会話のごった混ぜを生じていた。ある夜、チェスの相手のゆっくりした動きを待っている間に、ちょっと語調を上げた次のような評言が他を圧して聞こえた——「あなたは本当に私を可愛いと思う？——まあ、お世事のうまい人！——二の札《デュース》、エース——トレブル（ダーツの的板中央の狭い二円の間）、ダブル、ラブ——そりゃよい手だ——チェック（王手）——君の番だよ——からかっているんだろう——アイ、アイ、サー——神かけて《パーブロー》——ハロウ！　ボーイ、ウィスキー・トディ（ウィスキーに酒と湯を混ぜ合わせたもの）四つ——私は全体として因襲尊重者を完全に軽蔑するわ——チェックメイト（詰み）——ブランディ・パンチ六つ——君は心を全部投げだしてしまった」、さらにその他何百も——その多くは調理場に何かを注文していた。ときにはチェスもトランプもしない侘しい人《フォーローン・ワイト》がいて、敢えてデッキで時間を潰し、広間に戻って来ると粗末なフード付きマントと毛皮の帽子を着て、あえぎ震えていて、寒い空気を持ち込み、戸口を開けっぱなしにしたことに長々言い訳してうんざりさせて、結局のところ、雨や寒さ、「荒れ模様の一夜《アグリー・ナイト》」の不平に対して同情を起こすことはできなかった。一一時までに広間はほとんど耐えがたくなるのが常だった。炒め玉葱、ピクルス、パンチの匂いがごっちゃになって一一時半に灯りは消され、一座は散りぢりになり、多くは寝台に行き、またある者はデッキに煙草を吸いに行った。

　キュナード汽船はイギリス人に汽船としてはほぼ完璧だと言われているけれど、私は快速帆船《クリッパー》で戻らなかったことを後悔していた。帆船の動きにはどこか気分を浮き立たせるところがあって、いつも凪では横揺れもせず、大風の中で停止せず、あるいは逆風にたたきつけられもしない準備ができている。帆船は海に属しているようだ——先にいくに従い細くなる《テイパーリング》高いマスト、その動くキャンバスの雲、うねる波の上の軽快な動き。帆船の動きはどれも分かり易く、公明正大《アバヴ・ボード》に変わることなく清潔で、乗組員は、人の心の中で、ずっと昔に過ぎ去った若き日々に魅了した航海の物語と結ばれている。蒸気船はこの正反対だ。彼の描写のいつもの力と適切さをもって「サム［サミュエル］・スリック」(Th. Ch. Haliburton, *The Clockmaker; or, The Sayings and Doings of Samuel Slick, of Slickville*, 1836参照。ただし以下の引用は発見できない)は「八頭立てのチームを伴う底土を起こす犂《すき》のように水を通り抜ける」と言う。ひどく音がうるさく、唸《うな》るような音を出し、煙を吐いて不潔であり、あまりにたくさんの不可思議さもある船は、後ろの水に騒乱を残す。正規の船員はいないように見え、代わりに見るからに油で汚れている人間の寄せ集めだが、彼らは恐らくコックあるいは釜焚き、またはその両方ということも考えられる。さらに下の竈《かまど》からのぞっとするような熱い空気の一吹きの挨拶を浴びせられることなしに船尾楼甲板に行くことはできない。男たちがいつもシャベルで石炭をくべているか、燃えがらを船外へ投げ捨てている。そして帆といえば、特にどの船から出ているかわからないほど林立している。そして帆装備は特にどんな船にも属していないように見える。マストは低く小さく、帆布は天気の好い日にはいつも広げられているが、湿った日にはあたかもチープサイド（ロンドンの大通り）を引きずった後みたいだ。アメリカ号では極めて物質的助けでもなかった、というのは、あるとき我々がたくさんの帆の下で素晴らしい微風の前を走っていたとき、機関が停止され、測程器《ログ》が投入《ヒーヴド》されたが、結果はわずか毎時三マイルの速度と出た。ある女性船客が合衆国の蒸気船の爆発の話を心に詰め込んでいて、病的な状態の中で時間を費やしていたが、これは彼女の居間《ステート・ルーム》が恐れられた機関に極めて接近していることによって軽減されるはずも無かった。

ハリファックスを出港して六日目に、皆が望んでいた、あるいは恐れていた風はとうとうやって来て、三日間強く続いたが、そのときもし私たちがそれに遭遇していたら、ハリケーンと呼ぶべきものだったに違いない。しかしながら、ほとんど直接に船の真後ろから吹き、私たちはその前を帆を揚げて走った。それが続いた二日間、空は全く雲ひとつなく、海は格別に深く、澄み、緑がかった青い色合いを持ち、これは陸から遠く隔たった沖でのみ出会えるものだった。船尾からの見晴らしには威厳、崇高さがあり、これまで見たどんなものにも勝っていた。かしこには強大な力を見せつける大洋があり、ここには我々は可哀そうなちっぽけな被造物で、海を打ち負かすために、あの天賦の技術に頼り、それにより人間は——

彼の意思の僕《しもべ》の
火を、洪水を、それから地球を創った(Cf.: S. Weir Mitchell, *The Cup of Youth*, 1829)

私はしばしば山のような波について読んだことがあるが、しかしその比喩はただの修辞でしかないと信じていた——ここで実際に、一二月の空の晴れ渡った青の下でその美の中で完全に栄光に満ちているのを見るまでは。二、三の長い高い水の丘が水平線いっぱいに見え、それ自体が数えきれない数の飛び跳ねる、泡を載せた波の集合体で、それぞれが明らかに船を水中に沈めるほど十分に大きい。巨大な緑色の波が私たちを追いかけてくるように見えた、ちょうどその時、波は船尾に到達し、船は持ち上がり、波はその下を潜り抜けるのだった。船体は横揺れに類まれな能力を発揮した。片側に転がり落ち、巨波は今にも船の上を泡となって砕けそうだったが、他方では、反対側の舷墻《ブルワーク》は水の上一五ないし一八フィートもあって、光った銅の緑《ろく》青《しょう》を見せていた。夜々は昼間より荘厳であり、そのとき、煌々《こうこう》たる満月が水の上に、我が国の霧の気候ではあり得ない輝きで光を落としていた。それは水のような空の上に平らに置かれた青ざめた平らな表面のようには見えず、空中に吊るされた大きな光を放つ球のようだった。車輪室からの景色は壮大だった。私たちの後ろからやってくる塔のように聳《そび》える波は強風で合わさり山と積み上げられ、緑色のガラスの丘と、そしてその中でキラキラ光るランプのような燐光のように見えた——月光が広い泡だった航跡の上を照らした——マスト、円材、索具が空を背景にくっきりと浮かびあがり、他方、一度だけ帆布が白く見えた。はるか彼方に、すっきりした船首が泡の中に突っ込み、それから私たちの素晴らしい船は、起ち上がり、あたかも自分の浮力を喜んでいるかのようにピカピカ光る胴体を振るわせた。男たちの忙《せわ》しない鼻歌は大西洋上の真夜中の孤独な神聖さを台無しにはしなかった。月は「明るさの中を歩き」（Emanuel Swedenborg, *The Apocalypse explained (according to the spiritual sense*, etc., 1757-59）、極光が煌《きら》めき、宇宙創造の神の思慮深い存在が、私たちが「主のみわざを見、深い海でその奇しいわざを見」（詩篇一〇七・二四）ている透明な大気に充満しているように見えた。

私は決して、いかにこの情況の結合が、他ならぬ気持ちのよい感覚を生み出すことができたかをほとんど理解することはできないだろう。だが、広間が空で、大広間がいっぱいで、甲板遊歩者の数が日々減っていったのは憂鬱な事実である。人々は海は「面白くない事実」だと気が付き始めていた。私はもはやバイロンの引用「嬉しい水《グラッド・ウォーターズ》」について耳にすることも、「素晴らしい走り《スプレンディド・ラン》」（どちらもEmma R. Dickerson, *James Stokes Dickerson: Memories of His Life*, 1879参照）についてのコメントも聞かなかった——これらは何時《いつ》リヴァプールに着くのだろうか？　とか、私たちは大丈夫かしら？　のような懸念する質問に変わっていた。人々は、これまで喜びだった白ビールに不平たらたらに文句をつけた。肉を罵ったり、マリガトニースープ（肉の濃厚なだし汁に鶏肉・野菜・クリームを入れたインドのカレースープ）を「恐ろしいもの《ホリッド・スタッフ》」と考え、プラムプディングが豚以外の何かに向いていたと考えることができたのを不思議がった。わけのわからない失踪はとても普通だった。勤勉に歩き回る人たち《ペリパテティック》がソファに伸びている、あるいは舷墻《ブルワーク》の被護下を弱々しくふらつき、一方で、威厳にささえられた不面目な転落を誇り、あるいはよろめく老いぼれ状態で手すりにしがみついて広間に降りて行こうとする人もいた。テーブルの上に四つの棚があったけれども、調味料入れ《クリュエット》、クラレット（フランス製赤ワイン）の瓶、ピクルスが動き出して人々の膝に飛び乗って来た。皿より高さのあるほとんどのものが引っくり返った——ピクルス、ワイン、白ビール、油がすごい匂いの混合物となっていた。だが、このような出来事はあまりに普通で面白がる余地さえなかった。イギリスに着く二日前に大風は死に絶え、一一日目の夜八時にクリア岬（アイルランド南西にある島）が視界に入った。冷たい寒さが陸からやって来て、湿っぽい霧に包まれ、空気の過酷さが私たちにほとんど忘れかけていたもの、つまりクリスマスが近づいていることを想い起させた。

日曜日の大部分は、アイルランド海岸の景色を見ながら静かな水を蒸気船で走り続け、岸へ着くための広範な準備がされつつあった——幾人かの快活な気質の人たちはアデルフィ(ロンドンの一地区)でディナーに何を注文するかまで決めていた。朝の礼拝は参加者でいっぱいで、あまねく人類の兄弟性を宣言する神から教えられた祈りに参加した、極めて多くの異なった信教と国々の人々の声を聞くのは興味深かった——彼らは、二、三時間後には礼拝で会った人たちが別れていくだろうこと、終わりのトランペットの音で呼び出される(コリント人への第一の手紙一五・五一〜五二)まで、もはや会うことのない人たちと知っているのだが。

日曜日の夜を陸で過ごすことを期待した人たちはがっかりした。四時頃に突然大風が私たちに向かってきて、帆が慌ただしく畳まれ、命令は大急ぎで発せられて実行され、給仕は絶望し、そのとき船の大きな不意の傾きがディナーの前にテーブルからほとんどすべてのものを投げ出し、刃物類、ピクルス、壊れたコップ、瀬戸物がごちゃ混ぜになり、床に混沌としたひとつの塊を作った。暗くなるにつれて、大風はますます強さを増し、月はぼんやりとして、千切れ雲の重い塊が嵐の空を横切り、みぞれと飛沫《しぶき》がかすめて走り、デッキの上の向こう見ずの人たちが一番近いかくれ場所と考えた布陣で怖気づいている——

このような夜々は
吹き荒れる風が西の海を眠ざめさせ、
歓喜の小川だ(Sir Walter Scott, *The Lord of the Isles*)

私はその夜の猛威をゆっくり考えてみようと思う——今まさにどれも人間が造った大量のものを吹き飛ばしてしまうように見える恐ろしい突風について、我々の返答なき信号について、

「漂い、漂い、漂いいく」時間について、

「絶え間ない大海原の流れの移ろい」(Henry Wadsworth Longfellow, *Seaweed*) について、
船に水先案内人を得ることの困難について、そしてそこを通って嵐に翻弄される我々の小型帆船《バーク》がマーズィー川の静かな水に入って行った——だが急がねばならない。

夜な夜な、フランス人とイギリス人船客は一緒になって熱狂して「セヴァストーポリの奪取《ラ・プリーズ・ド・セバストーポル》」への祝杯を上げた——夜な夜な、同盟国の代表者たちの国民的な誇りがいや増してゆき、我が軍の最初の砲声の轟きでセヴァストーポリの堡塁を陥落させるだろう——ヨシュアの角笛の音でジェリコの堡塁がそうなった（エリコの戦い。エリコの周囲をめぐりながら吹き鳴らされた角笛で滅ぼされる。モーセの後継者、ヨシュアの最初の戦闘——ヨシュア記六・一〜二七）と同じように——無知な傲慢さでほとんどそう考えるまでになっていた。だから、水先案内人が新聞を携えて乗船して来たとき、紳士たちのほとんどが渡り板に群れて、セヴァストーポリ陥落の万歳三唱の準備をしていた。

水先案内人は勝利の報をもたらした——だが、それはインカマン（クリミア半島のロシアの海港）の不毛の勝利だった。陰鬱が多くの人を襲った——ロシア軍の砲火によって、我が軍の密集部隊が英雄的な武勇と英雄の死をもって掃射されたと読んだからだ。血なまぐさい便りが、風と水の唸り声を超えてはっきり聞き取れるにつれて、広間は熱心な聴衆で混雑した。私がほんの一〇ヵ月前に希望と誇りをもって出港したのを眼にした多くの兵士が、今クリミアの冷たい土の下に眠っているという陰惨な事実をほとんど実感することができなかった。インカマンの勝利者への万歳三唱と同盟国への三唱は、心から発せられた——ただし、多くの人が我が軍の英雄的で成功した抵抗は勝利の名を受けるだけの価値はあるのだろうかと疑ってはいたが。

真夜中過ぎて間もなく、マーズィー川に錨泊したが、朝まで上陸できず、しばしば係留のために蒸気を上げることを強いられた——大風の猛威のためだった。私は古き良きアメリカ号を去るのにちょっと後悔を感

じた――この船はひどく揺れはしたけれど、「怒れる大西洋」を立派に安全に渡って私たちを運んだのだ――もっとも、あっぱれな船長自身の言葉によると、「古盥《だらい》だが、ゆっくりとして確実だ」。船はその後、大規模な修理を受けたが、私はこの船で航海をした無数の鼠の乗客が恒久的に追い出されてしまったらいいのにと思う。

イギリスの岸に上陸したとき、私が持った感情は神聖なものであった。現在については信頼はほとんど無く、将来には大いに懸念があるとはいえ、私は平和と繁栄の黄金時代以上に、影のさしているときに故国をより愛していた。私は他の国々において称賛すべき多くのことと模倣すべき多くのことを眼にした。だが、しかしイギリスは、西洋の大陸を創意豊かにして来た自由と啓発のその流れの源流だということを忘れてはならないのだ。他の国々はその魅力を持ち、違う気候の日の照る空は名残惜しく思われるかもしれないが、誇りと喜びをもってこそ、遊子はイギリスの大地に再び足を踏み入れる――北海の天候に打ちすえられたこの島を世界の光と栄光ならしめた宗教と自由に対して、神に感謝を捧げつつ。

（完）

訳者あとがき・解説

本書 ***The Englishwoman in America*** はロンドンのジョン・マレー社から一八五六年一月に出版された。著者のイザベラ・バード（一八三一～一九〇四）はこの時二五歳、レディ・トラヴェラー、旅行記作家の誕生であったが、彼女自身この旅が生涯を通しての旅と著作の始まりであったことを知る由もなかっただろう。というのは、彼女の次の旅と出版は本書の連作ともいえる *The Revival in America*（1858, James Nisbet and Co.）続いての邦訳本 *The Aspects of Religion in the United States of America*［本書訳者による邦訳『アメリカ合衆国における宗教の諸相』、中央公論事業出版］から一五年近い年月を経た一八七二～七三年にかけてのオーストラリア、サンドイッチ諸島（ハワイ）、ロッキー山脈の旅と、その成果である旅行記としての一八七五年の *Six Months in the Sandwich Islands*（邦訳『ハワイ紀行』）、一八七九年の *A Lady's Life in Rocky Mountains*（邦訳『ロッキー山脈紀行』）まで待たねばならないからだ。

本書の旅は一八五四年六月リヴァプールの港、マーズィー川で竜騎兵グレイ連隊をクリミアの戦場に送る軍の輸送船ヒマラヤ号とすれ違うところから始まり、船仲間たちがインカマン（クリミア半島のロシアの海港）の勝利の報を聞き「セヴァストーポリの奪取」の祝杯を挙げる中、マーズィー川で碇泊して大風の収まるのを待って再びイギリスの土を踏んで閉じる。すなわちイザベラ・バードのカナダ・アメリカの旅行記はクリミア戦争（一八五四年三月～五六年三月）、そして胎動を始めた南北戦争が背景となっている。彼女はこの旅に出る前の三月ポーツマスでヴィクトリア女王がフェアリー号に乗船し、バルチック海へ向かうチャールズ・ネピアー卿に接見して、彼と艦隊に神のご加護を祈るのを目にしていた。

この戦場でナイチンゲール（一八五四年一一月にトルコのスキュタリに向かう）が近代看護の基礎を築こうとしていた頃、イザベラ・バードもまた生涯続く彼女の勇敢な旅と著作への序章を歩み始めていた。

この旅が後の彼女の旅と決定的に違うのは、彼女が愛して止まない馬によるヨーロッパ人が踏みこまない地の踏破ではなく、ヨーロッパ人が植民した新世界への汽船と列車による旅だったことであろう。彼女自身が最初に付けたこの本のタイトルは *The Car and the Steamboat*（『列車と蒸気船』）だったことが示すように――この本の現タイトル *The Englishwoman in America* は出版者ジョン・マレー三世の提案による――、彼女のカナダ旅行は蒸気船による湖と川の旅であり、アメリカ旅行は猛烈な勢いで合衆国の連邦諸州に張り巡らされつつあり、さらにこれから州になろうとする極西部の準州まで延びようとしている鉄道だった。時代は帆と馬から蒸気機関の実用化へとアクセルを踏んでいた。

親戚たちと紹介状

この旅行に出発した時イザベラ・バードは二二歳、英国教会牧師であった父の教区ウェイトン（ケンブリッジ州、イングランド東部に位置する）で父母、妹ヘンリエッタ、そして幾人かの召使と平穏な時を過ごしていた。健康状態の良くなかった彼女に医者は航海を勧めた。彼女の父方の従姉がワーテルローの戦い後の退役後、プリンスエドワード島の防衛の指揮のために当地に赴任していたスウェイビー船長と結婚しており、彼らの娘たちはイギリスにいた。イザベラは両親のところに帰国する彼女たちと一緒にプリンスエドワード島へ向かい、そこからカナダ・アメリカ旅行を始めた。この時、父エドワード・バードは彼女に一〇〇ポンド渡し、その範囲内での可能な限りの滞在を認めたのだった。我々は本書の第三章でスウェイビー船長とその家族に出会う。アメリカからの帰国もまた、いとこたちと落ち合っての船旅だったが、このような旅は彼女にとって最初にして最後のものだった。以後、彼女の旅はたった一人で必ずしも安全と言えない地を旅するレディ・トラヴェラーの旅になるからだ。本書は彼女の旅行記中で唯一、彼女の親戚が登場するものでもある。

チェスター、ウィンチェスターといった有力主教たちを親戚に持つイザベラ・バードの携えた多くの紹介状はその地の有力者へのものであった。モントリオールに着いた時たった二通の紹介状しか持っていなかったが、一通は英領北アメリカ植民地総督ジェイムズ・エルギン伯（任期一八四七年一月〜五四年一二月、日本ではエルギン条約［日英修好通商条約、一八五八年］で知られるスコットランド貴族第八代エルギン伯）に宛てたものであり、もう一通は立法議会の議長ロード・ジョン・ロス夫妻へのものであったことに象徴されるように、彼女の携えた紹介状は、議会を始めとする様々な場所への出入りを許し、カナダの上流社会から下層社会までの観察を可能にしたものの一つである。彼女が故国から携えて来た紹介状に加えて、カナダの著名人たちが合衆国住民への紹介状も書いてくれた。ボストンに到着したとき持っていた紹介状はたった一通、だがそれは著名な詩人でハーヴァード大学教授のロングフェローへと導くものだった。彼女はこの時、彼の知己を得て、一八五六年のアメリカの宗教復興を取材した一八五七年の旅ではロングフェロー家に一週間滞在し、そこで出会ったコンコード・グループのメンバーたちとコンコード滞在中にWayside Innでロングフェロー、ダナ、ローウェル、エマーソン、ソローらと暖炉を囲んで楽しい時を過ごし、合衆国を代表する知識人たちと会話を交わしただけでなく、コンコードではエマーソン、ソローと懇意になった。この時イザベラ・バードは二六歳だった。この第二回の合衆国旅行は『アメリカ合衆国における宗教の諸相』に結実したのである。本書とこの本は深く関連しているので両書を合わせてお読みいただければ幸いである。

また彼女の親戚で忘れてはいけないのはウィルバーフォース家だ。後にチェンバレン宛の手紙の中で彼女自身の結婚報告に「いとこのメイジャー・ウィルバーフォース・バード・パークスの小さな教会に集まってたった六人の身近な親類だけが出席して結婚式をあげた」と記していることから分かるように、ウィルバーフォースは彼女のいとこである。イギリスの国会議員として奴隷貿易に反対し、奴隷解放で知られるウィリアム・ウィルバーフォース（一七五九〜一八三三）は父方の親戚である。彼女の伝記作者アンナ・ストッダートが「バード家は中流の上の階級の広く拡散した一族で、分家や家系に表的な整理を施そうとしてもほとんど手に負えない――彼らの家系図作者は間断ない近親結婚――遠近のいとこ同士による――の結果に大変に当惑する」と記しているようにバード家は二重にウィルバーフォース家と結びついていた。イザベラ・バードの祖父ロバート・バードと結婚した祖母ルーシーはジュディス・ウィルバーフォースの娘で、二人の間には息子四人、娘六人がいたが、その三番目の子どもがイザベラの父エドワードである。彼女の六人の叔母たちのひとりエリザベスはウィルバーフォース家のロバートと結婚し――つまりイザベラ・バードは祖母と叔母によって二重にウィルバーフォース家と繋がっている――、その子どものひとりが国会議員で奴隷貿易廃止論者として有名なウィリアム・ウィルバーフォースである。バード家には祖父母の時代から人種に関する烈しい関心があり、それは西インド諸島のサトウキビ栽培のために連れて来られる奴隷貿易に抗議して当時の福音主義の多くの家庭の婦人たちの間で行われていた、紅茶に砂糖を入れないという行動を彼女の叔母たちが採っていたことをストッダートが記している。

本書にも彼女の奴隷制度に対する強い批判が顕われており、さらにこの旅に続く『アメリカ合衆国における宗教の諸相』には奴隷制度に対する教会批判と相俟ってさらに強い彼女の反奴隷制度への意思が見える。

英領北アメリカ植民地時代のカナダ

イザベラ・バードが訪れたカナダは現在のカナダ連邦ではなく、イギリスの植民地下の英領北アメリカの主要部（ノヴァスコシア、ニューブランズウィック、プリンスエドワード島の三植民地からなる沿海《マリタイム》植民地と、ほぼ現在のケベック州とオタワ州からなる連合カナダ植民地）である。一七世紀カナダはヌーヴェル・フランスと呼ばれるフランスの植民地だった。ケベック・シティを中心とするセントローレンス川沿いとフェンディ湾沿岸を版図とする。しかし一七世紀のイギリスの北アメリカ植民地がヴァージニア植民地、プリマス植民地として発展を見せたのに対して、毛皮・鱈貿易に依存するヌーヴェル・フランスはなかなか人口の増加を見なかった。すなわち一六二〇年代終わり近くなっても一〇〇人に届かず、ほぼ同時期に拓かれたヴァージニア植民地に比して二〇分の一というところだった。一六三〇年代になりローマ・カトリック教会が介入（すでにイエズス会［一六一一］、レコレ派［一六一四］が訪問）したが、一七世紀半ばを過ぎてもこの植民地の人口は六〇〇人程度と大した増加は見られなかったものの、イエズス会の活動によりニューロン族など先住民にキリスト教への改宗者が増えてきた。一七世紀のカナダはまだまだ先住民たちの地だった。

ケベックは一七、一八世紀半ばまでブルボン王朝フランスの直轄植民地、ヌーヴェル・フランスとしてカトリック教の下に発展し、一八世紀半ばにはケベック、モントリオールは共に人口数千人のタウンへと変貌を遂げていた。ヌーヴェル・フランスの人口の二〇～二五％がタウンに住み、残りの八〇％近くが（フランス系住民《アビタン》たち）と呼ばれ、農業に従事して農村で生活していた。

しかし本書にも出てくる一七五九年のアブラム平原の戦いでケベックは陥落、翌一七六〇年のモントリオール陥落、続いてのヌーヴェル・フランス総督による降伏文書調印によってイギリス軍の統治下に置かれ、ヌーヴェル・フランスの時代は終焉を迎えた。この結果を受けた一七六三年のパリ条約により七年間に亘る英仏戦争は終結、七万人のカトリック教徒のフランス人と数百人のプロテスタントのイギリス人とからなる英領ケベック植民地が誕生することとなった。初代総督はアブラム平原の勇者ウルフの部下ジェイムス・マレーだった。

続いてアメリカ独立革命（一七七五～一七八三）が始まり、ヨークタウンにおいてイギリス軍が敗退すると、独立に反対してイギリス女王に忠誠を誓う王党派《ロイヤリスト》は撤収船でカナダに向かった。多くはノヴァスコシアに移住したが、およそ一万人と推定されている別の一団は陸路ケベックの西（現在のオンタリオ州）に移住した。このイギリス系住民とフランス系住民との衝突回避のために本国政府は一七九一年ケベック植民地をアッパー・カナダとロワー・カナダ（セントローレンス川の上流・下流地区）に分割した。この時からカナダという言葉が公的に使われ、アッパー、ロワー両カナダ植民地が成立した。一八三九年のロワー・カナダでの反乱についての『英領北アメリカの情況に関する報告書』＝『ダラム報告書』は当時の両カナダの様相を次のように端的に表している。

「私は政府と民衆との対立が原因だと予測していたが、実際にみいだしたのは、ひとつの国家の胸のなかで争っている二つの国民だった。私がみたのは政治原則でなく、人権をめぐる闘争であった」

一九世紀の半ば一八四一年に成立したカナダ連合法により、アッパー・カナダ、ロワー・カナダの両植民地が統合されて、連合カナダ植民地（一八四一）が誕生する。この時アッパー、ロワーの両植民地はそれぞれ西カナダ、東カナダと改称された。この連合カナダ植民地及びノヴァスコシア（一八四八）、ニューブランズウィック（一八五二）、プリンスエドワード島（一八五一）の三植民地から成る沿岸植民地、さらにニューファンドランド植民地（一八五五）が英領北アメリカ植民地として自治権を獲得していく（カッコ内は各植民地の責任政府樹立年）。ロッキー山脈に阻まれたブリティッシュ・コロンビアはまだハドソン湾会社の管轄下にあり、この管轄下から離れるのは一八五八年である。

イザベラ・バードが訪問した一八五四年は連合カナダ植民地（旧ケベック植民地）の時代である。まだ連邦政府の誕生（一八六七年、カナダの独立）は無い。この頃、イギリス系の西カナダ（アッパー・カナダ）とフランス系の東カナダ（ロワー・カナダ）の対立は根深く、両カナダが統合された一八四一年以来、首都さえ決定できず、キングストン→モントリオール→トロント→ケベックとイギリス系とフランス系の都市を四年毎に往来していた。一八五七年になってヴィクトリア女王の裁定により、トロントとケベックからほぼ等距離にあるオタワが首都となって決着を見た。このイギリス系とフランス系の二つのカナダ社会の成立はアメリカ合衆国成立と無縁ではなかった。すなわち先述の王党派《ロイヤリスト》の移入である。

一八一四年——合衆国がイギリスに宣戦した一八一二年戦争がこの年に終結——以降にイギリス政府が採った対人口過剰政策による英領北アメリカへの移民奨励は、合衆国東部工業地帯への労働者の移民を増大させただけでなく、北アメリカ植民地（カナダ）の人口のイギリス人化つまりイギリス人とその子孫の増加をもたらした。木村和男編『カナダ史』（一九九九年、山川出版社）によると一八一五〜三七年には一八一五年のロワー・カナダの総人口を上回る三五万五〇〇〇人以上が到来したという。一八五一年の国勢調査でイギリス系の西カナダ（アッパー・カナダ）の人口は九五万二〇〇〇人となりフランス系の東カナダ（ロワー・カナダ）の八九万三〇〇〇人を初めて上回った。この後英領北アメリカ植民地の人口構成は徐々にイギリス系住民が増加して一八六〇年末までにはイギリス系が多数派を占めるようになる。しかし依然としてロワー・カナダは、フランス系住民が多数派を占めるカトリック社会であったが、そのロワー・カナダに対するイザベラ・バードの眼は厳しい。

本書で用いられているアッパー・カナダ、ロワー・カナダ、東西カナダと言った名称はこのように歴史的に見て非常に複雑なので、本書を読むにあたって次の表を参考にしていただきたい。

一六〇三年――六月サミュエル・ドゥ・シャンプレーが初めてカナダのケベックに上陸、一一月ピエール・デュ・グァ・モンが**ヌーヴェル・フランス植民地**の勅許（ルイ一三世）を得る。

一六六三年――**ヌーヴェル・フランス**はフランス国王（ルイ一四世）直轄地となる。

一六七四年――ローマ教皇ケベック教区を設立。

一七六三年――英仏間の七年戦争終結、パリ条約でヌーヴェル・フランスは**英領ケベック植民地**となる。

一七九一年――カナダ法が発効、ケベック植民地を**アッパー・カナダ植民地**と**ロワー・カナダ植民地**に分割。

一八四一年――アッパー・カナダ植民地とロワー・カナダ植民地を統合して**連合カナダ植民地**とする。アッパー・カナダは**西カナダ**、ロワー・カナダは**東カナダ**と改称。

一八六五年――ケベック決議により連合カナダ植民地を再分割、西カナダは**オンタリオ州**、東カナダは**ケベック州**となる。

※イザベラ・バードの旅行および旅行記発行時は英領北アメリカ、連合カナダ（西カナダ、東カナダ）植民地時代である。

現在の連邦カナダの成立（独立）までにはまだもう少し時が必要だった。一八六七年七月一日（独立を記念するカナダ・デー）、「英領北アメリカ法《ブリティッシュ・ノース・アメリカ・アクト》」の成立により、「カナダ自治領《ドミニオン・カナダ》」がオンタリオ、ケベック、ニューブランズウィック、ノヴァスコシアの四州で発足した。この一八六七年以降、連邦カナダに加盟した植民地《プロヴィンス》は州《プロヴィンス》となる。すなわち五番目の州はプリンスエドワードアイランド州、六番目の州はブリティッシュ・コロンビア州と順次州となり、連邦政府と対等の立場に立つ一〇の州と連邦政府の管理下での自治権を認められた三つの準州《テリトリー》を数え現在に至っている。

もう一つカナダで取り上げておきたい問題がある。それはカナダと逃亡奴隷に関することだ。第一四章「カナダ総評」の終わり近く、彼女は合衆国南部からの逃亡奴隷に関して次のように結ぶ――

「南部の桎梏《しっこく》から逃亡する奴隷は、セントローレンス川の岸に、英国の旗の影の下、自由と安全を共に見出すまではそれを知らないのだ。奴隷の呪いから自由なカナダは国家間競争に足枷《かせ》なしで出発し、その進歩はすでに先輩で巨大な隣国のそれに速さにおいて優に勝る見込みがあるのだ」

これは次の第一五章――「アメリカ合衆国再訪」に向けられた言葉でもある。

イザベラ・バードの父のいとこに当たる福音主義者ウィリアム・ウィルバーフォースが、ケンブリッジ以来の無二の親友である時の首相ウィリアム・ピット（小ピット）と手を携えて成立にこぎつけた、英帝国全体での奴隷貿易を違法と定めた一八〇七年の奴隷貿易法、一八三三年の奴隷制度廃止法により、一八三四年八月一日より全英帝国植民地における奴隷の自由が保障された。英領北アメリカも例外ではなく、セントローレンス川の岸つまりカナダは奴隷たちにとって自由の地となった。

ただし、これより早くアッパー・カナダではその時点での奴隷ではなくその子が二五歳になれば自由となることが出来る反奴隷制度法（一七九三年）が通っていた。またロワー・カナダでも一八〇三年には奴隷制度は廃止されていたが、まだ本国の法の拘束を受けていた。合衆国北部諸州ではヴァーモント州（ヴァーモント共和国）が一七七七年に廃止したのを皮切りに、北部に自由州が誕生し、一八三〇年までには北部の一四州が北へ向かう秘密のルートを開いていた。このルートは「地下鉄道」と呼ばれ、一八四〇年から六〇年までの二〇年間に合衆国から五万人の奴隷をカナダあるいは北部の自由諸州へと逃がしたと言われる［訳注3参照］。その中でも最も有名な脱出者はストウ夫人の『アンクル・トムの小屋』のモデルといわれるジョサイア・ヘンソンであろう。彼は一八三〇年に妻子とともにメリーランド州から「地下鉄道」でアッパー・カナダに脱出した。ストウ夫人の父そして自身もまた「地下鉄道」（当時の合衆国の鉄道路線とほぼ同じルートを通っていた）の車掌であった。

セントローレンス川の岸つまりカナダはイザベラ・バードが言うようにイギリス帝国の旗に守られた奴隷の呪い無しに発展し得る自由の国だった。しかし一八六三年の奴隷解放宣言後、多くの黒人がアメリカに戻ったのは、カナダが彼らに自由は保障しても平等や寛容を保障するものではなく、またカナダの寒い気候が多くの黒人たちに適さなかったからだと言われている。

アメリカ合衆国の情況

本書でイザベラ・バードが記す西部は、最初に独立した一三州の西、主として北西部（ノースウェスト・オーディナンス）のミシガン、オハイオ、インディアナあたりを指し、ミシシッピ流域のミネソタ、アイオワ、ミズーリを極西部と呼んでいる。

イザベラ・バードが合衆国を訪れた一八五四年には北アメリカ大陸における合衆国の版図は現在の州境とほぼ近く確定されていた。カナダ国境は「一八一八年協定」でウッズ湖からロッキー山脈までの北緯四九度線と決まり、この時持ちこされたオレゴンも一八四六年の「オレゴン条約」により北緯四九度で分割、一本の線で引いたような西カナダの国境はこれで決まった。ただし国境水域とアラスカ国境に関しては二〇世紀までその解決は持ち越された。アラスカ国境は一八二五年に英露条約で岸から三〇マイルとされ、アメリカのアラスカ買収（一八六七年）後もこれが踏襲されたが、ユーコン地方でゴールド・ラッシュが起こり、カナダはこれに異を唱えた。結局一九〇三年のアラスカ国境論争で国境に変化なく決着を見た。

一七八三年にパリ講和条約によって一三植民地の独立を確定してアメリカ合衆国となった新しい国は、ミシシッピ川を下り、プレイリーを猛スピードで駆け抜けて膨張し続け、一八四八年のカリフォルニアでの金鉱の発見によるフォーティナイナーズ（四九年組）と呼ばれる西部への人々の大移動の結果、極西部の行きつくところカリフォルニアは一八五二年には人口二〇万人に達し、州に昇格した。加えて一八四五年から四七年までのアイルランドのジャガイモ飢饉はゴールド・ラッシュとも相俟って、アメリカ合衆国に多くのアイルランド移民を送りこむ一つの要因となったと言われ、その姿を我々は本書でたびたび眼にする。

イザベラ・バードが訪問した合衆国は拡張し膨張し続ける国だった。大きなうねりとなった人の流れは極西部のフロンティアへと向かい、モノ、資金、宗教、学校がそれに伴った。そして何よりもどこか荒々しい人間の活力が、冒険と野心、夢とロマンスが無から何かを生じさせるような時代だった。ミシシッピ平原を埋めつくした人の波は極西部の果て、アイオワ、ミズーリからその東、広大なネブラスカ、カンザスの両準州へとはじけ出ようとしていた。

このとき、辺境《フロンティア》とは「人間の波の果てにある泡沫で出来た縁辺」であり、そこでは一エーカー（約四平方キロメートル）に二一〜六人が、大平原にまるで数滴の泡のように住むところだった。太平洋岸のカリフォルニアには二、三の踏み分け道があるだけだった。それでもアメリカは、辺境《フロンティア》の存在する限り西へと膨張を続けていた。

近づく南北戦争

彼女のアメリカ合衆国の記述はカナダとは違った様相を見せる。一八世紀も残り一〇年を切った一七九三年、エリー・ホイットニー（Eli Whitney 一七六五〜一八二五）が綿繰機を発明した。これが綿花栽培に適したサウス・カロライナからジョージア、アラバマのミシシッピ川に達する合衆国南部を綿花単作地帯へと変え、奴隷の需要を生んだ。急速に発展した綿花栽培はこの地域に多くの綿花成金《コットン・スノッブ》を生み出した。南部は豪壮な邸宅を構えた大農園地域となった。他方北部の工業地帯の諸州は自由な労働力の確保に迫られていた。加えて綿花を輸出する南部と幼稚産業を守りたい北部は保護関税政策を巡って対立を深めていたが、西部開拓はこれを加速させた。西部に新しい州が成立する毎に北部の自由州と南部の奴隷州は互いの陣営に加えようと激しく争った。というのもこの州の数は議会の評決に大きな影響があったからだ。

本書四〇〇頁の関連地図（アメリカ合衆国の州とその成立年代）を見ていただきたい。イザベラ・バードが来た一八五四年に合衆国に州として加盟していたのはミシシッピの西の極西部ではカリフォルニアとテキサスだけである（図3）。そこに広がるのは、ネブラスカ、カンザス、ニューメキシコ等の、南西部に位置する広大な準州である。アリゾナ、ニューメキシコ、オクラホマが連邦に参加するのは二〇世紀に入ってからである。

とはいえ、アメリカ合衆国は一八六七年にロシアから買収したアラスカを除いて北アメリカ大陸における最終的な国境を確定していた。すなわちフランスからルイジアナ（一八〇三）、スペインからフロリダ（一八一九）を買収、テキサスの独立（一八三六、アラモの砦で有名）を経て、四五年に併合、一八四六〜四七年にかけて戦ったアメリカ・メキシコ戦争の結果として、一八四八年にカリフォルニア（割譲後の年内に金鉱発見、四九年ゴールド・ラッシュ）、ネヴァダ、ユタ（モルモン教徒メキシコ戦に参加、五〇年に準州）、コロラドとニューメキシコの一部にいたる広大な土地をメキシコは合衆国に割譲、最後に一八五三年にメキシコから現在のアリゾナの一部を買収して現在の国境線が確定した。残された問題はこののち連邦に参加する州（西部では成年男子五〇〇〇人で準州、全自由人口六万人に達すると連邦議会の承認を得て州として最初の一三州と連邦に参加出来た）が奴隷州となるのか自由州となるのかということだった。

折しも本書の舞台となった一八五四年に二つの準州を設定、住民に自由州になるか奴隷州になるかの決定をまかせるという「カンザス・ネブラスカ法」が成立した。これで一八二〇年の「ミズーリ協定」（北緯三六度三〇分線より南は奴隷地域、北は自由地域に決定、一八二〇年にメイン州は自由州、一八二一年にミズーリ州は奴隷州として昇格）で安定しているかのように見えた自由州と奴隷州の競争は沸騰し、「流血のカンザス」へと発展、奴隷制度に反対する共和党が生まれ、そして火に油を注ぐように「ドレッド・スコット事件」（本書には出てこないが次の『アメリカ合衆国における宗教の諸相』に登場する）が起き、「カンザスの血の洗礼」（イザベラ・バードの表現）は南北戦争の前哨戦となった。一八六一年の共和党のアブラハム・リンカーンが大統領に選出されると南部諸州は連邦から離脱した。本書にもでてくる「［連邦からの］分離」か「残留」かの議論は現実となり、翌六二年避け得ない国内を二分する南北戦争へと向かっていった。

一八五四年にはすでに奴隷解放へ向かって胎動し始めていたとはいえ、その実現は予想されず、イザベラ・バードは奴隷の数は社会の最下層に置かれた有色人種を含めて、「一八七五年には六〇〇〇万人になりそうだ」と予測しているのである。これは幸いにも一八六三年一月のリンカーンによる「奴隷解放宣言」により当たらなかったが、この時この後に来る南北戦争の影はそこここに見えていた。

彼女はこの対立の空気を敏感に感じていた。しかし空気はまだクリミア戦争の行方にあり、この国の行方を決定づける、つまり奴隷のない真の自由で平等な（奴隷制度は無くなっても後の公民権運動に見られるように差別は永く残ったが）国への洗礼ともいうべき南北戦争は予想されていなかった。とはいえ彼女が「アメリカの呪い」と言う奴隷制度への徹底的嫌悪と怒りは隠されていない。

クリミア戦争とやがて来る南北戦争への布石となる事柄の記述は本書を単なる紀行でない、時代の証言にしているばかりでなく、この本の活力となっている。

列車と蒸気船

最後に、冒頭にも記した「列車と蒸気船」について触れなければならない。アメリカ合衆国の大陸横断鉄道の起工は南北戦争終結後の一八六六年、完成は三年後の六九年である。カナダの大陸横断鉄道は一八八〇年に連邦政府とカナダ太平洋鉄道会社間で鉄道建設の契約が調印され、一八八五年（一〇年後までに完成の予定だったが「メイティの反乱」により完成が急がれた）に完成した。つまり、イザベラ・バードの旅行時は両国とも大陸横断鉄道は着工にも至っていない。

この頃（一八五三年）、カナダではエリー湖とヒューロン湖を繋ぐサーニアからモントリオールを経由してポートランドに至る路線を計画したグランドトラック鉄道会社は連合カナダ議会の特許を得て、ロンドンで上場され政府の肝いりでカナダの鉄道建設が始まった。イザベラ・バードの訪問時、英領北アメリカ植民地（カナダ）では鉄道建設ブームが緒に就いたところだった。

カナダではセントローレンス川、カナダの誇る美しい湖の航路が盛んに使われ、「ブルーノーズ」と称されたノヴァスコシア船員の操る帆船は世界の海をまたにかけ、一八四〇年、ハリファックスの貿易商キュナードは、イギリスとカナダを繋ぐ定期汽船の運行を開始、カナダ沿岸植民地は北アメリカ海運業の拠点のひとつとなっていた。時代は帆船から汽船の時代へと移り始めていた。

アメリカ合衆国では、当時の合衆国の版図内の鉄道建設は着々と進み、西部では一八六〇年までにミシシッピ川を越え、ミズーリ州セントルイスはこれから伸びる西部への鉄道のハブになろうとしていた。カンザスもネブラスカもまだ一本の線路もなく、極西部は連邦への参加と鉄道を待っていた。ルイジアナ州ニューオーリンズが鉄道の南の端だった。それに対してカナダ国境近くまで合衆国の鉄道は敷設され、線路はオンタリオ湖、エリー湖、ミシガン湖の岸を這うように通っていた。ニューヨークやボストンからは西部の町々へと線路は走り、イザベラ・バードは列車でシンシナティを経由してデトロイトへ行っている。

彼女のアメリカ旅行は馬車と帆船の時代から鉄道と汽船の時代へと移ろうとしている変換期にあった。二つの戦争——ひとつはちょうど勃発したばかりのクリミア戦争、もうひとつはこれから起ころうとしている南北戦争、すなわち奴隷解放——、これらが本書の背景である。

イザベラ・バードがイギリスへの帰路に就いた頃、一八五四年一一月四日にナイチンゲールはコンスタンチノープル近郊のスキュタリのイギリス陸軍の病院に到着した。それは本書一九章の最後近くに出てくるインカマンの戦闘の前日で、アルマ川のイギリス側が勝利した戦闘における負傷者で混乱状態の中にあった。そしてイザベラ・バードはもうイギリスの海にいて、このインカマンの「不毛の勝利」(と彼女は言う)を水先案内人から聞く。

「私がほんの一〇ヵ月前に希望と誇りをもって出港したのを眼にした多くの兵士が、今クリミアの冷たい土の下に眠っているという陰惨な事実をほとんど実感することができなかった。インカマンの勝利者への万歳三唱と同盟国への三唱は、心から発せられた——ただし、多くの人が我が軍の英雄的で成功した抵抗は勝利の名を受けるだけの価値はあるのだろうかと疑ってはいたが」。これは彼女の旅の最後の記述だ。

このころイギリスは女性が社会進出をする時代を迎えていたのかもしれない。そしてアメリカではハリエット・ビーチャー・ストウの『アンクル・トムの小屋』が評判を呼んでいた。『若草物語』の作者ルイーザ・メイ・オルコットはこの年、コンコードでエマソンの娘エレン・エマソンのために彼女の最初の本『花のおとぎ話』を書いていた。

イザベラ・バードのスコットランドとカナダを結ぶ絆

イザベラ・バードは旅行中あるいは帰国後の諸活動によってその生涯の旅行地との絆を結んだ旅行家である。カシミール、日本、朝鮮、中国の旅が医療伝道支援によって、これらの地域と彼女の絆が結ばれたように、彼女の最初の外国旅行となったカナダ・アメリカも例外ではなかった。

一八五〇年に当時一八歳だった彼女が背中の線維性の腫瘍を手術して以来、家族はスコットランドの西高地《ウェスト・ハイランド》地方《ハイランド》とヘブリディーズの島々で夏の三ヵ月を過ごすのが常だった。本書が出版される前年（一八五五）、カナダ・アメリカ旅行から帰国した彼女はスカイ、ロスシャー、イオナ、マル島の島民のために深海漁船の設備を供給する慈善事業に参加していた。このスコットランドの西の海の島々は荒涼として寂しく、人々は愛すべきケルト族の残影の哀感を残していた。彼女は高地人《ハイランダー》と島民の深い信仰とケルトの残影に深く魅了されていた。一八五六年に本書『カナダ・アメリカ紀行』(原題は『イギリス女性のアメリカ滞在記』）が発表されると、この島々を結ぶ航路の蒸気船会社のメサーズ・ハッチソン氏は文筆家の一人として彼女にこの航路の無料乗船の権利を提供した。彼女はこの特典を利用し何度も島々を回った。そこで目にしたのは干上がったジャガイモ畑、貧弱な収穫、島民のひどい貧困だった。彼女はこのアウター・ヘブリディーズの島民たちを助けるために労働の場としての衣料工場の設置、さらに絶望的な貧窮に苦しむ彼らをカナダに移民させる計画を立てた。移民輸送のためにメサーズ一族の助言を得、本書の中に出てくるカナダの有力な友人たちに移民たちの定住先での土地や仕事の面倒をみるよう委託した。彼女の親切な友人たちは彼女への協力を惜しまなかった。彼女は島民たちの移住の必需品であるガウン、コート、キルトのための布――キャラコ、フランネル――、ブラシ、櫛、ショール、バッグ、大型手提げなどを友人たちあるいはスコットランドの有力な夫人たちから集め、彼らの準備を整えて、数度にわたり島民たちをカナダへと送りだした。彼女のカナダ・アメリカ旅行の後の一〇年の年月は、スコットランドの島々からカナダへ移民を送り出すために費やされていたのだった。一八六六年に彼女がカナダへの移民を助けた人々を訪ね歩いていたと証言する彼女が乗ったセイント・デビット号の機関士は「私は彼女が繁栄した定住の基礎付けに役立ったと信じるすべての理由があります」と結ぶ。イザベラ・バードは彼女の生涯にわたる旅行地とその地の人々を愛し、旅の終わりは書かれなかった新しい物語の始まりで、そのページを彼女の行動で埋めた——神と人間への深い愛をもって。

この「あとがき」のカナダに関しては木村和男編『カナダ史』（山川出版社、一九九九）、木村和男、フィリップ・バックナー／ノーマン・ヒルマー『カナダの歴史』（刀水書房、一九九七）に負うところが大きく、これに日本カナダ学会編『史料が語るカナダ』（有斐閣、一九九七）等を補強に用いた。アメリカ合衆国に関してはアンドレ・モロワ／鈴木福一訳『アメリカ史』（上下）・同／水野成夫・小林正訳『英国史』（上下）（いずれも新潮文庫）、その他のアメリカ史、合衆国史を参考にした。

著者イザベラ・バードに関してはStoddart, Anna M. *The Life of Isabella Bird* (*Mrs. Bishop*), London, John Murray, 1908、イザベラ・バードからバジル・チェンバレン宛の手紙（杏林大学教授楠家重敏氏提供、高畑訳）を主たる参考文献として用いた。

二〇一三年

高畑　美代子

本書の作成に当たって、中央公論事業出版の編集長増田岳史氏の辛抱強く懇切な御骨折りに大いに助けられた。記して感謝します。

高畑美代子・長尾　史郎

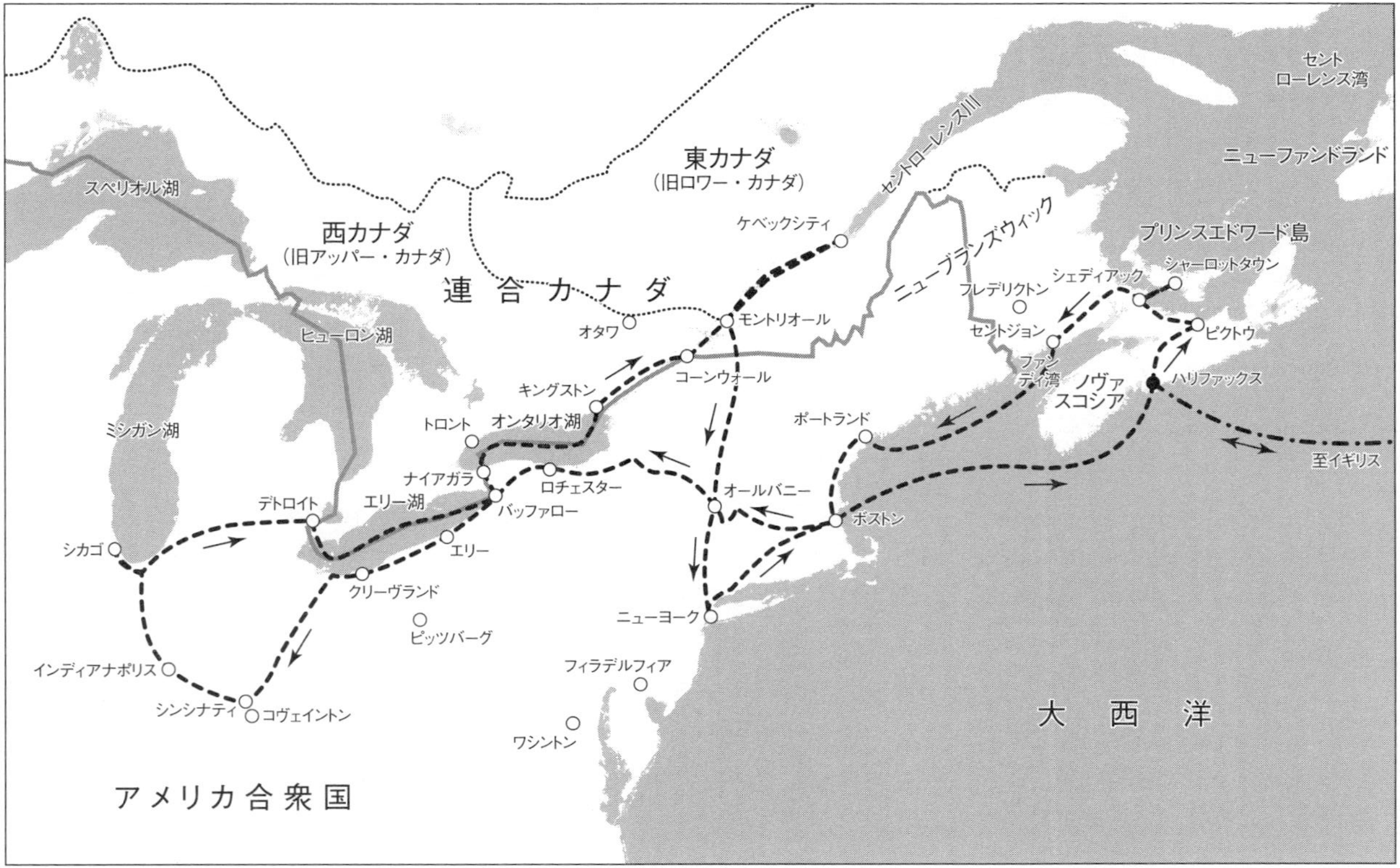
セント
ローレンス湾
ニューファンドランド
セントローレンス川
東カナダ
（旧ロワー・カナダ）
スペリオル湖
西カナダ
（旧アッパー・カナダ）
ケベックシティ
ニューブランズウィック
プリンスエドワード島
シャーロットタウン
シェディアック
連　合　カ　ナ　ダ
フレデリクトン
モントリオール
オタワ
ヒューロン湖
セントジョン
ピクトウ
ファンディ湾
ノヴァスコシア
ハリファックス
コーンウォール
キングストン
ミシガン湖
トロント
オンタリオ湖
ポートランド
至イギリス
ナイアガラ
ロチェスター
オールバニー
デトロイト
エリー湖
バッファロー
ボストン
シカゴ
エリー
クリーヴランド
ニューヨーク
ピッツバーグ
インディアナポリス
フィラデルフィア
シンシナティ
コヴェイントン
大　西　洋
ワシントン
アメリカ合衆国
図1　バードの行程

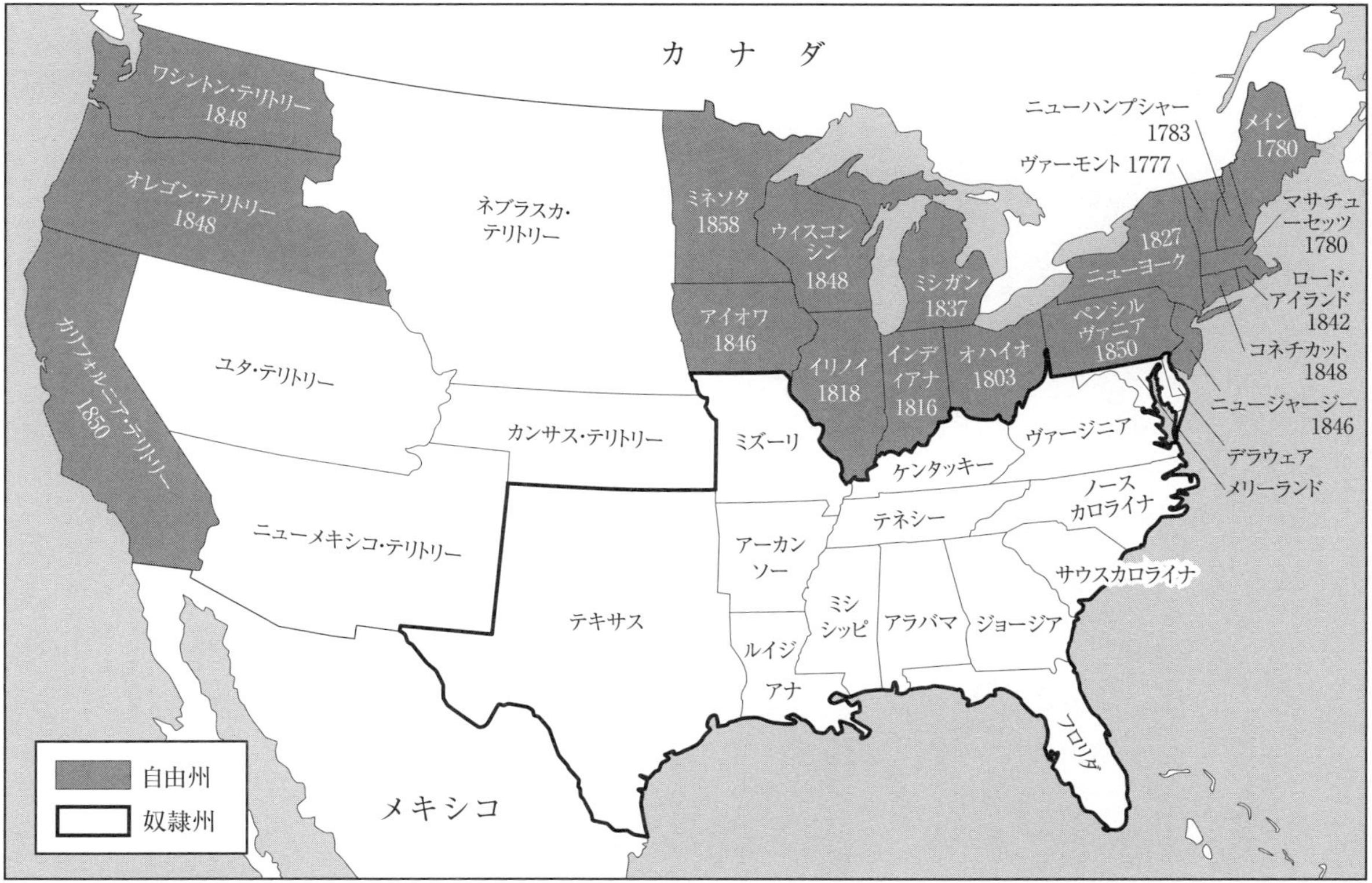

図2　奴隷制度の廃止　1777～1858年

図3　アメリカ合衆国の州とその成立年代

【訳注】

1　原書に無い、各章の内容の短文による要約。
2　原書の目次、および各章冒頭にある目次と同文の梗概を取り出してまとめたもの。本訳書では、各章冒頭の梗概は削除した。
3　アンカスターにある地下鉄道に関連した史跡グリフィン・ハウス（一八三四）（左上写真）。
4　ダーラム・テラス（左下写真）。
5　聖人名を街路名にした。聖ロクス（ラテン語：Rochus 一二九五〜一三二七）は、カトリック教会の聖人。ペ

Griffin House. Photography: Graeme MacKay from Hamilton, Ontario, Canada.［http://en.wikipedia.org/wiki/File:Griffin_House_Ancaster_2010.jpg］

Durham Terrace from Champlain Street, Quebec City, QC, 1870-75, by Kilburn Brothers.［http://commons.wikimedia.org/wiki/File:Durham_Terrace_Quebec.jpg］

スト（黒死病）に対する守護聖人とされたことから、古くからヨーロッパで崇敬の対象となってきた。絵画や肖像では、裂傷を負った脚を見せて立つ。

6　ここでいうカナダは、一七九一年のカナダ法——このとき初めて公的にカナダという言葉が使われた——によってアッパー・カナダ（イギリス系）とロワー・カナダ（フランス系）に分割された旧ケベック植民地を指し、現在のカナダ連邦（一〇州と三準州から成る）＝当時の英領北アメリカ全体を指すものではない。本書が書かれたときはアッパーとロワー両植民地を再統合して連合カナダ植民地（一八四一年）を形成、アッパー・カナダは西カナダ、ロワー・カナダは東カナダと改称されていた。本章で言うカナダは、一八六七年の「カナダ自治領《ドミニオン・カナダ》」＝カナダ連邦の成立に伴って、一八六五年に再分割された現在のオンタリオ州（西カナダ）とケベック州（東カナダ）を指す。より詳しくは「訳者あとがき・解説」を参照されたい。

わ

ま

み

む

め

も

ふ

へ

ほ

ね

の

は

ひ

そ

た

ち

て

と

す

せ

き

く

い

う

索　引

あ

著者略歴

イザベラ・バード
（Isabella Lucy Bird）

1831〜1904。ヴィクトリア時代のイギリス人。世界の西洋人の行かないところを独りで旅するレディ・トラヴェラーで、女性で最初の英国王立地理学会特別会員となった。アメリカ・カナダ、オーストラリア、ハワイ諸島、日本、ペルシャ、インド、チベット、朝鮮、中国、ウラジオストック、モロッコを旅行して、その旅行記を残した。日本へはチャールズ・ダーウィンの勧めでやって来て、森有礼、新島襄などと親交を持った。英国公使館で会ったアーネスト・サトウとは生涯続く友情で結ばれた。来日前には「貧しい人々のための洗濯場」や「御者のための休憩所」設置運動に関わったが、日本旅行の後の旅では、アジアでの医療伝道病院の設立に力を尽くした。

訳注者略歴

高畑美代子（たかはた・みよこ）

弘前大学大学院地域社会研究科単位取得（博士課程）。日本英学史学会会員。
訳書：イザベラ・バード『「日本の未踏地」完全補遺』（2008、中央公論事業出版）、『チベット人の中で』『アメリカ合衆国における宗教の諸相』（いずれも長尾史郎と共訳、2013、中央公論事業出版）
著書：『イザベラ・バードの北東北』（2009、陸奥新報）
論文：「イザベラ・バード（ビショップ夫人）の日本旅行記以後の日本との絆」『英学史研究』第42号（2009、日本英学史学会）、「イザベラ・バードの生前に出版された*Unbeaten Tracks in Japan*の4種の版における違い」『弘前大学大学院地域社会研究科年報』第7号（2010）、「イザベラ・バードの*Unbeaten Tracks in Japan*の4種の改訂版の意義」『英学史研究』第45号（2012、日本英学史学会）。

長尾史郎（ながお・しろう）

明治大学名誉教授（経済学専門）。
著書：『経済学の単語と文法』（1981、多賀出版）、『経済を囲むシステム』（1984、杉山書店）、『経済分析のABC ―ミクロ経済学編―』（1988、ハーベスト社）など。
訳書：K.E.ボールディング『地球社会はどこへいく』上・下（1980、講談社学術文庫）、M.ポラニー『個人的知識―脱批判哲学をめざして―』（1985、ハーベスト社）。

イザベラ・バード／
カナダ・アメリカ紀行《きこう》

2014年4月4日初版発行

著　　者　イザベラ・バード
訳　　者　高畑《たかはた》美代子《みよこ》・長尾史郎《ながおしろう》
制作・発売　中央公論事業出版
〒104-0031　東京都中央区京橋2-8-7
電話　03-3535-1321
URL http://www.chukoji.co.jp/

印刷・製本／藤原印刷

Printed in Japan
ISBN978-4-89514-408-7 C0026

◎定価はカバーに表示してあります。
◎落丁本・乱丁本はお手数ですが小社宛お送り下さい。
送料小社負担にてお取り替えいたします。